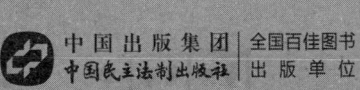

审判大汉奸

王晓华 ◎ 著

中国出版集团 全国百佳图书
中国民主法制出版社 出版单位

图书在版编目（CIP）数据

审判大汉奸 / 王晓华著 . — 北京：中国民主法制出版社，2021.7
ISBN 978-7-5162-2653-7

Ⅰ.①审… Ⅱ.①王… Ⅲ.①抗日战争—汉奸—审判—史料 Ⅳ.① K265.606

中国版本图书馆 CIP 数据核字（2021）第 134481 号

图书出品人：刘海涛
出 版 统 筹：周锡培
责 任 编 辑：董 理 柳 萍

书　　名 / 审判大汉奸
作　　者 / 王晓华　著

出版·发行 / 中国民主法制出版社
地址 / 北京市丰台区玉林里 7 号（100069）
电话 /（010）63055259（总编室）　63058068　63057714（营销中心）
传真 /（010）63055259
http: //www.npcpub.com
E-mail / mzfz@ npcpub.com
经销 / 新华书店
开本 / 16 开　710 毫米 ×1000 毫米
印张 / 31.5　字数 / 417 千字
版本 / 2021 年 10 月第 1 版　　2021 年 10 月第 1 次印刷
印刷 / 三河市宏图印务有限公司

书号 / ISBN 978-7-5162-2653-7
定价 / 68.00 元
出版声明 / 版权所有，侵权必究。

（如有缺页或倒装，本社负责退换）

序 PREFACE

中华民族在历次反对外族侵略的战争中，除了武器装备等硬件因素外，自己内部出现汉奸也是遭受重创、背负屈辱的一个主要原因。

自从有了民族和国家概念，也就有了汉奸。汉奸是中华民族肌体内部的癌细胞和毒瘤，一旦爆发民族危机，这些汉奸们便投靠侵略者，甘心受其驱使，出卖国家利益。

1937年七七事变爆发的第二天，中国共产党人就意识到这将是一场威胁民族生存的旷日持久的生死之战。在中共中央发表的通电中明确提出："立即肃清潜藏在中国境内的汉奸卖国贼分子和一切日寇的侦探，巩固后方。"这充分体现了共产党人的高瞻远瞩和对国情的认识。果然，在抗战开始之时，全国各地就冒出了大大小小的汉奸、卖国贼。他们的目的就是在外敌入侵本国时得以自保并讨得一杯羹。

小奸出于愚，大奸出于智。愚昧的人，在自己的利益得不到满足，或者社会对其不公，想要报复时，这些人群都极有可能成为小汉奸；而一些所谓的"社会精英"做了汉奸，往往还有一套迷惑人的理论，这种人的危害更大。

中国抗战时期最大汉奸的这顶帽子，毫无悬念地要扣在汪精卫的头上。如果他能活到日本投降以后，国民政府逮捕和审判大汉奸时，肯定是逃不脱正义的审判的。原因很明显，他在中国抗日战争中分裂了抗日阵营，成立了傀儡政权，出卖了国家和民族的利益，沦为日本侵略者的走狗。但是，他1944年11月病死于日本名古屋。汪精卫虽然死了，他的衣钵依然有人继承，汪伪集团还在，继续配合日本干着祸国殃民的勾当。

抗战胜利以后，举国上下强烈要求严惩出卖国家、民族利益的汉奸，国民政府在1945年11月、12月先后颁布了《处理汉奸案件条例》《惩治汉奸条例》，清算以汪精卫卖国集团为首的汉奸政权给中华民族带来的罪恶，在全国范围内开始肃奸、审奸，先后有一批大汉奸受到正义的审判。

抗战胜利后的几年间，捕奸、肃奸、审奸的工作一直在持续进行。直到1949年初，在风雨飘摇的中华民国总统蒋中正已经下野的形势下，国民政府公报上依然还刊登各省通缉汉奸的名单。中国共产党接管全国政权后，对抗战后国民党逮捕的大汉奸仍采取羁押、改造的措施，如陈璧君、江亢虎、周隆庠、罗君强、陈春圃、夏奇峰等人。说明国共两党对于出卖国家、民族利益的汉奸所持的立场是一样的。

本书是笔者在央视社会与法频道讲述专题《审判大汉奸》讲稿的基础上整理而成的。共选取了中日战争时期，日本在中国境内扶植的5个汉奸政权，即"冀东防共自治政府""中华民国临时政府""中华民国维新政府""汪精卫国民政府"和"伪满洲国"具有代表性的22个大汉奸。其中，有北洋遗老、政界、军界、金融界、文化界等形形色色的人物。包括陈公博、周佛海、褚民谊、陈璧君、梅思平、林柏生、胡兰成、丁默邨、梁鸿志、缪斌、殷汝耕、王揖唐、汪时璟、王克敏、齐燮元、叶蓬、周作人，以及"伪满洲国"溥仪、张景惠和赵欣伯等20人。他们或被判处枪决，或被判处无期徒刑。只有文化汉奸周作人被判处十年徒刑；胡兰成逃脱了法律的严惩，从香港去了台湾。

在审判这些汉奸时，他们都有个共同的特点：为了逃避法律的严惩，都把自己的卖国行为说成是"救国救民"的爱国行为，都把自己标榜为"甘跳火坑"的悲情人物，或者干脆把自己打造成为"地下工作人员""两统卧底"。的确,蒋介石和戴笠为了抗战的需要,在利用汉奸的问题上可谓不择手段。庭审证明:周佛海、陈公博、褚民谊等汉奸,都有和国民党军统暗通款曲的铁证;还有缪斌,完全是被蒋介石利用的政治工具。一旦他们的行动面临曝光,就可以杀人灭口。而且军统在对待周佛海这些被利用过的汉奸时,劫财害命,无所不用其极,也暴露了法律暗箱操作的阴暗面。

尽管如此,国民政府审判大汉奸的行动,还是清算了这些汉奸给抗战带来的负面影响和流毒,足以警醒国人,伸张了民族大义,弘扬了民族精神。由此,还是值得肯定的。

知往鉴今,将抗日战争中的汉奸造成的危害及其下场进行普及教育,以史为镜,未雨绸缪,还是有现实意义的。

本书共二十讲,与央视《法律讲堂》节目的播出顺序略有不同,还有的稿件考虑到收视等原因未能录制,也一并收入书中,请读者谅解。

目录

第一讲 审判头号大汉奸陈公博

1. 陈公博诈死，藏匿日本 / 001
2. 走投无路真自杀 / 010
3. 中共"一大"来去 / 016
4. 跟随汪精卫，死心塌地 / 020
5. 四劝汪精卫 / 025
6. "仗义"做汉奸 / 032
7. 苏州公审，子弹爆头 / 039

第二讲 审判大汉奸周佛海

1. "卧底"周佛海 / 045
2. "周佛海路线" / 052
3. 斗狠上海滩 / 056
4. 吃了回头草 / 059
5. "人生就是八圈麻将" / 063
6. 军统黑吃黑 / 070
7. 南柯一梦 / 074

第三讲　审判大汉奸褚民谊

1. 拎不清大小头　/ 076

2. "情愿一死了之"　/ 084

3. 献"国宝"乞"活命"　/ 089

4. "免死铁券"被偷，最终丧命　/ 097

第四讲　审判大汉奸陈璧君

1. 狱中耍大牌　/ 101

2. 不靠颜值也"花痴"　/ 103

3. "骊山老母"　/ 111

4. 垂帘听政　/ 117

5. 死不认账　/ 124

第五讲　审判大汉奸梅思平

1. 谋和"急先锋"　/ 129

2. 夹袍中的密约　/ 135

3. 亲生的"炸弹"　/ 139

4. 与汪精卫对跪　/ 142

5. 法庭上的强词夺理　/ 148

6. 说什么都晚了　/ 153

第六讲　审判大汉奸丁默邨

1. 游湖被逮的大汉奸　/ 157

2. "76号"一把手　/ 162

3. 内部倾轧下败北　/ 167

4.《色戒》中的男一号　/ 172

5. 诱杀郑苹如　/ 178

6. 出来混，终要还　/ 184

7. 人作孽，不可活　/ 190

第七讲　审判大汉奸林柏生、胡兰成

1. 林柏生香港遇袭　/ 196

2. 汪精卫的"马仔"　/ 199

3. 胡兰成成为汪精卫的"文胆"　/ 205

4. 目空一切，四面树敌　/ 209

5. 官场失意，情场得意　/ 215

6. 林柏生成为汪伪的殉葬品　/ 217

7. 胡兰成逃脱惩罚　/ 222

第八讲　审判大汉奸缪斌

1. 缪斌进楚园做楚囚　/ 223

2. 缪斌与蒋介石曾经很铁　/ 225

3. 改换门庭做汉奸 / 228

4. 偷鸡不成蚀把米 / 230

5. "佐藤事件" / 234

6. 第一个被枪毙 / 238

第九讲　审判大汉奸梁鸿志

1. 倒卖国宝，不择手段 / 242

2. 从"阁揆"到赋闲 / 248

3. 梁鸿志大骂任援道 / 253

4. 红痣消，"息壤"无 / 256

第十讲　审判大汉奸江亢虎

1. 中国社会主义者开山祖 / 262

2. 支持武昌首义，反对"二次革命" / 265

3. 求见溥仪，死磕国民党 / 267

4. 从政客到汉奸 / 271

5. 难逃法网 / 275

第十一讲　审判大汉奸罗君强

1. 从共产党到国民党 / 277

2. 奔死路，拦不住 / 282

3. 争权夺利，自诩"恶犬" /286

4. 走得太远，回头已晚 /290

第十二讲　审判大汉奸周作人

1. 不去联大留北大 /292

2. 周作人遇刺 /296

3. 脱去"苏武"外衣，公开做"李陵" /298

4. 牢狱之灾及最后下场 /301

第十三讲　审判军事大汉奸齐燮元

1. 斜眼秀才去当兵 /305

2. 混成封疆大吏 /307

3. 挑起江浙之战，引发直奉大战 /313

4. 投靠日本人 /317

5. 为虎作伥，建立伪军 /319

6. 害死吴佩孚 /324

7. 与八路军作战 /327

8. 齐燮元的下场 /332

第十四讲　审判军事大汉奸叶蓬

1. 抗日先锋 /335

2. 蹊跷的"掘金案" / 338

3. 要杀张群泄私愤 / 342

4. 投蒋不成改投汪 / 345

5. 死到临头，仍不认罪 / 352

第十五讲　审判汉奸殷汝耕

1. 蒋介石心腹暗中通日 / 354

2. 率先在华北成立伪政权 / 359

3. 军统"美人计" / 364

4. 通州被捉，风光不再 / 368

5. 巧舌如簧，走向死亡 / 372

第十六讲　大汉奸王克敏的下场

1. 王克敏被逮去世 / 377

2. 王克敏投日内幕 / 379

3. 王克敏为日军干了什么事 / 385

4. 王克敏与重庆的关系 / 389

5. 王克敏与地下党及汪精卫的关系 / 391

6. 王克敏的自白 / 395

第十七讲　审判两大汉奸王揖唐、汪时璟

1. 蒋介石给汪时璟的凭证　/ 398

2. 马汉三巧设"鸿门宴"　/ 400

3. 王揖唐躲进医院被逮　/ 403

4. 汪精卫联手王揖唐　/ 406

5. 求蒋总统开恩　/ 408

6. 通谋敌国，祸害本国　/ 411

7. 法网难逃　/ 416

第十八讲　审判大汉奸溥仪

1. 逊帝的"复辟梦"　/ 419

2. 苍蝇不叮无缝的蛋　/ 424

3. 土肥原的阴谋　/ 427

4. 刺刀下的伪满洲国　/ 431

5. 被糟蹋的国宝　/ 437

6. 从战犯到公民　/ 440

第十九讲　大汉奸张景惠的下场

1. 卖豆腐的当上实业总长　/ 446

2. 张作霖的"老臣"　/ 451

3. "诱降"马占山　/ 454

4. 装傻充愣当"总理" / 457

5. "亲民"亲日 / 461

6. 真傻假傻 / 464

第二十讲　大汉奸赵欣伯的下场

1. 私奔到东瀛 / 466

2. 扶不起来的角色 / 469

3. 游说臧式毅 / 474

4. "伪满洲国"的助产士 / 477

5. 赵欣伯的下场 / 480

6. 一波三折的遗产纠纷案 / 482

7. 时隔八年，尘埃落定 / 486

第一讲　审判头号大汉奸陈公博

1. 陈公博诈死，藏匿日本

作为汪精卫的铁哥们儿，忠实的追随者，他的老兄弟陈公博，临危顶替了汪精卫主驾的位置，代替"老大"继续开车，成为伪国民政府代主席，继续和日本侵略者捆绑在一起，直到车毁人亡。因此，抗战胜利后，尽管陈公博隐姓埋名逃到日本，还是被引渡回国，接受审判。常言说，出来混，欠的账总是要还的，汪精卫政权拉下的清单，也让他付出了应有的代价，真可谓"骨朽人间骂未消"。陈公博被南京国民政府最高法院判处死

陈公博

刑，真是罪有应得。但陈公博还是有点"冤"，原因是当时他是坚决反对汪精卫投敌的。然而，全是哥们儿的义气，被"汪老大"带到沟里，成为汪精卫的牺牲品。

我们先讲一讲当时头号汉奸，即伪南京政府主席陈公博的下场。抗战胜利，举国欢庆，在抗战中为日本侵略者出卖国家利益的汉奸卖国贼，在突如其来的胜利面前唯一的感觉是恐惧与惊慌，虽然远在重庆的国民政府还顾不上肃奸，但是大小汉奸已经意识到末日的来临，于是，当汪伪这条

破船就要翻沉之际，他们纷纷寻找救生设备，寻找活路。作为头号汉奸的陈公博内心自然十分恐惧，他是怎么给自己找后路的呢？

让我们把时间拉回到1945年的8月，抗战胜利前夕。用一句流行的话说，出大事了。什么大事呢？第一件事，美国在8月6日和9日分别在日本广岛和长崎投下了两颗原子弹；第二件事，苏联百万红军在8月9日越过中苏边界，向中国东北的日本关东军发起摧枯拉朽的横扫；第三件事，日本撑不住了。8月15日，日本天皇和铃木内阁宣布无条件投降。

日本投降的第二天，伪行政院长兼伪上海市市长周佛海急急忙忙赶到南京。下午，与伪府主席陈公博一道，召集伪府高官会议，宣布伪南京政府立即解散。之后，两人紧紧拥抱在一起，表示还要同舟共济，防止新四军抢先接收京（南京）、沪（上海）、杭（杭州）等大城市。等蒋介石政府还都，再把南京、上海、杭州等大城市作为厚礼献给蒋介石。

为了向蒋介石表明心迹，8月16日晚，陈公博给蒋介石草拟了一份电报稿，报告三件事：第一件是说明日军投降没有问题，不过日军集中是需要时间的，希望政府勿迫之太急，恐有意外。第二件是日军决定不再对共军作战，因为日军中国派遣军总司令冈村宁次说共军也是中国的部队，是与重庆军队并无区别的，也是战胜国的部队。除非共军主动袭击，否则日军必定退让，特别请中央注意。第三件是报告宣城已被新四军占领，芜湖被围，六合告急，南京城岌岌可危。并乞指示机宜。这个电报是拟好了，可是有一样：没有密码，用明码发，电台却叫不通。陈公博急得不得了。

就在那天夜里，南京城内响起了枪声。谁和谁打起来了呢？是新四军进了城和日军打起来了吗？还真不是。闹了半天，原来是周佛海的人和陈公博的人打起来了。这是为什么呢？

原来，周佛海身边的一个军统少将名叫周镐，突然以"京沪行动总队南京总指挥部"的名义，抢先动手，发动"政变"，封锁南京的车站、码头，接管了伪中央储备银行金库，控制了银行、伪《中报》、伪中央电台和政府机关，逮捕伪内政部长、伪考试院副院长等一批重要人物，打死了逃跑的伪陆军部长萧叔萱。到了中午，"京沪行动总队"气势汹汹地要接管位于马标的伪中央军校，而伪中央军校由陈公博的人所控制，不买周镐的账，于是双方发生冲突。

接着，伪中央军校学生以保卫陈公博为借口，封锁了西康路和颐和路一带的路口，修筑工事，还包围了湖南路西流湾一带周佛海的住宅。

南京城内大乱。在这种形势下，侵华日军中国派遣军总司令冈村宁次决定出面进行调解，因为如果南京因内乱毁于一旦，或被新四军趁乱占领，那蒋介石绝不会饶过他们，回国将会很麻烦。于是张贴告示，出兵封锁街道，宣布南京仍在日军控制下，不允许发生动乱。之后，周佛海不得不服软，向陈公博道歉，灰溜溜地回了上海。"三天政变"就这样结束了。陈公博与周佛海不是一般的关系，从1921年到1945年，二十多年的友谊就这样结束了。

陈公博还想凭自己手中残余的一些力量与重庆方面讨价还价，可是多次发电报请示蒋介石，却石沉大海，陈公博成了热锅上的蚂蚁，不知如何是好。怎么办？病急乱投医，陈公博想起了一个人或许能救他。这个人叫任援道。

任援道是何许人也？他会帮助陈公博吗？

任援道，江苏宜兴人，参加过辛亥革命，上过保定军校，带过兵，曾任平津警备司令。1937年12月12日，南京沦陷，生灵涂炭。任援道认为机会来了，于是他趁火打劫，收编了镇江鱼雷学校的三艘炮艇及部分官兵和国民党的散兵游勇一万多人，投靠到大汉奸梁鸿志的伪中华民国维新政府，成为绥靖部部长，指挥伪军与挺进江南的新四军为敌。1940年4月，汪精卫伪政府成立后，任援道走陈公博的后门，当上伪第一方面军总司令和伪军事参议院院长。任援道是个善于投机取巧的家伙，但陈公博与他有交情。

1944年春夏，汪精卫在日本病危，陈公博与周佛海对伪政府进行重新洗牌，更换安徽、江苏、浙江三省伪省长。为培植自己的势力，陈公博支持任援道做伪江苏省省长。周佛海要削弱陈公博的势力，提出"军政分治"的原则，任援道要当省长可以，但必须交出第一方面军的指挥权。任援道抗不过周佛海，只得交出军权。他恨周佛海，对陈公博表示要友情后补。

陈公博知道任援道和戴笠有联系，且任援道已经就任南京先遣军总司令，要想联系重庆方面，只有依靠任援道。于是，打电报让任援道立刻来南京。

8月18日下午，任援道从苏州来了。但是冈村宁次没有接到蒋介石任命任援道的正式通知，不承认有先遣军可以执行任务。但是，任援道对陈公博拍着胸脯说：要找戴老板甚至蒋委员长都不是个事儿，包在我身上，你等我回话。

第二天，任援道果然来到陈公博在南京西康路的办公室，故作神秘地关上房门说："蒋先生回话了……"

陈公博迫不及待："蒋先生怎么说？"

任援道压低声音："蒋先生对陈先生还是很谅解的。"

"真的？没想到蒋先生还念旧啊。"陈公博又惊又喜。

任援道一本正经地说："蒋先生对你解散伪政府、维持地方都还满意，但是，有人向蒋委员长打小报告说你在南京与共产党联系，集中军队想拥兵反抗……"

陈公博急了："我没想拥兵，更不敢反抗！"

任援道说："蒋先生也不信，说公博断不至此。但人言可畏，你得拿出诚意……"

"什么诚意呢？"

任援道说："这样吧，把你手上的军队交给我，我向蒋先生证明你没有拥兵反抗。"

原来就在日本投降前，任援道已经与戴笠联系，吹嘘自己有实力控制东南。日本宣布投降后，重庆方面的力量暂时达不到沦陷区，蒋介石和戴笠为了不让共产党的部队进入，借驴拉磨。经顾祝同和戴笠推荐，蒋介石委任任援道为南京先遣军总司令，负责京沪线及南京治安。任援道是个光杆司令，怎么控制南京？正犯着困呢，来了个送枕头的。于是任援道就给陈公博挖了个坑。

陈公博为了表示效忠蒋介石，立即写手令，让伪军将领都听任援道指挥，并把南京的伪军将领叫来，当面让他们听从任援道的调遣。陈公博让人卖了还帮着数钱，任援道就这样轻而易举骗得了陈公博的军权。

两天后陈公博去找任援道，问："我都按蒋先生的意思去办了，为什么蒋先生不回电报给我？"

任援道说："这正是蒋先生的为难之处。你是伪主席，是最大的汉奸，蒋先生不方便啊。他的意思是想叫陈先生避一避。"

"往哪儿避？"陈公博愤愤地说："如果蒋先生认为我有罪，我理应归罪；如果蒋先生认为我是统一的障碍，也该留下来，这叫待罪……"

任援道却说："你待什么罪？蒋先生根本没给你定罪，他要你走，所以才不会来电报。他是抗战领袖，要凯旋还都，哪能打电报给你来自找麻烦？"

此话刺痛了陈公博："既然我是伪主席，就必须对南京的治安负责，中央没派大员来接收之前我如果离开南京，出了问题谁来负责？再说我一跑，就叫畏罪潜逃，不就成了第一号通缉犯？"

其实任援道嫌陈公博待在南京碍事，见陈公博不愿走，立马翻脸道："反正上面的意思我传达了，你自己掂量吧。"

两人友谊的小船说翻就翻了。

几天后，陈公博突然人间蒸发了。更奇怪的是，8月29日，日本同盟社发了一条爆炸性消息：南京政府代主席陈公博昨日自杀受伤，因伤重而毙命。

陈公博真的自杀了吗？消息是真是假？这是怎么回事？

事情还要从五天前的早晨说起。24日早，陈公博正要吃早餐，他的左膀右臂、伪安徽省省长林柏生和伪实业部部长陈君慧跑来报告：不得了啦，我们两家养的大狼狗，被人毒死了。陈公博手一抖，鸡蛋滚到地上，牛奶也洒了，这明摆着是威胁与警告！怎么办？三个人商量一上午也没个结果。

就在这天下午，日军中国派遣军总司令冈村宁次的副总参谋长今井武夫从湖南芷江飞回南京。今井武夫去芷江是与时任中国战区陆军总司令部参谋长萧毅肃、副参谋长冷欣等进行在华日军的洽降事宜。

陈公博一下子抓住救命稻草，让秘书莫国康给今井武夫打电话，要他无论如何来官邸一趟。这个莫秘书的能量还真不小，果然把今井武夫请来了。

今井向陈公博汇报了芷江洽降的情况，说："冷欣副参谋长26日，也就是后天抵达南京，27日新六军也要坐美国运输机抵达，何应钦总司令月底要来南京受降。阁下是应该考虑一个办法。"

陈公博与何应钦之间面和心不和。早在1933年长城抗战时，陈公博作为中央大员去北平进行慰问。何应钦却要陈公博当着将领们说中央就要和日本谈判了，希望大家再坚持一下，不要后撤。陈公博不敢"矫诏"，但何应钦非要他这样说，于是陈公博就说了假话，后来又替何应钦背过黑锅。如果留在南京，落到何应钦手里就麻烦了。于是他用乞求的口气说："我想去日本，可否给我想想办法？"

今井武夫问："阁下这次赴日，是政治避难或是逃亡，还是出自其他什么目的？"

陈公博说："我绝不是潜逃或亡命，只是我在这里，对何应钦总司令进驻南京或有不方便，所以还是暂时避开为好。"

今井武夫考虑了一会儿："要走就要快走，我马上与日本国使馆接洽，借日本航空公司的飞机；明天早晨必须离开，否则过了明天中午12点，日本所有的飞机起飞都要经过盟军总部同意，未经批准强行起飞，一律击落。到时候你想走也走不了了。"

陈公博着急地说："好好，我马上收拾一下，另外还有几个人要一同避难，一共7个人。"

返回大方巷日军中国派遣军总司令部，今井武夫马上向冈村宁次进行汇报，并召来日本驻伪府大使谷正之一起商量，让谷正之电告国内请示一下。傍晚，日本政府回电，制定了"东山方案"，由外务省和军方合作执行，并绝对保密。

为什么叫"东山方案"呢？日本方面给陈公博起的化名叫"东山公子"，他太太李励庄叫"东山文子"。此外，还有他的心腹伪行政院秘书长周隆庠、伪安徽省省长林柏生、伪实业部部长陈君慧、伪经理总监公署总监何炳贤也都起了日本名，就连陈公博的女秘书莫国康也有日本名，叫青木贞子。

陈公博要带走的人当中，除了自己的老婆就是自己的亲信，他怎么还带了个女秘书？这个叫莫国康的女人又是什么来历？

陈公博有爱女色和爱抽烟两大嗜好。20世纪30年代他在南京国民政府任实业部部长时，经常在秦淮河畔高档妓院集中的钓鱼巷流连忘返，与

"秦淮四小名妓"中的曹俊佩搞得死去活来,绯闻见诸京华报端。抽烟不是抽国货的香烟,而是鸦片烟,与周佛海、梅思平等人横卧烟榻之上,吞云吐雾,大谈风月,被小报记者跟踪报道,也是常有的事。

莫国康是他在广州执信中学教书时认识的小情人,是学生诱惑了老师,还是老师勾引了学生,谁也说不清,成为一大绯闻。陈公博成了党国要员以后,莫国康做了秘书兼情人,形影不离,就连李励庄也无可奈何。抗战期间,陈公博落水做了汉奸,在汪伪政府做了立法院长,莫国康跟着下水,做了立法委员,也有人拍马屁,把莫国康比作"第二夫人",气势要压过"第一夫人"陈璧君。没想到汪伪政府中的宣传部副部长、猎艳高手胡兰成也勾引莫国康,这种事传得最快,只有陈公博蒙在鼓里。还是陈璧君看不下去了,让陈公博把自己的篱笆扎牢,别让野狗钻了空子。当时还有这么个顺口溜"陈(璧君)委员爱权,莫(国康)委员爱钱",讽刺了汉奸群中爱出风头的两个女人。虽说夫妻本是同林鸟,大难临头各自飞,但陈公博却有情有义,临危不忘带上莫国康。

8月25日凌晨,南京城内明故宫机场,一架日本"中华航空公司"的商务运输机发动机轰鸣着,一辆军用货车进了机场直接开到跑道上,七个黑影爬上舷梯。他们分别是陈公博、李励庄、莫国康、林柏生、陈君慧、周隆庠和何炳贤。

飞机在黑暗中起飞。舷窗外,只有长江上几艘日本舰船透着闪烁的灯火,别的什么也看不见。陈公博不由想起南唐李后主离开金陵时那首著名的词:最是仓皇辞庙日,教坊犹奏别离歌,垂泪对宫娥。

他哀叹道:"今朝离去,别说是辞庙,连送行者也没有,茕茕孑立,形影相吊。"

飞机原来的目的地是青岛,到青岛后,陈公博等人再坐船去日本。但临时改变航向,直接飞往日本,进入日本海岸不久,飞机就降落在鸟取县的米子机场。陈公博问:"怎么回事,不是说好的去京都?"护送他们的小川哲雄中佐说:"飞机燃油快没了,要在米子机场加油。"等飞机加油后已过正午12时,不能再飞了,只得临时决定,在米子市暂住。

由于事先没有和当地政府进行联络,没有车接,小川哲雄只得在马路上拦了一辆货车,将他们一行送到米子市政府,随后又由市政府调用一辆红色的救火车,将他们送至一家小旅馆歇息。半夜,陈公博等人突然被嘈杂的人声惊醒,隔着窗户往外看,只见一群手持武器的人嚷着要支那人滚出来!可把陈公博一伙人吓得魂飞魄散。这到底是怎么回事呢?

白天当这拨人乘坐救火车招摇过市时,李励庄与莫国康身穿色彩鲜丽的旗袍很是拉风,引起米子市民的注意,一个"支那人已占领米子"的谣言,不胫而走。于是日本在乡军人自警团连夜集合,拿着武器要消灭这些入侵者。经小川哲雄出面再三解释"这些人是自己人",自警团才撤围而去。三天后东京外务省派来一名科长来见"东山"先生并进行安排。9月上旬,五个男人都换上了日本军装,扮成复员的日军将校,两个女人也不敢穿旗袍了,换上了和服。他们几经辗转,直到9月8日,"东山"一行才迁入京都郊外的金阁寺住下。

金阁寺又名鹿苑寺,建于1397年,距今已有六百多年历史了。1994年被联合国教科文组织确定为世界文化遗产。

原来所谓陈公博自杀的消息是日本方面释放的一个烟幕弹。

2. 走投无路真自杀

9月8日，中国陆军总司令何应钦致驻华日军最高指挥官冈村宁次将军的第二十一号备忘录称：

据日本同盟社曾于八月二十九日发表伪国民政府代理主席陈逆公博自杀毙命，但据我方在南京所得之确切报告，陈逆公博林逆柏生何逆炳贤陈逆君慧岑逆德广周逆隆庠及女秘书莫国康等七人及日本军官雄川于八月二十五日晨，由日本派飞机秘密送往九州之米子等情，查陈逆公博等皆为中华民国之叛国罪犯，希贵方官负责转致日本政府速予逮捕，并解交南京本总司令部为要。

　　　　　　中国战区中国陆军总司令陆军一级上将何应钦

但该备忘录也有疏漏之处，即把李励庄和岑德广搞错了，岑德广并没有随陈公博到日本，却漏掉了李励庄。

那么，中国陆军总司令何应钦是怎样知道陈公博在日本？又怎样要求引渡陈公博呢？

原来，陈公博等人所乘日机在南京起飞后，谷正之拍了一个密电给东京日本外务省，报告"东山"一行姓名、人数及抵达东京羽田机场的时间，请密派要员到场照料。

这份密电被当时国民党军事委员会技术室毛庆祥截获。毛庆祥是蒋介石发妻毛福梅的内侄，蒋介石虽然与毛离婚，但对毛家人还不错，委以重任。抗战时期，戴笠要把军委会技术室并到军统系统，遭到毛庆祥的坚决抵制，因此，戴笠与毛庆祥矛盾很大。此番毛庆祥破译了电文，就是要戴笠的好看。

陈公博等七人秘密失踪后，把军统头子戴笠吓得够呛。为什么呢？戴笠刚从蒋介石手中拿到了肃奸的大权，头号大汉奸就从他眼皮底下消失了，这怎么向蒋委员长交代呢？于是他不敢声张，派人私下查访，却毫无头绪，后来看了报纸，便向蒋介石汇报陈公博自杀的消息。毛庆祥这才向蒋介石呈交了陈公博隐藏在日本的电文，戴笠少不了挨蒋介石一顿臭骂。因此，戴笠通知何应钦，陈公博躲在日本，何应钦才要求日方予以引渡。

我们再把视线转移到躲在日本京都的陈公博。自从住进了幽静的古寺，镜湖池的池塘与金阁相互辉映，面对优美的环境和心如止水的僧人，陈公博却惶惶不可终日，他的内心十分焦虑，终日思考未来的命运。首先在对日的问题上，"蒋先生搞抗日救国，汪先生搞和平救国，途虽殊而目的一，我们都是为了国家，为了民族，或许可以性命无虞？"

其次，在剿共问题上，"南京和重庆方面是一致的，我们苦心经营江南，抗击新四军，不正是为蒋先生保留一块反共根据地吗？这个地盘未落入共党之手，我们也是尽了力的。"陈公博认为自己没有功劳也有苦劳。

他时而又想："和蒋介石打交道几十年，合作的时候少，而反目的时候多。蒋心狠手辣，排斥异己毫不留情，这次一定在劫难逃。"

何应钦要求引渡陈公博等人，冈村宁次不敢怠慢，立即报告给日本政府。日本政府指示冈村宁次答复中国政府：陈公博是爱国的，绝不反对政府，希望对陈的问题重新予以考虑。日本外务大臣还致电国民政府，要求从宽处理陈公博。电文为："如果您们要责难秉着和平救国宗旨进行活动的陈公博，那么受到责难的应该是日本，他在那种形势下尽力维持地区和平和民生，仅凭这一点，相信贵方也会酌量而行的，无论如何我们都希望对陈公博氏予以宽大处理。"

9月9日，全中国的视线转向南京。那天，秋高气爽、丹桂飘香，饱受了八年战火和劫后余生的南京市民，兴高采烈地迎来日军正式投降。中国战区受降典礼仪式于上午9时9分，在黄埔路中国陆军总司令部大礼堂举行。冈村宁次大将在投降书上签字，交给中国陆军总司令何应钦上将。

而同一天上午，日本外务省大野局长来见陈公博，说何总司令有一个备忘录给冈村，说陈自杀是假的，要日本护送他归国，望做好准备。来人一走，陈公博想，与其被押回国审判，还不如真的自杀算了。

当天下午，沉闷的天气令人昏昏睡去。金阁寺后院，房间的纸门都敞开着，李励庄的日本侍女不破贞子没有午睡，一个人站在房间前面的院子里发呆。突然，从陈公博的卧室中传来厮打声，紧接着"啪"的一声枪响，在宁静的下午格外刺耳。不破贞子吓了一跳，立即冲进房间，只见"东山"先生与"文子"夫人正扭作一团。

不破贞子尖锐地叫道："干什么呀？"

"文子"夫人双手抱着"东山"先生，用眼睛示意"东山"手中的枪，冲着不破贞子喊："贞子！这个！这个！"

不破贞子立即扑向"东山"先生，终于从他手中夺下了手枪。

林柏生、陈君慧、周隆庠、何炳贤等人都赶来了，只见陈公博瘫倒在榻榻米上，喃喃地说："想自杀都没有机会，只好等着审判了。"见此情景，汉奸们都默不作声，在心灵深处投下了长长的阴影。

既然自己的行踪已经暴露，那就不如自己先给何应钦打打悲情牌，说明自己不是畏罪潜逃，而是有不得已的苦衷。

9月25日，陈公博草拟了一封电报，寄给何应钦。

电报如下：

博做好回国准备。

9月25日，陈公博草拟了一封电报和一封信，请日方代寄往南京交何应钦，内容如下：

（电报）

南京何总司令敬之兄勋鉴：并请转呈蒋主席钧鉴：公博于八月二十五日离京之前曾留呈一函，想达钧览。数年郁郁之私，一旦得达，殊快所怀。公博原决留京待罪，只以当日传闻，有谓公博宜早离京沪，庶免钧座处置困难，以故对于京中善后诸事处理完毕，即匆遽离京。此行决非逃罪，故留呈函中，曾有钧座若有命令即行出而自首之语。项闻本月九日总司令对于公博之事，有一备忘送致冈村，二十日复派钮处长（注：陆军总部处长钮先铭）传达钧意，辗转传达，今始得悉。公博能回国自首，本为日夕祈祷以求。今既出钧意，归心更急。唯交通困阻，船机不通，伏望派一中国飞机至日，俾得早日回国待罪，区区之忱，尚希明鉴。

陈公博叩首

（信函）

敬之总司令吾兄勋鉴：八月二十五日曾于离京之前，曾呈蒋先生一函，托兄及东丞（即王懋功，字东丞，当时国民政府江苏省主席）兄转呈，内容想已达览，弟之离京绝非逃罪，只以当日传闻，谓弟再留京沪，将使蒋先生处置困难，因是不得已匆遽离京，以待后命。项闻总司令部对弟归之事，曾有备忘录送致冈村，复派钮处长（注：陆军总部处长钮先铭）传达尊意，弟决本留呈蒋先生函中原意，归国自首。唯有一事请兄代弟转达者：当日来东，本非夙愿。惟无论暂居国内何地皆有军队，深惧予人口实，造作蜚语。蒋先生之意既明，弟归心更急，最好能由国内派一中国飞机来日，俾得早日成行。此种请求，或为逾分，然区区之心，度亦为兄所深谅。再者，本月二十五日，弟为自首事，曾有一电致兄并请转呈蒋先生，恐电报梗阻，文意或有不明，兹再抄录一份，尚乞转呈为祷，专此即请勋祺。

弟陈公博谨启，九月二十五日

9月30日，日本外务省驻京都的办事人员通知陈公博等，中国航空委员会派出一架飞机已到米子，请做好准备。

其时，日本前首相近卫文麿为其母扫墓来到京都，听说陈公博等将被遣回中国，于是赶到金阁寺诀别，谈及往事，不胜唏嘘。近卫文麿是日本侵华祸首之一，法西斯主义的首要推行者。如果当年不是近卫第三次对华声明，称"不以国民政府为对手"，汪精卫也不会发表"艳电"进行呼应，也许历史会是另一个样子。如今都面临着共同的命运，他们互道珍重而告别。是年12月16日，在麦克阿瑟将军传讯逼迫下，近卫畏罪服毒身亡。

10月1日晚上，"东山"等人又恢复了原来身份，乘火车去米子。中国陆军总部人员和八名宪兵早已等在那里。10月2日，在米子机场，宪兵连长手持何应钦开列的备忘录名单点名，喊一个，就从汉奸堆里走出一位，被"押送"上飞机。最后只剩李励庄一人孤立在秋风之中。因为名单上没有李励庄的名字，不管陈公博如何请求，李励庄就是无法登机。无奈陈公博只好拜托前来送行的小川哲雄，请他照料自己的老婆。

飞机在风雨中起飞，不一会儿在福冈降落。陈公博以为是日本政府改了主意，没想到是天气原因，他们在日本又住了一夜。10月3日，陈公博等人终于踏上归国之程，数小时之后，飞机飞抵南京上空，熟悉的长江、钟山、石头城一一出现在陈公博等人的眼帘时，他们只有长叹、恐惧，没有丝毫激动了。

3. 中共"一大"来去

说到这里，或许有读者要问，陈公博是什么来头？怎么成了二号汉奸了呢？早年他不是反清义士吗？也算是革命者，还曾是中共一大代表，他是怎么投靠汪精卫，成为大汉奸的呢？

这还要从陈公博的早年经历说起。从他的早年经历，我们可以看到一个鲜为人知的、复杂的、与他的汉奸头衔大相径庭的形象。其实陈公博是官宦人家出身，家庭条件还是很优越的。

1892年（清光绪十八年）10月，陈公博生于广州的一个官宦人家。从小理应受到传统教育，读《三字经》《千字文》及"四书五经"。奇怪的是，他父亲对这些圣贤之书不感兴趣，反而让儿子看《水浒传》《三国演义》之类的小说。当时有句话叫"少不看水浒，老不看三国"，意思是说：年轻人看了《水浒传》就会产生造反之心，老年人读《三国演义》就会知谋略之术。陈父为什么这样教育儿子呢？

陈家居住在广州北门，那里是八旗官兵驻防的家属区，一些八旗子弟，饱食终日，上街寻衅滋事。一天，陈公博在街上被一群八旗孩子打了，哭哭啼啼回到家，却被父亲骂了一顿，说他没出息，还给他找了两位拳棒师傅教他习武练拳。

后来，陈公博又被那群八旗子弟堵住了，他三拳两脚，就打得对方鼻青脸肿。回到家，陈父竖起大拇指，夸他有种。但事情闹大了，陈家被八旗官兵包围起来。陈父又说好话，又拿银子给人治伤，才摆平此事。打那以后，陈公博的反清思想就开始萌芽了。

陈公博的父亲陈志源曾是清朝的将军，官拜广西提督，相当于省军区司令。后被罢黜兵权，在家赋闲。他成天发牢骚骂人，骂朝廷无能，骂慈禧太后腐败、卖国。后来参加了孙中山领导的同盟会。陈公博15岁那年，跟着父亲回乳源老家，准备反清起义，不料事机不密，被清军包围，父亲掩护陈公博逃往香港，自己却被抓去坐牢。

几年之后，辛亥革命爆发，广东被革命党光复，陈志源出狱，就任广东都督府顾问。这时，陈公博只有20岁，有人请陈公博去做军官，还有人选他做乳源县议长。沾沾自喜的陈公博和父亲一说，遭到其父大声叱责："你有多大能耐？真要做事，先去当大头兵，再去读书。否则，会害了你一生。"陈公博对父亲还是非常敬重的，真的去当了兵，做过班长、司务长，后来又想去读陆军小学，又被父亲骂了一顿："我做军官已经做够了，你应该去学文。"

1914年，陈公博考入广州法政专门学校，毕业后又考入了北京大学哲学系。他抱定"不管闲事，专管读书"的宗旨。当时新文化运动如火如荼，陈公博不能不受影响，但他采取敬而远之的态度。1919年五四运动时，同学让他去撒传单，他上街随便一扔就跑去听梨花大鼓了。1920年陈公博从北大毕业回到广东，在法政专门学校任教授。当时省长是陈炯明，正在搞地方自治，聘请著名的北大教授陈独秀任广东教育委员会委员长，汪精卫是教育会会长。陈公博在老师陈独秀和汪精卫的提携下，担任出版科长，与谭平山等人创办《广东群报》，任总编辑。陈公博组织了社会主义青年团，不久又成立了广州共产主义小组。1921年6月，上海共产主义小组通知各地共产主义小组派代表到上海召开中国共产党第一次全国代表大会。陈独秀接到通知后，因筹办广东大学预科走不开，于是召集党员开会，推荐陈公博出席"一大"。7月14日，陈公博带着新婚的妻子李励庄经香港转乘轮船北上，21日才姗姗来到上海。这对新婚夫妇住进了豪华的位于南京路的大东旅社，而其他代表则住在私立博文女校。

7月23日晚，中国共产党第一次全国代表大会在上海法租界望志路106号正式召开。那是上海代表李汉俊的哥哥李书城家，是一幢沿街砖木结构一底一楼石库门住宅建筑，人称"李公馆"。来自各地共产主义小组的13位代表，加上马林、尼科尔斯基两位共产国际代表出席了会议。会议由张国焘主持，毛泽东和周佛海担任记录。

没想到刚开会不久，陈公博与张国焘就吵上了，吵得脸红脖子粗。为什么呢？张国焘认为，共产党员不能在资产阶级政府里任职或任议员。陈公博自己就脚踩两只船，张国焘的主张无疑要砸他的饭碗，何况陈独秀也是在广州政府中做事的，凭什么就不能干呢？于是他参加大会的热情顿时冷到冰点。

这时又出了状况，加速了陈公博的退意。是什么事呢？

7月30日晚，代表们齐聚"李公馆"的楼下开会。8点多，一个穿着灰色长衫的陌生中年汉子撞了进来，看到满屋子的人，忙说："对不起，我走错地方了。"

共产国际代表马林很警觉，认为这个人可能是"包打听"，即巡捕房暗探，于是立即停止开会，让众人从后门离开。只有陈公博不以为然，与李汉俊聊天喝茶。很快，一群法国巡捕闯了进来。

为首的探长问陈公博："为什么开会？"

陈答："不是开会，只是寻常的叙谈。"

探长问："懂不懂北京话？"

陈说："懂，我讲的就是北京话。"

探长又问："从哪里来？"

陈说："是由广州来。"

为什么探长揪着陈公博不放呢？后来才知道是从他的口音中听出了问题。

原来探长听陈公博讲话以为是日本人。

巡捕四处搜查，足足折腾了个把钟头。陈公博吓得够呛，一根接一根地抽烟，竟把整整一听48支长城牌烟卷全部抽完了！

巡捕没有找到什么证据，悻悻而去。陈公博急忙与李汉俊道别。出门后，发现有人盯梢，正好一辆黄包车过来，他跳了上去。盯梢的也招来一辆黄包车，紧跟其后，陈公博要黄包车直奔大世界游乐场。进了大世界后，混入人群去看电影，趁电影场人多光线暗，陈公博摆脱了密探，然后赶回南京路的大东旅社。叫妻子把皮箱打开，取出了几份文件，把文件放在痰盂中烧掉，这才敢睡觉。那天夜里天气炎热，他们拉了条席子铺在地板上，大半夜才睡着。没多久又出大事了，彻底把他吓坏了。

这是怎么回事呢？

陈公博夫妇住在大东旅社41号，那天凌晨，听见隔壁传来一声枪响，紧接着又是一个女人惨叫一声。

天亮后，陈公博听说旅社茶房42号发生命案，已经去巡捕房报案，巡捕马上就到。陈公博担心受牵连，马上带着太太离开了大东旅社。告知李汉俊等人，下午有急事要去杭州，就急急忙忙走了，连在嘉兴南湖召开的"一大"最重要的会议都未参加。

代表们开玩笑说：陈公博是弱不禁风的花花公子。

经过这一连串的惊吓，等南湖会议结束后，陈公博才从杭州返回上海，把大会文件抄了一份，带往广州，交给了新当选的中央局书记陈独秀。不久，陈公博还担任了中共广东区委组织委员。后来他坚决要去美国研究经济学，党组织劝告他，陈公博干脆宣布脱离中共，结果被开除党籍。这就是陈公博参加"一大"和退党的经过。

4. 跟随汪精卫，死心塌地

1923年初，陈公博考入美国哥伦比亚大学研究院学经济学。一年后取得了硕士学位，接着想读博士，但是没有学费了，只好写信回广州，向负责广东省财政的廖仲恺寻求帮助。廖仲恺回信说：如果回广州可以提供路费，如果申请博士学位就爱莫能助了。陈公博没办法，只好动身回国。

一个拿着三张文凭的"学霸"回到广州，引起国民党的重视。廖仲恺推荐陈公博做了广东大学教授，还极力鼓动他从事政治工作，介绍他参加国民党。接着廖仲恺又与汪精卫商量，专门为陈公博量身设计了一个职务，即中央党部书记长。

1925年7月，国民政府成立，国民政府和军事委员会主席是汪精卫，在汪的提名下，陈公博又做了军委会政治训练部主任和广东省政法农工厅厅长。不久廖仲恺被刺，陈公博又接任了国民党中央农民部部长，兼任广东大学校长。在国民党第二次全国代表大会上，34岁的陈公博当选中央执行委员。

平步青云的陈公博，内心最感谢的人就是汪精卫，从此鞍前马后不离不弃。

北伐期间，陈公博任总司令部政务局局长，国民革命军抵达武汉后，陈公博以国民党左派面目出现，参加国民党二届三中全会，被选举为中央执行委员会常务委员兼工人部部长。"宁汉分裂"，陈公博坚定不移地跟着汪精卫，在武汉国民政府与蒋介石的南京国民政府的党争中出尽风头。

1928年1月，陈公博在上海办起了《革命评论》《前进》杂志，声称要"集合革命同志"，重新制定党的纲领，改组国民党。陈公博言辞激烈，既反对蒋介石的独裁政治，又恶毒地攻击中共武装暴动方针，主张发扬国民党"一大"的"改组"精神，成立国民党改组派，奉汪精卫为精神领袖。一时间，改组派发展迅速，全国各地及海外会员在万人以上。陈公博实际上是改组派的总负责人，进行有组织的"反蒋"活动。在1929年国民党第三次全国代表大会上，国民党中央开除陈公博党籍，给予汪精卫以书面警告的决议。然而，陈公博等改组派以国民党内知识分子和青年学生为对象，以"护党救国"为"反蒋"号召，并策动桂系等军阀进行军事反蒋。最后在1930年爆发了蒋冯阎中原大战，汪精卫、陈公博与阎锡山于8月7日在北平中南海怀仁堂举行"中国国民党北平扩大会议"，决定9月9日成立国民政府，阎锡山任国府主席。9月18日，张学良进关助蒋介石，阎锡山、冯玉祥等一败涂地，扩大会议迁往太原，到10月下旬，扩大会议和这场"倒蒋"运动宣告失败。陈公博去了欧洲。汪精卫到广州，与两广军阀成立广州国民政府，汪精卫任国府主席，继续与蒋介石的南京政府对着干。

1931年"九一八"事变后，国难当头，蒋介石、汪精卫捐弃前嫌，再度合作，蒋介石管军，汪精卫主政。陈公博恢复了党籍，在汪精卫内阁中当了实业部部长。在对日问题上，应该说陈公博开始是主张坚决抗日的。1932年"一·二八"淞沪抗战前夕，在南京的陈公博问京沪卫戍司令陈铭枢："倘若日本海军真要打起来，你们是不是要抵抗？"陈铭枢回答："上海打不得，那里没有阵地。如果要打，也必定要撤兵至真茹和南翔一带再打。"

陈公博反驳："你们除非不抵抗，要抵抗还是应该在闸北。如果日本人占了闸北，不来真茹和南翔，你们岂不是有抗战之心，无抗战之实？如果在闸北不流一滴血，闸北必将变为日本的租界。"

陈铭枢承认陈公博说的话有道理，随即在桌上拿起军用电话打至上海找十九路军总指挥蒋光鼐，说："公博主张除非不打，要打就要在闸北打。你的意见怎样？"

蒋光鼐说："蔡廷锴也是这个意思，就这样干吧。"

于是第十九路军在闸北一带对发动进攻的日本海军陆战队进行抵抗，"一·二八"抗战终于爆发了。由此可以看出，陈公博对日本的挑衅持抵抗态度。

影响陈公博从积极抗日转向妥协的立场是从长城抗战开始的。

1933年日军进攻长城一线，行政院院长汪精卫让陈公博去前方，代表行政院慰劳军队，了解一下战事。

陈公博刚到北平，正在吃早餐，主持华北军事的北平政务委员会委员长何应钦三次电话来催。陈公博赶到中南海，何应钦就说："你来得很好。今天请你替我们做一件事。各路军队都败退下来了，不奉命令，擅自撤退。为了要稳定军心，请你赶紧代表中央，去对将领们讲讲话，说中央已经想办法通过和平途径解决中日问题，希望大家不要再逃跑。无论如何得把军队稳定下来再说。"

陈公博听了大吃一惊，连忙摇头说："我是奉命劳军来的，哪能跑到将领面前撒谎，说那种没根据的'和平'？"

何应钦苦苦哀求陈公博帮忙，陈就是不干，说："这样我要被砍头的。"何应钦拍着胸脯说："要砍头，大家一起砍。"

在何应钦的摆布下，陈公博只好集合将领们，欺骗他们说中央决定和日本人谈判，不会让诸位作无谓的牺牲，一定会想出一个适当的办法解决中日问题。

陈公博帮何应钦圆了场，但事后何应钦却不承认这是他的主意，都推到陈公博身上。

回到南京，陈公博向汪精卫、蒋介石报告前线的"真情实况"，说：

"中国军队虽勇敢,但敌不住日本的大炮和飞机。最痛心的是,前方将士还没有看见日军的影子,便先做了牺牲品。因为我们的火炮射程没有日军的那么远,纵有少数大炮,数量也比不上日军那么多。这次战争,实在说我们还没有充分的准备,军事既难解决,还是走外交的途径吧。"

结果,蒋介石、汪精卫都同意对日妥协,后来就有了《塘沽协定》《何梅协定》等一系列屈辱条约的签订,使南京中央逐步丧失了华北的主权。可是,全国舆论却不放过汪精卫,因为他是行政院院长兼外交部部长。连孔祥熙都说蒋先生主战,汪精卫主和。攻击汪精卫是投降派,没蒋介石什么事。陈公博愤愤不平,认为这个账不能全算在汪精卫头上,蒋介石也有份,没必要代人受过!于是他几次劝汪精卫辞职,可是汪精卫既不听他的,也不让他辞职。陈公博非常消极,成天喝得醉醺醺。没想到,几个月后,即国民党召开四届六中全会,1935年11月1日,在中央党部举行的开幕式上,汪精卫遇刺受伤,一颗子弹打在背部的脊椎骨上,后去欧洲养病。陈公博也跟着辞职。后经慰留,转任中央民众训练部部长。

1936年12月12日,"西安事变"爆发。那天晚上,陈公博正在南京外交官邸喝酒,听外长张群说蒋介石在西安被扣,于是他赶忙跑到汪公馆向陈璧君报告,接着又陪她一起去汉口路斗鸡闸何应钦公馆打探情况。此时何公馆挤满了各路大员,都在发表高论。陈公博激烈地建议:立即派军队讨伐张学良、杨虎城,迫使西安放人。他的建议马上被何应钦点赞。

陈公博、陈璧君觉得中枢无主,这是千载难逢的好机会,打电报给在欧洲的汪精卫让他停止养病赶快回国。汪精卫赶到意大利热那亚港时,传来"西安事变"和平解决的消息,蒋介石被护送回南京。汪精卫不禁心灰意冷,于是在次年1月12日才姗姗回国,此时黄花菜都凉了。

抗战爆发不久,国民政府西迁重庆,陈公博当选为国民党中央常委,做了四川省党部主任委员,到成都赴任。因此,汪精卫、周佛海在重庆策划与日本谈判的秘密过程，陈公博一直被蒙在鼓里。

当他得知汪精卫搞和平运动，先后四次劝说汪精卫不要与日本合作。这又是怎么回事呢？

5. 四劝汪精卫

1938年11月，当汪精卫的代表梅思平从上海回重庆，带回重光堂密约，要汪精卫首肯，汪精卫特地电召陈公博从成都赶来，商量此事。不料陈公博看了"密约"后，陡然变色，问："汪先生，这协议书是哪儿来的？委员长知道吗？"

汪精卫说："委员长不出来议和，是我汪某准备来议和！中国国力无法再战，非设法和平不可！"

陈公博劝道："汪先生，依公博之见，这样做恐怕是难为人理解的，很可能出大乱子。"

汪精卫说："我离开重庆，那么和谈便是我个人的主张了。如果交涉得当，再来劝政府，由政府出面接受。如果政府仍然执迷不悟，那就只能撇开他们了。"

陈公博眉头紧锁，不无忧虑地道："此事须得慎重，我总觉得这事还欠考虑，最好放弃。背着政府去和敌方谈和，无论结果怎样，总还有个立场问题。"

陈公博这话说到点子上了。尽管后来陈公博与汪精卫绑定，做了第二号大汉奸，但无意中道出了一个重要的，也是实质性的问题，即在敌国入侵本国时，站在哪一边，是不能忽视的立场问题。

这时陈璧君急了，就讽刺他："你反对，那你留下来做蒋介石的官好了。"

道不同不相为谋，陈公博无法阻止汪精卫背着中央的对日谋和行动，垂头丧气回到成都。这是陈公博第一次劝说汪精卫。

1938年12月18日，汪精卫逃离重庆到了昆明，依然派副官到成都通知陈公博，务必赶到昆明。陈公博陷于非常痛苦的境地，一度打算摆脱所有的职务，谁也不跟，上峨眉山去做和尚算了。但他与汪精卫的关系根深蒂固，情谊深厚，于公于私都觉得无法置身事外。考虑再三，以演讲为借口赴昆明。陈公博还给蒋介石留了一封信："希望离川以后，以个人的努力，阻止汪先生组织政府，更希望党对汪先生能够宽大，减少汪精卫的冲动。"但陈公博赶到昆明，汪精卫已去河内，于是，陈公博又追到河内与汪精卫会面。

陈公博的目的还是想劝汪精卫回心转意，至少发表和平主张为止，不再有进一步实际行动。汪精卫也表示与陈公博想法一致，说"艳电"已发，已经表达了个人结束中日战争并且谋和的愿望，下一步准备去欧洲。这是陈公博第二次劝汪精卫。

此后，陈公博一直借口老母有病，躲在香港闭门不出。1939年3月21日晚，军统特务在河内高朗街刺汪，打死曾仲鸣，导致汪精卫一不做二不休，决定投靠日本。汪精卫即在香港《南华日报》上发表了《举一个例》的文章，揭露了国民党高层曾经在汉口开会，议决与日本方面进行谋和。汪精卫质问道："德大使所说可以为和平谈判之基础，何以近卫声明，不可以为谈判之基础？"

"南京尚未陷落，已经认为和平谈判可以进行，何以近卫声明时，南京、济南、徐州、开封、安庆、九江、广州、武汉均已相继陷落……和平谈判，反不可以进行？"

日本派出影佐祯昭前往河内，迎接汪精卫等人去上海，终于在5月6日抵达上海。随即汪精卫去了日本，与日本谈判组府事宜。回国后去了北平，与王克敏商讨组府事宜。紧接着又南下上海、南京，与梁鸿志等商谈成立政府事宜。

汪精卫于7月23日飞往广州。他此行的目的，是与日本华南派遣军司令官安藤利吉密谋策动广东地区国民党军事将领反蒋降日，在广东建立汉奸政权。这时，陈公博赶到广州与汪精卫见面，还是执拗地进行劝阻。这是陈公博第三次劝汪精卫。

11月5日，影佐在六三花园与周佛海、梅思平讨论，并要求汪方12月30日在沪签字，但由于这个《日汪密约》（《日支新关系调整纲要》）就是赤裸裸要把中国变成日本的殖民地，所以当陶希圣去1136弄汪精卫官邸，将讨论的结果向陈璧君一条条汇报，再由陈璧君上楼，一条一条向汪精卫说明，汪精卫听后也流下眼泪。陈璧君大为不满，要求中止与影佐的谈判，甚至想采取激烈行动，冲出日本的控制回广州去。这样，影佐也不得不回东京，与陆军省、兴亚院重新考虑。在这种情况下，陈公博来上海第四次劝说汪精卫，希望他能够回头。

不久，影佐带回了稍稍让步的新方案，汪精卫决定继续与日方合作。这样，陈公博才又返回香港。

《日汪密约》可归纳成以下要点：

（一）新政府承认的范围
承认事变中新国交修复以前既成事实之存在，及承认在事变继续中之特殊事态之存续。

（二）强度结合
结合原则：日支满三国相互善邻而结合。
结合地带：华北、蒙疆、长江下流地域之"经济强度结合地带"。

（三）特殊地位
蒙疆军事上及政治上之特殊地位。

在华南沿海特定之岛屿之特殊地位。

（四）互惠三原则

所谓互惠，即"善邻友好""共同防卫""经济提携"。

1. 善邻友好

主旨：日支满三国浑然相提携、互助连环、促进友好。

外交：中国承认满洲帝国，日支满三国修复新国交。

文化：融合、创造及发展。

顾问：新中央政府、强度结合地带及特定地域内配置日本顾问、职员。

租界：日本逐渐考虑交还租界及治外法权。

2. 共同防卫

主旨：日支满三国协同防共，缔结日支防共军事同盟。

防共：芟除共产分子及其组织。

宣传：协力于防共之情报宣传。

陆军：驻屯华北、长江下游及蒙疆。

海军：驻屯长江沿岸、华南特定岛屿。

监督：日本驻兵地之铁道、航空、通信及主要港湾水路。

撤军：现驻华北及长江下游之军队，继续驻屯至治安确立时撤军。

军事设施：限制在日驻军区内中国军警之配置及军事设施。

武器供应：日本顾问及教官提供中国军队警察之建设及武器。

3. 经济提携

主旨：日支满三国互助连环，产业经济共同互惠。

开发：日支满共同开发、关税、交易、航空、交通、通信、气象、测量等资源。

特殊便利：华北蒙疆及其他地域资源（尤其是埋藏资源）之开发与利用之特别便利。

商业：日本予以援助。

农业：日本援助及改良。

财政经济：日本予以援助。

关税便利：中国给予关税、海关制度、日支满间之通商、东北物资需给之便利。

交通：日本援助交通、通信、气象及测量。

航空铁道：中国提供华北之铁道（包括陇海线），日支间及中国沿海之海运，华北与扬子江下游之通信等之便利。

上海：日支协力建设新上海。

（五）赔偿

赔偿事变以来日本臣民在华所受权利利益之损失。

（六）华北政务委员会

地域：由长城线以南之河北、山西、山东省及旧黄河以北之河南省地域。

行政：华北政务委员会继承既成事实，处理日满之地方事务。

1. 权限

共同防卫：日本军驻屯，日支防共治安，日支军事协力。

经济提携：埋藏资源之开发利用，日满蒙疆及华北间物资需给，日支满间通货及汇兑，航空铁道通信海运之协力，日本顾问，联银制度。

2. 与中央政府间之关系

中央政府：关税、盐税及统税为中央税。

海关邮政及航空。

特任官之人事权。

对第三国之外交交涉。

华北政委会：在某种程度内有起债权，关税、盐税、统税收入之剩余部分官有财产照现状，但逐渐调整之陇海路之管理与营运。除特任官以外之官吏人事权与日满间地方政府之交涉。

（七）维新政府

地域：长江下游地带。

行政：不设置政务委员会，设置"日支经济协议机关"。

权限：建设新上海，日军驻屯、航空、海运、长江水运及通信之协力事项。

（八）蒙古联合自治政府

地域：蒙疆，指内长城线（包括在内）以北之地区。

行政：承认蒙古联合自治政府为"高度防共自治"之既成事实，及其具有国防、经济上为日支满三国强度结合地带之特殊性。

权限：除外交（对日满交涉除外）以外之行政、立法、司法与军事，及对外蒙交涉。出席中央政治会议之代表无权议论第三项谅解范围以外之事件。

（九）厦门

承认厦门为特别行政区域。

（十）华南沿海特定之岛屿

地域：海南岛、涠洲岛、西沙岛、东沙岛及以上诸岛附近之各岛。

行政：在海南设置中央政府直辖之地方行政组织（连军事处理机关）。

权限：基于日本在该岛之特殊地位，处理驻屯军、军事及治安协力、国防特定资源之开发与利用、航空通信及海运。

（十一）撤兵

防共驻军：华北、蒙疆以外地区之军队。

时程：视情势尽量从速撤退。

治安驻军：现驻华北及长江下游之军队。

时程：继续驻屯至治安确立为止。

细读这些条件，真是琳琅满目、包罗万象。中国的主权、领土、港湾河流、矿藏、银行、交通、军警、武器……日本人将天上的、地下的、看得见的、看不见的、中国人手中有的和心中想的全部掌控，无所不包、无所不要、无所不管。其猖狂野心，闻之令人发指。

该条约于1939年12月30日签订。

1940年1月上旬，最初引导汪精卫与日本牵线谋和的高宗武和陶希圣，从上海秘密到香港去看陈公博，陈问：你们怎么来了？两人支支吾吾。接着，高、陶就把汪精卫与日本勾结的《日支新关系调整纲要》即《日汪密约》及其附件在《大公报》上公布。

这是一个彻头彻尾的卖国条约，把中国分为蒙疆、华北、华中、华南几个地区，海南岛直接划归日本海军管辖，全成为日本的势力范围，中国就是日本的殖民地。这就把汪精卫的曲线救国，其实就是赤裸裸地投降卖国嘴脸昭示天下。

高、陶为什么要这样干呢？用陶希圣自己的话说："好比喝毒酒。我喝了一口，发觉是毒酒，不喝了。汪喝了一口，发觉是毒酒，索性喝下去。"

6."仗义"做汉奸

在陈公博看来，汪精卫是被人耍了，沦为大汉奸，在国人面前背负千古骂名，这都是高宗武和陶希圣玩的把戏，现在这两人把汪精卫架在那里了。

陈公博是个重感情的人，愤愤不平，他大骂高宗武、陶希圣是小人！这样做是坑了汪先生。觉得汪精卫太可怜，身边没有能帮他的得力骨干，周佛海又是蒋介石的心腹，搞不好是来卧底的。汪先生处境太危险了，再不出来帮他就太不仗义了。

3月14日，在陈璧君的劝说下，陈公博到达上海。这时汪精卫"还都南京"，一切准备工作紧锣密鼓，陈公博知道再劝也是没有用的，不过劝虽无用，也不能不劝。汪精卫说："政府如再不组织，只有宣布和平运动失败，人也全散了。事已至此，挽救是无法了，只有做些补救的办法。"陈公博对汪精卫说："'九一八'事变后，你以跳火坑的精神，回国供职，现在抗战到了艰险关头，你又以跳火坑精神想旋乾转坤。你既决定牺牲一己，我只有为你分忧分劳。"就这样，陈公博从反对与日本合作，到落水成为大汉奸。但是，据陈妻李励庄说：陈公博参加汪精卫集团时，曾经与戴笠联系，戴笠派军统特务徐天深与陈公博联系，并授机宜。

1940年3月下旬，汪精卫宣称"还都南京"，建立伪政权，和重庆国民政府分庭抗礼。在汪伪政府成立之前，虽然抗战意志动摇的人很多，但他们投降日本还有很多顾虑，不得不选择骑墙观望的态度。汪伪政权成立后，不仅减少了汉奸们的心理压力和道德羞耻感，而且陈公博帮助汪精卫忽悠，更给众多的"落水者"提供了理论依据。他们声称，汪主席说了，"和平运动"不叫卖国，是曲线救国。现在陈公博也参加了，我们也参加吧。

汪精卫要陈公博出任行政院院长，陈公博坚决不干，只愿就任立法院院长，他不想负实际上的责任。后来，伪上海市市长傅筱庵被军统收买其贴身亲信所暗杀，不得已陈公博才兼任伪上海市市长三年多，还担任了许多高级职务，与汪精卫、周佛海一起并称为"三巨头"。1944年3月，汪精卫病重去日本治疗，提议由陈公博代理他本人的职务，主持日常工作。

11月10日下午，汪精卫在名古屋帝国大学医院一命呜呼，伪中央政治会议紧急推选陈公博继承汪精卫的所有职务。可是，陈公博坚持在最高职务前加个"代"字，引起一片反对之声。因为代理死人行使职权无异于笑话，但陈公博却振振有词："我来继位，是来收场的，不是来继续演出的。"

这时他与戴笠的部下徐天深联系上了，帮助保护电台，提供情报，解救抗日人员。

1945年5月开始，日本人败局已定，此时，陈公博与第三战区司令长官顾祝同搭上了线，商议联合军事行动。7月初，军统在上海的电台被日本宪兵队查获，陈公博出面说这是他与重庆方面联络用的，是日本政府让他与重庆联络，你们破坏电台是什么道理？日本宪兵只好道歉、放人，并送回电台设备。

陈公博这时候做的事情，总的目的是要讨好重庆，为自己留下退路。陈公博尽管多次劝阻汪精卫，他还是落水做了汉奸；尽管他实在不想干实职，还是做了汪伪政府的一把手，负起全部责任。

至于蒋介石能不能体谅陈公博的"一片苦心"而从轻发落呢？

1945年9月下旬，国民政府下令在全国各地对汉奸进行大逮捕。10月3日，逃亡日本的陈公博一行从日本被押回南京，关在南京夫子庙的宪兵学校。陈公博一看，这里关押的全是伪政府的高官，遂自我嘲笑说，政府又开始办公了。

但难受的是晚上睡觉，躺在木板床上，板缝里的臭虫奇多，乘机跑出来大饱口福，咬得"楚囚"们无法入睡。于是他们想出奇招，夜里不睡，集体抓臭虫，每人还需自报灭虫"成绩"，白天没事，倒头补上一觉。陈公博也过着日夜颠倒的囚徒生活。

由于戴笠曾经对这里的大汉奸们都许过"政治解决"的诺言，因此这里的饮食不错，全是外面饭馆送来的，四菜一汤，有鱼有肉，荤素搭配，还可以由家属自己安排，生活优越；这里离秦淮河很近，妓院很多，有钱能使鬼推磨，只要肯花钱，能有单间和女人睡觉。因此，这些汉奸花钱送礼找门路，有的算命、有的赌钱、有的喝酒，还有的嫖娼，对前途都还抱乐观态度。

只有身为头号大汉奸的陈公博似乎知道前景不妙，他开始写自己在抗战时期的回忆录《八年来的回忆》。

陈公博的这篇三万字的回忆，从1938年离开四川写起，是一篇自白书，主要讲述汪精卫发起"和平运动"的经过，要解释汪精卫"投日救国"的心境与"和平运动"的动机，以及自己参加汪政权进行"曲线救国"的良苦用心，标榜"不讳过，不矫饰"，其实是对自己参加伪政权的由来进行评功摆好，希望政府能体谅他的一片苦心。

汉奸们天天巴望着戴笠所说的"政治解决"，可是"双十节"过了，特赦之事连影儿也没有，于是大家又在一起盼元旦早日到来。不过兆头似乎不好，1945年11月23日，国民政府在报上正式公布了《处理汉奸案件条例》。两个星期以后（12月6日），经过修订的《惩治汉奸条例》又赫然公布。《处理汉奸案件条例》第二条规定:"曾任伪组织简任职以上公务员,或荐任职之机关首长者。"在《惩治汉奸条例》规定:"通谋敌国而有左(下)例行为之一者为汉奸,处死刑或无期徒刑。"对照条例,汉奸们自知在劫难逃,故而长吁短叹。

好日子到头了。1946年新年刚过,陈公博等人就被转移到宁海路25号,这里原是汪伪特工机关的看守所。没想到一进门就遇见熟人了,这个人在陈公博当伪主席时被委任为看守所所长,于是陈公博无限伤感地说:"没想到,连你也进来了。"谁知那人恶狠狠地说:"我现在是这儿的负责人,来看管你们这些汉奸的!你少摆伪主席的架子,给我老实点!"

这话差点没把陈公博气得背过气去,当年此人托了多少关系,就差给陈公博跪下了,陈公博这才给了他个看守所所长。没承想世道变了,小汉奸不知道又走了谁的门路,摇身一变,来看管大汉奸了。

陈公博和梅思平等四人关在一间囚室中。虽然条件不如以前,但各牢房之间铁门是不关的,汉奸们可以串门,找熟人聊天。陈公博惊讶地发现,这里面竟然还关押着他当伪主席时亲自批捕的伪粮食部部长顾宝衡和次长周乃文。此二人因大量贪污粮食,被判处极刑。在日本宣布投降后,陈公博下令将二人释放,但已经没有人去执行他的命令了。这倒是一个奇怪的场面:伪政府的囚犯又变成国民政府的囚犯,更滑稽的是伪最高法院院长和审判"粮食贪污案"的伪法庭庭长都关在一起,成天互相谩骂。

2月17日,是旧历正月十五元宵节。光复后的第一个元宵节,南京市民众家家挂起了纸灯,有的扎成兔灯、蛤蟆灯、荷花灯,还有的扎成英文"V"字灯表示胜利。孩子们更是兴高采烈,放鞭炮,提灯笼,走大街,串小巷,嬉笑打闹,无忧无虑。从午夜起,一阵阵此起彼伏的鞭炮声,犹如阵阵春雷不绝于耳。

高墙之内,死气沉沉,惶惶不可终日。早晨五时许,天还没亮,看守就来到陈公博、陈璧君、褚民谊的牢房门前，叫醒他们："蒋委员长要接见，立即做好出发准备。"

晨曦中，一辆带篷大卡车早已停在铁门内，车上有几名军警，胸前挎着卡宾枪正等着他们。待人犯上车后，车便发动，经山西路口到中山路，没有往东，而向西北方向驰去。

陈璧君疑惑地问："民谊，这车往哪儿开？老蒋的黄埔路官邸应该向东开才对。"

褚民谊向外看了看，说："可能是去铁道部一号官邸去见委座？"

只有陈公博预感不是好兆头，又不愿拆穿陈璧君与褚民谊的美好愿望，紧锁眉头，一言不发。卡车在下关火车站前停住，他们被押解下囚车，上了沪宁线火车。

"带我们去哪里？搞什么鬼？"陈璧君又叫起来。

押送他们的负责人解释："委座昨晚飞沪，蒋夫人亦在沪。请你们到上海去见他们。南京耳目众多，接见多有不便。"

中午时分，陈公博等人却在苏州下车，一辆警车已等在站内，将他们押解至苏州江苏高等法院看守所。陈璧君又怒骂起来："卑鄙下流的东西，送老娘受审只管送便是了，为什么一再用最高领袖之命令骗我们？"任她破口大骂，双脚齐跳，还是被架进看守所。

这里的条件大不如前，每顿只有一盒发霉的牢饭，最令陈公博痛苦的是每天只能抽10支烟，没几口就能抽完。他的心情糟透了，为什么这样说呢？我们略摘两段狱中日记看一下：

3月15日　天雨

昨夜又是整夜地没有睡着。时局的突变，已使得我内心感到万分的痛楚，而连日的阴雨缠绵，更像在心头上压上了一块大石头，烦闷到几乎透不过气来。数十年来为了求学，为了帮助父亲从事所谓"造反"，以及正式献身革命工作，我所遇到的逆境的确也算不少了，但无论际遇如何艰困，环境如何险恶，我始终以好汉自命，抱定打落门牙和血吞的态度，不怨天，不尤人，艰苦奋斗。但时至今日，我实在忍不住要喊一声：天呀！

陈公博居然呼起天来，说明已经山穷水尽，走到绝路了。

当时，陈公博的老婆李励庄也被押回南京，关在宁海路25号看守所。他们的儿子陈干只有17岁，家庭巨变，已失去优越的生活，还要为父母的事奔波于南京宁海路、苏州看守所。陈公博内心十分不忍。他在日记中记述了这一情形：

3月17日　天雨

窗外的雨，还是淅淅沥沥地下个不停。现在还是暮春的季节，离开黄梅的时期还很长，为什么尽是下着绵绵的细雨。难道老天爷也为了我的遭遇表示他的哀伤！

下午二时半，干儿又从南京赶到了苏州。这样的雨天，他还要东奔西走，心里似乎有些不忍，所以当他临走时，我又再三地叮嘱他以后没有紧要的事，也不必多来看我。我对他说："事情已经到了这步田地，奔走也是多余的，你来看我，也徒然增加我内心的痛楚。在我自己，但求无愧于心，对于任何方面，都不再有什么牵挂，也不再有什么放不下手的地方，但愿你好好求学，将来替社会办些实际的事业。"干儿似乎有些伤感，眼睛里有些泪汪汪的样子，在袋里取出手帕拭了拭眼睛说："爸爸！你放心吧，我决定遵照你的命令用心读书，将来从事实际的政治工作，继续爸爸未了的心愿。"干儿这几句简单的话，引起了我的感叹！"干什么还要办政治工作呢？"提到政治，我真有些伤心了。"为了办政治，你的祖父，卖尽家产，结果弄得锒铛入狱，我也是为了办政治，到今天也免不了身入囹圄，难道这样的痛苦还受得不够？干儿，我告诉你，以后你干什么事都好办，只是千万不要再干政治，你要牢记！"我的声音有些发抖，一句句打在干儿的心上，他哭了，泪水滴在面颊上晶晶有光……

3月19日，陈公博接到通知：有人来访。他以为是戴笠或其他"党国要员"来看他，兴奋不已，来人自称是江苏高等法院检察官。他递给陈公博一份起诉书副本。

陈公博心里骂戴笠："当时拍胸脯保证'政治解决'，这完全是鬼话。"他还真不知道戴笠因飞机失事，两天前就在南京岱山摔死了。

7. 苏州公审，子弹爆头

1946年4月4日下午，苏州的江苏高等法院首次开庭审讯陈公博。法院发出旁听证280张，审判时却来了500多人，原定下午两点半开庭，可是刚过正午就挤得人满为患。法院临时决定，把法庭的长窗全部卸除，使旁听席一直可以延展到窗外的石阶之上。

身穿灰布长衫，手上拿着厚厚一摞自白书的陈公博，在法警押解下来到法庭，有种说不出的滋味。"似乎民众都把我看作动物园里的一种奇异的动物。想到以前我巡视到各地的时候，民众夹道欢呼，一样的人山人海，只是情景完全不同。"其实陈公博还是陈公博，为什么一个人的态度要变得如此厉害？

检察官高声朗读起诉书，列举陈公博的十大罪名。陈公博对十大罪名一一辩驳，大致如下：

第一条罪名，"缔结密约，辱国丧权"。我反对中日基本条约，路人皆知。汪先生叫我参加讨论，我坚持不肯，如果我参加讨论，那么签订以后，我再不好反对。我要保留我反对的地位，所以不肯参加。因此缔约根本扯不上我。

第二条罪名，"搜索物资，供给敌人"。南京政府为争取物资和日本苦斗，不是搜索物资、供给敌人，而是争取物资，反抗敌人。

第三条罪名，"发行伪币、扰乱金融"。发行中储券的最大目的是在抵制日本军票。日军发行的军票完全没有准备基金，把几种物资统制起来，非用军票不能购买，借此抬高军票价值，因此影响其他物价，一月数涨，民不聊生。南京曾经和日本经过几多艰难交涉，才能发行中储券。经中储券发行之后，一个时期物价稍告安定，这也是一种事实。

第四条罪名，"认贼作父，宣言参战"。为什么南京要参战呢？因为日本在太平洋战争后，在中国搜集物资，供给军用，毫无止境，南京政府不能过问，而人民痛苦不能申诉。因此南京为欲保存中国的元气，争回物资，除了利用参战以外，没有好法。而且用参战的名义，可以要求收回租界，可以要求撤销治外法权。南京自参战以后，没有出过一兵一卒参加太平洋战争，也绝不肯出过一兵一卒和重庆作战，这都是不争的事实。

第五条罪名，"抽集壮丁，为敌服役"。我可以断然答复：南京政府不但绝无此意，也无其事。我从未听到南京政府替日本征集壮丁，运至南洋训练，参加作战。我没有下过这样的命令，汪先生也没有下过这样的命令，纯粹浮言。

第六条罪名，"公卖鸦片，毒化人民"。南京对鸦片尤其厌恶，曾处置贩者多人以极刑，这又是在档案及报章可以查考的。如果以公卖鸦片、毒化人民为南京的罪状，实在无稽之谈。

第七条罪名，"改编教材，实施奴化教育"。我不是管教育的主官，我本可以不必多说了。但据我所闻，教科书的改编是在维新政府时代，而不是在还都的南京政府时代。南京政府还都后认为不满，又须重加增改，并且教育部和当时所谓兴亚院起了极厉害的冲突。如果以改编教材、实施奴化教育为我罪状，又适得其反了。

第八条罪名，"托词清乡，残害志士"。当时人民实在痛苦不堪，农村对省政府要纳税，对新四军要纳税，对土匪要纳税，非常痛苦，因此南京才有发起清乡之举。目的是让人民安居乐业，消除苦痛。

第九条罪名，"官吏贪污，政以贿成"。我最厌恶发国难财，同时更痛恶人发和平财。在别的地方我不敢说，若在京沪两地，说我贪婪，法院可以随便抓一路人问问，恐怕没有一个不失笑的。

第十条罪名，"收编伪军，祸国殃民"。如果当初不收编军队，不但苏北全局沦于共军手中，恐怕江南亦受共军的蹂躏。这是一种事实，希望大家作一个公平的判断。

陈公博接着论辩："我看起诉书各点，很多臆测之词……其实有许多不是我的事，或者是我连知都不知道的事，或者为绝无其事，也罗织起来。自白书中常有一事，不引全文，而只截取一段。因此我认为起诉书很多是徒快口舌的文章，而不是根据事实的起诉……"

此时会场上一片嘘声，审判长不得不摇铃以求肃静。

陈公博凝视着审判官："不过，汪先生在时，我是辅佐汪先生一个人，在汪先生死后，我名义上是负军事、政治的全责，那就够判重罪，其实不必苦苦要罗织成十大罪状……本案说复杂是太复杂了，说简单也太简单，因此请法庭随便怎么判，我决定不再申辩、上诉了。"

接下来，法院指定的辩护律师又为他进行了辩护。整个庭审进行了六个小时，到晚上八点半才结束。

陈公博日记记载："身体疲乏得厉害，回到狱房里，就横卧在榻上。"

4月12日，江苏高等法院刑事第一庭即将宣告判决结果。虽然开庭时间是下午四点，但午后一点，旁听席上已经人满为患。法庭不得不临时增加座位。三时一刻，江苏高等法院派出武装法警6名，前往看守所提陈公博到庭审判。

那天陈公博穿青灰色花条呢夹袍，黑皮鞋，戴船形帽，神情非常镇静。三时五十分押解到院，四时整宣布开庭。

审判长孙鸿霖宣读判决主文："被告陈公博，因汉奸案件，本院判决如下：陈公博通谋敌国，图谋反抗本国，处死刑，褫夺公权终身。全部财产除酌留家属必需生活费外没收……"

陈公博听完判决主文，神色依然不变。审判长接着宣读判决理由，约五分钟便匆匆结束。

审判长孙鸿霖告诉陈公博："如不服判决，可向最高法院声请复判。"陈公博说："刚刚听到判决理由，对我的答辩书，虽未采信，毕竟是采用了，应该向庭上表示感谢。况且上次开庭时，还容许我宣读自白书与答辩两小时之久，而事后还在报上公布，我的希望已达到，就不需要再声请复判了。法院所以判我死罪，是为了我的地位关系，也是审判长的责任关系，我对此毫无怨言。本来我回国受审，就是要表示出我束身以为伏法的典范……"

但是，陈妻李励庄不甘心，声请复判。李励庄不是滞留日本了吗？何时归国的呢？

李励庄滞留日本没几天就被遣送回国，也被关押在南京的宪兵司令部看守所，后来亦被关押在宁海路25号看守所。1946年4月20日，即陈公博被判死刑后，李励庄不服判决，申请复判。理由有四，一是本案之审判，匆匆六小时而终结，关于本案的关键及有利于被告之事实、证据均未能调查清楚，在被告始终反对汪精卫之离渝而终随汪离渝，始终反对汪之组府而终出任要职。此中委婉曲折之内幕若不明了，则本案真实内容无由大白，而被告之苦心孤诣亦无由表现。其中提到戴笠曾派军统徐天深与陈公博联系，戴笠给陈公博的具体任务：掩护地下工作人员；保护电台；详报汪精卫与日方所订密约内容和交涉经过。由此，陈公博应该是拥护党国，拥护蒋主席始终不渝的。二是辩护律师形同虚设。三是科刑不当。四是《自首条例》未予援用。请江苏高等法院转呈最高法院。

5月16日，最高法院特等刑事宣判三十五年度京特复第一二九号下达，主文为：

"原判决核准。"

6月2日，江苏高等法院将陈公博、陈璧君、褚民谊三人，由看守所移送相门桥附近狮子口江苏第三监狱。陈公博明白，进了狮子口，哪有生还之理？

6月3日上午，是陈公博最后的日子。八点半，苏州狮子口江苏第三监狱的囚房放风了，犯人们都在外面散步和聊天。陈公博虽然知道死期已不远，但怎样也料不到执行的命令会来得如此之快。此时，他正在书写一副对联：大海有真能容之量，明月以不常满为心。

寄望于当局能放宽气度，宽容自己不是"民族罪人"；或者政府对"汉奸"分子要像大海，有能容百川之博大胸怀。

当陈公博这副对联写得只剩下最后三个字时，发现身后有几名法警立在那里，因为狱室中平时绝没有法警会进入，他明白这是怎么一回事了。他笑着问法警："是不是来提我执行了？"法警们竟然不好意思承认。于是陈公博又说："请劳驾再等几分钟，让我先把这对联写完了吧。"他继续写了最后三个字，一掷笔，起身向法警说："对不起，再请稍候，等我收拾一下吧！"他取出一支烟，点上了火，一边抽烟，一边把自己的东西略一整理，又换了一身干净的衣服，外面套上一件蓝布大褂。忽然他有些踌躇，终于取了一把小茶壶，双手捧着，来到陈璧君的牢门外。陈公博向陈璧君深深鞠了一躬，叫了一声："汪夫人，我来向你道别，请恕我先去了，请夫人保重！我可以有面目见汪先生于地下了。"

陈璧君是个从来不哭的女汉子，就连汪精卫死都没有哭泣，此时只觉五内俱摧，"哇"的一声竟哭了出来。

隔着铁栏杆，陈公博将茶壶递进去，说："夫人，这是我的旧物，牢中身无长物，留它给夫人做个纪念吧。"

刑场就在第三监狱里面。江苏高等法院的检察官、书记官早已坐候在那里，公案前放了一张小桌，一把椅子，上面摆好了笔砚纸张。检察官照例向陈公博问了姓名、年龄和籍贯，告诉他："今天已接命令执行，你还有什么遗书？"陈公博说要写遗书，于是就坐在小桌旁边，先写了一封给家属的，还有一封是写给蒋介石的。两封遗书写得都很长，时近中午，他给蒋介石的信还未写完，其中有"悬悬放不下的还是一个共产党问题，因为这个问题，关系到国家前途，关系到党的前途，更关系到先生的前途……"

突然，陈公博看了一下手腕上的手表，叹道："死则死耳，当局自有成竹在胸，写了也未必有用，不如不写吧！"

他放下笔起身向法官说："我不再耽搁你们用膳的时间，我死后，遗书请代交家属，现在就去吧！"说完，伸手与监刑官、书记官等握手道别。

陈公博回头笑着对行刑的法警说："兄弟，感谢你送我走，请多帮忙，为我做得干净些。"

刚走到刑场的一半，法警就从他脑后直接开枪，子弹从前面穿出，陈公博扑倒在地，血涌出来，流了一地。过了几分钟，才气绝身亡。

纵观陈公博的一生，从革命党变为共产党，又因一些危险和挫折放弃革命理想，投靠了有升迁前途的国民党。在汪精卫的提携下，成为汪精卫核心圈重要干将，在抗战中虽然开始不同意与日本合作，但禁不住汪精卫的反复劝说，为了哥们儿义气，最终放弃了民族利益和国家立场，落水成为汪精卫死后最大的汉奸卖国贼。抗战胜利后接受法庭的审判，由于他是头号汉奸卖国贼，无论有理无理，最后被宣判死刑，是他罪有应得的下场。

第二讲　审判大汉奸周佛海

1."卧底"周佛海

　　1945年8月15日，日本政府正式宣布无条件投降。大小汉奸惶惶不可终日。作为二号大汉奸的伪行政院院长、伪上海市市长的周佛海，不但没有偃旗息鼓，夹着尾巴做人，反而变本加厉，气焰嚣张，横行上海滩。这究竟是怎么一回事呢？

　　日本天皇决定接受《波茨坦公告》的当天，周佛海就在广播中得到日本投降的消息。他立即做出反应，一是要向重庆方面请示办法；二是要去南京，与陈公博商

周佛海在伪府成立时留影

量，立即解散汪伪政府。那么周佛海的行动为什么要向重庆方面请示，他是重庆政府的卧底吗？

　　其实早在日本投降前三年，即1942年，周佛海就通过被"76号"逮捕的军统特务程克祥，去重庆与戴笠联系，表示要弃暗投明。戴笠答复：只要周佛海确能立功赎罪，领袖对其可以宽大。并派了译电员、报务员随

程克祥回南京，为重庆政府进行秘密工作。因此，对于日本投降这等重大变故，周佛海必须要与戴笠进行联络，请示机宜。

8月16日，周佛海从上海去了南京，和伪政府主席陈公博一道宣布：从即日起解散伪政府。为了向蒋介石邀功，他的手下当夜在南京发动政变，逮捕了伪政权的主要负责人，接管了银行和政治、军事机关，想控制南京城。没想到在接管伪中央军校时，与陈公博一派大打出手，发生了火并。最终侵华日军总司令部出面调停，宣布在正式投降前，南京由日本军队控制。周佛海向陈公博道歉，释放被俘人员。之后，他像霜打的茄子，灰溜溜地返回上海。

就在他垂头丧气之时，程克祥来了，交给周佛海一封电报。读完电报的周佛海，从沙发上一跃而起，就像打了鸡血一样，手舞足蹈。这究竟是一封什么内容的电报能让周佛海如此兴奋呢？

原来，这是一封以重庆军事委员会名义发来的电报，内容是委任周佛海为京沪行动总指挥，在国军到达上海以前，责成其维持京沪一带治安。

让周佛海负责南京、上海的治安，给了他那么大的权力，够意思吧？

可是周佛海依然不满意，为什么呢？他还嫌蒋介石委任的官职太小，命令程克祥：“马上以我的名义给戴局长写个呈文，说我已遵令就职，只是这个总指挥名称太小，恐难以服众，是不是给我一个总司令的名义？”

真是人心不足蛇吞象，一个汪伪傀儡集团的二号大汉奸，居然摇身一变，成为维持上海、南京地区治安的行动总指挥，竟然还嫌不够？问题是蒋介石能答应周佛海吗？

蒋介石还真答应了周佛海的请求。为什么呢？当时蒋介石的嫡系部队都在大西南，无法在短时间内控制东南地区的大中城市，尤其是不能阻止新四军进占上海、南京，他要利用大汉奸周佛海手里的伪军和伪警察，替他看守住这些重要的地方，这叫权宜之计。所以就满足周佛海的狮子大开口。

有了蒋介石的任命，周佛海名正言顺，得意扬扬，立即以上海行动总司令的名义发表公告：本司令部所辖区域内各部队，未得蒋委员长之核准，不得擅自移动，及受任何方面之收编。

周佛海还亲自拜会了驻沪日军第十三军司令官松井太久郎，说："日本已经投降了，希望贵司令官听从蒋委员长的命令，只能向蒋委员长和陆军总司令何应钦指定的部队投降，并交出械弹与物资，不能交给匪军。在国军到达上海以前，维持好上海的治安。"

松井说："既然是投降，对中国军队就不能抵抗，我们分不清中央军和匪军。只要是中国军队，他们要进入市区，我们就不能阻止。"

周佛海说："我希望贵司令官能配合我们行动。匪军就是新四军，贵军坚决不能向他们缴枪，更不能让他们进入上海市区。"

松井问："如果他们强行要进入上海市区，或要我军向他们缴械，我们该如何处置？"

周佛海俨然成为蒋介石的代言人，傲慢地回答："那就消灭他们，蒋委员长只有称赞你们，而不会为难你们的。"

周佛海还严令伪税警团、伪保安队、伪警察严守岗位，防止骚乱。在日军的配合下，一时间，周佛海等人俨然又成了上海滩的统治者，出入则汽车数辆，警卫成群，前呼后拥，招摇过市，搞得天怒民怨。

不但是上海，整个沦陷区，在蒋介石、戴笠的包庇与利用下，各地汉奸、伪军头领在国民党军接收前，都以重庆方面的"先遣军"司令等名义出现，猖獗至极。老百姓看不懂，日本投降了，这些汉奸怎么又神气了呢？在上海、南京等大中城市流传着这样一首民谣：

"河里漂来的，不如地上滚来的；地里滚来的，不如天上飞来的；天上飞来的，不如地下钻出来的；地下钻出来的，又不如坐着不动的。"

"坐着不动的",就是指周佛海等这些大汉奸,坐着不动就成为"抗日有功"人员,成为上海、南京等地的新统治者。

20天以后,即9月7日,"天上飞来的""地上滚来的"都到了,汤恩伯率部飞抵上海。此时,重庆政府大批"劫收"人员也接管了各机关、银行、物资仓库、军营等地。周佛海无人理睬了,很失落、很郁闷。

到9月下旬,国民党的正规军完成了对南京、上海、杭州等地的军事部署后,蒋介石过了河就拆桥,对戴笠下令说:"国民参政会与共产党都骂我们保护、包庇汉奸。从现在起,要开始肃奸,把各地的汉奸都抓起来!"

大规模肃奸行动开始了。一时间,大小汉奸人心惶惶,周佛海也坐立不安了。

一天晚上,位于法租界居尔典路上的周佛海公馆内,一位神秘人物求见,周佛海见了此人,又是握手,又是拥抱,欣喜万分,大喊救星到了。这个人是谁呢?原来他就是鼎鼎大名的军统局局长戴笠。戴笠此行的目的,是要骗周佛海交出手上的武装,交出伪中央储备银行库存的黄金、美钞;再让周佛海自己电呈蒋介石,辞去行动总司令一职,去重庆向蒋介石当面谢罪,承认错误,以便宽大处理。周佛海会自投罗网吗?

作为二号大汉奸的周佛海很害怕,犹豫不决,为什么呢?因为他在当大汉奸期间,做了很多对不起蒋介石的事情。那么周佛海究竟干了哪些事情,他和蒋介石之间是什么样的关系呢?要解答这个问题,咱们还得从头说起。

周佛海,湖南沅陵县人。1897年5月29日出生在一个没落的官宦之家。1921年,中国共产党第一次全国代表大会召开,共有13名代表。周佛海曾是日本帝国大学留学生,他作为日本留学生代表出席了会议,算是中共创始人之一。中共一大之后,到1924年第一次国共合作期间,周佛海的思想发生了变化,因为他是个穷学生,最大的愿望是每月能挣150元,共产党无法满足他的需求。而此时国民党中央宣传部部长戴季陶给他了一个秘书的位置，等待他的是月薪 200 元；加上兼职广东大学教授，每月还有 250 元。他无法抗拒偌大的金钱诱惑，考虑到国民党的势力比共产党大得多，他决定脱离共产党，并积极投靠了国民党。

1926 年 7 月，北伐大军出征，周佛海在蒋介石总司令部行营任秘书。北伐军占领武汉后，他很快被任命为黄埔军校武汉分校秘书长兼政治部主任。1927 年春，蒋介石与国民党左派产生了严重的分歧，另立南京国民政府，与武汉国民政府对着干，史称"宁汉分裂"。在武汉的周佛海决定投奔蒋介石，带领妻儿与岳父逃出武汉，乘外轮东下，但在南京没有下船，直奔上海。他原本想安排好家人，再去南京。不料却被船上的情报人员误认为是武汉政府的间谍，刚到上海，一下船就被抓进大牢，差点被上海警备司令杨虎枪毙。其妻杨淑慧四处求人，终于托到戴季陶和张治中那里，才将周佛海保释出来。不久，蒋介石任命他为南京中央军校政治部主任。

蒋介石为什么看好周佛海呢？因为周佛海擅长耍笔杆子，是国民党著名理论家之一，他的著作《中山先生思想概观》《三民主义体系的理论》成为当时党政军人员必修教材。所以，蒋介石对其委以重任，当作"文胆"之一。

1928 年 6 月，国民革命军占领北京。7 月，蒋介石率领四大集团军将领告祭西山，那篇著名的《克复北平祭告总理文》就是周佛海与陈布雷共同完成的。

1929 年 3 月下旬的一个晚上，蒋介石打电话让周佛海"马上来一下"。周佛海跑到蒋公馆，在蒋介石授意下，洋洋洒洒地起草了一篇讨伐桂系李宗仁等的"檄文"。接着，又随同蒋介石到九江督战。解决桂系，进入汉口，他更是忙得不可开交，时而接见民众代表，时而作大会报告。当时，蒋介石与新军阀战事不断，周佛海也常常废寝忘食，忙着起草各种各样的通电、宣言、大纲，等等。

1930年5月，爆发了蒋冯阎李中原大战，蒋介石驻节商丘朱集车站。6月12日夜，冯玉祥西北军的郑大章部奇袭商丘机场，与蒋介石不期而遇。子弹如飞蝗一般打在专列上，叮当作响，火花四溅，蒋介石的卫队拼死抵抗。此时，周佛海正随侍蒋介石身边，与蒋介石一同趴在车厢中，度过了艰难的30分钟。西北军并不知道这是蒋介石的专列，打了一阵后便撤退了。周与蒋两人也算是有了生死交谊。

正是由于周佛海的满腹才气与超人能力，使他成了蒋介石的得力干将和重要亲信。1931年，国民党第四次全国代表大会选举时，周佛海居然得票最多，当选为中央委员，被人称为"状元中委"。同年，周佛海任江苏省政府委员兼教育厅厅长。1933年，周佛海兼任国民党中央民众训练部部长。1937年，任国民党中央宣传部副部长、代部长等。可以说，周佛海的飞黄腾达完全依赖于蒋介石。难怪他说："对领袖的相信要到迷信的程度，对领袖的服从要达盲从的程度。"

那么，既然周佛海是蒋介石的心腹，他后来怎么又成了大汉奸汪精卫的股肱之臣呢？其实，在周佛海飞黄腾达的时代，他与汪精卫没有一毛钱的交情。蒋介石与汪精卫翻脸，周佛海便成为急先锋，与汪精卫互掐互咬。汪精卫挖苦他说："周佛海真'拆烂污'，他以前是共产党员，现在却攻击起共产党来了，他退出共产党就算了，还要来反咬一口，真不是东西！千万不要和这种人一起共事！"

周佛海还以颜色，反唇相讥，说："汪精卫更不是东西，他本是国民党党员，现在却要做共产党的工具，攻击起国民党来了。他跑到外国去就算了，还要来倒戈，真不是东西！我们以后切不要和这种人共事。"

1927年8月中旬，蒋介石下野，汪精卫一派占据上风。此时，由陈果夫出钱，戴季陶、周佛海等人在上海创办《新生命月刊》。周佛海利用该杂志不遗余力地攻击汪精卫和陈公博的"改组派"，甚至不惜大爆粗口。

该杂志登过一幅漫画,将陈璧君画成一个妓女,将汪精卫画成一个"大茶壶",在妓院门口拉客。格调低下得连宋美龄都看不下去。

谁知宦海风云难测,1932年"一·二八事变"后,蒋汪又重新合作,汪精卫做了行政院院长,成为国民政府行政最高一把手。周佛海时任江苏省教育厅厅长,屈居人下。蒋介石告诫周佛海:"汪先生过去被你骂过,现在我们要和他共事,你要和他多谈谈,冰释前嫌,并好好同他联系。"有了蒋介石的旨意,周佛海也就只有厚着脸皮去与汪精卫套近乎、拉关系了。可是汪精卫知道,周佛海是蒋介石的亲信,现在来讨好,指不定是出什么幺蛾子。因此,对周佛海总是保持距离,敬而远之。

1935年11月1日,在国民党四届六中全会开幕式上,汪精卫被爱国志士孙凤鸣枪击受伤,不久即赴德国治疗。1936年12月,西安事变爆发,汪精卫闻讯,从欧洲回国,想趁机问鼎中央。就在意大利热那亚港口启程时,却传来蒋介石被张学良护送回南京,西安事变和平解决的消息,但他还是硬着头皮回国。

1937年初,周佛海奉命去香港迎接汪精卫,而汪精卫礼贤下士,给了周佛海如沐春风的感觉,越说越投机,推心置腹,使这两个曾经互骂的人,居然有了相见恨晚之感。

同样是领袖人物,周佛海通过对比,得出了汪先生热、蒋先生冷的看法。但周佛海与蒋介石有深厚的关系,不会为了一夕之谈而投奔汪精卫吧?那么周佛海究竟喝了什么迷魂汤,与汪精卫同舟共济,走上了叛国和卖国的道路呢?

2. "周佛海路线"

1937年，抗战爆发后，周佛海代理国民党中央宣传部部长，又兼蒋介石侍从室二处主任的要职，是蒋介石重要的股肱与喉舌。但是他私下里总是说非常的不得意。周佛海从年轻的时候就野心勃勃，想入阁拜相，想成为世界著名的大政治家和革命领袖。他在《扶桑籍影溯当年》一文中说："抱着一种野心，想做领导广大民众，推翻支配阶级……的领导者，列宁、托洛茨基等人物的印象，时萦脑际，辗转反侧，夙兴夜寐都想成这样的人物。"

周佛海与蒋介石有一个最大的矛盾，他认为，蒋介石不拿自己当国士对待，驱之为家奴，这对一个有野心的文人来说，他受不了，骨子里还是有那种傲气。而陈布雷同样也是蒋介石的"文胆"，但他没有做官的欲望，无欲则刚，因此蒋介石拿陈布雷当先生对待。

为防止日本飞机空袭南京，周佛海早已在西流湾8号的家里修了个地下室，"八一三"淞沪抗战爆发后，日机经常空袭南京。一群达官贵人，其中有熊式辉、陈布雷、顾祝同、高宗武、胡适、梅思平、陶希圣等就跑来周家躲警报，钻入地下室，闷久了就发牢骚、说怪话，慢慢地也就形成了一个专门与抗日唱反调的"低调俱乐部"，与汪精卫的对日妥协和平理论不谋而合。后来蒋介石得知，就告诫陈布雷、胡适等退了出来。

南京失守前，蒋介石与国民党抵抗中心迁往武汉，此时的战局，对中国极为不利。在周佛海看来，中国是打不过日本的，战败是早晚的事，日本人只要一鼓作气，就能打到武汉。果然，日军在1938年10月就占领武汉、广州。蒋介石西迁重庆。周佛海认为如果日本再努把力就能攻下重庆，那时蒋介石就会完蛋。所以抵抗不是出路，应该另辟蹊径。

与此同时，汪精卫也对抗战前途表示悲观失望，认为战必大乱，和未必大乱，希望通过谈判结束战争。在这一点上周佛海与汪精卫的观点是一致的，所以两人殊途同归，臭味相投，搞到一起。

蒋介石的方针是"一面抵抗，一面交涉"，并不排斥与日本方面接触。尤其是1938年初，在汉口的国民党高层会议上，竟一致同意接受德国大使陶德曼的调停，与日方谋和。但是阴差阳错，未能实现。周佛海与汪精卫商议，并且得到蒋介石同意，派外交部亚洲司司长高宗武在香港以搜集资料作幌子，与日方暗中谈判，进行谋求"和平"的活动。蒋介石还专门批了每月8000元给高宗武作活动经费。周佛海则胆大妄为，私下让高宗武直接去日本与日方决策人物谈判。高宗武同首相近卫、陆军大臣板垣征四郎等密谈后，确定以汪精卫作为收拾局势的对象，直接把蒋介石扔在一边了。陆军大臣板垣还写了信，提出谈判的条件交给高宗武带给汪精卫。不料，汪精卫看后又将信交给蒋介石，蒋介石一看，日本人要和二把手谈判，没一把手什么事了，顿时火冒三丈，破口大骂："谁让高宗武这个混蛋去的日本？"立即下令停发了高宗武的经费。

可是，周佛海认为既然日本人已经看上了汪精卫，干脆一不做二不休，踢开蒋介石单独行动。于是周佛海又派了梅思平与高宗武一起去上海，参与对日本方面的秘密谈判。

1938年11月，高宗武、梅思平同日本代表影佐祯昭、今井武夫会谈，还签订了《重光堂密约》，由梅思平将密约藏在夹袍内带回重庆交给汪精卫。汪见了如此苛刻的密约，犹豫不决，为什么呢？原来这是一个彻头彻尾的卖国条约。周佛海却非常坚决，推了汪精卫一把，说："如果你不同意，咱们现在就散伙。我去蒋先生那里认个错，还做我的官，你就看着办吧。"加上陈璧君的推波助澜，最终促使汪精卫下了决心，让梅思平赶回上海，在《重光堂密约》上签字。此时，周佛海与汪精卫策划逃离重庆的行动计划。

那么问题来了，周佛海跟随蒋介石多年，就舍得抛弃名誉地位，跟着汪精卫盲人骑瞎马地临深渊而乱闯吗？汪精卫毕竟是个毫无实权的政客，周佛海下这么大赌注值得吗？

相比之下，汪精卫逃离重庆的初衷，只是想以在野的身份向国民党中央提出与日本讲和之建议，因为在抗战阵营内提出和平主张只会造成党内的分裂。而周佛海却与汪精卫想法不一样，他离开重庆的目的，就是要在南京建立一个新中央政府，以政府的力量与日本谈判来推行和平运动。这就是"周佛海路线"。这样，他就可以实现做一流政治家的目的。

周佛海的个性是多变与善变，在离开重庆前也做了两手准备，万一汪精卫不听他的建议，大不了再回蒋介石阵营，做个深刻检讨，挨顿臭骂，背个处分也就完事了。因此，他在离开重庆之前，留了一封信给蒋介石，请陈布雷转呈，除了说明不得已离渝苦衷以外，同时发誓一定要报蒋介石的大恩。

1938年底，周佛海与汪精卫、陈璧君、曾仲鸣、陶希圣、陈公博等先后到达河内。之后，他又径直去了香港，组织伪政权班底。

得知周佛海投靠了汪精卫，蒋介石非常震怒。为了挽救周佛海，蒋介石派了中央社的社长萧同兹到香港铜锣湾去找周佛海。萧同兹与周佛海两个人都是耍笔杆子的，又是湖南老乡，关系非常好，蒋介石希望萧同兹把周佛海劝说回来。但周佛海利欲熏心，已经和蒋介石渐行渐远。得知萧同兹来访，就躲了起来，萧同兹等了几天等不着，没办法，只得回去向蒋介石复命。蒋介石气恼地说："天作孽犹可活，人作孽不可活。"蒋介石对周佛海已经是心灰意冷了。

周佛海早已下定决心另攀高枝，重起炉灶。他不遗余力地鼓吹"实现和平运动，组建新政府"的主张，终于被汪精卫接受。尤其是军统在河内刺汪却误杀曾仲鸣之后，原本打算去欧洲的汪精卫，立即投入日本人的怀抱。他从越南回到上海不久，在周佛海等人的陪同下，去东京与日方谈判，构架汪伪政府的蓝图，得到日方的首肯。周佛海在汪伪集团中的"总军师"地位也从此确立。

1940年3月，汪精卫"国民政府"在南京成立。在汪伪政权中，除汪精卫外，周佛海是最有实权的人物。周佛海虽担任伪行政院副院长，坐的是第三把交椅，职位不如陈公博，但实权却不在陈公博之下。他不仅身兼伪财政部部长和伪中央储备银行行长，掌握财政经济大权，而且还兼伪警政部部长，直接掌握着汪伪政权的特务、警察机构。

3. 斗狠上海滩

一朝权在手，周佛海忘乎所以，为了日本与伪政权的利益，不惜危害本国。那么他究竟做了哪些祸国殃民的事情呢？

1. 逃出抗日阵营，参与汪精卫"艳电"发表，与日方遥相呼应，动摇抗战决心；

2. 多次前往日本，与日方商谈卖国协定，签订卖国条约；

3. 在上海召开第六次伪国民党全国代表大会，发表宣言，决定成立伪政府；

4. 身兼多重伪职，总揽军政、经济大权，破坏抗日财政与经济。

周佛海在伪财政部部长任内，最显著的事情是建立伪中央储备银行，发行准备金不足的所谓"新法币"，强令旧法币一律停止使用，而以二比一的比例兑换新法币。严重地坑害国家与百姓，重庆国民政府财政部密令上海的中国银行、中央银行、交通银行、农民银行抵制"新法币"的发行，一律拒用，不得购买外汇；邮局拒绝收汇，市面上拒绝使用。

一方要推行，而另一方要禁用，矛盾陡然升级，双方大开杀戒。

1941年1月30日，军统特务暗杀了伪中储行上海分行专员兼推销主任，不久又有杀手在伪中储行营业大厅扔炸弹并打死1名警卫，接着军统又狙击了伪中储行上海分行调查处副主任。周佛海下令报复，命令李士群"76号"特务闯入江苏农民银行宿舍打死职员11人，之后"76号"特务包围了中行别墅，共抓走职员130人，后在中外各方的共同营救下，陆续释放了 123 人。不久，军统特务混入大华医院杀死伪中储行副主任。周佛海闻讯，命令"76 号"在属于重庆方面的中国银行职员中，以三比一的比例大开杀戒，死伤 2 名主任和 1 名职员。军统再次报复，刺杀了伪中储行稽核 1 人。周佛海再次命令报复渝方银行人员，并下令关闭上海、南京等地的中国银行、中央银行、交通银行、农民银行。这样，在各为其主的旗号下，周佛海的"76 号"与戴笠的军统之间矛盾也更加尖锐。

在国际舆论的压力下，蒋介石不得不忍气吞声，下令军统方面不再实行暗杀，军统局长戴笠请在香港的青帮大佬杜月笙出面调停。交通银行经理部主任和金融界头面人物专程前往南京，求见周佛海，为"四行"疏通，希望允许开业，并将蒋介石的来电让周佛海过目。周佛海得意地说："我并未压迫四行撤退，如果渝方不加害我中储行行员，这些都不成问题。我给你们一个面子，可以允许四行在下个星期一复业。"这场血淋淋的金融大战，最终周佛海占了上风。从此，军统特务的刺杀活动悄然无声，"76 号"也停止对四行行员的迫害。伪储行、中储券在"四行"的围剿中，终于杀开一条血路，稳住阵脚。

周佛海大发国难财，用伪法币换真法币，再用真法币换取外汇，在国际市场套汇，购买战略物资，在沦陷区强制收买棉纱、棉布，再高价卖到大后方，最后到百姓手中，能达到 200% 的暴利。严重地破坏了抗战经济，坑害了中小资产者和老百姓，资助敌国坑害本国。

俗话说，强龙不压地头蛇。周佛海在与蒋介石和戴笠的大斗法中占尽上风。但是，就在这一年年底，周佛海再次起了投靠蒋介石的念头，又千方百计地设法与戴笠取得联系。这是怎么回事呢？原来是外部大环境发生了变化。

1941 年 12 月 7 日，日本突然袭击美国珍珠港的舰队，发动了太平洋战争。美国对日本宣战，全世界的反法西斯统一战线形成了。在这种情况下，头脑很清醒的周佛海马上敏感地意识到中国的抗战形势发生了变化，蒋介石与英美结盟，中国的抗战不仅不会失败，很可能取得最后的胜利，他感觉到他退出抗战阵营这条路走错了，他开始后悔了。

周佛海在日记中曾表述："今日事实表现，足以证明抗战派之理论正确。"

4. 吃了回头草

性格多变的周佛海深感当时的举动太孟浪了。此前发生了一件事，也逼着周佛海去向蒋介石低头。原来，周佛海在上海滩依靠日本人的支持，把中统、军统打得落花流水，可戴笠岂是那种打落门牙和血吞的主儿？他有办法对付周佛海。

戴笠在上海滩与周佛海斗法失败以后并不甘心，于当年5月下旬就派人赶到湖南沅陵，将周佛海的母亲、妹妹、妹夫和岳父都抓了。6月上旬，周佛海才知道这件事，"惊悉之余，心胆俱碎"。

周佛海的父亲死得早，全靠母亲含辛茹苦地把他们几个养大。周佛海是个孝子，母亲被抓，可把他吓坏了。于是连忙写信托人与香港的杜月笙联系，设法营救，但一直没有下文。他的日记中多处流露出思母之情，痛苦不已。经过多方打听，才得知其母等被辗转押至重庆，又被软禁在贵州的息烽监狱。

为营救母亲，周佛海千方百计地想与戴笠联系，以便向蒋介石示好争取立功赎罪。他也知道，投靠汪精卫已经让蒋介石雷霆震怒了，何况又破坏了军统在上海、南京的秘密机关，杀害了不少军统人员，其中还有几位少将级大特务，把戴笠得罪苦了。现在就是提猪头也难找庙门啊！

正当周佛海惶惶不可终日时，峰回路转，突然契机来了。他没想到他手底下有两个小人物，一个叫程克祥，一个叫彭寿，这两个人突然被李士群的"76号"抓了，招供是戴笠的人。周佛海知道后大喜，正愁找不着戴笠，没想到他的人就在我身边。所以他以自己的名义，把这两个人保出来了。保出来以后，就跟程克祥、彭寿说：你们回重庆一趟，我写一封信，回去交给戴老板。信的内容主要是表示，自己要悔悟前非，愿意立功赎罪，听候驱策。

周佛海还专门嘱咐程克祥，一定设法见到自己的老母亲。

程克祥回重庆受到戴笠的接见。戴笠表示："只要周佛海确能立功赎罪，领袖对他是可以宽大的。你仍回南京，担任京沪区长，我派译电员、报务员各一人，随带报机密本，跟你同去，先在南京建立电台，与重庆通报，然后将周佛海的情况，随时报告。"戴笠还给周佛海起了"蒋信"等名作为代号。程克祥、彭寿专程去了息烽监狱探望周母。

回到南京，程克祥、彭寿见到周佛海，带回了一封戴笠写的亲笔信，信中允许他改过自新，为抗日政府服务，而且给他的工作做出几项指示，例如建立秘密电台经常联系、提供情报等，还有一部军统局使用的特别电台。

程、彭还将带来的周母和岳父的照片交给周佛海，说："老太太生活很好，天天在吃白木耳呢。老板让我转达：'佛海的老母就是我戴笠的老母，不必挂念。拿出勇气，不必悔恨过去，只要把握好未来，好好干一番。'"

那么，周佛海有没有按戴笠的指示去办呢？他干过哪些不利于汪伪和日本人的事情呢？

对重庆军统来说，最大的威胁是李士群的"76号"，周佛海自从与戴笠暗中往来，身边安插了几个军统特务和秘密电台后，疑神疑鬼，整天提心吊胆，特别害怕有什么把柄落到李士群的手中。不久，程克祥的电台传来了戴老板的绝密指示："李逆士群甘助日寇为虐，迭次残害我地下工作人员，着即周佛海、罗君强诸兄等商制裁办法，迅即回报。"

周佛海与罗君强找来税警总团团长熊剑东，商议除掉李士群之事。熊剑东与李士群有深仇大恨。汪伪政府在"清乡"时，为争夺地盘，熊的"税警总团"与李士群的特务武装不断发生冲突，双方甚至开枪火并。李士群动了杀机，派出刺客在上海北站刺杀熊剑东，不料偷鸡不成蚀把米，刺客被日本宪兵队当场捕获，一顿猛揍，便供出了幕后指使者。从此，熊剑东与李士群不共戴天。

周佛海与日本宪兵司令密谋，设了一个局：由日本宪兵队高级特工冈村中佐奉命于1943年9月4日约李士群到上海外白渡桥百老汇大厦七楼的房间谈话。下午3时许，李士群如期到达。见熊剑东在座，当即脸一沉，反身要走。冈村上前拉住，一脸诚恳地说："阁下与熊先生都是我的朋友，大家正可以为国家与'大东亚'做许多事，两位为部下的事发生误会，这是很不幸的。这根本是受人挑拨，更不是什么深怨宿仇，所以我本着和两位的友谊，邀请两位来，替你们把误会解释明白，希望两位通过今天我们友好的会见，冰释前嫌。为你们帮忙，我也是非常乐意的。"

熊剑东表示："兄弟愿捐弃前嫌，与士群兄和好。今后如有三心二意，被乱枪打死！"

这样一来，李士群反倒不好意思了，弯腰向熊剑东道歉："原来的误会皆是手下人所为，多有得罪，愚兄在此向你赔礼，愿消除误会，重结新谊！"冈村将李、熊两人的手叠在一处，高兴地说："没想到这么快二位便消除了误会，作为你们朋友的我，也觉得脸上有光。大家难得有此机会，我请客，边吃边谈。"

特工出身的李士群一听要吃饭，顿时警惕起来，推说自己这几日正腹泻，不能吃东西。说着就要告辞。冈村佯怒道："你不给我面子，让我难堪！"李士群无法，只好坐下来。这时，一位日本少妇端着一只放着牛肉饼的盘子进来。冈村介绍说："这位是我的妻子，刚从日本东京飞来。"日本少妇跪到李士群面前说："这是我亲手专门为你们做的，请尝尝。"看着李士群在犹豫，熊剑东伸手拿了一块，咬了一口，连称味道不错！冈村也拿了一块，又递给李士群一块。李士群见他们都吃了，不好意思拒绝，也吃了半块。谁知，冈村在给李士群的那块牛肉饼中下了毒，是一种从患霍乱的老鼠体内培养出来的病毒，但要等36个小时后才会发作，且无药可治。李士群第二天返回苏州伪省府，跟正常人一样，到第三天，病情暴发，但药石罔效。到第五天，李已是皮包骨头，张口瞪目而死。周佛海为军统立了大功，9月9日，他得意地在日记中写道："忽闻李士群仙逝。"

从这件事上也证明，周佛海在抗战后期又一次成为两面人，尤其是1944年汪精卫病死之后，他表面上成为汪伪政权的二把手，实际上成为重庆政府和军统的卧底，多次把日军的情报提供给重庆方面。

周佛海生性多变。他从蒋介石的心腹变成汪精卫的股肱，成为汪伪政权的三把手，又与戴笠联系，成为汪伪政府中替蒋介石卖命的卧底，这样的状态一直持续到日本战败。那么汪伪政权崩溃之后，作为大汉奸的他，命运又是怎样的呢？

日本投降以后，当时蒋介石的部队都在大西南，无法短时间占领东南地区大中城市，尤其是不能阻止新四军进占上海，蒋介石看周佛海还有利用价值，所以要利用汉奸周佛海手里的伪军和伪警察暂时替他看守住上海。周佛海认为这是立功赎罪的好机会，竭尽全力为蒋介石看家护院，守住了大上海。等国军到上海后，周佛海顿感失落。此时戴笠出现，让周佛海去重庆向蒋介石请罪，争取宽大处理。那周佛海去不去呢？

5. "人生就是八圈麻将"

周佛海犹豫不决。他深知蒋介石是个心狠手辣、睚眦必报的人，因此，他不敢轻易答应去重庆，那戴笠用什么办法让周佛海就范？

戴笠老奸巨猾，只使用了一招，周佛海就范了。哪一招呢？即兄弟牌。为什么这样说呢？原来戴笠与周佛海都是1897年5月底出生，戴笠比周佛海早生一天，为兄。这两人早年家境都不好，父亲死得早，母亲吃尽苦头，因此都是孝子。周佛海随汪精卫投日之后，戴笠将周母和其岳父扣为人质，软禁在贵州息烽监狱之中，以此要挟周佛海为军统工作。

1945年6月25日，周母在贵阳医院病逝。戴笠亲自料理后事，披麻戴孝，充当孝子，并特意拍了几张跪在周母墓前哀痛欲绝的作秀照片。

戴笠拿出给周佛海母亲治丧的照片后，还用手绢擦擦眼角，吸吸鼻子。周佛海心理防线垮了，流着泪说："今生以雨农为兄，万幸矣，弟今后一切听兄的！"

戴笠拍胸脯道："为兄亲自送吾弟去重庆，保证万无一失。"

正因为有戴笠的担保，1945年9月30日清晨，周佛海与丁默邨等5人，在上海引翔港机场登上飞机，飞往重庆，去向蒋介石当面谢罪。

那么，周佛海能不能见到蒋介石？蒋介石会怎么处置他呢？

当飞机降落在重庆白市驿机场后，戴笠这才告诉周佛海："委座去西昌了，过几天才能回来。这样吧，你安心等几天。如果寂寞，过两天我把嫂夫人接过来。"

戴笠果然没有食言。几天后，周妻杨淑慧携儿子周幼海于10月4日乘专机来渝，与周佛海同住进歌乐山松林坡的白公馆，此处原是四川军阀白驹的一处房宅，别号"香山别墅"。一家人在异乡团圆，倒也其乐融融。

周佛海天天盼蒋介石召见，戴笠却以种种借口说委员长日理万机无法相见，后来干脆不再来见周佛海。其实，蒋介石根本就不会接见周佛海，一是他痛恨周佛海对他不忠，不能容忍背叛他的人；二是他完全是实用主义者，目的达到了，自然就不会再理睬周佛海；三是蒋介石或许根本就不知道周佛海有请罪的举动，完全是军统的诱捕之计。

周佛海虽然没能如愿以偿地向蒋介石当面谢罪，但是在全国舆论都要求惩办汉奸的形势下，躲在世外桃源之中，过着逍遥自在的生活，也不失一种被保护。而且在戴笠的安排下，周佛海等人在别墅中被"待之如上宾"，每顿饭六菜一汤，平日周佛海总躺在床上读读佛经、看看闲书解闷。其妻杨淑慧与丁默邨等人成天打麻将，噼里啪啦，搓得直响。有时杨淑慧输了钱就不高兴，周佛海也过去打两圈。别看他不精于此道，胡吃乱碰，也能取胜，从中也悟出不少真谛，他在日记中有如下感慨："深感八圈牌中表示人之一生，人之一生，得失沉浮，悲欢离合，均受命运的支配。予常以打麻将譬之，麻将之胜负，固决于技术巧拙，精神之强弱，但根本必系于手气。所谓手气即命运也。故有初学者常战胜，手气也；有先胜后负者，有先负后胜者，亦手气也。"

因此，他也觉得自己的命运不济，该走背字了。前途茫茫，吉凶祸福毫无把握。某天，杨淑慧提出要回上海，被军统特务当即阻止。周佛海这才知道自己的老婆和儿子已成为人质，暗暗叫苦，但一想到只要戴笠在，就不会有大问题。他把自己的后半生全押在戴笠的身上。

很快，这场人生的"八圈麻将"他就输得干干净净。为什么呢？

1946年3月的一天，周佛海独自凭栏。一个军统特务匆忙上得楼来，递给他一张《中央日报》。周佛海接过报纸一看，顿时浑身颤抖，惊得竟说不出一句话来。

原来报上的一则消息是这样的：军事委员会调查统计局局长戴笠，于本月十七日自青岛飞京途中，失事殉职。

周佛海哭了，为了戴笠，更为他自己而号啕。他在日记中写道：

"……三月中旬忽阅报，谓雨农坠机身死，为之忧虑不止。盖余之身家性命，渠曾立誓保护，今如此，则前途殊可隐忧也……雨农死，我也完了！"

果然，形势很快发生了变化，报纸登载了陈公博、褚民谊、陈璧君等汪伪政权主要分子在苏州江苏高等法院受审的消息。

同年 6 月上旬，噩耗又一次飞进了白公馆的高墙，《中央日报》一条通栏黑体标题赫然醒目——"巨奸陈公博在苏州伏法"，周佛海看得目瞪口呆。紧接着 8 月下旬，三号大汉奸褚民谊也被枪毙了。接下来，自己的命运又如何？周佛海的精神几乎要崩溃了。

怕什么来什么，果然，军统局局长毛人凤开始拿周佛海开刀了，决定先从周妻杨淑慧身上做文章。一天，军统局负责人来看周佛海夫妇，满面春风地说："给周先生和嫂夫人道喜。"周佛海问："戴罪之身，喜从何来？"负责人说："奉毛局长手谕，嫂夫人可以回上海了。"这个消息的确出乎意料，周佛海拿不定主意，但杨淑慧认为出去以后可以找些关系救周佛海出来，于是她在特务"护送"下先回上海。

谁知军统特务一下飞机直接押杨淑慧回家，让她交出周佛海藏匿的财产。杨淑慧是个滚刀肉，软硬不吃，要钱没有，要命有一条。军统特务只得将杨淑慧和女儿慧海抓了起来。几天后，军统将慧海放回家，让其给周佛海写信，劝其父与军统合作，拿钱赎命。这一下，周佛海才搞懂了毛人凤的真正目的，是要他的钱，一旦"榨"出了钱，再将他移交法院，要他的命。一着急上火，周佛海心脏病犯了。但人在屋檐下，不得不低头，周佛海强撑病体，给毛人凤写了一封信，表示自己的财产并不像外间传的那么邪乎，已经付给戴老板不少，现在"拟将所有财产贡献国家"，希望军统局放了他的老婆与女儿。他又给杨淑慧写信，说钱财都是身外之物，生不带来，死不带去，要看得开一些。杨淑慧接到周佛海的信后，忍痛将几处房产、几辆汽车以及一些金条和首饰交了出来。不料，军统认为还大有潜力，继续要"榨"出油来。这一下彻底激怒了杨淑慧，她将一枚金戒指吞到肚里，以死抗争，幸亏发现及时，救了过来。毛人凤也怕弄出人命，只得将杨淑慧母女放了。

军统局榨取了周佛海的财产后，决定派专机将周佛海等人押解至南京，移交首都高等法院。1946年9月16日，周佛海等人被押回南京，关进宁海路看守所。10月上旬，首都高等法院以汉奸罪起诉了周佛海，罪名为"通谋敌国，危害本国"。周佛海对所犯罪行写了答辩，并请来著名的大律师章士钊做自己的辩护人。

那么章士钊为什么要替一个大汉奸辩护呢？原来章士钊与周佛海的岳父杨卓茂是湖南老乡，又是发小，有这层关系在，充当周佛海的辩护律师也是义不容辞。

这场审判会有什么样的结果，等待周佛海的又将是怎样的命运呢？

1946年11月2日，南京的首都高等法院在朝天宫公开审判周佛海。这天上午9时20分，周佛海在法警的押解下到达法庭，此时已是人声嘈杂，人头攒动，里里外外挤满了旁听者，约一万人。检察官陈绳祖宣读起诉书，周佛海的犯罪证据和所犯法条如下：

一、背叛中枢，破坏全面抗战；二、秘密媾和，共同组织伪国民政府；三、总揽经济大权，滥发纸币，扰乱金融；四、总揽军政大权，签订卖国条约，允许日本在蒙疆、华北驻兵，承认伪满洲国，破坏我国领土完整等。

最后，检察官说："总之，被告各种辩述均属狡辩，希图免于刑罚，然危国殃民罪甚重大，应请依法判决。"

如果按此等罪状判决，确实十恶不赦，随便哪一条就能判处周佛海的死刑。周佛海认罪吗？

审判长赵琛问周佛海："检察官的起诉书听到了吗？你现在可以辩论。"

剧情在此时发生了反转。周佛海不但说自己无罪，甚至还丑表功，自称干了很多不利于敌国的事情，这又是怎么回事呢？

周佛海答辩如下数点：

一、起诉书内载被告"总揽军政、经济大权"，这句话未免太看重被告了。被告不但无总揽之权，连行政权都没有。行政院副院长不过空名，副院长连副署之权都无……军事委员会开会，被告从未出席，请查开会记录。

二、伪上海市市长是掌握大权的，但是，被告出任伪上海市市长是得到中央同意的，戴笠局长来电说中央同意"蒋信"任伪上海市市长，蒋信是中央替被告起的化名。有信函可证明。

三、起诉书内载被告仰承敌之意旨，供给敌物资。这是不是事实？被告五年在京，从未仰承敌人，总是尽量破坏敌人的计略。本来敌军收买物资是独断独行的，我们设立物资委员会后，敌军收买物资的价格、数量、种类、时间、办法都要受到限制，我们则能改就改、能拖就拖，有时筹办军需急如星火，我们则有意拖延，搞得日军恨之入骨。

四、伪府成立不但没有加强敌方战斗力，反而使敌方碍手碍脚，不能为所欲为，所以日本人都称被告为抗日分子。

五、太平洋战争爆发后，被告五年之间表面为伪政府效力而实在全为中央政府效力，被告今日之罪在"通谋敌国，危害本国"，而在当时恰为相反，为通谋本国，危害敌国。

六、发行中储券是抵制日本军票，日本军票无限制发行，控制了金融，操纵物价，所以发行中储券，而且中储券发行有准备金黄金16吨、美金300万元、白银30万两。这才制止了日本军票的使用，这是不得已的办法。

周佛海接着丑表功如下：

为协助抗战，有六大功劳：1. 设置秘密电台；2. 探送情报，指示美机炸日本仓库、军营；3. 布置军事准备反攻，把伪军布防到东南沿海，策应美军登陆；4. 接济营救中央工作人员，像上海市特派员马元放、吴开先、李明扬、蒋伯诚，还有军统一批人都是被告亲自保释出狱的；5. 诛除奸伪，按戴笠指示设计杀死李士群；6. 保卫上海，抗战胜利后以总司令的身份维护治安，配合国军接收。

周佛海说："敌军都称被告'和平主义者''抗日分子'。戴笠曾二次电告程克祥，叫被告小心，此可调查。故被告与敌斗争，中央是知道的，目的虽未达，但已尽了力量。此乃事实。"

接着，著名大律师章士钊站起来进行辩论，他的辩护也很给力，其策略是用军统局之矛攻军统局之盾。章士钊首先指出，军统局不承认周佛海有输诚之事，但是有程克祥的电报就是最好证明。法庭认为被告不尽力为军统工作，被告工作本身是间谍，要敷衍日本人，所以必须两方兼顾。其次，被告历任伪政府要职是事实，但他利用职务之便，保释出被俘人员数十人，证明他是为中央政府工作的。最后，1943年1月8日，程克祥带回戴笠给周佛海的亲笔信，里面说元首（即蒋介石）已批准了周佛海的自首，另外还有被告使用化名"蒋信"等，就证明被告是为军统工作的。章士钊强调：被告是主动自首和协助抗战的，不但无罪，反而有功。他拿出1944年程克祥带回的戴笠亲笔函，上面有："已经呈准令其戴罪图功，准予自首，并指示工作方针。"1945年1月，戴笠给周佛海"中央同意蒋信兄任上海伪市长"的电报，以及日本投降时戴笠给周佛海的电报，证明被告的确奉令出任上海行动总队总指挥等，事实俱在。这难道不是被告在为中央秘密工作吗？他有力地驳斥了军统局不承认周佛海的自首行为，从而要求法庭减轻周佛海汉奸罪行，予以宽大。

周佛海认为辩护结果对他有利，同时他对蒋介石是抱有幻想的，认为蒋介石不会对他赶尽杀绝。抱着这种心情，5天以后，即11月7日是决定他生死命运的关键日子。

这天下午，首都高等法院在南京朝天宫对周佛海汉奸案进行判决。审判长宣布：周佛海通谋敌国，图谋反抗本国，处死刑，褫夺公权终身。全部财产除酌留家属必需生活费外没收……

周佛海大声叫嚷："我不服，我还要上诉！"

为什么审判结果会这样呢？原来，蒋介石得知法庭辩论的详情之后，大发雷霆，骂道："周佛海可耻，十恶不赦；章士钊可恨，巧言令色。"

6. 军统黑吃黑

此时，舆论普遍认为周佛海执行在即。杨淑慧向最高法院进行上诉，要求复判。同时她也到处托人，找关系，走后门。党政军要人陈布雷、顾祝同、陈立夫、吴鼎昌、谢冠生等逐一找遍，希望他们向蒋介石说情，改判死刑为无期或有期。

果然，案件出现转机，但能不能救周佛海的命呢？

一天，国民党中将、立法委员马晓军的老婆忽然告诉杨淑慧：她认识蒋介石的外宠吴小姐，她已代求吴小姐向蒋介石请求为周佛海减刑，吴小姐打了包票，但要活动费"大黄鱼"二十条。什么是"大黄鱼"？就是十两一根的金条。

几天后，马太太兴冲冲来找杨淑慧说："事情全办妥了，蒋主席已将呈文批复交最高法院院长予以减刑。如果希望特赦，需要另写呈文，不过……"她卖了个关子。

"不过什么？快说啊！"杨淑慧急不可耐。

马太太说："吴小姐还要再加十条大黄鱼，将来如财产发还，要由吴小姐支配，只能还给你们一半。"

杨淑慧又坐夜车赶往上海，拿出多年压箱底的细软，又把女儿当作嫁妆的首饰卖掉，并向亲友告贷，凑够了大黄鱼三十条，又写了要求特赦的呈文，赶回南京交给马晓军，并预付大黄鱼十五条。

两天后，马晓军夫妇面告杨淑慧："黄鱼已交二太子蒋纬国。"

杨淑慧奇怪："怎么又冒出二太子？"

马晓军诡谲一笑："纬国与石静宜结婚，就是吴小姐做的大媒。而且吴小姐的爱女就与纬国夫妇共住一处，不过嘛……二太子也要大黄鱼十条。"

杨淑慧狠狠心，又拿出十根金条如数交给马晓军。

12月28日，马晓军告诉杨淑慧："吴小姐从上海打来电话，说大赦令还有四天，也就是元旦公布，并要我转告嫂夫人，为佛兄安排好住处。"

杨淑慧焦急地说："哪有房子？都被法院查封了。我现在寄住在熟人家里，我这就去租房子。"

马晓军摇摇手："租房？租什么房？大赦一旦发表，法院还不得把西流湾的公馆还给你们？"

1947年元旦到了，南京城到处是欢笑声和鞭炮声，周佛海两口子也很开心，杨淑慧一大早就去老虎桥监狱等候接人。周佛海刮了胡子，换上新衣服，在日记中写道："有人来谓今日已颁大赦令，我辈在减刑之列，群情欣然。"其兴奋之情，跃然纸上。好不容易狱卒等送来报纸，周佛海迫不及待地抢到手，从头到尾字里行间看了几遍，竟没有一个大赦的字样。日记中又出现如下文字："当时相传元旦有大赦，余等同案亦在赦内，或大赦时对余发表特赦欤？余亦竟作此想矣。希望数月，一旦冷水浇头也。"

杨淑慧也懊恼万分，费了大劲、花了大钱，落得个鸡飞蛋打，她要找马晓军算账。

不料，马晓军亲自前来探监，安慰周佛海，说："佛兄，原来说元旦要特赦，刚才吴小姐特来电话，要我转告你，元旦来不及了，因为呈文必须交司法院走个程序，来往需十余日。不差这几天。"他对杨淑慧说："请嫂夫人借一步说话。"

杨淑慧只得出来。马晓军一脸贪婪，伸出四个指头："大黄鱼还要四条。"

杨淑慧差点给马晓军跪下:"马先生,行行好,我实在拿不出来了。"

马晓军说:"谁不知周先生当过伪中央储备银行行长与财政部部长,有的是大黄鱼。公平交易,拿钱换命,晚了我可不负责任。"他又补充说:"我连条小黄鱼也没得,这都是打发文官处承办官员的。"

杨淑慧交出了最后的四根金条,三十条大黄鱼只剩下一条了。看着唯一的一根金条,杨淑慧哭了,但又笑了,因为毕竟能救周佛海的命。周佛海在日记中心疼不已地写道:"淑以功亏一篑与之。千辛万苦筹集之叁拾条,仅余一条矣。"

1947年1月8日,马晓军告诉杨淑慧:"公文已于6日送达司法院,等佛兄出来后,我一定上门喝喜酒。"

1月20日,最高法院特种刑事判决公布,声请人杨淑慧因被告汉奸案件对于首都高等法院中华民国三十五年十一月七日判决声请复判,本院判决如下:

被告周佛海原判决核准。

周佛海听完呆若木鸡。杨淑慧暴跳如雷,打上马府,拉着马晓军大骂:"姓马的,骗到老娘头上,走,我们去国民政府大门口说理去!"

马晓军哭丧着脸:"您先别动怒,小点声音。这一切都是军统局局长毛人凤的老婆向影心让我们干的。"

杨淑慧叉着腰:"你去告诉毛人凤那个王八蛋,不把老娘的大黄鱼乖乖交回来,我非拼个鱼死网破!"

毛人凤两口子也害怕东窗事发,于是托人转告杨淑慧不必声张,保证金条全都退还。但最后实际只退回十七条。就这样结束了?堂堂的军统局局长毛人凤又岂能吃这个哑巴亏?

一天,有个穿长衫的神秘人物来到沈举人巷58号找杨淑慧,一进门故意露出腰间的一把盒子枪,说:"我是中共宣传部部长陆定一派来的特派员，毛泽东、周恩来先生要救周先生，派我前来负责劫狱。你给陆定一先生写封信，表示配合就行了。劫狱的事情我们来办，保证把周先生救出来！你去监狱和周先生通个气，让他做好准备。"

杨淑慧又惊又喜，颠儿颠儿地跑到监狱，悄悄将此事告知周佛海。

那么，周佛海又是如何反应？究竟如何配合？

周佛海一听就急了："劫狱？荒唐！共产党会这么幼稚？八成是军统冒充的，再给我安上个通共罪名，那死得就更快了，你千万别再和这个人见面。"

"那怎么办啊？他说晚上来听回信。"杨淑慧惊慌失措。周佛海想了想，说："这样，你去找陈立夫先生，问他怎么办！"

杨淑慧赶到常府街陈宅，将这件事告诉陈立夫。陈也认为："可能是军统人员干的，我打个电话将此事告知毛人凤，看他咋办！"

果然，所谓共产党营救周佛海之事无声无息。

7. 南柯一梦

接下来，陈立夫、陈果夫在最高法院复判周佛海死刑后，联名给蒋介石呈文，要求予以减刑，但蒋介石无动于衷。

讲到这里，看来大汉奸周佛海是板上钉钉，必死无疑了。但奇怪的是，他后来并没有被执行死刑，他又得到了蒋介石的特赦死里逃生，这又是为什么呢？

原来，1月25日，陈果夫、陈立夫两位大佬联名上书蒋介石，说周佛海在抗战胜利前一年完全依照第三战区预定计划，在京沪杭一带暗中布置军事，颇为周密，胜利后使江浙两省不致尽陷共党之手，国府得以顺利还都，运兵至华北各地，不无微功。如蒙钧座开恩，免其一死。有二陈亲自出面，加上陈布雷等人求情，蒋介石终于恩准。

2月2日，蒋介石令秘书致代电司法行政部："关于汉奸周佛海判处死刑一案，查该犯早经自首，虽未明令允准，唯在三十四年六月十九日戴故局长笠呈请前来时，曾令其奉谕转告该犯，如于盟军在江浙沿海登陆时能响应反正，或在敌寇投降后能确保京沪杭一带秩序，不使人民涂炭，则准予戴罪图功，以观后效。"

司法行政部部长将蒋介石代电转达首都高等法院院长与首席检察官，高等法院院长和检察官不敢怠慢，决定予之减刑。

3月27日，国民政府明令给周佛海减刑，改为无期徒刑。

周佛海总算保住一条性命，照理说，无期改有期，说不定就活着出狱了。没想到周佛海没过一年就死了。是被害死的吗？还真不是。

周佛海由首都高等法院审判定为极刑到最高法院复审仍为极刑，又到国民政府明令减刑的这段日子里，心脏承受不住，旧病复发，身体状态急剧恶化。

原来，周佛海有两大爱好：女人和醇酒。周佛海生性风流，情妇很多。他自己在日记中承认，"好拈花惹草""情欲每一发生，辄任性之所至，有时不能自制，有时且不思自制"。

长期的美女醇酒，掏空了周佛海的身体，也让他患上了严重的心脏病。周曾专门赴日本治疗，在日期间又与一护士发生关系，护士还为他生了个女儿。

在周佛海押赴南京期间，受了极度惊吓，心脏承受不了巨大的压力。虽然蒋介石特赦了周佛海，一条命算保住了，但是人算不如天算，老天爷没有饶恕他。就在他被特赦将近一年时，1948年2月初，周佛海复发心脏病，于28日死在南京老虎桥监狱中，终年51岁。

纵观周佛海的一生，最大的特点是有野心和投机取巧。他从共产党转到国民党，飞黄腾达，就是靠着野心和投机取巧。在日本侵略中国之际，被日军气势所吓倒，抛弃坚持抗战路线，转而依附汪精卫，走"和平"路线，建立汪伪政权，想做更大的领袖。太平洋战争爆发，他又认识到美国的力量将战胜日本，转而又投靠蒋介石。抗战胜利后他被法庭判处极刑，虽然最后侥幸逃过死刑，但人作孽不可活，也是他应得的下场。

第三讲　审判大汉奸褚民谊

1. 拎不清大小头

　　1945年8月16日，刚上任不满一个月的伪广东省省长兼伪广州绥靖主任和保安司令褚民谊接到伪主席陈公博电话，告诉他："日本已接受《波茨坦宣言》，南京'和平政府'已经自行取消了。"

　　那么，褚民谊是如何到广东任伪省长的呢？原来，汪精卫与陈璧君一直视广东为自己的根据地，伪政权成立，派妻弟陈耀祖任伪省长兼绥靖主任。1944年4月4日下午4时许，陈耀祖在文德路被军统刺杀。其时，汪精卫已赴日本看病，陈公博与周佛海便任命陈璧君的侄子陈春圃继任。但陈春圃于1945年2月借口其妻患癌症，飞回上海。此时，汪精卫已死，陈璧君不愿待在南京，于3月21日飞抵广州。陈璧君向代主席陈公博提出，要派有声望的人去广东坐镇，并推荐了褚民谊。这样，褚民谊在7月6日抵达广州，9日正式接

褚民谊

任伪省长和绥靖主任一职。

褚民谊的住处与陈璧君家隔着马路,望衡对宇。得到和平政府自行取消的消息,褚民谊急忙去马路对面的陈宅见陈璧君,商议应对之策。看见褚民谊比自己还要惊慌,陈璧君反而安慰他说:"不要怕,当年我们追随汪先生的目的是求和平,又不是卖国当汉奸。现在这个目的已经达到,任务已经完成,有什么可怕的?"

陈、褚二人商量来商量去,最后决定投石问路,请蒋介石看在昔日一致反共的情分上网开一面,争取从宽处理。于是,陈璧君要褚民谊向蒋介石发份电报,试探一下老蒋的态度,电文如下:"敌宣布投降后,共军乘机蠢蠢欲动,正三三两两潜入省防,不良居心昭然。愿谨率所部严加防范,力保广东治安,静候中央接收。"

事隔一天,陈璧君让褚民谊又发一电:"汪夫人愿为中央效犬马之劳,誓将广东完璧中央,盼蒋委员长训示。"

电报发出后,如石沉大海,迟迟不见蒋介石的回音。陈璧君忧心忡忡,度日如年。

就在陈璧君陷入绝望之时,8月20日傍晚,一辆黑色轿车停在法政路褚民谊官邸前,一位不速之客敲响了褚公馆的大门。谁呢?此人就是大名鼎鼎的国民党军统局广州站主任郑鹤影。褚民谊亲自前往大门接迎,双方热情地打招呼。

褚民谊话中有话:"鹤影老弟,干你们这一行的,是无事不登三宝殿,敢问一声,你们打算如何处置老朽及汪夫人?"

郑鹤影说:"重行兄不要多心,你给委员长的两封电报都收到了。我带来了戴老板给兄的电报,请过目。"郑鹤影拿出电报:"戴老板是转示蒋委员长之手令。重行兄,你要好好斟酌!"

褚民谊心跳得怦怦的,接电报的手不禁微微颤抖,他知道这份电报将决定他的命运。只见电报上写道：

"亲译。郑鹤影兄：奉委座手令开'日本已无条件投降，褚民谊兄过去附敌，罪有应得。姑念其追随国父，奔走革命多年，此次敌宣布投降，即能移心转志，准备移交，维持治安，当可从轻议处。惟我大军入城在即，诚恐人民激于义愤，横加杀害，须饬属妥为保护，送至安全地带，候令处置。此令。'等因。仰即遵办，并将办理情形详报为要。戴笠手启。铣未。渝。"

褚民谊看后，鼻子一酸，几乎掉下泪来："委座尚念我等罪人过去对革命有功，百忙之中，尤担心我等性命安全，民谊无论如何，听候中央安排。"

郑鹤影喜形于色，说："好！像重行兄这样，能体察领袖之苦心，大力配合弟之安排，弟亦决不会为难的。只是还有一事……"

褚民谊忙问："是不是汪夫人那里的问题？不知委座有何指示？"

郑鹤影又掏出一份电报："这是戴局长的电报，请老兄过目。"

电报上写："亲译。郑鹤影兄：奉委座手令开：'日本已无条件投降。精卫先生过去附敌，虽罪无可赦，姑念追随国父，奔走革命悠久，且已逝世，对其家属应予免究。惟我军入城在即，诚恐军民激于义愤，横加杀害，故对汪夫人陈璧君等之安全，须饬属妥为保护，送至安全地带，候令安置，并将遵办，并将办理情形，详细具复为要。戴笠手启。铣午。'"

褚民谊拍着胸脯对郑鹤影说："汪夫人的工作由我负责，不会有问题的！"

褚民谊为什么能这样大包大揽呢？原来，他与陈家是亲戚，关系很深。他的老婆陈舜贞是陈璧君的母亲卫月朗的干闺女，因此和陈家、汪家是葭莩之亲。

他送郑鹤影出门后，径直去路对面的陈公馆，迫不及待地将刚才的一切告诉汪精卫的遗孀陈璧君。

最后，他用手搔着头说："没想到，老蒋对我们还念一些旧情，不会赶尽杀绝的。"

陈璧君问："你答应郑鹤影转移到安全地方去啦？"

"是啊！中央是考虑得很周全的。"

陈璧君脸一沉："你头脑太简单，容易上当，怎么不安全？走了就安全啦？要安全还不容易，派一个班的兵来保护我们，谁敢动老娘一根汗毛？再说万一这电报是伪造的呢？"

褚民谊又看了看电报："不会吧，来电上有密码。大姐的意思是？"

陈璧君眼珠一转："我不走，就留在广州，我一走反而会引起麻烦，认为我们被抓起来了，以免引起社会之惊异。重行，你可给戴笠发一电报，让郑鹤影转去，就说我母亲和汪精卫先生的灵堂都在这里，我不忍心离去。"

隔一天，郑鹤影再次登门传达戴笠的指示："重行兄，你和汪夫人的那份电报已发给戴局长了，戴局长让你们先安心住在这里，他已请示委座，接你们去重庆，估计过几天便有结果，还望转告汪夫人。"

8月22日，郑鹤影第三次来到褚民谊家，把蒋介石的电报交给褚民谊。

这几日，陈璧君的心情极坏。自打日本投降的消息传来，她的公馆里便乱了套，仆人们逃走了一些她还能容忍，最可气的是广州教育厅厅长林汝珩和警务处处长汪屺，原先像狗一样成天在她面前摇尾巴，如今踪迹皆无。她时而大骂仆人"无良心"，时而哭喊着奴才"缺阴德"。正当她趴在汪精卫遗像前落泪时，褚民谊兴冲冲地跑进来。

"夫人请看，蒋委员长又来了电报，郑鹤影刚刚给我，我就赶来给您报信。"

陈璧君接过电报，内容如下："重行兄：兄于举国抗战之际，附逆通敌，罪有应得。惟念兄奔走革命多年，自当从轻以处。现已取得最后胜利，关于善后事宜，切望能与汪夫人各举秘书一人，来渝商谈。此间已备有专机，不日飞穗相接。弟蒋中正印。"

陈璧君来了劲儿："谅他老蒋亦不敢拿我等党国元老怎么样！什么附逆通敌？精卫言和这也是为了抗战的胜利，这只臭马桶少往我们头上扣，他老蒋也一直和日本人拉拉扯扯，只是精卫捷足先登而已。"

褚民谊劝解道："大姐，少说这些话吧，我们现在是在别人的屋檐下，不低头行吗？到重庆后向蒋先生认个错也就结了，何必认真？"

"好吧！先收拾一些要紧的东西。哼，他老蒋不派专机，休想让老娘离开广州一步。"

当下商量的结果是，陈璧君带女婿何文杰和女佣一人，褚民谊带二人同去。那时广东省特产洋桃刚刚上市，还专门买了两筐，陈璧君拟送给蒋夫人宋美龄女士。褚民谊则准备送给舅舅吴稚晖。这样一切准备就绪以后，就等专机来后即启程。

9月12日上午，郑鹤影来电话告诉褚民谊："飞机业已抵穗，下午3时在原省长官邸集合，有专车送白云机场。"

下午3时许，陈璧君、褚民谊等人到了伪省长官邸。褚民谊感慨良多，他与在此前来送行的原省政府旧人陈国强等一一话别。陈璧君仍是一副唯我独尊的派头，目空一切。

此时，大门外开来了十多辆小汽车，郑鹤影为首，当即宣布："每车只得坐两人，先请汪夫人上车！"

陈璧君带一名仆人上车后，褚民谊与其随员高其贤、徐宗义等上了后面的车。他们向送行者挥挥手，含泪而别。

一排小汽车沿珠江边开去。"错了！错了！你们开错了，这不是开往白云机场的路。"陈璧君叫了起来："休想骗过老娘，当年我跟随孙中山先生时，与汪精卫先生就是在这一带活动的，我是老广州，搞不清道路问我就可以。"

坐在前排的郑鹤影认真地解释："夫人，委座派来的是水上飞机，我们就是要到珠江上船过渡，再上飞机，您一会儿就知道了。"

小汽车在珠江码头停下，果然有两艘汽船在生火待发。陈璧君等一行上船后，郑鹤影抱拳说："夫人，请多多保重，一路平安，我有事留穗，不能陪同。"说罢反身上岸。

汽船行至江心，一位军统小头目板着脸命令："飞机上不能携带武器，统统交出来！"

待特务搜查陈璧君、褚民谊的行囊后，那人宣布："蒋委员长现因公赴西安，数日内不能回渝，陈璧君、褚民谊等一行此时来渝，殊多不便，应先在穗移送安全处所，以待后命。"

陈璧君一听跳叫起来："既然老蒋不在重庆，我们就应该留在自己家里，搞什么搞！赶快返回去，我要回自己的家。快返回去！"

军统特务不便得罪她，耐心解释说："夫人息怒，不要动火，我等是奉命行事，不周之处，请多多体谅。"

陈璧君越发来劲："老娘是党国元老，当年跟随先总理革命时，你们还穿开裆裤呢！现在竟骗到老娘的头上了，岂有此理。"

任凭她大叫大骂，特务们也不理睬。褚民谊则细声细气，一个劲儿地劝。

汽船一直开到广州市郊方停下来。押送人员让陈璧君等人改乘小船，再一次挑起了陈璧君心中的怒火，她骂道："你们是什么东西？想让老娘干什么就干什么？做梦！老娘的脾气老蒋也知道！我绝不上小船去，除非你们用枪打死我。"

军统特务平时也是横惯了的，此刻也不再客气："少来这一套，这是什么地方容你撒野？"他们都端起了枪，围住了陈璧君。

不料陈璧君一见枪，就像斗牛见到红布一般，被激怒了："老娘15岁就玩枪，还怕这个？开枪啊！老蒋都知道我的脾气，你们是什么东西？有种的就开枪，一群被人当狗驱使的东西，你主人不下命令，借你一副胆子谅你也不敢！"

陈璧君跳脚怒骂。

双方僵持下来，褚民谊又向她劝解，认为这样闹下去于事无补，假如重庆方面成心要为难的话，我们只能听天由命；这批人是奉命办事，与他们争吵，也不会有用，胳膊拧不过大腿。最后，陈璧君想想褚民谊的话也不错，总算下了小船。又开行了一截路，到了李辅群的住宅。李辅群即李朗鸡，原是广东的巨匪，汪伪政府成立后，投靠成为伪少将旅长、伪中将武官。抗战胜利后成为广东先遣军总指挥兼第一纵队司令。他的那处住宅已被军统占用了，而且早已有了布置，那里是一所二层的房屋，在一个大院子里，有十余个士兵携卡宾枪防守。陈璧君等一行被领上二楼，指定两人合住一房，陈璧君与她的女佣，褚民谊与高齐贤，何文杰与徐某，另一间是看守人员的卧室。

一天，军统的一位负责人告诉陈璧君："汪夫人，上峰有命令，过几日要将你们解往南京审判，你要有个准备。"

陈璧君脖子一拧："准备？我有受死的勇气，但绝无坐牢的耐性。汪先生死后，我的精神支撑已倒，我只盼早日跟随他而去。"

褚民谊则劝道："大姐，请放宽心，我

褚民谊

们的事情戴老板已经明确，将来会用政治手段解决的，不会送司法审判的。请暂时委屈一下，时间不会太久了。"

10月14日，褚民谊与陈璧君及其长女汪文惺、次女汪文悌及2岁的外孙女何冰冰等，在广州白云机场登上飞机，几个小时后，飞机降落在南京明故宫机场。他们一下机便被囚车送往宁海路25号看守所关押。

1946年春节刚过，褚民谊又同陈璧君、陈公博等一起进入苏州的狮子口监狱。

2."情愿一死了之"

进入狮子口监狱,其他汉奸心里多少都感到恐惧,褚民谊倒还比较镇静,为什么呢?他在汪伪政权里面的地位虽高,做过伪行政院副院长、伪驻日大使,但都没有什么实权。就算当上伪广东省省长,上任还不到一个月,连手下的办事员都没认过来,日本就投降了。因此,他自认没干过伤天害理的事,相反还做了一些恢复文化方面的善事:

1.弘扬佛法。第一,修复庙宇。在战火中,江苏等地一些寺庙都不同程度遭到破坏,褚民谊直接主持南京的鸡鸣寺、毗卢寺、灵谷寺、三藏禅寺、三藏塔等的修复工作。此外,责成各寺院自行修复的有南京古林寺、金陵寺、栖霞山的栖霞寺、镇江的金山寺、焦山的定慧寺、北固山的甘露寺、常州的清凉寺及上海的龙华寺,他都设法筹款予以修复。

第二,促进中日两国佛教的交流。由日本全国佛教会赠给南京一尊名古屋桧木雕成的三丈三尺十一面观音大士,供养于毗卢寺;又将该寺一尊十一尺千手木本金身观音大士奉移名古屋,供养于相应寺。

第三,迎回唐三藏法师玄奘之灵骨,建造三藏塔。唐三藏的灵骨,是日本军人在建神社时,在南京中华门外大报恩寺三藏殿后挖掘出一个三尺许石函,石函两面刻有文字,记载唐三藏顶骨迁葬的经过,石函内还有一铜盒,盛着三藏法师的头顶骨和一小包骨灰。褚民谊与日方交涉,后由日本大使馆奉还,由褚民谊代表汪伪政府接收,供养于文物保管委员会的博物馆。同时褚民谊发起建塔的倡议,各地善信闻风兴起。1943年12月28

日，举行分受三藏法师灵骨典礼，各地参加的僧侣、居士和日本佛教徒多达三千人。褚民谊等将佛骨分为五份，一部分由白坚居士增奉北上，准备在北京建塔供奉。一部分赠予日本佛教会，由该会派仓持与水野两代表亲自恭移至日本，供养于东京郊外的慈恩寺，以便建专塔供养。一部分供奉于南京佛教会，准备日后建一小型三藏塔于灵骨发掘处，以为纪念，由陶锡三居士代表接收。1944年双十节，南京九华山三藏塔落成，重葬灵骨；1945年5月5日，玄武山三藏禅寺落成时，一部分供养在正殿之壁间；同年7月5日，由褚民谊亲自奉移部分至广州，供养于六榕寺。此外，留下一部分于博物馆，以便他日有别处信善者发起建塔时供奉。

2. 褚民谊还提倡踢毽子、放风筝竞赛，长途旅行，团体表演，太极操或太极拳等。

3. 褚民谊兼孔庙管理委员会主任委员，重修朝天宫，改大成殿专奉孔子；另修历代圣贤祠于大成殿后，供奉历代先贤先儒；规定每年春秋二季祀孔，亲去曲阜主持一次；又兼文物保管委员会委员长，对于宝贵之古物、图书、博物、标本、天文、气象仪器等尽量收罗、保管整理。

4. 褚民谊还帮着军统"诱捕"陈璧君和自己"归案"。

最高法院会怎样给他量刑呢？

1946年3月17日上午，在江苏高等法院看守所，检察官对褚民谊进行调查。当检察官问询一些关键问题时，褚民谊皆避重就轻地进行了回答。

3月21日，江苏高等法院检察官王文俊正式对褚民谊提起公诉，列举五大罪状：（1）追随汪逆，出任伪职；（2）参与签订丧权辱国条约；（3）实行对英美开战；（4）担任伪职，搜刮物资以供日本军用；（5）任职广东，增加关税，半数补助日军。总之，褚逆"通谋敌国，反抗本国之罪行无可宥恕"。

拿到起诉书，褚民谊在囚室之中苦思冥想，居然写出了上万字的书面答辩。首先，他着重吹嘘自己与汪精卫如何追随孙中山，从反清革命到监修中山陵，没有功劳也有苦劳。再者，出任伪官，主要是伪外交部部长，"不过是应酬机关，只可称为交际部耳"。与日本订约、对英美宣战等自己都没有参与，都由汪精卫做主，即便是罪状，也不能算在自己的头上。不过褚民谊笔锋一转，说自己"喜服务而不喜尸位素餐"，那么他干了哪些实事呢？除了从日本人手里收回重要文物之外，还主持"收回租界"，而且都抢在了英美法意之前，各国租界大多在沦陷区内，"均在本人任外交部长任内一手收回。胜利后，民国政府还由外交部提出接收租界条例，经行政院通过施行。本人以为租界早已接收，是不是还要与各关系国再举行一次接收租界典礼或庆祝？那可闹笑话"。至于在广州当过几天伪省长，也只是为"安定民生，不辞任何艰困以赴"的行为。

他认为"蒋先生是主张抗战救国，汪先生是主张和平救国，彼此主张不同，而救国则一……倘谓罪所当诛，俾得追随汪先生于地下，决当引领待罪，毫无余憾"。

4月15日下午2时，江苏高等法院刑事第一庭公开开庭审理褚民谊汉奸案，到庭旁听者极多。褚民谊在法警押解下，坐马车游街示众，引得无数人围观。他不禁想起1933年那次坐马车的辉煌经历。当时褚民谊是以行政院秘书长的身份做了赶车的车夫，豪华的四轮马车上拉着一位光艳照人的大美人，就是有着"美人鱼"之称的广东省游泳队员杨秀琼。当时南京风气未开，褚民谊挥动马鞭，赶着马车，从下关车站出发，沿着中山北路、中山路来到中山东路的中央饭店，赚足了南京人的眼球。而今，他又坐在马车上，但这次是作为犯人去法庭受审，心里另有一番滋味。

检察官韩焘宣读了长长的起诉书，之后问褚民谊听明白没有？褚民谊装傻充愣，说："我是浙江吴兴人，你用苏北话念给我听，我当然不明白！"搞得哄堂大笑。

检察官说："本案起诉要旨与起诉书同，褚民谊，你对检察官的起诉有何辩解？"

褚民谊："我当然有一肚子的话要说。检察官说南京政府是想推翻重庆政府，说有了中央政府，何必再要南京政府？第一，南京政府是在日本铁蹄之下，日本占领之特殊情形下，来救国救民的……检察官说南京政府无利于人民之处，我可以举一个例子：日本华中的几个公司早已成立，由于南京国民政府成立，后来交涉取消了四个。这都是在敌人武力下以和平方法争回来的，这就是和平抗日……"

他接着说："第二，本人在当外交部长时因为没有什么事情可办，对于日本人占我民间房屋或其他不利于人民的事，我就出来与他争论。日本人因为我的年纪大、声望高，对我交涉的事也让出来或改正，这也可以说是我抗日的一种方法……当时我国武力不及，已退到后方，试问人民是否希望有人出来维持他们呢？所以南京以和平方法抗日来维护人民，总是不错的。至于下面的人有不好的地方或贪污不法的行为，那就非南京的本意了。"

褚民谊稍停一下继续说："第三，日本投降后至今，中央有许多地方还未接收到，而南京政府昔日所能统治的地方都是抵抗别的组织，等待中央来接收，所以现在江南一带能有今日，未被新四军占领，这都是南京政府的力量，人人所共知的，不待本人赘述。这不能说南京方面无利于国家吧……"

褚民谊说："第四，什么是汉奸呢？如果英美登陆仍在抵抗而不策应就是汉奸，或胜利后还在拥兵自卫的也是汉奸。南京政府于敌人投降之后的第二天即自动撤销，就不应算是汉奸了。"

"第五，根据《惩治汉奸条例》，照这个条例搞下去，只问'伪不伪，不问奸不奸'，好的坏的一锅端，如沦陷区伪官要捉，那么伪军、伪商、伪民又该怎么办？现在各方大员不遵守委座的广播命令，均争先恐后抢来接收，导致社会不安定，影响物价大涨特涨，让人民所受之痛苦，都没有像胜利后，用法币一元兑换二百元伪币太过分了！"

在这里稍微解释一下，伪币就是汪伪政府发行的钞票，只有少量的准备金，强行在市场上发行。而国民政府发行的法币退出流通渠道，法币与伪币兑换的比例为2∶1，老百姓在兑换时吃了大亏。抗战胜利后，国民政府又规定用伪币再兑换法币，1元法币兑换200元伪币，给沦陷区百姓造成巨大损失。因此，褚民谊在法庭上一说，倒打一耙，切中了当时国民党坑民害民的弊端，竟引起一片赞同之声。

最后，褚民谊挖苦检察官的起诉书罗列的五大罪状太费心了："弄一条罪名或一款法规就可以判本人死刑，何必再加两款？难道以一个人之身而可执行三次死刑乎？本人又不要求从轻判决，判我死刑皆大欢喜。因为一是可以满足检察官的希望；二是可以使舆论满意；三是本人六十有四，尚称顽健，多活几年或十几年要浪费不少东西，国内又有那么多的人无饭吃，不要把有用的粮食养一无用之老人，觉得太不经济，所以本人情愿以一死了之。今日为国而死，死有荣焉。"

法庭要褚民谊回答的问题，他总是避重就轻，或者死活不说，不让他多说的，反而说得头头是道。审判长孙鸿霖和检察官韩焘多次提问，他总能把问题岔开，只是再次表示"本人的愿望是速判处本人以死刑"。

这弄得法官们哭笑不得。审判长孙鸿霖只好敲槌，宣布"辩论终结"，于本月22日下午3时宣判，被告还押。

说到这儿，可能有读者要问：难道褚民谊真是视死如归吗？

其实，褚民谊心里明白，虽平生九死一生，如今却难逃此劫，但也绝非没有一点希望，他想到一个或许能活命的绝妙方法。这是一个什么样的办法呢？

3. 献"国宝"乞"活命"

褚民谊声称自己手中有件大国宝，褚民谊望法官转呈政府并希冀以此"宝物"获得政府宽大处理。

那么褚民谊究竟有件什么样的大国宝呢？其实就是孙中山的肝脏。

1925年3月12日，孙中山先生因患肝癌逝世，当天国民党即宣布成立以汪精卫、孔祥熙、李烈钧为首的"孙中山先生北京治丧处"。这天中午12点半，孙中山先生遗体运往协和医院进行防腐手术处理。遗体被解剖后，肝脏泡在福尔马林的玻璃瓶之中，存放在协和医院的仓库。褚民谊参加过孙中山的丧事工作，自己又是学医的，因此对这件事印象很深。

1942年3月，他趁在北京公干之机，亲自前往协和医院仓库中寻找孙中山的肝脏，还真被他找到了，认为是"奇货可居"。分别用玻璃瓶盛好，以药水浸泡，再用两个紫檀木匣装好，外面盖上国民党旗和国旗，并与日本使馆协商，在28日上午，将孙中山的肝脏带至南京，还举行了一个迎送"灵葬"的仪式。由于时局混乱，为了保险起见，褚民谊又将肝脏送到上海，放在一个可靠之处。

褚民谊说愿意交出这件重要"国宝"。而法庭对此如何处理呢？说到这里，我们要介绍一下褚民谊与孙中山、汪精卫的关系，使读者能更好地了解褚民谊其人。

1884年（光绪十年，一说为光绪八年，即1882年），浙江吴兴有位著名中医褚吉田，喜得一子，取名民谊，表字重行。褚民谊从小就由父亲严加督教,熟读"四书五经"。14岁那年,父亲又送儿子到苏州博习医院,跟美国老师学西医。虽说时间不过两年,但学到了些新知识、新思想及英语。时值清末,清政府的腐败无能,使褚民谊这样的知识青年感到痛心和不满,他为自己改了个名字叫"明遗",想做一个反清复明的志士。

1903年,褚民谊赴日留学,两年后获医学学士。后前往法国学医。留法时期,他与张静江、吴稚晖、李石曾、郑毓秀等从事革命工作,为了出版宣传刊物排过字,为了筹措经费更开过豆腐店,在革命历史上不能不说他有微劳。

1906年,褚民谊去法国,途经新加坡时上岸。与同盟会新加坡分会的主要领导人尤列等相识,并经他介绍宣誓入盟。

抵达法国巴黎后,褚民谊一面进修法文,一面与吴稚晖、李石曾、蔡元培等人一起创办中国印书局,出版《新世纪月刊》《世界画报》等刊物和各种小册子,"鼓吹宗教革命、政治革命、社会革命,主张民族解放、教育平等、思想自由",宣传反对清王朝的革命思想。褚民谊是当时主要撰稿人之一,在他们的努力下,《新世纪月刊》成了当时同盟会在海外的又一战斗阵地。

1911年10月10日,武昌起义爆发。褚民谊得知后日夜兼程回国,参加了次年元旦在南京举行的中华民国临时政府成立典礼。3月,褚民谊受孙中山委托,赴沪任上海同盟会总机关干事。4月,孙中山辞去临时大总统职,许多革命党人都表示"急流勇退",褚民谊即于同年9月再次赴法。

此前,经黄兴介绍,褚民谊在上海结识了汪精卫夫妇。1915年春,褚民谊三度赴法,协助汪精卫、李石曾、吴稚晖等人组织"华法教育会",办理华侨及留法学生"诸公益事"。共同的事业,使他对汪精卫有了进一步了解,他羡慕汪的经历,钦佩汪的才干;而汪精卫则赏识他的"忠厚",时常在人前夸奖他。

1920 年，褚民谊进入斯特拉斯堡大学攻读医学组织学。他在革命党中学历最高，毕业时以一篇"雌兔的月经与性欲现象"的论文，即将雌兔解剖后，研究其月经与性欲方面的关系，1924 年获得该校医学博士学位。因此，被称为"兔阴博士"，学医而一生不为人治病。

1924 年 1 月，中国国民党在广州召开第一次全国代表大会，改组国民党，实现国共合作。随着革命高潮的到来，大批旅居国外的国共两党人士纷纷返国，褚民谊也于年底到达广州，先后任广东大学教授、代理校长，并兼任广东医学院院长，从事教育工作。大约在这一时期，由汪精卫和陈璧君夫妇给褚民谊做媒，将陈璧君同父异母的妹妹陈舜贞（有人说是陈母卫月朗的养女）嫁给他。值得一提的是，陈舜贞生于 1902 年 9 月，褚民谊大她 18 岁。这样，褚民谊成了汪精卫的连襟，从此追随汪精卫，始终不渝。

1925 年 7 月 1 日，广东革命政府成立，汪精卫任主席，同时又兼任国民党政治委员会主席、军事委员会主席，集党政军三权于一身。在汪的提携下，褚民谊步入国民党中央高层领导圈。1926 年 1 月，在国民党"二大"上，褚民谊当选为中央候补执行委员，嗣后递升为执委。

1927 年 5 月，褚民谊到上海担任中法工学院校长。

其后，在汪、蒋相争中，褚民谊一直追随汪精卫，成了他的一员干将。1931 年"九一八"事变后，国民党内部各派暂时实现统一，形成所谓"蒋汪合流"的政治局面。1932 年 1 月，汪精卫出任中央政治会议主席、行政院院长。1 月 22 日，褚民谊任行政院秘书长。

不过，褚民谊天生就不是吃政治这碗饭的人，做正事非常糊涂。汪精卫既不满他的无能，又舍不得抛弃他。褚民谊也确有他独到的"修养"，为人大大咧咧，不拘小节，虽屡遭汪的责骂，也从不在意。为了讨好汪精卫，他信奉一条原则，凡是汪要他干的，他都竭尽全力，但多不尽如人意。

当时，蒋介石希望依靠"国际联盟"出面解决中日冲突。"国际联盟"派出李顿调查团到中国，蒋介石、汪精卫都非常重视此事。蒋介石交代汪精卫一定要招待好李顿等代表团成员。汪精卫命令褚民谊要用最好的鱼翅席来招待李顿，褚民谊拍胸脯保证没问题。当时南京最好的鱼翅席是原行政院院长谭延闿的厨子所做，其余都是冒牌的。谭延闿死后，谭家厨子也回了长沙。褚民谊不管三七二十一，找了几位厨子来，汪精卫要200大洋一桌的，这些"李鬼"20大洋的敢做，200大洋的都吓死了。汪精卫急坏了，大骂褚民谊办事不力，吓得褚民谊四处打电话，得知谭家厨子兄弟还有一位在杭州，急忙与浙江省政府联系，派专车连夜送到南京，这才算糊弄过去。

有一天，汪精卫在批阅文件，发现谬误百出，找来褚民谊，问他这是怎么回事？褚民谊一问三不知，气得汪精卫把文件全都推到地上。褚民谊趴在地上找来找去还是茫然不知，汪精卫气得让他滚出去！褚民谊滚出去后问秘书是怎么回事，才知道原来是把呈文和函件的公文程式都弄错了。真是糊涂到家了！

另有一次，行政院刚装修好，汪精卫在二楼会议室召开会议，中途出去，不见回来，参会者只好干等着，快到中午饭时间，还不见人回。正在此时，厕所传来呼救声，原来汪院长被关在厕所中一个多小时出不来，终于呼救。原来装修工程是褚民谊负责的，最后找来锁匠才将汪精卫弄出来。褚民谊又被大骂一顿。

褚民谊做正事糊涂，可是对游乐却非常精通，什么踢毽子、放风筝、打太极拳，甚至打高尔夫球、打桥牌都是好手。闲来则临摹几笔颜字，也像模像样。最拿手的是拍昆曲、唱京戏，几句《二进宫》的铜锤花脸，唱得连名角儿裘盛戎都很认可。

而褚民谊最为人所诟病的是1933年全国运动会的表现。当时广东省游泳选手杨秀琼人长得很漂亮，身材婀娜多姿，泳技亚洲第一，被称为"美人鱼"。当这位美人鱼游到南京时，作为行政院秘书长的褚民谊去下关车站迎接，他挥鞭赶着四轮马车，载着"美人鱼"招摇过市，引得市民万人空巷。当时风气未开，舆论纷纷，褚民谊不以为耻反以为荣，并将记者拍摄的照片大肆刊登在报刊上。

为此，又有人将褚民谊的本事概括成为"一笔颜字，两脚花毽，三出京昆，四路查拳，五体投地，六神无主"。

汪精卫被刺后去了法国，褚民谊与之共进退，辞去行政院秘书长一职。抗战爆发后，国民政府西撤，褚民谊仍然留在上海继续任中法国立工学院院长。1939年，汪精卫从日本回到上海，此时褚民谊加入了汪精卫的卖国行动，在汪伪六大召开时任中央党部秘书长、中央执行委员，并被推选为"筹备还都委员会委员长"。

1940年，汪精卫伪国民政府成立，褚民谊非常积极。汪精卫原来打算还让褚民谊干行政院秘书长。可是陈璧君的侄子陈春圃听说自己做褚民谊的副职，便坚决表示不愿与"糊涂虫"共事，以免自己也被人当成"糊涂虫"。最后，汪精卫只能让褚民谊当伪"行政院副院长"，大概他也知道，再叫褚民谊管事确实还要误事。对褚民谊来说，反正副院长总比秘书长官大一些，管他有权无权，做了再说。

接着汪精卫又想让褚民谊做伪海军部部长，褚民谊高兴得不得了，马上叫人做了一套将校呢子的海军上将的制服，在家有空就穿上，对镜自照，臭美得不行，还一个劲地敬礼。可是，此举遭到周佛海、陈公博等一批人坚决反对，明着说如果让"糊涂虫"掌海军部，海军成了走私窝他也不知道。万一小炮艇再被新四军弄去，那可就丢人丢到家了。

汪精卫也知道让褚民谊做伪海军部部长过于荒唐、滑稽。思来想去汪精卫本人兼海军部部长一职。那么给自己这个糊涂妹夫找个什么差事呢？对了，当伪"外交"部长。可是，人人都知道，汪伪政府哪来的"外交"？就连可以比较"平等"相处的另一个傀儡政权伪满洲国，论当汉奸的资历，也算得上汪伪的"大哥"。不过，对褚民谊来说，大概也只能管管这种似有实无的"外交"事务了。

不久，褚民谊就被打发到东京，去做伪驻日大使。后又回任伪外交部部长。汪精卫拉大旗做汉奸，可是又怕落下千载骂名，因此，许多抛头露脸的事情，都交给褚民谊去办。褚民谊也知道自己的一点本事，办大事固然不成，但替汪精卫背个骂名之类的，还可以胜任。因此，对日谈判、签订卖国条约等场合都可以看到他的影子。汪精卫说不出口的话，有时也让褚民谊来发表"声明"。陈璧君更是连家里的事情也要指使褚民谊。褚民谊把这一切都当作汪、陈对他的"信任"，死心塌地地为汪陈夫妇鞍前马后、奔前跑后。

汪精卫一死，也就没什么人拿他当回事儿了。褚民谊就攻击"代主席"陈公博，"凡事不使之预闻"，只让他"跑龙套"，提出要辞职。后来是周佛海两头做"工作"，褚才算在伪政府中暂时待着。可是，眼见日本人早晚会垮台的陈璧君，这时已不能在南京横行霸道，便想抓住广东这块地盘立足，而在广东做伪省长的弟弟陈耀祖又被军统打死，侄子陈春圃则死活不想再干，她就想起了褚民谊，要他辞去伪外交部部长去广东。陈公博存心为难汪夫人，不放褚民谊到广州，气得陈璧君杀奔南京"代主席"办公室胡搅蛮缠了一番，总算把褚民谊弄到了广州，出任伪省长，兼广州绥靖主任和保安司令。

褚民谊也想抓住广东的地盘，待价而沽。7月上旬，他来到广州，9日就任伪广东省省长一职，还没干什么事，陈公博的电话就来了，说是日本人准备接受《波茨坦公告》无条件投降。果然，没几天日本人就投降了。褚民谊抓耳挠腮地想出路，想想自己虽然没本事，好在拍马屁还是可以的，以前靠拍汪先生的马屁起家，现在看来得拍蒋先生了。打定主意，他立即给重庆发电报：

共产党军队蠢蠢欲动，正三三两两潜入省防，民谊自当谨率所属，力保治安，严防共党乘机而入，以效忠党国，效忠蒋委员长。

褚民谊自以为吃准了蒋介石的脾气，发了电报之后，天天盼着重庆回电，可是等到的是罗卓英任广东省主席，招桂章任广东先遣军司令，根本就没有人理睬自己。没办法，只好找汪夫人商量，只有抱住这一头，或许还有点指望，至少夫人不会亏待他。所以，褚民谊跑到陈璧君那里，又慷慨激昂了一番："一切随夫人的意愿办吧，民谊决志追随到底。"

陈璧君此时倍感伤心与孤苦，许多平时常在身边转悠的人，像陈国琦等，都只顾自己逃命去了香港，见褚民谊跑来作这一番表白，心里着实感动。可是和这个糊涂妹夫，又能商量出什么好主意？唉，只能是聊胜于无了。陈璧君暗暗思忖之后，决定还是要褚民谊出面，再给蒋介石发电报，表示效忠的意思。

褚民谊本来以为"夫人"会有什么更好的办法，结果也是要拍蒋介石的马屁。既然如此，褚民谊下定决心，今后只有一门心思攀附蒋委员长。回去之后，就按陈璧君的要求，当天晚上又发电报致重庆。早上起来，跑出门去，到处宣扬，要遵守蒋委员长的"训示""保境安民""严令各师长、各县长，各守本位"。

8月23日，戴笠委任的广州先遣军司令招桂章就强行从褚民谊手中接管了"治安"大权。

更想不到的是，军统局长戴笠此时已奉蒋介石指令，布置圈套诱捕陈璧君，还要靠褚民谊的协助。褚民谊忙了个底儿掉，终于帮助军统完成了任务，最后还是难免被送上审判汉奸的最高法院。他也明白，法院罗列的罪名哪一条都够枪毙资格，他不在辩护上逞一时之快。他也有他的精明之处，拿出孙中山的肝脏作为"国宝"并当作护身符，就能看出他并不是没有头脑的。

法庭也感到这件事的重要性，将其汇报给军统负责人。郑介民听说此事后，立即赶往苏州监狱，提审褚民谊，询问孙中山肝脏的下落。后又赶往上海，几经周折，终于找到肝脏藏匿之处。之后，有关方面将孙中山的肝脏送回中山陵的陵墓之中。

有了"献宝"之举，褚民谊或许有救？

4. "免死铁券"被偷，最终丧命

1946年4月22日下午，法庭再次开庭。法官宣读了判决书：褚民谊通谋敌国，反抗本国，"实属甘冒不韪，罪无可逭，爰处死刑，以肃纪纲"。

听完江苏高等法院的判决以后，褚民谊的反应是什么呢？当有记者问他有什么感想时，他说："本人以今日得到死刑之判处，真所谓皆大欢喜。但是，大家要晓得，本人虽然自请处以死刑，但绝不是自己承认有罪，不过是我求仁得仁而已。"

难道真像他所说的想求仁得仁吗？

其妻陈舜贞即请律师，在5月3日为褚民谊复审死刑判决，向最高法院声请复判，并四处托人说项。在此期间，国民党内一些老同志，也有不少人为他向蒋介石缓颊，这当中以当年留法同志吴稚晖、李石曾等奔走尤力。尤其是吴稚晖，褚民谊称其为"舅舅"。此老与孙中山、蒋介石以及蒋经国关系都非同一般。而且，将美国方面的一位海军少将与褚联络协助的证明文件面呈蒋介石。

蒋介石经过慎重考虑，亲笔于美军文件上批准"免予一死"，又写了一张便条让人转交由陈舜贞收执。有了党内大佬和美国人出面，加之有蒋介石的免死符，褚民谊这次能安然无恙吗？

陈舜贞得知江苏高院检察官抗告之后，连忙再找律师商议，决定再度具状："为此敬以主席手令及各界证明文件，另以刑事诉讼法第四百十三条第一项第六款申请钧院准予再审，以崇手令，而正程序。"

果然事情很快就有了转机：褚案以其保存中山先生肝脏有功为理由，由最高法院发回江苏高等法院进行重审。褚民谊的女儿褚梦媛手持蒋介石的"续命符"，由上海搭车专程赴苏州，准备向法院呈递，不料，蹊跷的事发生了，褚梦媛在火车上被小偷偷窃，所有金钱细软都没少，唯独这份重要的文件被人偷去，褚梦媛欲哭无泪。事情真是太离奇了。谁干的呢？不得而知。

而褚民谊终以免死铁券丢失，起死回生无方，复审仍判死刑。褚民谊当庭说："我对判决极为满意，因为死刑是我自己所要求的。相信当局与检察官也一定可以满意了。"

褚民谊虽然话里有话，但无从证明是否另有原因，只能解释为自作孽不可活。

自5月初开始，褚民谊之妻陈舜贞提请最高法院复审之后，波澜迭起，谣传纷呈。褚民谊在狱中每天苦中寻乐地练拳强身，还带领其他囚犯打太极拳。

6月2日，陈公博、褚民谊与陈璧君三人从高等法院看守所移送狮子口监狱。

6月3日，褚民谊正在带着狱友起劲地叫着慢调"单鞭、抱球、白鹤亮翅"之时，法警和狱卒到来，说："今日放风提前结束。"褚民谊也不知怎么回事，扫兴地回到狱室之中。过了一会儿，只见陈公博来向他辞行，作个揖："重行兄，我先走一步……"话音未落，褚民谊居然哭了起来，不知他是为陈公博还是为自己的性命流泪。

不过，陈公博的死，倒给狱中带来了几天的安宁，至少陈璧君的咆哮声没有了。放风时褚民谊拖腔拿调的"单鞭、抱球"也暂停了一阵，褚民谊居然替陈公博琢磨出一副挽联："生为革命奔波无愧真角色，死于和平奋斗不负好头颅。"也不知道周佛海从什么地方听说了褚民谊的"杰作"，居然批得一针见血："挽人亦自挽也。"

拖到 8 月 9 日，苏州已传出确切消息："关于褚妻陈舜贞要求复审之申请，虽由苏高院核准，经检察官提出抗告，最高法院即将苏高院核准再审一案，予以驳回。司法行政部对本案一经核准，即将直接致电苏高院首席检察官执行。此案现只待司法行政部执行命令到达，褚之生命即随之结束。"

法官、陈舜贞和律师、记者等在监外折腾，褚民谊似乎也知道一些消息，但是他依旧锻炼身体十分起劲，说明他没有就死的打算，还发动狱友们跟他一起弘扬"国术"，以示"爱国"。

1946 年 8 月 23 日清晨，苏州狮子口监狱于清晨开封后不久，褚民谊正领着许多狱友在打太极晨操时，突然若干法警出现在他的身后。他知道可能大限已到，于是回过头来笑着问："是不是提我执行？"法警们倒扭捏地不好意思直接承认，遂向他摇摇头。褚民谊又与难友们继续操了一节，再回头一看，法警依然未去，此时他断定真已到了生命的尽头，遂向狱友们拱拱手："对不起，只能练到这里了……"法警们跟着他回到监房，他整理了一下杂物，又整一整衣裳，挑出了一双新袜子想换上，踌躇了一阵，又放下说："还是留给孩子们穿吧！"在旁的人劝他，于是换了新袜子。

接着，褚民谊对法警说："时间到了吗？再给我几分钟，我要见见汪夫人。"

法警当即把他带到女监。褚民谊一见陈璧君便道："大姐，我要执行了，先走一步了。"

陈璧君一听，放声大哭，马上写了一张"条子"交给法警说："今天早上刚把抗告书送出去。"意思是应该暂缓执行。法警将"条子"呈交检察官。检察官看了看，不敢自作主张，立即用电话向首席检察官请示。对方答复迅速而又明快："奉命执行，不得停止。"

陈璧君眼见此状，一时急得没有办法，只是隔着铁栅栏紧紧拉住褚民谊的手不放。检察官示意法警上前，将他们强行拉开。此时的褚民谊身子有些发软，法警在左右挟持而行，回头叫着："来生再见！"

褚民谊由法警押赴刑场，成群的记者已经等候在那里，有的过去也曾与褚民谊相识。检察官问他还有什么说的，于是他乘机向记者发表了他的"死前感想"。

"自从陈公博执行后，我一直等到今天，外面传说我怕死，这不是事实。至于我妻为我上诉，那不过是她的情愿而已。"

"希望把我的尸体供医学家解剖用，这样也可节省一口棺材。"大概是留洋学医的褚民谊临死想起自己所学一辈子也没派上正经用处，再不给医学"贡献"点什么，实在对不住"医学博士"的头衔。

褚民谊被推着朝草地中央走去，执行的法警乘他不备，还没走到指定地点，突然在他脑后开枪，子弹贯穿头颅而过。通常从后面执行的死囚，挨了枪子之后立马向前直扑倒地。可是褚民谊后半辈子改学"国术"，没承想也只是临死才派上用处，中弹后居然来个鹞子翻身，又挣扎着似乎要挺直身子，结果却仰面倒地，血从弹孔中涌出，手脚还在不断地抽搐，两分钟后才算真正毙命。

纵观褚民谊的一生，政治上颟顸糊涂，盲目追随汪精卫，总的目的还是为升官发财、光宗耀祖。学医出身，学历很高，却不务正业，热心仕途。在外敌入侵、民族危亡之秋，中华儿女为国家、民族抛头洒血奋不顾身之时，褚民谊则躲在租界之中，未能为抗战服务。汪精卫投敌后，褚民谊立即落水，认贼作父，为汪伪政权摇旗呐喊，浑水摸鱼，参与了汪伪政权出卖国家利益的勾当。大前提错了，尽管也做了些"善事"，但功过无法相抵。抗战胜利后，受到法庭的审判乃至被枪毙，都是他咎由自取。在当祖国遭到外敌入侵的大是大非面前，何去何从，是衡量每一个人忠奸的标准。历史就是面镜子，可令后来人引以为戒。

第四讲　审判大汉奸陈璧君

1. 狱中耍大牌

1946年2月17日清晨，天刚蒙蒙亮，南京宁海路21号看守所的狱警打开一间牢门，对里面被关押的犯人高喊："陈璧君收拾一下，马上出来！"

躺在床上的陈璧君勃然大怒，立即高声训斥："陈璧君这个名字是你叫的吗？国父孙中山不曾这样叫我，你们的蒋委员长也不敢这样叫我，你算个什么东西，也配这样叫我！"狱警连忙改口："陈先生，打扰您了，委座上午要接见，请早点起来。"

陈璧君是汪精卫的遗孀，此时已经沦为阶下囚。为什么她在监狱中还能如此嚣张？陈璧君在汪伪集团之中，既不是特任官，又没有实际职务，只是一个监察委员。汪精卫死后，谁都能看出来，日本已是秋后的蚂蚱，蹦跶不了几天了，陈璧君为什么还要继续死扛到底呢？

汪精卫死后，陈璧君从南京搬回广州居住。其中，最大的原因是汪精卫在时，她颐指气使惯了，得罪了不少人。汪精卫一死，门前冷落，再说又不愿遭人白眼，当时的伪广东省省长是她的侄子陈春圃，干脆不如归去。没想到，陈春圃是个文人，不愿意做伪省长，几次请辞，陈璧君又推荐褚民谊做伪广东省省长，谁知褚民谊7月6日到广州，7月9日就职，履新刚满一个月，日本就投降了。

在日本投降的最初日子里，陈璧君完全可以移居海外，逃脱国民政府对汉奸的大逮捕和大审判，从而避免牢狱之灾。但陈璧君为什么不这样做，而是坐等被捕和被审判呢？其实，陈璧君根本没意识到自己和汪精卫在抗战中的行为是在反抗本国，通谋敌国。相反却振振有词，认为他们是在救民于水火。

陈璧君如是说："汪先生赴日疗病之日，曾经力疾亲下手命，以职务交公博、佛海负责，现陈、周均照常供职，我独飘然远引，则凡是我的干部，势必随同进退，无异拆陈、周之台。就个人言，我对汪先生有违遗命，对公博、佛海言，则有负友谊，祸可以不计，良心上殊不愿为。对国家言，今日之抗战必胜，已仅属时日问题，即我与公博、佛海同时引退，亦已无损于国家，但日本在华部队，尚有百万人，有我等在，沦陷区人民，尚有交涉保护之人。如我等同时引退，造成政权解体，日军于屡败之后，势将益加迁怒，以我为敌，横加摧残，那沦陷区百姓将何以堪？我不忍以一己的安全，遗万人之祸害。"

那么，陈璧君是个怎样的人呢？她的人生轨迹又是怎样的？她为什么撺掇汪精卫"落水"组织伪政府呢？

2. 不靠颜值也"花痴"

陈璧君，祖籍广东新会，出生于马来西亚槟榔屿橡胶业巨富陈家，在乔治市（今槟城）有不少产业，父亲陈耕基娶妻卫月朗，生有一子。1891年11月5日，陈妻在家中又产下一女，取名璧君，字冰如。该女稍长，跟着兄长去英文学校念书，回到家中则由国内聘到马来西亚的国文老先生教习汉语。陈璧君15岁时在当地华侨小学毕业，随后进入当地的璧如女校读书。陈璧君家中巨富，从小对政治十分关心，还在华侨小学读书时，就喜欢阅读进步书刊，受到了民主革命思想的熏陶。

陈璧君进入璧如女校的这一年，孙中山由日本来到马来西亚槟城，在槟城建立了同盟会分会。没过多久，卫月朗不顾丈夫的反对，和女儿加入了同盟会。母女二人一同加入同盟会，这在当时极为少见。当时，汪精卫跟随孙中山来到马来西亚槟榔屿进行反清宣传和募捐。陈璧君时常置中学的课程于不顾，跑去听演讲会，对玉树临风而又颇具演说口才的汪精卫敬佩非常，一见倾心。陈璧君大胆地向汪精卫表示了敬慕和追随他参加革命的愿望。这时的陈璧君，还不过是个16岁的少女。从此，汪精卫在南洋无论是宣传演讲、筹款办报，还是发展组织，时常有个热情活泼的少女出现在他的身边。

1908年，汪精卫26岁，陈璧君17岁，正是男女热恋的年龄。当时虽然两人之间都很有好感，但还只是革命同志的关系，没有发展到恋人的地步。另外，阻碍他们成为恋人的还有另外一层原因，那就是汪精卫和陈璧君都已经和别人订婚了。根据中国的传统习惯，陈耕基为陈璧君选了一个华侨巨商的儿子订了婚，而且准备在近期内就让陈璧君结婚。没想到陈璧君读了《民报》等宣扬西方个人主义思潮的书报后，思想发生了根本的变化，成为一个忧国忧民的愤青！她怀揣着西方自由恋爱、自由结婚的梦想，当她和她的未婚夫谈到革命，谈到自己将来准备投身革命时，她的未婚夫却说："革命是男人的事，女人搞革命像什么样子？"由于两人思想差距太大，陈璧君最后终于选择退婚。陈耕基开始不同意退婚，但陈璧君态度坚决，他也只好同意让陈璧君退婚。

陈璧君退婚后，倔强地要求到日本去，陈耕基只好同意。1908年7月，陈璧君搭乘荷兰客船来到日本，宣誓加入同盟会，到《民报》编辑部帮忙，和汪精卫在一起工作。陈璧君到《民报》后，编辑部的气氛一下活跃了起来。本来《民报》的编辑们都是些穷书生，生活十分拮据，极少去饭店吃饭。陈璧君却是个阔小姐，口袋里总有花不完的钱，经常请大家去高级饭店聚餐畅饮，使这些编辑们大为开怀。在这些未婚的年轻编辑中，陈璧君成了他们追求的对象，然而陈璧君却倾心于才貌双全的汪精卫。

陈璧君倾心于汪精卫，不仅因为汪精卫的相貌才能，还因为他严肃的生活作风。在这些年轻的革命家中，不少人嫖妓、赌博、酗酒，而汪精卫却像清教徒一样生活，被人称为"道学先生"。最让陈璧君感动的是汪精卫"革命家不结婚"的信念。汪精卫对陈璧君说："革命家生活无着落，生命无保证，革命家结婚必然陷妻子于不幸之中，让自己所爱之人一生不幸是最大的罪过。"汪精卫发誓说："革命不成功就不结婚。"汪精卫越说不结婚，陈璧君反而越爱汪精卫。

1908年冬，革命进入最困难的时刻。孙中山领导的六次武装起义相继失败，大量革命志士倒在血泊之中。此时梁启超等保皇党乘机攻击革命党的暴力革命，批评革命党领袖是唆使别人送死而自己谋取名利的"远距离革命家"。梁启超在《新民丛报》上撰文批评革命党领袖们:"徒骗人于死,己则安享高楼华屋,不过'远距离革命家'而已。"梁启超的批评反响很大,一时在海外华人中掀起了批评革命党领袖的风潮。

汪精卫最有名的文章是发表于《民报》第26期上的《革命之决心》。文中说:现在四亿人民正如饥泣的赤子,正在盼等吃革命之饭。但烧熟米饭所需要的一是薪,二是釜。薪燃烧自己化为灰烬,把自己的热移给了米,才使生米变成熟饭;釜则默默地忍受水煎火烤。所以革命党人的角色有二,一作为薪,为薪的人需要奉献的毅力,甘心把自己当作柴薪,化自己为灰烬来煮成革命之饭;二作为釜,为釜的人需要坚韧的耐力,愿意把自己当作锅釜,煎熬自己来煮成革命之饭。

为了挽救革命、挽救同盟会,汪精卫挺身而出,主动提出去北京刺杀清政府高官,用鲜血来证明同盟会的领袖不是贪生怕死的"远距离革命家",使党内党外的怀疑人士重新树立起对革命的信心。

汪精卫在给孙中山的《致南洋同志书》中写道:"此行无论事之成败,皆无生还之望。即流血于菜市街头,犹张目以望革命军之入都门也。"

汪精卫找到同盟会中会做炸弹的喻培伦,请他帮助制作炸弹,喻培伦愿意和汪精卫一同北上。当然最坚决和汪精卫一起北上的是陈璧君,有人半开玩笑地说:"你有一张英国臣民的护照,当然不怕死。到关键时刻,你把英国护照一抛,英国领事馆自会来救你。"陈璧君听完二话不说,拿出英国护照当场撕成碎片。(注:马来亚当时属于英国的殖民地)

1909年10月,汪精卫、黄复生二人先乘英国船到天津,同盟会的郑毓秀迎接他们。郑毓秀的父亲是天津有名的实业家,她本人精通外文,是天津有名的交际花。郑毓秀经廖仲恺介绍加入同盟会,这次廖仲恺特别写信给郑毓秀,要求她全力帮助汪精卫等人的暗杀行动。

汪精卫平日接触的都是陈璧君那样的革命烈女,见到郑毓秀这样风姿绰约的美人，顿感不自然，举止十分拘谨与腼腆。

汪精卫说："听说最近北京的火车站盘查得很严。我们携带炸弹容易引起怀疑，想请郑小姐帮我们把炸弹带入北京。不过这是一件非常危险的事，炸弹在路上一不小心就有可能爆炸……"郑毓秀当即答应："如果不会爆炸，还叫什么炸弹？这事就交给我了。"

汪精卫是个相貌英俊的美少年，又精通诗词文章，郑毓秀对汪很是倾心，多次以请教作诗为借口和汪精卫接近，汪却极力避开和郑毓秀的单独接触。汪精卫此时已经下定决心像柴薪燃烧，早把男女私情置之度外，和郑毓秀从来没有越过同志的关系。后来郑毓秀感叹说："汪精卫真是少见的道学先生。"

汪精卫和黄复生到北京的琉璃厂租了一栋房子，挂上"守真照相馆"的招牌，因为照相馆的暗室最适合搞炸弹组装，照相馆里飘出化学药品的味道也不会引人怀疑。不久喻培伦传来话：正月十五（1910年2月10日）将带"铁西瓜"入京，请汪等人去前门车站接站。汪精卫和黄复生赶到前门站，见郑毓秀挽着一位绅士模样的白人悠然走出车站，白人提着一个沉重的皮箱，车站的警官看也没看就让他们走出了车站。

汪精卫等人把暗杀的目标定为清廷的最高领导人摄政王载沣。他们经过踩点，注意到什刹海和后海分界处的银锭桥，环境非常僻静，而小桥附近又有一条阴沟可容藏身。于是汪精卫决定将炸弹埋在小桥下，待载沣过桥时用电线引爆炸弹。

1910年3月31日深夜，黄复生和喻培伦前往银锭桥埋炸弹，留下汪精卫和陈璧君两人。陈璧君知道汪精卫明天将在爆炸中和载沣同归于尽，这将是他们两人最后的一夜。汪精卫内心深爱陈璧君，陈璧君为了他愿意失去一切。陈璧君拉着汪精卫的手轻声地哭泣，汪精卫本想找一些话安慰她，可是却不知道该说什么才好。只是拉着陈璧君的手默默无语，让时间一分一秒地过去。

突然，喻培伦匆匆跑进来说："大事不好，有人看见我们埋炸弹了。"不久黄复生也跑回来说："警察已经发现我们的炸弹了。"

原来他们以为在寒冬的夜晚人迹稀少，深夜行事不会有人发现。没想到临时出了状况，有个人走到银锭桥附近，忽然看到有人影在桥下挖土，他立即联想到人们埋藏财宝的故事，于是潜伏在一旁偷看，想事后取走财宝。可是看到黄复生和喻培伦埋好炸弹后又开始拉电线并用土埋电线时，该人感觉到情况不对，于是从藏身之处跑出来前去报警。

黄复生和喻培伦刚埋好炸弹，忽然看到从附近闪出一个黑影跑走，立刻意识到他们的行动被人偷看到了。于是喻培伦先跑回去向汪精卫报告，黄复生则在附近监视。不一会儿那个男人带着两个巡警前来，黄复生意识到他们的计划已彻底暴露，也跑回去向汪精卫等人报警。喻培伦建议立即离开北京，还来得及逃过清廷的追捕。但汪精卫说：虽然发现了炸弹，警察未必就能查出来是我们干的，所以不用着急，看看风头再说。

第二天北京各大报纸都登出了银锭桥下发现炸弹，有人想行刺摄政王的新闻，不过报纸上的分析却都认为这是清廷内部的势力斗争。有人说炸弹中包炸药的报纸写有伦敦字样，而载洵贝子和载涛贝勒正好刚从伦敦回来，很可能是他们搞的阴谋；也有人分析认为是庆亲王奕劻想篡权的阴谋。但没有一篇新闻怀疑到革命党，这使汪精卫等人大为安心。三天后又有报纸登出新闻，说银锭桥炸弹案的凶犯已经抓获，汪精卫等人更为安心，于是开始策划下一次行动，让喻培伦去东京买炸药，陈璧君去南洋筹款，汪精卫和黄复生继续潜伏在北京筹划下一次暗杀。

然而汪精卫等人却中了清廷的计谋。警察发现炸弹后，立即明白是革命党所为。为了防止暗杀者们逃跑，故意向新闻界放出朝廷内部暗斗和凶手已经捕获的小道消息，使暗杀者们安心留在北京。警察发现炸弹中的黄色炸药是外国制造，但炸弹外壳上的几颗螺丝钉却是土造的。警探便在北京城内各个铜铁店铺进行调查，果然，在骡马市大街的鸿太永铁铺的伙计认出螺丝为该店所做，是琉璃厂"守真照相馆"的老板要求他们制作的。警探开始监视"守真照相馆"，正好赶上"守真照相馆"搞装修，一些密探混入装修工人中，从"守真照相馆"中盗出了革命党的机密文件，发现这次暗杀正是革命党所为。4月16日，警察包围了"守真照相馆"，将汪精卫和黄复生一举抓获。

在法庭上，汪精卫慷慨陈词，宣读了他即时写成的四千余言的供词："本名汪兆铭，别号精卫。前在东京时为《民报》主笔。生平宗旨，均刊登于《民报》，不再多言。孙中山先生起事兵败后，我决心炸死载沣以振奋天下人之心。"

1910年4月29日，清廷法部判决汪精卫永远监禁。

汪精卫狱中诗作最有名的一首是《被逮口占》（又名《慷慨篇》）：

慷慨歌燕市，从容作楚囚。

引刀成一快，不负少年头。

汪精卫的《慷慨篇》从狱中传出后，立即被许多报纸争相转载，"引刀成一快，不负少年头"也成为当时革命青年们广为传诵的诗句。但监狱中的生活毕竟是艰苦的，每日三餐是一碗霉变的陈米和一条咸萝卜。一天，汪精卫正在苦嚼着黄米饭，忽然一个狱卒给汪精卫塞了十个鸡蛋。这是谁送来的鸡蛋呢？汪精卫拿着鸡蛋仔细端详了半日，在一个鸡蛋上写着一个小小的"璧"字，汪精卫恍然大悟。陈璧君脱离虎口去了南洋，为什么这时又来北京？她到底想干什么？

原来陈璧君在离京途中，从报上看到汪精卫被捕下狱的消息，心急如焚,火速回到南洋,筹得钱款立即赴京营救汪精卫。

陈璧君以重金买通狱吏,给汪精卫传信,汪接信大为感动。第二天狱卒悄悄对汪精卫说:"你有什么话写封信,我会转给送你鸡蛋的那个人。"汪精卫感情激荡,当即写成一首《金缕曲》送给陈璧君。

汪精卫在《金缕曲》后面,又写了五个字"勿留京贾祸",让陈璧君赶紧离开危险的北京。过了几天,汪精卫收到狱卒转来的陈璧君的一封信,陈璧君在信中说:"我们两人虽被牢狱的高墙阻挡无法见面,但我感到我们的真心却能穿过厚厚的高墙。我将遵从你的忠告立即离开北京,不过在此之前有一件事想和你商谈。你我两人已不可能举行形式上的结婚仪式,但你我两人从现在起,在心中宣誓结为夫妇,你看好吗?"

汪精卫又当如何呢?他在狱中能同意与陈璧君结成精神上的婚姻吗?

汪精卫深为陈璧君的真情所感动,但自己根本没有出狱的希望,唯一可以盼望的是革命胜利的那一天,但那一天什么时候才会来呢?也许他见到陈璧君的那一天,双方已是白发苍苍的垂暮之人,也许他永远也见不到陈璧君了。但又有什么比这种心中的结婚更具有神圣的意义呢?汪精卫咬破手指,用鲜血写下一个"诺"字。就是同意了与陈璧君结为精神上的夫妻。接下来,陈璧君该怎么办呢?

陈璧君接到汪精卫的血书哭了,但也高兴汪精卫终于明白了自己的真情。于是陈璧君按照汪精卫的指示,离开北京前往南洋筹款。

此后革命的形势发展之快,大大出乎人们的预料。汪精卫被判处"永远监禁"后不到半年的工夫,1911年10月10日,辛亥革命武昌起义爆发,在短短十几天内,全国十多个省纷纷响应,宣布独立。清廷为了挽回颓势,急忙宣布开放党禁,释放政治犯,当然最大的政治犯就是汪精卫和黄复生两人。

1911年11月6日,清廷宣布释放汪精卫和黄复生,北京各界一千余人前往法部大狱门前欢迎这两位刺杀摄政王的义士。12月，汪精卫乘船到上海，陈璧君救夫心切赶去北京，扑了个空，又急追至上海，与汪精卫相见。生离死别一场，两人感情更进一层。1912年，中华民国南京临时政府成立，标志着"驱逐鞑虏，恢复中华"民族革命成功，汪陈宣布正式结婚。

同年4月，同盟会会员为黄花岗七十二烈士牺牲举行周年公祭，齐聚广州，汪精卫、陈璧君于此时在广东邀集亲友，举行盛况空前的结婚仪式。之后，汪精卫携陈璧君返回八年没有回过的故乡拜见兄长。婚后，陈璧君认为革命业已告成，建国大业当由饱学之士来承担，以前为革命中途辍学，现在应趁年轻，为建设国家多学知识，遂与汪相约去法国留学。汪精卫、陈璧君约请了福州的方君瑛、曾醒一同出国留学。然后，方曾夫妇来到槟榔屿陈璧君的家中。不久，方君瑛带着妹妹方君璧，曾醒带着儿子方贤淑和弟弟曾仲鸣，前来南洋会合。汪精卫、陈璧君及其幼弟陈昌祖加上方君瑛一行，一共八人齐赴法国。船到马赛，李石曾、褚民谊等前来迎接。汪精卫、陈璧君开始了留学生活，不久就生下一子，取名文婴。

3. "骊山老母"

1913年,"二次革命"爆发前,孙中山急电召汪回国,陈璧君辞学伴夫东归。护国讨袁失败后,夫妻俩再赴法国求学。1916年,袁世凯病死,由原副总统黎元洪继任大总统。当时孙中山等革命党人要求恢复临时约法,恢复国会,被内阁总理段祺瑞拒绝。1917年,孙中山联合西南军阀在广州成立军政府,揭橥"护法"大旗,汪精卫、陈璧君停止学业,先后回国,汪遂成为孙中山的得力帮手。由于北伐屡屡失败,孙中山从1922年开始考虑改组国民党,倡导国共合作。但是当时党内经济非常困难,于是孙中山准备派人出国到华侨中募捐,因为陈璧君出身华侨,孙中山决定让陈璧君去美洲活动。经过半年多的艰辛奔走、宣传,陈璧君筹集了30万元回国,被作为创办黄埔军校的部分经费。1924年1月召开的国民党第一次全国代表大会上,汪精卫被任命为中央委员、中央宣传部部长;陈璧君被选为中央监察委员。1924年10月,孙中山北上,汪精卫作为孙中山的政治秘书,一同前往,1925年3月,孙中山在北京铁狮子胡同临危之时,汪精卫成为孙中山遗嘱的起草人,并在遗嘱上签字。

孙中山逝世后,1925年7月,广州国民政府成立,汪精卫担任广州国民政府主席和军事委员会主席。陈璧君成为当时广州国民政府的"第一夫人"。

1926年3月的一天,陈璧君几次打电话问蒋介石去不去黄埔军校,生性多疑的蒋介石以为汪精卫和共产党、苏联顾问要联手遣送他去海参崴。

3月20日，蒋介石发动"中山舰事变"，包围了汪精卫和苏联顾问的住宅，逮捕了李之龙等共产党员。汪精卫辞去国民政府主席和军事委员会主席之职，远走法国，直到1927年4月去了武汉。当时北伐军已经攻克武汉，广州政府迁都武汉，汪精卫重新担任武汉国民政府主席一职。4月18日蒋介石在南京成立国民政府，大肆反共，而汪精卫还与共产党合作。史称"宁汉分裂"。

7月15日，汪精卫宣布武汉政府"分共"。不久，共产党领导的"八一"南昌起义与广州起义相继爆发，汪精卫也遭到国民党右派的责难。1927年末，再次远赴法国，陈璧君随汪精卫同往。1929年10月回国，陈璧君与汪精卫回到广州，积极参与谋划国民党"改组派"和"救党护国军"的各种政治、军事反蒋活动。1931年"九一八"事变以后，国难当头，宁粤重新和谈，蒋介石下野。

1932年"一·二八"淞沪战争爆发，蒋介石、汪精卫重新合作，蒋主军，汪主政。陈璧君也有一大堆委员的头衔，最重要的应算是国民党中央政治委员会委员。她凭借汪精卫的地位、桀骜不驯的个性和伶牙俐齿，辞色凌厉，出语伤人，四面树敌。不管有多高身份的人来访问汪精卫，她毫不客气地挡驾，一脸秋霜说："汪先生不见客！"请来人吃了闭门羹。有时，汪精卫正和某人谈得起劲，陈璧君推门而入，瞪着眼说："汪先生今天累了，有话改日再谈！"毫不客气下逐客令。

可惜好景不长，作为国民政府行政院院长的汪精卫推行亲日邦交，先后多次主持和批准对日妥协的条约。1935年11月1日，在国民党四届六中全会开幕式上，由于蒋介石不出来照相，汪精卫被爱国青年孙凤鸣枪击重伤倒地，蒋介石这才急忙下楼抚慰。陈璧君怀疑是蒋介石下的毒手，当场发飙："蒋先生，用不着这样做的，有话可以慢慢商量，何必如此！"弄得蒋介石当场下不来台。陈璧君在家中党内，没有谁不敢训斥。无怪乎早早就得了个"骊山老母"的封号。民间传说中的女娲就是骊山老母，是道教供奉祭祀的一位远古尊神，民间祭祀老母的活动也由来已久。农历正月二十日，民间制作面饼是为纪念老母炼石补天之大功，相传她的弟子都是些女追男的厉害主儿，像樊梨花、白素贞、穆桂英等奇女子，都曾经师从于此人。

因此，有"骊山老母"在，无论男女，想亲近汪精卫都发怵，一些亲汪的人士最终与之疏离。

汪精卫受伤赴欧疗伤，陈璧君留在国内，坐镇指挥汪派人物与蒋介石斗智斗勇，威力不可小觑。

1936年12月12日，"西安事变"发生，蒋介石被扣押。陈璧君闻讯，就带着陈公博直接闯入斗鸡闸何应钦家中，大叫要"讨伐"张杨；同时，连夜电召汪精卫动身回国，做国民党的"掌柜"，还派陈公博去香港等候迎接。只可惜"西安事变"和平解决，蒋介石又被放了回来，陈璧君的"第一夫人"好梦没有做成。

1937年7月，全面抗战爆发之后，汪精卫等鼓吹"战必大败，和未必大乱"。夫唱妇随，陈璧君对子女和亲友说起抗战，总不免要嘲笑和讥讽一番。只要听说要与日本"和谈"，她就来劲，话头之多，谈锋之健，论调之怪，常常令人瞠目结舌，以她的脾气、性格，听者还不能不听信她的。比如，她说只要能够从日本人手里拿回黄河以南的地方，就该满足了。黄河以北，甚至东北想都收回来，谈何容易！再说中国以前又何尝有东北？奉天本来就是满清带来的嫁妆，现在不过是把他们自己的嫁妆带回去就是了。还振振有词地说：有什么理由反对呢？

1938年10月，梅思平从香港来到重庆，将日本方面希望汪精卫出马的意思汇报给汪精卫，汪怕羊肉吃不成惹一身臊气，没敢马上答应。陈璧君却在一旁大包大揽：只要日本政府承认"和平运动"由汪先生领导就行。

11月中旬，梅思平、高宗武与日本影佐祯昭等人在上海土肥原公馆，即重光堂会谈后，再次回到重庆，从夹袍中拿出"重光堂密约"，要汪精卫表态决定。汪精卫秘密召来周佛海、陶希圣等多次开会，反复讨论，仍犹豫不决，陈璧君又"挺身而出"，催促汪精卫签字同意。梅思平离开重庆之前，汪精卫设家宴为他饯行，饭后送梅思平到客厅门口，陈璧君又厉声对汪精卫说："梅先生明天要走了，这次你可要打定主意，不可反悔！"汪精卫连连点头："决定了，决定了！"汪精卫和日本人合作之事全是陈璧君的推动。

难怪有人说：汪精卫离开陈璧君干不成大事，也坏不了大事。

可是要让汪精卫这个国民党的副总裁顺利逃出重庆也不那么容易，"敢作敢为"的陈璧君就去昆明打前站，试探试探龙云的态度。龙云因为一直担心蒋介石的势力进入云南，借道给汪精卫，也是想多留条路，但他是坚决反对与日本人合作的。这样，陈璧君同汪精卫一起，借道昆明，飞往越南河内。踏上了卖国之路。

到了河内，陈璧君因为汪精卫龟缩在河内寓所不敢露面，她就亲自出马东奔西跑。直到曾仲鸣被军统误杀，她才收敛了几天。4月上旬，日本人安排汪、陈逃出河内，本来按计划让汪等一批人乘坐3500吨的"北光丸"号货船去上海。但汪精卫不敢公开坐日本船，硬是自己租了法国小货轮"芳·福林哈芬"号。开出海防港没几日，海上遇到大风浪，陈璧君被风浪颠簸得头晕眼花，大叫换船，结果大家只好搬到了日本"北光丸"号上。5月6日，"北光丸"号到达上海吴淞口江面，日军提出为汪精卫"安全"计，要求他们在船上再留宿一夜。

陈璧君在狭窄的船舱里已经被憋了10天，早已忍耐不了，非要立即上岸不可，影佐祯昭等日本代表再三相劝，告以"危险"，就是不许陈璧君下船。

影佐见陈璧君火了，态度有所缓和："汪夫人，我这完全出于对汪先生的生命安全考虑，你们安心在船上停留一夜，待那些新闻记者走了之后，再送你们上岸到安全的地方。"见影佐口气软了，陈璧君气势越来越猛："今天晚上，我必须住在自己的家中！"影佐也不买账："这是不行的，会有危险，我不能看着你们出问题！"

陈璧君就是不听，大叫大嚷："我管不了这么多，你们再劝，我就跳海游水过去！"说着就去扒船上的栏杆。

结果，影佐害怕陈璧君真跳海，那就不好办了，于是同意陈璧君先下船。陈带着女儿、女婿、侄儿陈昌祖及随从多人，"浩浩荡荡"上了岸，去了法租界寓所。只有汪精卫苦着脸，留在船中。

接下来，汪精卫为了建立伪政府，筹备汪伪第六次全国代表大会，汪精卫背着周佛海等人，派遣改组派旧人周化人，潜往重庆去拉原改组派人士来沪参加"和运"。汪私下许愿：你能拉来的人越多越好，能拉来中央委员一级的功劳更大。将来按人头比例，在新政府中分配职务高低，人越多你的势力就越大，要争取超过周佛海原来的"CC系"人马。周化人带委任状潜回重庆后，昼伏夜行，四处游说，推销自己的"产品"，连吃奶的力气都使上了，也只拉来刘仲山、金家凤、胡泽吾等数人前来。

周佛海则招来梅思平、丁默邨等人商量："汪先生暗中拉自己的私人势力，与咱们这些外来户较劲，咱们可要穿连裆裤，不能输给他们。"

梅思平便四处找门路，联络"CC系"留在上海和附近地区的二三流角色，连哄带骗外加吓唬，居然也动员了上海市党部、市区各级委员蔡洪田、张载伯等36人前来入伙，并联名发表反蒋拥汪宣言，声势造得很大。丁默邨也不甘落后，包办了上海市、江苏省两个党部的人选，还想染指南京及安徽、浙江三省。

这样一来，还是周佛海一派势力大。陈璧君急眼了，破口大骂："周佛海真拆烂污，什么花旗公馆的都来凑数，太不成体统！"

褚民谊赔着笑脸说："大姐不必动怒，我们以其人之道还治其人之身。三条腿的蛤蟆不好找，两条腿的大活人哪儿没有？谁没个三朋四友？我们把七大姑八大姨、大姐夫小舅子都喊来凑数，管他是不是国民党，不也是一大堆吗？"陈璧君一听有理，于是让弟弟陈耀祖、陈昌祖，侄儿陈春圃、陈国琦、陈国强、陈国丰等近三门的和一些出了五服的、八竿子打不着的、前来攀龙附凤的，统统作为"六大代表"，胸前挂个绸条子，滥竽充数。

周佛海与汪精卫斗法，达到白热化程度。最后为争一个人，几个地方都"选"其为代表，恨不能将其撕为几瓣。因此，在汪伪政府中分两大派，陈璧君为首称公馆派，周佛海一派称馆外派或"CC派"。

伪第六次全国代表大会开完之后，汪精卫又紧锣密鼓准备成立伪政权，都差不多了，这一年11月1日，日汪重开会谈，到了与日本真正开始讨价还价的时候了。影佐祯昭将《日支新关系调整纲要》《日支新关系调整纲要附件》和各秘密协定的打字油印本，作为拟订方案当面交给周佛海和每一位汪方代表，并请梅思平、高宗武、陶希圣等将这些文件带回，送给汪精卫审阅。

4. 垂帘听政

陶希圣把日方的条约纲要，以及其包藏宰割中国的野心解释给陈璧君听，请她向汪精卫解释。按日本军部的计划，是要把中国分割为五层，最深的内层是"伪满洲国"，第二层是"蒙疆自治政府"，第三层是"华北地带"，第四层是"华中地带"，第五层是"华南地带"，而海南岛则为日军在南海的军事基地。如果签了这个卖国条约，中国就将彻头彻尾成为日本的殖民地。而最初答应汪精卫与日本谋和的条件之一，就是日本在两年之内撤兵的问题却根本不提。

陈璧君听完汇报后上楼，再一条一条解释给汪精卫听。汪精卫知道日本的条件，最终是要灭亡中国。因此，陈璧君一面说，汪精卫一面流泪，听完之后哽咽着说："日本如能征服中国，就来征服好了。他们征服不了，要我签一个字在他的计划上面。这种文件说不上什么卖国契。中国不是我卖得了的。我若签字，就不过是我的卖身契。"

陈璧君气愤地说："日本人是不讲信用的。不行就不谈了，政府也不成立了，我们准备由愚园路搬回法租界福履理路的住宅，汪先生发表声明，停止一切活动，然后我们去法国。"

汪精卫认为说起来容易，可怎么走？陈璧君提出："去金神父路找叶蓬想办法。"叶蓬是什么人呢？

此人行伍出身，做过武汉警备司令，在内部斗争中被蒋介石免去官职，抗战时在周佛海引荐下投靠了汪精卫。此时，他手里掌握着大约一个旅的部队，曾向汪精卫夫妇表示：要誓死保卫汪精卫。陈璧君说："只要叶蓬护送我们到吴淞口就行，我们在吴淞口上船回广州，再求生存发展。"

陈璧君当即找来叶蓬，让他当保镖，杀回广州。陈璧君的确胆大包天。但是此时的叶蓬却胆小如鼠，如果他真的保卫汪精卫夫妇逃往广州，后来的事情也许就不会再发生。那么，叶蓬能不能把握住机会呢？

关键时刻，叶蓬却变成了软蛋，以种种理由推托。他知道到处是日军重兵，要想冲出重围，带队伍到广州是做不到的事，一则所谓部队不成气候；二则部队移动还须由日方协助；三则即使能回到广州，仍然是寄人篱下，不能抬头，和上海没有分别。因此婉转地否定了陈璧君的想法。

陈璧君早年投身革命，协助汪精卫反清，功成身退；后来协助汪精卫辅佐孙中山，又成为蒋介石的政敌；在抗战时期，撺掇汪精卫投敌叛国，想再做"第一夫人"。

虽然日本政府支持汪精卫组府，并准备签订新的日汪协定，但由于条款太苛刻，让汪精卫看了都不禁流下眼泪。陈璧君也来火了，甚至要闹着逃出上海，回广州再图发展。如果陈璧君执意要掀桌子，那汪精卫肯定也阻拦不住。影佐祯昭担心让汪精卫出马的策略泡汤了，于是立即回东京向陆军大臣畑俊六进行汇报。陆军大臣命令："无论如何要努力导致谈判成功！"在日本的总体利益没有受到损失的情况下，影佐祯昭答应修改部分内容。12月中旬，汪精卫称病拖延签字，进入下旬，汪方的坚持态度突然发生变化。日本方面的记录写道："周佛海等妥协派重新得势，陶希圣等强硬派后退了。再加上影佐少将逾越权限独断让步，彼我双方迅即相互让步；12月30日，艰难的交涉，终于完成。"在陆相畑俊六的干涉之下，日本兴亚院不得不做出了让步。汪精卫终于同意签字，汪伪组建政府的后续工作才得以继续推动。

1940年3月30日，汪伪国民政府以"还都"的形式在南京成立。陈璧君担任伪"中央监察委员"一职，其实无具体事情可干，但身为"第一夫人"，秉性又爱出风头，因此凡能出头露面的事情都少不了她，其派头和脾气也愈发见长，汪精卫的"政事"没她的干预，也会常常办不成。用周佛海日记里的话来说，这是汪精卫的"椒房之害也"。

实际上，陈璧君在汪伪政府中的作用是"垂帘听政"。

陈璧君生性泼辣，威风张扬。汪精卫白天在会上决定的事情，圈内人都知道，这不能作数。晚上回到家中汇报，老婆一反对，第二天开会再议，汪精卫保准推翻原议。妹夫褚民谊替陈璧君鞍前马后，能力有限，忠心耿耿，陈璧君要汪精卫让妹夫做海军部部长。汪精卫同意，褚民谊赶制了一套上将海军服，穿着得意非凡。谁知这事遭到陈公博、周佛海等的坚决反对，汪精卫被陈璧君催逼不过，亲笔致函负责人事的周佛海，坚持原议。第二天，周佛海拖着陈公博去见汪，借口海军部只有几只小艇，弄不好就成了走私工具，褚民谊是个糊涂蛋，恐怕被人蒙骗、代人受过，所以他什么部长都可以当，唯独这海军部部长万万不可给他。汪精卫回去同夫人商议，结果在汪夫人主张下，由汪精卫自兼海军部部长，让褚民谊当外交部部长，理由是他学历最高，又是洋博士，和洋人打交道方便。关于此事，周佛海在日记里写道："褚民谊做外交部部长当然不甚合适，然较之海军，则比较不甚滑稽也。"

汪精卫又考虑让褚民谊当行政院秘书长，让陈璧君的侄子陈春圃做副秘书长。陈春圃去找姑妈陈璧君，说："褚民谊尽干糊涂事，我做副的，到时候出事算谁糊涂？"结果，由陈璧君出面，陈春圃就成了秘书长。碍于汪精卫的面子，周佛海曾许给心腹罗君强担任军委会政训部次长一职，可是陈璧君看不惯罗君强，坚决反对，结果罗君强成了伪边疆委员会委员长，伪府压根儿就没有什么"边疆"可言，这个职位只是个空心汤团。

陈璧君想让弟弟陈耀祖当伪广东省省长，但陈耀祖毕竟资历太嫩，汪精卫只好让"立法院院长"陈公博兼任伪广东省长。谁都知道陈璧君的脾气，陈公博当然不会去触霉头做伪广东省省长，所以始终不曾赴任，而一直由陈耀祖代理伪省长。1944年陈耀祖被军统特务刺死，陈璧君又让侄子陈春圃接任了伪广东省长。

当时，陈璧君很讨厌李士群的"76号"特务组织，蔑视他们杀人越货，太血腥，认为李士群是杀人魔头。她欣赏文人胡兰成，因此，让汪精卫重用胡兰成。但李士群却走了胡兰成的门路，去求见陈璧君。

于是，胡兰成兴冲冲去陈璧君处，推荐"76号"，为李士群说好话。不料，陈璧君不屑地说："76号？那是个带着血腥气的地方！"

胡兰成危言耸听："夫人，你千万别忘了，向汪先生开枪的正是这些干特工的人。除非我们把特工制度废除掉，如果不能废除，特工总部就应当让国家元首直接掌管，否则像现在一样，我们唯一的特工机关归周佛海，夫人你想一想，财政部部长、中央储备银行总裁、警政部部长、特工委员会主任的位置都在他姓周的一人手里，汪先生的地位岂不很危险吗？"

一席话足以让陈璧君震撼。她沉吟片刻："那好吧，你让李士群直接来见我吧。"

李士群喜出望外，搭上陈璧君的快车。他发誓要跟着汪先生，忠贞不贰，至死不渝。加上胡兰成一个劲地敲边鼓，让陈璧君听后大受感动，认为李士群的确是个不可多得的人才，应该做掌管特务、警察的伪警政部长。

陈璧君对胡兰成吩咐："你去南京向汪先生详细汇报。"

第二天，胡兰成起个大早，乘火车赶往南京，出了站就直奔颐和路汪公馆。

胡兰成将陈璧君的旨意以及自己的分析，添油加醋地向汪精卫一番渲染，并"矫诏"是陈璧君的意思，让汪精卫立即办如下三件事：

一、将周佛海兼任委员长的特工委员会即日予以撤销；

二、已撤销之特工委员会，应改在军事委员会之下设调查统计局；

三、李士群系属"不可多得之人才"，汪精卫应即日召见。

在胡兰成的帮助下，李士群终于成为汪精卫的心腹。这件事也说明，虽然陈璧君在汪伪政府中没有什么职务，可是一言九鼎，说一不二。

陈璧君有个爱出风头的毛病。汪伪政府成立之后的一项重要"工作"是"清乡"。陈璧君连个"清乡委员会"的委员也不是，可是却多次外出"视察清乡"。陈委员"视察"到苏州，李士群不敢怠慢，侍候陈璧君吃好、玩好、拿好，再拍些照片在报上吹捧汪夫人，使陈璧君颇感满意，自觉身价不凡。不久，陈璧君又要去杭州"视察清乡"。汪精卫专门派"清乡委员会"副秘书长汪曼云陪同。汪曼云赶紧打电话告诉李士群，沪杭铁路沿线均要贴上"欢迎陈委员"之类的标语。

陈璧君带着一班人浩浩荡荡出发，来到上海西站登上专车，扭头就训汪曼云，专车成了"通车"。吓得汪曼云赶紧跑到包厢一看，原来是人称"大头居士"的伪考试院院长江亢虎正安坐其中。急得汪曼云只好告诉江亢虎这是陈委员的专车，暗示他要知趣识相一些。可是江亢虎自恃官位高于陈委员，不但不下车，一会儿还约来一个和尚，大谈禅机。陈璧君的脸色非常难看，汪曼云立即派人架起和尚推出车门。车到嘉兴，伪浙江省主席傅式说上车迎接，陈璧君端起架子，在小客厅予以"接见"。车进杭州站，陈璧君听到月台上乐声大作，准备下车接受欢迎，没走几步却退了回来，气鼓鼓地要"原车回上海"。汪曼云吓得再跑出去察看，原来是江亢虎不知什么时候走到前面要领受"欢迎"。汪曼云死拉活扯把江院长弄回到原来包厢，堵在门口不让出来，然后回身去请陈委员下车。陈璧君这才派头十足地下车，见站台上挤满了"欢迎"者，得意地说："我来慰问你们，反惊动这么多人，不好意思啦。"汪曼云知道她想出风头，乘机献媚：

"要不要走一段路看看大家?"陈璧君兴致十足走出火车站站门,步行着让大家一睹她的"风采"。

第二天一大早,陈璧君就直奔杭州面点名店"奎元馆",她兴致很高,胃口大开,余兴未尽说要再来。然后出席"群众欢迎大会",除了众奸及军警之外,还拉来一千多"民众"。陈璧君登台之后,伪浙江省主席傅式说对陈璧君大加吹捧,陈璧君亲自介绍其高级随员,有伪内政部部长陈群,伪陆军部部长叶蓬,伪行政院秘书长陈春圃,伪外交部次长陈允文,伪航空署署长陈昌祖等数十人,等于炫耀她只在"一人之下",万人之上。

第三天,陈璧君由伪浙江省主席傅式说和日本顾问陪同去绍兴祭扫汪精卫祖坟。车驾前后,有一卡车日本兵、两卡车保安队和武装特务护送,气派更足。陈到汪家祖坟上鞠了三躬,算是祭了祖,然后"陈委员"打道回府。路过杭州车站时,又热闹了起来,各方面来送行的人不少,还有开着大卡车来的,给陈委员送特产,把来时空荡荡的专车塞得满满的,真正是"满载而归,收获极大"。

陈璧君晚年,极为贪财,和她早年的大手大脚完全两样。有一次周佛海因公将由沪搭专机赴粤,周佛海正将启行赴机场,忽然汪邸的副官送来一只沉重的大箱子,说汪夫人之命,托周佛海带往广州。周佛海笑笑说:"或许里面尽是黄白物吧?还不少呢。"

1944年3月3日,汪精卫由于脊骨的旧枪伤导致多发性骨髓肿,在陈璧君以及子女的陪同下,乘坐专机赴日本名古屋帝国大学附属医院治病。汪精卫在病重时,从不呻吟,其忍耐力是少见的。陈璧君个性十分刚烈,汪精卫在日本治病时,陈璧君一直伴随在汪身旁,但从来没有对日本人说过一句感谢的话,日本人对她也很发怵。11月9日,美国空军对名古屋进行空袭,日本人将汪精卫转入防空室,但没有暖气设备,寒气彻骨。汪精卫久病垂危,病情急剧恶化,终于11月10日凌晨不治身亡。陈璧君俯身在汪精卫冰冷的额头上最后吻别,盖上棺盖。

11月14日,汪伪国民政府明令宣布:为汪精卫举行"国葬"。23日,由陈公博主持在南京明孝陵前的梅花山举行汪精卫的"葬礼"。10时整,送灵队伍抵达梅花山麓,从北京杠房调来的六十四京抬大杠,将灵柩移至山巅墓园。陈公博站在墓门之前,陈璧君及汪氏家属分立墓门两侧。10时30分,"安葬祭"正式开始,陈公博主持仪式。12时整,举行入墓式,陈公博、周佛海、褚民谊、林柏生、陈春圃等以带系棺,将灵柩放入墓内,并覆盖汪伪国民党党旗。由陈璧君首先撒土穴内,继为送行者复土。至12时30分,葬礼告毕。汪精卫去世以后,陈璧君有自知之明,去了广州居住。

5. 死不认账

1945年8月，日本投降后，陈璧君不但不追悔抗战时期的投日罪行，反而理直气壮，认为是替蒋介石保护了被抛弃的东南人民，对抗战是有功的，因此拒绝去香港或海外避难。军统广州站站长郑鹤影以"保护"为名，将陈璧君、褚民谊诱捕；10月14日，陈璧君及其长女汪文惺、次女汪文悌及2岁的外孙女何冰冰等，以及褚民谊，一同在广州白云机场登上飞机，几个小时后，飞机降落在南京明故宫机场。他们一下飞机便被囚车送往宁海路25号看守所关押。

1946年1月中旬，何应钦主持会议，说蒋介石就要还都，要将汪坟炸毁。1月21日，工兵用了150公斤烈性炸药前往梅花山挖开汪坟，工兵营长马崇六揭开棺木，见尸骸上覆着国民党党旗，汪精卫身着文官藏青色长袍，穿黑马褂，腰佩大绶，头戴礼帽。由于使用过防腐剂，尸体尚未腐烂。棺内没有任何陪葬品，只发现尸体的上衣口袋里有一张3寸长的纸条，上书"魂兮归来"四个字，这是汪精卫去世时陈璧君在名古屋帝大医院写的，什么陪葬物也没有。之后，工兵埋好炸药，一声巨响过后，汪精卫坟墓被炸毁。

1946年1月17日，是旧历正月十五元宵节。早晨五时许，看守到陈璧君、陈公博、褚民谊的牢房门前，分别通知他们："蒋委员长要接见，望立即做好出发准备。"

不一会儿，陈璧君、陈公博、褚民谊等人匆忙去了大门口，一辆带篷大卡车早已停在路边，车上有几名军警，胸前挎着卡宾枪，正等着他们。待人犯上车后，车便发动，经山西路口到中山路，没有往东，而向西北方向驰去。

陈璧君疑惑地问："这车怎么往西开，上哪儿？老蒋召见应在黄埔路官邸，该向东开才对。"

车飞一样驰过，直出挹江门，向下关方向而去。陈璧君大骂起来："又骗到老娘头上来了！"质问押送的人员："带我们去何处？快说！"

押送者赔着小心："夫人息怒，到前面便知。"

卡车在下关车站停住，陈璧君、陈公博、褚民谊一行被押解下来，不一会儿进站，上了火车。

"到底带我们去哪里？搞什么鬼？"陈璧君又叫起来。

押送者告诉陈璧君等人："委座昨晚飞沪，蒋夫人亦在沪。嘱尔等赴沪去见他们。南京耳目众多，接见多有不便。"

中午时分，一行人却在苏州下车，一辆警车已等在站外，喇叭与警笛尖叫着，押解他们至苏州江苏高等法院看守所。一下车，陈璧君又怒骂起来："卑鄙下流的东西，送老娘受审只管送便罢了，为何以最高领袖之命骗我？"她叫骂着，双脚齐跳，但被看守人员架进看守所。

4月16日，苏州的江苏最高法院开庭审理陈璧君汉奸一案。

陈璧君大模大样来到法庭上，只见人头攒动，熙熙攘攘。法庭内外，挤满了旁听之人。

检察官韦维清宣布陈璧君的犯罪事实及证据："被告陈璧君，女，年五十六岁……其通谋敌国、反抗本国，就此观察，尤为显著。被告因以上罪行，实犯《惩治汉奸条例》第二条第一项第一款之罪……"

陈璧君傲慢又倔强地申辩："我与汪兆铭不是汉奸。当年蒋委员长与汪先生有分工，抗战方面由蒋委员长负责；和平工作是由汪先生任之。蒋委员长曾对汪先生说:'抗战易,和平难。'汪先生曰:'君为其易,我任其难。我不下地狱,谁下地狱?'和平运动亦是当时中央的决策,与中央抗战国策并无妨碍,为什么将'卖国'这只臭马桶套在我们头上?"

陈璧君气势汹汹地质问:"说我们是汉奸,哪一块土地是我们放弃给日本人的?将大片国土让给日本人的不是汉奸;在日本占领区收复国土,组织政府,保境安平,系在援救陷区人民,不使民众受日本铁蹄之苦的人倒成了汉奸。天理何在?良心何在?"

在座法官大惊失色。法官孙鸿霖用木槌敲着桌子,欲制止她继续往下说。

陈璧君揶揄道:"汪先生如今不在了,你们称之为'汪逆',当年在台上时,你们哪个不敬之畏之,巴结颂扬?欺侮我孤儿寡母亦算不得本事。说我主持省政?说我主持特工?我从来就不看什么报告,我一个妇道人家会有这么大能耐?蒋先生防共反共,汪先生亦防共反共。我们在陷区实行清乡封锁,是为了防止共党及新四军,有何不对?你们说南京政府统治区民不聊生,为何清乡以后,百姓人口多有增长,这又如何解释?"

这一连串的质问,使法官猝不及防,狼狈不堪,亦使法庭内外秩序大乱。

4月22日,江苏高等法院刑事庭对陈璧君进行判决。陈璧君被带上堂来,依旧一脸傲慢之色。

审判长孙鸿霖宣布:"被告陈璧君,女,年五十六岁,广东新会人,住广州法政路三十号。被告因汉奸案件,经本院检察官起诉,本院判决如下,陈璧君通谋敌国,图谋反抗本国,处无期徒刑,褫夺公权终身。全部财产除酌留家属必需生活费外没收……"

陈璧君毫不在乎,只是闲目静听,不时"哼哼"嗤之以鼻。

公设辩护人在宣判次日问陈璧君要不要上诉。陈璧君气呼呼地说:"我对判决绝对不服，但也绝对不要上诉。因为上诉的结果，必然还是与初审一样。"

5月17日，陈璧君汉奸案经江苏高等法院送请最高法院特种刑事第二庭复判，"原判决核准"。

正如陈璧君预料，仍旧被判处无期徒刑。6月2日，她与陈公博、褚民谊一起，被移送至苏州狮子口监狱之中。常言说兔死狐悲，大汉奸陈公博和褚民谊在被枪毙前与陈璧君告别时，陈璧君都情不自禁地哭出声来，说明她还是个重情义的人。

1949年，蒋介石并没有把陈璧君移往台湾，而是把她留在苏州的监狱中。同年4月，共产党解放军接管了苏州的国民党监狱。7月上旬，陈璧君等汉奸移往上海提篮桥监狱，陈璧君关押在女监之中。长期的狱中生活，使陈璧君的身体每况愈下，除患有心脏病、高血压外，还因痔疮、颈部淋巴炎、肺炎等住过医院。每次住院，短则半个月，长则近一年，她几乎有一半的时间是在医院度过的。宋庆龄与何香凝，早年曾和陈璧君共事多年，当得悉陈璧君在上海提篮桥监狱后，一起去见毛主席和周总理，提出陈璧君的问题与汪精卫不同，她虽是叛国投敌的主持者、参与者，而非决策人，建议在适当时候视其态度给予特赦。毛泽东与周恩来表示尊重宋庆龄、何香凝的意见，当即作了如下表态：只要陈璧君发个简短的认罪声明，中央人民政府可以下令释放她。

但陈璧君拒绝写悔过书，不承认汪精卫和自己是汉奸。始终不接受国民政府的判决，希望人民法院重新审判，愿意死在人民的判决下，不愿意偷生在蒋介石所判的无期徒刑中。

1959年6月17日晚9时许，陈璧君因高血压、心脏病，并发大叶性肺炎，死于上海提篮桥监狱医院，时年68岁。6月22日，其遗体被火化。之后，骨灰被其子女托人带回香港，撒入附近的海中。

陈璧君早年参加同盟会，协助孙中山、汪精卫革命，当汪精卫被捕后，更是坚定不移，毫不动摇。辛亥革命后，功成身退，与汪精卫同赴法国。之后，又追随孙中山，继续革命。随着汪精卫的地位提高，陈璧君的思想、举止也开始发生变化，尤其是国民政府"第一夫人"的位置丢失以后，支持汪精卫与蒋介石内斗。在抗日战争中，力挺汪精卫走"和平路线"，脱离抗战阵营；助汪精卫成立伪南京国民政府，成为最大的汉奸。陈璧君虽然在伪政府中没有职务，但能实际控制汪精卫，因此，陈璧君是很多卖国行动的背后推手。抗战胜利后，陈璧君依然故我，对汉奸卖国行为不认罪、不悔罪，以至最终拒绝宋庆龄、何香凝劝说，放弃重新改过的机会，最终病死于牢中。

第五讲　审判大汉奸梅思平

1. 谋和"急先锋"

汪精卫投敌的"先锋官",叫梅思平。这次他到上海日本租界,是代表汪精卫来与日本方面进行谈判的。

这个梅思平到底是个什么样的人呢？他凭什么能代表汪精卫与日方进行谈判呢？

1896年,梅思平出生在浙江永嘉。中学时代在温州浙江省立第十中学读书,成绩骄人,中学毕业后就考入北京大学政治学系,是个标准的社会精英。

1919年五四运动时,有人说梅思平曾经火烧赵家楼,痛打大汉奸章宗祥,有这么一段光荣的历史。但笔者查看过中国第二历史档案馆和南京档案馆的汉奸档案,没有发现梅思平参加五四运动的情况。而且火烧赵家楼的人中没有一个姓梅的。

自北大毕业后,梅思平先到上海商务印书馆做编辑,因为不满足现状,便想尽办法削尖脑袋要钻入官场。因此,他先后到南京中央大学、中央政治学校做了几年教授,加入"CC系"。1933年,国民政府决定在首都南京附近的江宁县创立全国第一个自治试验县,以期获取经验推广到全国。该县直隶于江苏省政府。在陈立夫等人力荐下，梅思平成为江宁区行政督察专员兼江宁试验县县长，花了三年时间，就把江宁建成一个全国的模范县。梅思平有理论有实践的不俗表现，受到各方瞩目，获得了蒋介石的赏识。应该说，梅思平是蒋介石的人，那他为什么又转向汪精卫了呢？

1937年"七七事变"后，梅思平任国民党中央政治委员会内政专门委员，上庐山参加蒋介石、汪精卫等人召开的谈话会，听到一些民主人士慷慨激昂的"焦土抗战"呼声，很不以为然，认为以中国的国力，抵抗日本必败。"八一三"淞沪战役爆发后，南京遭到日本飞机轰炸，梅思平为躲警报，就住在周佛海西流湾的家里。因为周家花坛下有个防空洞，因此，他与高宗武、胡适、陶希圣、罗君强等一样，也是主张中日和谈的所谓"低调俱乐部"的核心成员之一。南京失守后，梅思平任蒋介石大本营第二部专员，负责政治谋略。

1938年春，梅思平以中央驻港特派员的身份去香港，任国际专门研究所委员，主编《国际丛书》，实际是搞对日情报工作。6月下旬，回汉口领经费的梅思平见到周佛海，告诉了他一个绝密消息："高宗武奉命去香港与东京方面的负责人接上了关系，老头子（蒋介石）很高兴，批了经费，叫他相机行事，但没有具体指示。听说还要到香港去。"

一心主和的周佛海即请梅思平邀高宗武来谈谈，探个究竟。说到这里，需要交代一下高宗武其人。高宗武（1905—1994），浙江乐清人，早年留学日本。"九一八"事变后，在国民政府外交部背景的《外交评论》刊物上，一口气发表了14篇关于日本方面的文章，号称日本通。1932年11月，蒋介石决定设立国防设计委员会，聘请素孚众望的社会著名人士出任专员。高宗武以日本问题专家的身份被延聘为国防设计委员会专员，一举跻身名流之列。1934年，29岁的高宗武进入外交部，担任亚洲司司长，专门从事对日外交工作，是当时国民政府里最年轻的高级外交官员。

抗战全面爆发后，高宗武接受蒋介石交代的特殊任务，在香港负责对日情报工作，并与日方人员私下接触，试图找到解决中日战争的途径，蒋介石每月特批给他八千元经费。高宗武也担心将在外，掌握不了谈判的尺度，搞砸了就会惹出大麻烦，于是，反过来请周佛海出主意，说："老头子出了个难题，叫我相机行事，而无具体指示。这怎么办呢？"

周佛海担心此事知道的人多了会坏事，于是说："你只有快走，这事外面知道得多了，你是要负责的。好事成功，大家高兴，万一不顺手，老头子会代你负责吗？"结果，高、周约定：高宗武去香港"相机行事"，由周佛海做中间人，将高宗武在香港的活动情况向蒋介石汇报请示。

7月2日，有周佛海的撑腰，高宗武一不做二不休，干脆登上日本"皇后"号客轮，秘密去了日本东京，直接与日本陆相板垣征四郎、参谋本部次长多田骏、海相米内光政、参谋本部中国班班长今井武夫、议员犬养健等分别会谈。探悉近卫内阁对华的所谓"善邻友好、共同防共、经济提携"三原则。返回香港后，高宗武派周隆庠将与日方会谈记录、个人观感写成报告交与周佛海，让周转呈蒋介石。

周佛海看到报告后没有交给蒋介石，反而拿着报告去见汪精卫，为什么呢？周佛海知道现在蒋介石专门负责军事，而政略方面应该先告诉汪精卫。况且，周本来要将此报告给蒋介石看的，但因为其中有"日本是希望汪先生出马"的字句，万一蒋介石看后引起副作用，不妨把"汪先生"三个字抹去为妙。

汪精卫看到日本要他出马"主持和平"，虽然感到吃惊，但心里是高兴的。不过汪精卫优柔寡断的性格，此时还未下撇开蒋介石单独与日本接洽的决心，他仍想促蒋同意与日谋和，并想借日本人让他出来"主持和平"的愿望来压一下蒋介石，便对周佛海说："这是没关系的，将报告原样交给蒋先生。我单独对日言和，是不可能的事，我决不瞒过蒋先生。"

周佛海多了个心眼,将报告请老友陈布雷转呈蒋介石。果然,蒋介石看后大怒,大骂高宗武荒唐,胆大妄为!并停发了高宗武的每月八千元经费。

高宗武害怕了,声称自己因肺病吐血而在香港住院治疗,先闪了。而汪精卫得知日本方面对自己的态度后,决心跳火坑,与周佛海商量,既然高宗武害怕了,不如派梅思平去代替高宗武与日方谈判。这样,与日方秘密谈判的代表就由高宗武换成梅思平了。

梅思平还真敢担当,8月29日,在香港酒家与同盟通讯社上海分部部长松本重治首次会面,以后即连续会谈5次。会谈地点经常变换,以求隐蔽,防止消息外泄。

这次香港会谈,双方都是有备而来。松本表示,他所提出的各项基础条件,特别是有关日本撤兵的条款,并非他个人的主张,而是事先与首相近卫文麿、陆军中将影佐祯昭等人商讨后归纳出来的。梅思平所谈各项意见,则是依照汪精卫的旨意,与周佛海等密商确定的。所以这次会谈,实际上为之后日汪双方的正式谈判勾勒出一个清晰的框架,开启了日汪之间秘密勾结的大门。

10月22日,梅思平从香港返回重庆,先与周佛海等人会商,决定推行"以汪代蒋"的计划,并将与日方商谈的结果向汪精卫作了汇报。

这时,武汉会战失败,武汉和广州即将陷落,华北、华东、华中和华南都沦陷于日寇的铁蹄之下。此时,汪精卫对抗战前途感到绝望,降日之意乃更为坚决。他对梅思平带来的信息感到振奋,与周佛海、梅思平等密谋,决定以梅思平为主、高宗武为辅,正式与日本方面开始交涉。实际上梅思平也不是没考虑过,他说,这件事搞得好,对国家有利;搞不好,汪先生三十多年的英名就一笔勾销了。

梅思平受汪精卫之命,携带汪与周佛海等人议定的"和平方案",于

11月9日回到香港,与高宗武会合。为了避人耳目,梅、高二人分别乘坐法国"道尔曼"号和意大利"戈善特亚"号轮船,先后于11月12日和13日到达上海。

经日本方面的精心安排,日汪之间正式会谈的地点选择在上海一个偏僻的地方。它地处日军占领下的上海市区东北部的虹口公园附近,是一幢孤立的西式二层楼住宅,周围林木森森。这里曾经是土肥原在上海的特务机关所在地,取名"重光堂"。周围环境甚为幽静,附近又驻有日军部队,很适合日汪双方代表进行密谈。

梅思平、高宗武在"重光堂"立即与今井武夫等举行预备会议。双方的会谈从11月12日晚上开始,一直延续到14日晚上。日方要争取在谈判中获得最大的利益,而梅思平等要尽量争回一些面子,因此谈得很艰苦。由于重大问题在预备会议中已经达成一致意见,所以正式会谈反而进行得比较简单,仅对协议文本的词句作简单修改。20日晚上7点钟,今井武夫、影佐祯昭代表日本方面,梅思平、高宗武代表中国方面正式在《日华协议记录》《日华协议记录谅解事项》上签字盖章。同时还达成了《日华秘密协议记录》。

11月21日,今井武夫与影佐祯昭飞回东京,向陆军省部汇报谈判内容。22日,陆军大臣板垣征四郎带着影佐祯昭和今井武夫两人前往首相官邸,向首相近卫文麿及其他内阁成员直接报告,并征求意见。日本内阁同意军方的意见,同时又商定,把《日华秘密协议记录》的基本精神作为近卫首相第三次对华声明的具体内容。今井等人在协议方案得到政府批准后,立即于11月26日返回上海,焦急地等待汪精卫方面的消息。

"重光堂协议"内容:

(一)缔结日华防共协议,承认日本在华防共驻兵,内蒙古为特别防共区。

（二）承认满洲国。

（三）承认日本人在中国居住、营业自由，日本废除治外法权，考虑归还租界。

（四）在平等互惠下，日华提携，承认日本人优先权，在华开发利用华北资源方面，为日本提供方便。

（五）补偿因事变而造成在华日本侨民所受损失，日本不要求赔偿军费。

（六）本协议以外的日本军队于恢复和平后，立即开始撤兵，两年内撤完。

2. 夹袍中的密约

梅思平于会谈结束后当即去了香港，11月25日又从香港乘飞机出发去重庆，为防止途中发生意外，梅思平把双方达成的秘密条约缝在西装马甲里面。汪精卫拿到这个文件后，认为必须高度保密，绝对不能外泄。陈璧君害怕放在上清寺汪公馆里不安全，特地把它装进一只小皮箱，亲自上了锁，由内侄陈春圃陪同，送到自己胞妹陈淑君在重庆郊外南渝中学教职员单人宿舍的房间内。当时只说暂时寄存，随时要取回，没说里面放了什么东西。当天晚上陈璧君还是睡不着，第二天又亲自去把这个小皮箱取回来，并告诉陈春圃说："这张'密约'昨夜在淑君家过了一夜，我怕万一泄露会被搜查，今天取回来索性把它烧掉，省得提心吊胆。"可见陈璧君等人做卖国贼心虚，忐忑不安已经达到了极点。

梅思平带回了日汪双方达成的"密约"和近卫第三次声明的草稿，这对汪精卫来说已到最后下决心的关键时刻了。汪精卫虽然热衷于对日谋和，不惜叛离抗日阵营，但对于日方提出的如此苛刻的条件，诸如承认"伪满洲国"、承认日本在华驻军、"内蒙古地区作为防共的特殊地域"等一系列亡华、灭华条件，汪精卫也害怕了。他在26日上午批阅了梅思平带回来的材料后，感到这份协议太卖国了，于是后悔了。当天下午，汪精卫改口了，对周佛海、梅思平说，对过去决定一概推翻，与日方还须重新商量。27日下午，周佛海、梅思平又去汪公馆，与汪精卫及陈璧君商议可否承认"重光堂协议"及照此行动时，汪精卫犹犹豫豫的，再次掉了链子。周佛海日记中记载："汪先生忽变态度，提出问题甚多。"

梅思平十分着急，认为回去没法向今井武夫等人交代。周佛海劝他不要着急，采取以退为进之计。于是周佛海对汪精卫说："既然您有顾虑，前议作罢，一切谈判告一结束，立即散伙，我回去向蒋先生承认错误。"

这是周佛海以退为进的做法。果然，汪精卫见周佛海等要打退堂鼓，便又改变态度，说："部分条款可以同意，其余留待将来再商。"意思是卖国条约别一下子卖完，留有余地，慢慢再卖。

11月29日下午，汪精卫在家设宴为梅思平赴港饯行。由于担心汪精卫再变，参加宴会的人都没再提这个问题。宴后汪精卫送梅思平到客厅门口时，陈璧君厉声对汪精卫说："梅先生明天要回香港了，这次你要打定主意，不可反悔！"

陈璧君是个虚荣心极强的女性，生性尖刻，高傲自大，做事果决。有人说，汪精卫没有陈璧君，办不成大事；没有陈璧君，亦不至于败事。怕老婆成为汪精卫在国民党内公开的秘密。正是由于老婆的淫威，汪精卫连连点头说："决定了，决定了！"

12月1日，梅思平踌躇满志地到达香港，对日本代表今井武夫答复的要点是："一、汪兆铭承认了上海重光堂会谈的日华协议记录。二、汪兆铭预定12月8日从重庆出发，经过成都，于12月10日到达昆明。此时由于有特别保守秘密的必要，汪方希望日本内阁在12月12日左右发表对华第三次声明。三、汪兆铭在昆明或香港中之任何一地宣布下野。"

由于蒋介石突然返回重庆，汪精卫误以为与日谋和的事情泄露，在12月8日没敢行动，一直等到18日，汪精卫、陈璧君等10余人才逃出重庆，经昆明去了越南河内。12月22日，日本近卫首相举行记者招待会，发表诱降第三次对华声明，提出所谓"中日睦邻友好""共同防共""经济提携"三原则，诱胁蒋介石接受条件。

陈公博、周佛海、陶希圣三人带着汪精卫起草的响应近卫声明电文稿，到香港与梅思平、林柏生碰头，交林柏生的《南华日报》刊登。这就是臭名昭著的"艳电"。

1939年1月1日，国民党中央宣布开除汪精卫党籍，并下令通缉；周佛海、梅思平、林柏生等均被免职。月底，梅思平与陶希圣一起去河内见汪精卫。汪说："此事并无关系。抗战要牺牲，和平亦要牺牲，抗战要流血，和平亦要流血，此次系和平运动，并不就是和平。蒋委员长体谅与否，不去管他。"之后，汪精卫派梅思平与周佛海去上海宣传和平主张，集合赞成和平的人士参加和平运动。

3月21日，汪精卫在河内寓所被军统派出的杀手刺杀，汪精卫幸免于难，曾仲鸣做了替死鬼。汪派人物受到惊吓不小。而且，国民党中央又明令通缉汪精卫、周佛海、梅思平等人，并开除这些败类的党籍，撤销他们的职务。梅思平不禁心惊胆战起来，打不着狐狸再落一身臊，就太划不来了。汪精卫从河内到了上海后，梅思平去见汪精卫"请教"办法，汪自己也感到不安。

梅思平趁机提出，今后要冒最大危险来致力"和平"，把生命已置之度外，可是老婆孩子要有个妥善安排才好。言下之意，先弄些钱花花再说。

汪精卫只好给每个"首义"分子各发5万元港币算作"安家费"。梅思平因其"先锋"作用，被视为汪精卫、陈公博、周佛海等八个"首义分子"，并组成了"最高委员会"。

6月初，梅思平跟随汪精卫赴日本，分别与首相平沼、前首相近卫、外相有田及陆海军大臣谈判，商量成立政府之事。但日本的态度并不积极。

汪精卫回国后着手召开伪"国民党第六次全国代表大会"，以便打着国民党"党统"和国民政府"法统"旗号，名正言顺地搞伪政府。可是国民党党章规定，"全国代表大会的代表最低限须 300 人以上，如凑不足人数即为非法"。梅思平以过去在国民党"CC 派"中的老关系，和周佛海、丁默邨等忽悠来许多国民党老党员，加上褚民谊也七拼八凑，也只勉强凑到 240 人，后来汪精卫又增补 100 名。一时间，虾兵蟹将、歪瓜裂枣、七大姑八大姨都来凑数，身为"伪六大"秘书长的梅思平，和丁默邨趁机收罗亲信，扩充私人势力，甚至让连国民党党员都不是的人也冒充党员，一下子成为国民党代表大会的代表，总算凑足了人头。8 月 28 日上午，汪伪国民党第六次全国代表大会召开，会议通过了《修订中国国民党政纲案》《关于授权中央政治委员会案》《关于尽速召集国民大会案》等提案。

9 月 1 日，德国进攻波兰，欧战爆发。汪精卫担心英美各国关心欧战，更不关注中日战争，汪精卫急于和平，加快了建立伪政府的步伐。9 月 5 日，汪精卫在愚园路 1136 弄汪公馆召开了伪六届一中全会，成立了伪中央党部和伪中央监察委员会，陈璧君、褚民谊都是常委；决定在"还都"建立伪政权的同时，成立伪中国国民党中央执行委员会特务委员会。

梅思平在周佛海的支持下，以伪中央执行委员会常务委员的身份，坐上伪中央组织部部长的宝座，又以伪行政研究会名义，招来一批无德文人和失意政客撑门面。一时间，梅思平呼风唤雨，弄权伪廷，得意忘形。

3. 亲生的"炸弹"

突然有一天,晴空霹雳,一枚重磅炸弹从天而降,把梅思平震得目瞪口呆,无地自容。这个炸弹究竟来自何方?

梅思平明知道与日本勾结,通谋敌国,反对本国,为了一己私利,能在汪精卫政权中获得更大的权力与地位,在卖国的道路上越走越远。这时,一枚重磅炸弹从天而至,把梅思平震得目瞪口呆,无地自容。这个投炸弹的爱国者,不是别人,正是梅思平13岁的女儿梅爱文。

这又是怎么回事呢?1939年12月15日,温州《浙瓯日报》的《展望》专版,于显著位置刊出了梅爱文的"讲演稿"。题目为《我不愿做汉奸的女儿,我要打倒我的爸爸》。

内容摘录如下:

……

我也是梅思平真正的女儿,但是我不愿做汉奸的儿女。踏着他臭污了的道路,而走入坟墓。而相反地,我更爱我的祖国,更爱我的同学,更爱为自由而死!更爱为正义而牺牲的战士……

今天,我要公开宣布脱离父女关系,我要公开宣布我父亲梅思平的汉奸罪状,我要打倒我的爸爸,我要消灭我的爸爸,这样才能抑平我的愤怒,才能洗刷去我的耻辱……

女儿登报宣告要跟汉奸父亲断绝父女关系，声称大义灭亲打倒汉奸爸爸。这个宣言在社会上引起强烈反响。同时，它也像重磅炸弹让梅思平尴尬无语，声名狼藉。那么，这名叫梅爱文的女孩是怎样一个人，她跟父亲梅思平之间的感情怎么样呢？

抗战胜利后，梅思平在军统南京办事处进行审讯时承认自己有五个儿子，丝毫未提及还有个女儿梅爱文，就是说他根本不承认这个女儿。当时又没有DNA做亲子鉴定，梅爱文究竟是不是梅思平的女儿呢？

其实，梅爱文正是梅思平和前妻马志芸所生的女儿。1926年生于上海爱文义路（今北京西路），即以路名唤作"爱文"。爱文生下仅7天，马志芸因染猩红热病离开人世。于是，梅思平把梅爱文送到温州，由舅舅马骅抚养，在温州上学接受教育。1939年，当报界披露梅思平的汉奸面目时，梅爱文已是中学一年级学生。她为父亲的卖国行径深感气愤和羞愧，于是在舅舅马骅的帮助下，草拟了一份大义灭亲的演讲稿。各地报纸、刊物纷纷全文转载。不少读者给梅爱文寄来热情洋溢的信，对她的爱国行为表示赞扬和支持。

梅思平并没有因为女儿的抗日行为而自惭形秽、止步于前；相反，他紧紧追随汪精卫、周佛海，在叛国投敌的道路上越走越远。

做了汪伪中央组织部部长的梅思平与周佛海一道，为汪精卫伪政权搭建了班底。为什么这样说呢？原来，汪精卫将人事安排大权全交给了周佛海与梅思平。周佛海得意扬扬地在日记中写下："与（梅）思平商议各院部院长、部长人选……中央政府即于十分钟之内在余笔下产生矣。"为进一步控制伪府人事，1939年底，周佛海与梅思平在极司菲尔路"76号"内开宴，组成12人小集团，以梅思平为顾问，明确规定：今后"政府重要人选安排，先要通过我们，才许呈请汪主席任命"。

周佛海、梅思平一派呼风唤雨，引起以陈璧君为首的"公馆派"不满。公馆派主要成员是陈公博、褚民谊、林柏生、顾宝衡和陈璧君的兄弟子侄等。周佛海等"馆外派"主要干将是梅思平、丁默邨、罗君强等。双方围绕权力和利益，明争暗斗。

汪伪政府成立后，由于想当官的汉奸太多，分配不过来，周佛海决定将伪实业部一分为二，成立伪工商部和伪农矿部。梅思平担任了伪工商部部长兼伪粮食委员会委员长。同年8月，伪工商部和伪农矿部两部合并成伪实业部，梅思平做了伪实业部部长。权力一大，头脑就发热，梅思平想以伪实业部名义，发行三千万公债，成立伪农业银行。这样一来与周佛海的伪中储行有利益冲突，遭到周佛海的反对，因此梅思平对周佛海心存不满。不久就爆出了伪中储行重要人物受贿的大料，让周佛海感到难堪。

当时产米区控制在日方手里。梅思平经过交涉，日军交还芜湖、苏北两个产米区，由伪政府设立粮食委员会，梅思平兼任伪粮食委员会委员长，把粮食大权抓在自己手里，引起公馆派的眼红。

由于馆外派抓了财政大权，又抓了粮食大权，扼住汪伪政府的经济命脉，引起公馆派的强烈不满，于是公馆派散布粮食管理委员会贪赃枉法、以次充好、老百姓吃不上好米的信息。后来，汪精卫等决定成立伪粮食部，彻底把梅思平挤了出去。

4. 与汪精卫对跪

公馆派仍不罢休，借口梅思平的"手下"营私舞弊、中饱私囊，搞得梅思平以退为进，向汪精卫大掼乌纱帽，要撂挑子辞职不干了。为此，汪精卫还给梅思平写了一封慰留信，两人又面对面跪着谢罪。这又是怎么回事呢？

原来，1943年4月，上海中储券发行额每月递增超过10亿元，导致通货膨胀。上海、南京等地出现了抢购物资、囤积居奇的风潮，引起物价普遍上涨。

日军强烈要求汪伪政府采取严厉措施，清查和打击商品囤积和投机活动。但是，商品囤积、投机活动的参与者，很多是汪伪集团的军政要员，于是引起了一场内部斗争的轩然大波。当时由公馆派核心人物、伪宣传部部长林柏生出面，借机攻击伪实业部出卖经济信息，纵容奸商投机倒把、囤积居奇。汪伪立法院、检察院也要求进行彻查。矛头直指梅思平。汪精卫耳根子软，听信公馆派一面之词，说："查出来的大投机商，要枪毙两个。"

于是梅思平以攻为守，向汪伪最高国防会议提案，要求明令派员彻查上海投机、囤积和扰乱金融的风潮。伪行政院根据伪最高国防会议指令，派出四大要员手持"尚方宝剑"，前往上海进行查处。果然发现有十几家从事黄金、棉纱布、股票等投机囤积的大户，确有几家与伪江苏省省长李士群有直接关系，还有几家的后台老板却是汪精卫的老婆陈璧君。与梅思平却没有什么直接关系。这使得调查人员十分为难，又不便向汪精卫据实汇报，只好交由当时兼任伪上海市市长的陈公博处理。陈公博只处分了一两个无名的不法商户就不了了之。

这样一来，梅思平愤愤不平，向汪精卫要求处理幕后人物，否则就辞职不干。汪精卫在老婆的唆使下，表示梅思平不干就不干吧。此时周佛海也对梅思平感到不满，因为梅思平也在培养自己的势力，对周佛海也不买账。周佛海日记中是这样说的："对思平辞职力主挽留。盖思平对余不起之处甚多，本可袖手旁观，但为顾全大局，仍力为之后盾。明知其将来仍有对余进攻之时，余不顾也。其为人多疑多忌，实不易欤，为大局计，忍之而已……"此日记所言，证明周佛海对梅思平的多疑多忌性格和为人处世的不满。由于周佛海等在汪伪集团中属于外来户，如果再内讧，更加势单力薄，于是还得帮其一把。

在出席伪行政院会议后，周佛海避开陈璧君等人，请汪精卫到小客厅，劝说汪精卫慰留梅思平，请将其辞呈退回。汪精卫却不肯。周佛海说，如果批准梅思平辞职，就会助长李士群一派的气焰。汪精卫一听不无道理，但为了要面子，把梅思平的辞职书退还给周佛海，又打电话给在上海的梅思平，让他回来。梅思平见周佛海搬了梯子，立即下来，回到南京后，得理不饶人，在伪国防会议上提出"囤积居奇治罪条例"，要求表决通过，却遭到公馆派顾宝衡的坚决反对。

顾宝衡为什么要反对治罪条例呢？原来，他指使伪江苏省粮食局局长正在强收大米，囤积居奇，坐待涨价。此事，梅思平略有耳闻，他是有针对性的。

梅思平发言说，"治罪条例"如果通不过，我还是要辞职的，并挑明要揭开公馆派是不法商人的后台老板。这样一来，捅了马蜂窝，触怒了汪精卫一伙的利益，汪精卫说：你辞职吧，我批准了。散会后，周佛海陪汪精卫到客厅，进行劝说。这时梅思平到了，"跪地大哭，请求辞职"。汪精卫害怕得罪周佛海一派，无奈之下也双膝跪下了，表示道歉。周佛海开始去搀扶梅思平，还没拉起来，又见汪精卫也跪了，扔下梅思平又去搀扶汪精卫。在这种情况下，汪精卫还得依靠周佛海、梅思平等实力派，只能放下身段，给梅思平写了一封慰留信。

梅思平的第四条原本就是以退为进，他根本不想，也不可能辞职。有了汪精卫的慰留信，就借坡下驴，表示不再辞职了。

因梅思平在伪实业部部长任上屡与公馆派发生冲突，1943年9月调任伪内政部部长。但公馆派与馆外派的明争暗斗并没有停止。

10月13日，夜幕笼罩下的徐州城，随着汽笛声骤然响起，一列满载着粮食和其他物资的货车徐徐驶入徐州站。火车刚刚停稳，一个日军少佐接过运粮官手中的"特殊搬运证"，进车厢进行查验。所谓"特殊搬运证"就是粮食准运证，伪最高国防会议通过并实施的"清乡地区米粮封锁暂行办法"规定：凡"清乡"区内的一切粮食运至外地时必须持有"特殊搬运证"。

在检查中，日军发现在成麻袋的糙米下面，竟藏有大量白米，可"搬运证"上却明明写着是糙米。少佐当即下令扣留货车，并报请南京日军军部调查。由此，一起牵动日军神经的特大粮食贪污案浮出水面，引起了侵华日军最高顾问部的重视，伪中央政府不得不予以严办，专门成立了"特别法庭"以审理该案。此案的首犯是伪江苏省粮食局局长与苏南米粮采购办事处处长勾结，背后的后台竟是伪粮食部部长顾宝衡和次长周乃文。他们在苏州、无锡、常州、松江、太仓一带的米粮采购业务，用先付款不提货的方法，坐等粮食涨价，再以最高价进行结算。不法奸商勾结汪伪粮食部高官，在市场上大量收购粮食，使得粮价日益上涨，老百姓怨声四起。伪粮食部向粮商们解释说，大部分粮食都被作为军粮供应皇军进行圣战了。同时打着为日军代办军米的旗号，在市面上抢购大米，并封存粮商的粮库，再将这些大米转运到北平，在糙米中夹带好米，以图再大发横财，这才导致了徐州火车站的粮食贪污案案发。1944年3月8日，顾宝衡被日本宪兵逮捕，并免职。

当时日本顾问愤怒地表示，要将伪粮食部部长顾宝衡和次长周乃文统统枪毙，为什么会这样呢？日军也不愿意替汪伪背黑锅，于是才发狠要枪毙顾宝衡和周乃文。最后经伪最高法院审理，汪伪政府粮食部部长顾宝衡、次长周乃文被法庭判处死刑。经呈请汪精卫核示，特予赦减，各被判处有期徒刑10年，所得巨额赃款均予没收。

然而，公馆派与梅思平的斗争还在继续。1944年4月，一直由日方控制的鸦片专门机构"宏济善堂"在梅思平的多次交涉下，终于如愿以偿地由伪内政部接收，梅思平在伪内政部设立伪禁烟总局，宣布分期禁绝鸦片。

其实伪府许多机构的经费，都要仰仗烟税来贴补开支，因此这"鸦片公卖"权力，就成为群奸逐鹿的对象。禁烟总局成立时，梅思平选定心腹部下章骏任伪禁烟局局长。

在会计处处长的人选上，伪内政部次长袁愈佺（公馆派）安排了自己的亲信孙某为处长，由于怕梅思平反对，事先征得伪主席陈公博同意。而梅思平调自己的亲信顾某走马上任。于是在伪局上演了一出真假"双包案"，都拿着部发的派令，各不相让。章骏急忙打电话给梅思平，梅思平在电话中声色俱厉，告诫顾某绝不后退。孙某也将情况告知袁愈佺，袁向陈公博请示办法，陈公博为顾全大局，令袁将孙某叫回，另派新职。袁愈佺千方百计地搜集了伪禁烟总局内部贪污腐败的证据，不断向陈公博告密。

当时上海共有土行大牌照（批发）五十二家，小牌照（零售）二百余家，由行业工会管理。伪局以限期禁烟为名，取消所有大小土行"燕子窝"的牌照，重发新照，谕告烟民办理登记，发给执照，注明吸量，逐步减少，以三年为期戒绝烟瘾。

共发大牌照十五张，小牌照一百二十八张，表示符合"逐步禁绝"的原则，土行老板自然不敢反对。伪局方又通知凡停业土行可以申请核准，须付给保证金大牌照一百万伪币，小牌照五十万伪币。土行老板纷纷都缴纳了保证金。谁知这十五张大牌照，早已暗中内定，局方留下五张，前"宏济善堂"盛老三等分配五张，其余"特业公会"的就只有五张。土商们打听到局方五张大牌照原来是由伪代主席陈公博，伪内政部部长梅思平、次长袁愈佺，伪宣传部部长林柏生和章骏各领一张，交给他们的亲戚出面经营。堂堂主席、部长竟与烟棍争利，这就引起了大小土商的公愤，组织了大批请愿队伍开到北四川路1286号伪禁烟总局办公室，吓得章骏连忙从局长室后窗偷偷溜走。后经部属委婉说明这五张大牌照绝对不能更动，所有原大牌照五十二家，保证发给小牌照，剩下的以抽签方法决定，这样牌照才得到解决。

伪禁烟总局按月配给土行烟土，章骏在烟土配方上大做文章，配给的烟土分量不足，又掺了几成代用品，到了烟民手中就大为变质。章骏还买进一批川沙、南汇土产的土浆，硬要配给土商。这土浆成色好看，实质非常低劣，简直不堪入口。当总务处配给到土行时，遭到拒绝。章骏恼羞成怒，声言如拒绝派货，则以后老北口及西土，亦将停止配给。这种蛮横做法，自然激起了土商的反抗，于是由陈公博、林柏生、袁愈佺三人所开设的土行老板带头，组织土商到南京请愿。

袁愈佺一看机会来了，一面草拟了一个改组伪禁烟总局的计划，一面请示陈公博发出扣留会计处处长顾某、彻查账目的命令。袁愈佺这一招，使梅思平惊惶失措。谁知隔了几天，当伪国防会议举行常会时，陈公博更干脆，提出将伪禁烟总局撤销，另在伪军委会名下设立伪禁烟总监署，由陈公博自兼总监，袁愈佺为副监，章骏着即撤职。梅思平也出席了这次会议，一言不发，暗记在心。

　　1945年5月的某一天，又逢伪国防会议例会，这次陈公博提出由林柏生出任伪安徽省省长，梅思平开始发难，说：伪安徽省省长人人可去，独有林柏生不能去。因为林柏生曾发动了伪青少年团举行轰轰烈烈的禁烟运动，怎么又派他到种烟的省份去当省长，这不是侮辱林的人格了吗？这一席话，居然博得与会者的喝彩，搞得陈公博大发雷霆，拍案坚持要通过这一提议，林柏生的伪省长几乎当不上。

　　1945年8月15日，日本宣布无条件投降。16日，伪政府开会商议解散。梅思平急得如热锅上的蚂蚁，不知如何是好。他准备去找陈公博想办法，不料陈公博等人跑了，不见踪影。此时，一位叫许耀洲的人出现了，向梅思平献上一计，让梅思平听了连连点头，眉开眼笑。这个许耀洲究竟是个什么人呢？他所献的是什么妙计，能让梅思平转危为安、乱中取胜吗？

5. 法庭上的强词夺理

许耀洲，国民党少将。1938年1月任蕲春团管区上校司令，1942年1月任江汉师管区少将司令，1943年冬在作战中被日军俘获，参加和平运动。1944年5月任汪伪政府参赞武官，同年8月，在汪伪陆军部部长叶蓬掩护下，赴老河口与第五战区司令长官部取得联系，由司令长官李宗仁写信，介绍他去安徽立煌县与第十战区司令长官李品仙取得联络，担任第十战区高级参谋，并仍回汪伪内部卧底，在沦陷区做策反伪军工作，经梅思平的帮助，许耀洲被任命为伪内政部顾问职务，以为掩护。此时，许耀洲又成为第三战区高参，出现在梅思平的官邸之中，献上一计，令梅思平眉开眼笑。究竟是什么妙计呢？许耀洲建议梅思平应该出来维持南京的局面，下令伪军部队各守原防，负责治安；全市警察坚守岗位，负起"最后之维持"责任。这岂不是能得到最好的头功吗？

梅思平遂以伪内政部部长身份，纠合几位伪部长做帮手，一边积极配合"先遣军"总司令任援道，分往龙潭、栖霞、秣陵关及南京市郊各处布置兵力，"防杜新四军之围袭首都"，一边连连发报给重庆的军事委员会委员长侍从室，奉献接收首都及附近的方案。没几天，陆军总司令部前进指挥所主任冷欣和江苏省主席王懋功等，相继飞临南京，先后"有请"梅思平去了解情况，进行对接。梅思平被聘为前进指挥所的高级参议。这样一来，梅思平觉得自己这步棋走对了，成天忙忙碌碌，尾巴又翘上了天。但是这种局面也没维持多久，9月25日，梅思平将汪伪政府的一切档案、文件、物品分门别类，移交给前来接收的中央各部代表，他对重庆前来接收的大员说：我们对伪外交部有关"中日密约""收回租界"等档案保存完好。接收大员拍着他的肩头，表示十分满意。梅思平受宠若惊，在当晚的私邸聚会上，梅思平得意扬扬地对在他家打探消息的汉奸们说："经过在座的努力，南京城平稳移交中央。现在看来，中央大概没有什么太为难我们的事情了。"甚至还有异想天开者，说："搞不好政府还会对我等重新甄别录用哩。"谁知第二天凌晨，梅思平正做着好梦，突闻破门之声，尚未从蒙眬中醒来，就已成了军统局生擒的囚犯。

梅思平被押解到宁海路25号军统临时看守所内。不久，与从日本引渡回国的陈公博共寝一室。12月上旬，军统局南京办事处提审梅思平。梅思平根据所提问题，回到囚室，写出了自白书《和平运动始末记》，前前后后，附上材料作印证，足足两万多字。在自白书中，梅思平对自己的卖国行为避重就轻，进行辩解。

1946年4月中下旬，梅思平又连续几次被提去审讯，针对首都高等检察官提问进行供述。当被问及最关键的一条：对于反抗本国这一层，你可以承认吗？

梅思平说：我们不但没有反抗本国，并且是协助抗战，救济沦陷区的民众，详细情形请查本人在军统局所呈的自白书（《和平运动始末记》）。

尚有几句话补充：一是协助抗战。约在三十三年冬天，第十战区派来高级参谋许耀洲到沦陷区做联络和平军工作，所有苏北一带的和平军全是由他联络。他的任务我全知道，我给他内政部顾问名义以资掩护，并且许耀洲于三十四年四五月间，曾经把我掩护协助他的情形报告中央。

二是维持南京地面。从日本投降以后，南京政府解散，南京治安是我责成李讴一（伪警察总监）维持的。

三是保留了汪伪档案。如果我有反抗本国的意思，我绝不会这样做的。

5月1日，中央警官学校专门派员来给梅思平打指纹卡。梅思平自觉前景暗淡。

3日上午，首都高院第一庭公审"民国三十五年度特字第一号汉奸案"开庭。9时整，法庭内外，人山人海，因无旁听证而露天站立在外的听众达3000余人。梅思平自认文才颇高，无须律师辩护，可是法庭还是指定了辩护律师。

梅思平辩护：起诉书指控他"与敌私议和平"大谬。当时汪精卫是国民党副总裁，又是中央政治委员会主席，"我身为党员，又为中政会职员，于党于国皆有受其指挥之义务"，所以，秘密与日本洽谈，应该算是"奉命"的公事。之后，梅思平大谈"和平是我始终主张的"，当时人人盼"和平"，又没人敢公开说"和平"，我挺身而出"为民请命"，有何不可？再说"和运"的全部内容和过程，以及自己的"努力"，目的在于"饵敌""欺敌""掩护抗战""具有极大之缓兵作用"等等。

梅思平在法庭上拒不认罪，为自己"辩诉"，列举的"功绩"如下：（1）曾经把日本人征粮区域缩减；（2）收回日本占领工厂多达140余家；（3）在日本占领区恢复党旗国徽的悬挂，重建国民党的组织，宣传三民主义。

检察官几次起立责问梅思平的各项"罪名"，他都说提供的证据"不足为凭"，或者是"无答辩之必要"，甚至说"请参阅答辩书及《和平运动始末记》"等。辩护律师根据梅思平提供的材料和理由，为其进行了辩护，"请求量刑从宽"。

5月9日上午，法庭公开宣判。审判长宣读"民国三十五年度特字第一号首都高等法院刑事判决书"，主文："梅思平共同通谋敌国、图谋反抗本国，处死刑，褫夺公权终身，全部财产除酌留家属必需生活费外没收。"

梅思平当然不服气，一面申请复判，一面授意妻子王绶卿赶紧收集对自己有利的证据呈送法院。

7月10日，梅思平提出了申请再审书，说是"唯被告在原审法院及复审判决法院所提之有利证据均未予审酌，遽以判处极刑，殊有重大错误"。

梅思平提出的理由如下：

一是维持京畿治安与秩序。即南京伪政府解散之时，人心恐慌，已达极点……且新四军即在四郊，中华门一带已有便衣出没，中央部队一时无法到达，认为首都重要地位和人民生命财产亟须保护。而且蒋委员长已有广播"着原就各职，维护治安"。明知险象环生，决定冒险留京负责到底，未敢擅离，一直等到中央来人接收。这些冷欣、王懋功、任援道等人都可以证明。

二是协助中央接收。他与伪教育部部长李圣五等人保管了各机关公物及档案，而且侍从室也来电让其努力维持。冷欣也再三嘱为负责维持。

梅思平为此还搬出了军委会委员长侍从室来电和冷欣的笔录作证据。

三是维持公用事业。日本人投降，伪府解散，京沪停电、停水、停火车，工人停薪水，是经过被告"努力"方才正常，而当时"本人无权无势，以个人最大努力维持现状，其痛苦诚非局外人所得体会者"。

四是有利人民之行为。被告在伪工商部部长任内，南京出现粮荒，粮贩子抬高粮价，曾从上海运来洋米三千三百吨，平价卖给老百姓；限制日军采办军米，救济百姓；以种种方法破坏日军的统制物资；此外还解散贩卖鸦片的宏济善堂，禁烟禁毒。

五是协助抗战工作，即协助和掩护许耀洲抗战之事。

此外，梅思平拿出了时任山东省主席何思源为他求情的电文来说事。

何思源和梅思平有什么关系？这封电报是怎样写的呢？电文说：查梅思平在抗战期间，掩护本省派往京沪人员颇为出力。在1942年1月间，思源家眷在津被敌人逮捕，押至惠民要挟时，梅曾尽力营救。敝眷脱险，与有力焉，特此证明，敬希察照为荷。

这究竟又是怎样一回事呢？

6. 说什么都晚了

原来，1924年秋，何思源到法国巴黎，在巴黎大学学习经济。他的夫人何宜文女士是法国人，同为巴黎大学学生。何思源在法国巴黎大学留学时两人相爱，1928年3月来中国与何思源结婚，并加入了中国籍。抗战前，何思源任山东省教育厅厅长。抗战爆发后，山东省主席韩复榘放弃济南，致使山东省沦陷。而教育厅厅长何思源选择留在鲁北地区坚持抗日，没有条件把何宜文母子送往大后方或香港等地，便带在身边。由于行军打仗，着实不方便，于是派人将家属送往天津租界居住。当时何思源夫妇共有四个孩子，两男两女，分别为何理路、何宜理、何鲁丽、何鲁美。最大的男孩何理路仅8岁，最小的女儿何鲁美才2岁，何鲁丽当时也只有4岁。1941年初，何宜文母子到天津后住进了意大利租界。1941年12月8日太平洋战争爆发后，日军乘机占领了天津英租界。何宜文为了安全，搬进了意大利租界。此事却被何思源原来的一个属下、后沦为汉奸的人告密，天津日军宪兵队查到了何宜文母子在天津意大利租界的确切地址，并于12月30日将他们抓走。随即逼迫何思源投降。

日军找何思源谈条件：如果投降，南京汪伪政府的部长和伪山东省长任其选择，否则，就将其家属全部杀死。他们甚至还说，要派日军包围何思源驻地，把何宜文母子置于日军之前，何思源如果抵抗，将先打死他的妻子儿女。

何思源托巴黎大学同学、梅思平之弟，时在重庆私立东吴大学法学院的梅仲协教授，找其兄梅思平进行营救。梅思平亲自向日军华北方面军司令官冈村宁次说情，要求释放何宜文母子。在多方因素考虑下，冈村宁次终于同意释放人质。梅思平又托伪军将领吴化文将何宜文及其子女送到何思源的防地。当时在山东惠民负责看守何宜文母子的伪军头目属于吴化文部下，后于1942年1月26日以前把何思源家属安全送回天津。1944年12月，何思源任山东省政府主席。1945年5月，当选为国民党第六届中央监察委员。1946年10月，调任北平市市长。

其实，救人之事也不完全是梅思平的功劳。此事虽是日军所为，但意大利纵容日军在自己的租界内公开抓人，而且何宜文是法国人，该事件牵扯了中、日、法、意四国，况且国际公法还有禁止妇女、儿童做人质的规定。事发后，何思源迅速采取了以下措施：（一）电告重庆，要求中央政府对意大利提出严正交涉，重庆国民党政府令外交部部长王宠惠，通过外交途径向意大利当局提出交涉；（二）命令部属将鲁北地区进行传教的意大利传教士70多人全部软禁起来；（三）何思源写信给日军华北方面军司令官冈村宁次，指斥日军不顾国际公法，在战争中以妇女、儿童做人质的暴行，并向他们严正声明，意大利租界当局参与了这一暴行，若不正当解决，他将采取严厉的报复措施，日军杀他1名亲属，他就杀死10名意大利人进行报复，一切后果由意大利政府负责。

意大利方面也颇为着急。因为此前曾有意大利传教士4人在鲁北被游击队扣留，天津意大利教会托何宜文营救才得以释放，现在意大利租界当局竟伙同日军逮捕了何宜文母子，在鲁北传教的意大利教士和修女70多人又被何思源扣押，因此教会方面对租界当局特别不满，积极主张和平解决。为此，意大利驻汪伪大使曾专门找日军华北方面军司令官冈村宁次进行商谈。由于日本和意大利同属轴心国，冈村宁次当然不愿也不敢因为这件事惹恼意大利，便承诺一定会保证何宜文母子的安全，并在适当的时候全部释放。

梅思平却将这件事的功劳统统揽到自己头上,请何思源发了电报加以证明。

首都高院接到梅思平"申请再审"状,没两天就"予以驳回"。梅思平立即向最高法院提出抗告,7月底又交了一份"补陈抗告理由状",不仅说法庭的审判"显然与蒋主席之意旨相悖谬",而且干脆说自己几十年为国为民的"卓著勋劳,其功亦不在追随国父革命者之下"云云。

为了活命,梅思平还特意请他的胞弟梅仲协,专程赶往庐山,求援于国民党元老李济深。梅仲协比梅思平小两岁,法国巴黎大学法学硕士,曾任中央政治学校法律系主任,抗战期间任重庆东吴大学教授,是著名民法学大家。(蒋介石于1946年7月14日上庐山,直到同年9月23日下山。)

李济深见了梅仲协之后,立即满口承诺,答应在会晤蒋介石时乘机替他求情免死,并暂留梅仲协几天,等候消息。李济深见了蒋介石,请求网开一面,赦免梅思平死刑,当即被蒋介石严词拒绝,于是梅仲协黯然返京,通知了梅思平做最后准备。

8月26日,最高法院刑事第二庭"三十五年度特抗字第十三号"作出裁定:"抗告驳回。"梅思平看到最高法院又不能解决问题,赶紧让老婆王绶卿在8月30日,再到首都高等法院递交了一份"再审申请状",请求"准予开始再审,废弃原定判决"。梅思平自己也认识到生的指望已不大,每当家人来探监,梅思平总是让家人带些酒进来,以便可以天天得到酒精的麻醉,方能"颓然就枕"。

9月14日晨,首都地方法院检察官接到死刑执行令,典狱长将梅思平从监中提出。检察官告知:"经奉最高法院检察署转奉司法行政部令准执行,今天将你提案执行死刑。还有什么事对家中说的?"

梅思平拿出三个信封,说是早已预备好的三份遗嘱:一份呈蒋委员长,一份给谢冠生部长，一份给家属。之后，法警抬起手中的驳壳枪，对着梅思平的后脑扣动了扳机。随着枪响，梅思平应声倒在地上。他成为在南京被枪毙的第一个大汉奸！

梅思平一生，自命不凡，在抗战中，成为汪伪集团投敌的先锋人物，在伪府中活动积极，红极一时。抗战胜利后，在被审过程中巧舌如簧，文过饰非，多方狡辩，最终难逃一死。梅思平的下场证明了在敌对国家的博弈中，不管你有多大学问，多深厚的理论，也不论出自什么目的，只要出卖国家和民族利益，都不会有好下场。

第六讲　审判大汉奸丁默邨

1. 游湖被逮的大汉奸

陈立夫晚年写了一本《成败之鉴》，道出其中的秘辛：

"日本人投降之前，丁默邨任伪浙江省省主席，周佛海任伪行政院副院长，李俊龙任伪上海市市长；丁在浙江，周在南京，李在上海，这三个地方很重要。我派了一个姓赵（注：应为赵冰谷）的人去找丁默邨。我告诉他说：现在战争快要结束了……你们只要为我方做三件事情，这三件事情你们做得到的话，你们虽然是汉奸，可是我可以保证你们不死。哪三件事情呢？第一件是，南京、上海、杭州这三个地方，你们要守住岗位，不能让江北的新四军先占去；第二件是，京沪、沪杭两条铁路上所有的伪军部队要能控制得住，因为这很重要，我们的军队可立刻由铁路运输到上述三个据点而无阻碍；第三件是，战争一结束，你们要以最快方法联络上第三战区司令长官顾祝同，让中央军立刻开进以上三个地区。这三件事，你们必须做到，这与你们几个人是生命攸关的。"陈立夫还特别强调要与军统戴笠取得联络。

双方谈好了条件。那么陈立夫与丁默邨又是什么关系呢？

1938年，陈立夫的军事委员会调查统计局分家，下面原有三个处，第一处（处长徐恩曾）改称中央调查统计局，第二处（处长戴笠）改称为军事委员会调查统计局，第三处处长丁默邨，所属的处被取消了，暂时没有着落，他本来与徐恩曾、戴笠平起平坐，现在被边缘化，这样一来令丁默邨大为不满。丁默邨早年经历又是如何？他是怎样当上军事委员会调查统计局第三处处长的呢？

丁默邨（1901—1947）出生于今湖南省常德市。1919年五四运动席卷常德时，他在省立二师附小读书，加入"常德学生联合会"，进行革命活动，次年考入省立二师。1921年秋，丁默邨去上海，结识中国共产党最早的党员施存统。旋即施介绍其加入社会主义青年团。同年与中共湖南党团组织取得联系，被派回常德，开展建团工作。次年初，他建立社会主义青年小组，自任组长。1922年6月，正式成立青年团常德地方执行委员会，10月，被选为书记。

1924年，丁默邨以共产党员的身份在上海加入了国民党。1925年至广州，在国民革命军海军总政治部任主任秘书即参议。

1926年，任国民党中央组织部调查科办事员。科长陈立夫派丁默邨赴上海策反北洋军阀的三艘军舰起义。行前陈立夫问他有无把握，丁默邨说："把握在于北伐军手中，如进军顺利，职虽不才，此去即使不成功，起码可使其中立。"陈立夫深感其言，遂替他寻到一纸"特派专员"的委任书。1927年任汉口特别市政府处长、参事。

1930年，中央党部调查科转向特工行动，丁默邨被派到上海，以"民光中学"校长的公开身份，直接领导一个直属情报小组，并参与与李士群出版《社会新闻》，专门刊登共产党人隐私的诬文。

1932年，蒋介石设立军事委员会调查统计局，徐恩曾、戴笠分任第一处和第二处处长；丁默邨由陈立夫援引提拔，任第三处少将处长，专管邮电检查。

1938年5月，共产党中央委员、陕甘宁边区副主席张国焘借口祭扫黄帝陵，叛逃至西安，在中统特务护送下来到武汉，陈立夫命丁默邨主持"招待"。丁默邨出手阔绰，引起二处处长戴笠嫉妒，向蒋介石控告他贪污，招待费受到追查。是年8月，军事委员会调查统计局被一分为二，成立中统局和军统局，丁默邨的第三处解散，丁本人未做安排，遂以军事委员会少将参议名义，赴香港养病，同时经商。由于亏损，便于1938年底秘密去了上海，与原中统三流特务李士群搞到一起。其实真正让丁默邨落水当汉奸的人是周佛海，他与周佛海的交情极好。当时周就在香港，在周的劝说下，丁默邨去了上海。丁默邨的到来令李士群大为欢喜。

李士群在中统中只是个三四流角色，没什么号召力，日本方面也不重视，于是让出老大的交椅给丁默邨来坐。孰料丁默邨假意推辞，惹得李士群急了，对天发誓说："日后我如有二心，不得好死！"丁默邨这才答应坐了"第一把"交椅。

抗战胜利后，丁默邨站在汉奸的被告席上，却狡辩说，当时"拟赴沪邀人另营商业以维生活。乃于二十七年（1938）年底秘密赴沪，不幸为日方发觉，认邨有抗日活动，暗中监视；旋李士群来包围，迫邨参加所谓和平运动，李并表示：如拒不参加，绝对无法离沪，日方将更予邨最大不利。始迫而虚与委蛇，但邨毫无工作"。完全是一副被逼无奈，可怜兮兮的模样。

果然，丁默邨到沪后，在大西路六十七号挂起党旗、国旗和先总理遗嘱。他的影响果然比李士群大得多，中统和军统留在上海的骨干纷纷来拜见丁处长。

丁默邨对来访者说："自从上海沦陷以后，这种场面很难看见吧？兄弟我这次是奉了立夫先生之命而来，因为我们在大后方看到抗战这样下去，总不是办法。共产党的抗战到底，就是要抗垮国民党，就是唯恐不乱。立夫先生要我到上海来开路，这就是要我和日本人进行交涉。一旦时机成熟，立夫先生也要来的。为了国家的前途，我们就要按蒋委员长要求进行曲线救国。"

他这一番花言巧语，颇能打动不明就里者的心，于是不少人上了丁默邨的当，填表参加伪特工组织。

日本特务机关听说从蒋介石的特务机关来了一个与徐恩曾、戴笠平起平坐的少将处长，自然非常重视。很快，在日本使馆清水董三的引荐下，丁默邨和李士群在重光堂会见了日本特务头子土肥原贤二。

丁默邨、李士群主动上门，土肥原是非常高兴的。他亲自递上香烟，并为其点火，用一口流利的中国话和蔼地说："上海的恐怖活动近来十分猖獗，不知丁先生对此有何高见？"

丁默邨眼里闪着凶光，声音却很平静："上海恐怖活动的罪魁祸首是重庆特工，要取缔这种恐怖活动，必须以毒攻毒。《孙子兵法》说，知己知彼，百战不殆。而在这方面，我们对他们了如指掌，对付他们的最好办法是以其人之道还治其人之身，我们也成立一个特工组织就能粉碎他们的活动。希望阁下能给予指导与支持。"

土肥原点头："啊，我明白了。你们的提议很好，但我不能马上答复你们，我要向上面汇报和进一步研究。"

几天以后，土肥原派日本特务机关上海负责人晴气庆胤来见丁默邨，进一步了解他们组织特工的计划和打算。

晴气庆胤飞抵东京，向主持特务工作的大本营陆军军部军务课长影佐祯昭汇报，当时，他正策划以汪精卫为首的"和平运动"，而稳定上海局势，镇压人民抗日风潮，制止国民党特务的恐怖行动，是他整个计划中的重要问题。于是影佐祯昭决定把丁、李的特工计划作为整个"汪工作"的一部分来考虑。三天之后，即1939年2月10日，日本大本营参谋总长给晴气庆胤下达了"援助丁默邨一派特务工作训令",作为对付上海恐怖活动对策的一个环节。

在日本特务机关支持下,日本宪兵队拨给军管的极司菲尔路76号(现万航渡路435号)大花园洋房作为新址。

2. "76号"一把手

丁默邨、李士群进驻"76号"后，正式成立了"特工总部"，由丁默邨任主任，李士群任副主任；又成立"警卫总队"，李士群兼任总队长，吴四宝为副总队长，张鲁为参谋长，叶吉卿为财务主任，佘爱珍为经理主任，王慧农为副官主任。

"76号"独特的地理环境和本身的构造，十分适合特工活动，院子很大，四周筑有高大的围墙，不容易遭受外人侵袭。丁默邨、李士群搬进"76号"以后，大兴土木，进行改造。

"76号"原来有一个大铁门，大门之外就是马路，是工部局巡捕房控制范围，在大门口不便设立炮楼，因此驻守大门的警卫有一个班。凡是进出"76号"的人，必须持有通行证，才可出入。证件是淡蓝色的，一面印着"昌始中学"与持有人的姓名、号码，另一面贴有持证人的相片。

进了大门，就是一个通道，尽头处为古典牌楼式二门，门楣上有"天下为公"四个孙中山手书体大字，二门两边墙柱上开了两个方洞，用于架设两挺轻机枪。进了这道铁门，就可以直达东面的主楼，那就是丁默邨、李士群的办公处，因此防备特别严密。门口设有专门警卫，备有一本贴满相片的簿子，凡是有资格经常出入二道门的人，相片都贴在簿子上，并编好号码。出入时，要报出号码，警卫便依据相片簿验明后，再给予放行。如果带有武器者，一律暂存传达室，出来时再行发还。

二门内就是大院，大院内高竖着青天白日满地红的国旗和青天白日党旗。警卫人员的穿着与过去也不同，过去都是黑衣裤衫，胸襟敞开，帽子歪戴的流氓装束，后来与抵达上海的汪精卫集团合流后，特务改穿为草绿色的制服，没有帽徽。

二道门内东面新盖了二十多间平房，作为警卫总队的办公室、审讯室兼警卫宿舍；西边添造了两开间的楼房，为"特工总部"机要及电台所在地。

院子中间有两幢主楼，东面一座主楼称为"高洋房"，是丁默邨、李士群等"76号"头目活动的地方，一楼有会客室、储藏室、电话接线室、会议室等；二楼则是丁默邨、李士群的寝室兼办公室。楼梯口有一道铁栅栏门，派有便衣特务警戒，未经丁、李的特许，任何人不许上楼。生性多疑的丁默邨，住房中虽有床铺，却睡在浴室内，并在浴室四周装有防弹钢板，睡前在浴缸上安放一张棕棚，早上起来，再把棕棚拿掉，使人不易发觉。三楼的两个房间，是"犯人优待室"，专关一些被软禁的"高级人员"。西面一幢主楼是三开间、两进的石库门楼房，四周有走马楼。在走马楼中间的天井上新搭了一个玻璃棚，把楼下前后两厢与客堂打通，改为一个大厅，算是大礼堂。讲台上悬挂着党旗国旗和孙中山遗像及总理遗嘱。汪伪国民党第六次全国代表大会，就在这里举行。

其余的房间，就作为各处、室的办公室。东首主楼的侧面，另有一幢三开间的平洋房，驻扎日本"梅机关"的分机关和宪兵，日本驻上海宪兵队总部派有以宪兵准尉涩谷为首的七八人长驻在此。

"76号"采取的任何重要行动，必须事先得到涩谷的指示与同意。"76号"拘捕的人数、工作情况以及所搜集到的情报，都要写成报告交给涩谷，由他转送日本宪兵队特高科和"梅机关"。"76号"的活动是在日本人的保护下进行的，因此，"76号"外出行动时，如在租界临阵失利，就由涩谷出面保护。"76号"的人在租界被捕，只要说是"日本宪兵队的人"，巡捕房因害怕得罪日军，往往是不敢深究的。

"76号"花园里的大花棚，改成了临时看守所，专门关押、刑讯被抓进来的抗日分子和嫌疑人。

1939年5月，汪精卫一伙从河内抵达上海，收编了丁默邨、李士群特工总部。是年9月初，"76号"的主任是丁默邨，副主任是李士群，但丁、李两人矛盾很大。因为丁默邨熟知原调查统计局第一、第二两处的人事，他早把上海秘密通信的地方都记下来，所以他到上海不久，把调查统计局在上海第一、第二处的人抓了不少。军统、中统的组织大都被汪伪特工总部破坏，大部分人员投降了"76号"。所以原第一处（中统）、原第二处（军统）在上海的地下工作人员便恨透了丁默邨。

从1938年春至1940年3月，被丁默邨杀害的"军统"人员名单如下：

姓名	存年	籍贯	最后职务	死亡事由	死亡时间	死亡地点	埋葬情形
许克	24	江苏无锡	沪区情一组组员	在沪被捕枪杀	1939年5月24日	上海	遗骸未寻获
王祥生	42	福建福清	杭州交通总站交通员	在杭被捕，遭毒刑，未供，被枪毙	1939年8月3日	杭州	西湖，派人收殓于玉泉附近，用砖刻一王字为记
卜玉琳	36	辽宁海城	京区毒杀狙击组组长	在京被捕，矢志不屈，绝食自杀	1939年9月20日	南京	由秦霓同志设法领出，葬于雨花台畔
李楚琛	34	江苏阜宁	沪区情五组组长	因在沪制裁丁、李两逆，不幸被捕处死	1938年9月27日	上海	遗骸未寻获

续表

姓名	存年	籍贯	最后职务	死亡事由	死亡时间	死亡地点	埋葬情形
陈兆庆	36	江苏南通	沪区情五组组员	进行制裁李士群,在沪被严刑审讯,坚不吐实,处死	1939年2月25日	上海	遗尸厝四明公所
徐寿新	30	安徽石碌	沪区电讯督察	在上海环龙路被捕,被伪方以利用日本电台与渝通报、破坏和平罪处死	1939年12月27日	上海	葬于中山路大夏大学附近荒地
余延智	33	湖南桑植	沪行五队队长	在沪被捕,严刑拷打,坚不吐实,被伪方以暗藏军火图杀邵罪处死	1939年12月27日	上海	同上
周希良	31	江苏启东	沪区通信员	窃取伪方重要文件,为伪方发觉,被捕枪决	1939年12月27日	上海	遗骸未获
徐阿梅	28	上海	沪区直属通信员	在沪被捕枪决	1939年12月	上海	同上
郭效泉	27	江苏徐州	忠救军工作	在江阴被伪方捕解十一圩港敌营,壮烈就义	1939年1月	江阴	同上
张焕文	24	江苏铜山	同上	同上	1939年1月	江阴	同上

续表

姓名	存年	籍贯	最后职务	死亡事由	死亡时间	死亡地点	埋葬情形
彭福林	23	江苏溧阳		因在沪执行行动案件当场受伤，被捕殉职	1939年4月13日	上海宝隆医院	遗骸未获

军统这么多人就这么牺牲了，戴笠哪肯吃这种闷亏？于是下令对"76号"进行报复，双方在租界展开了一场充满血腥味的"特工大战"。截至1940年1月1日，在各种各样的枪战中，死伤人数达44人。

3. 内部倾轧下败北

随着"76号"在汪精卫伪国民政府中越来越处于举足轻重的地位，丁默邨与李士群围绕着"76号"的权力而发生的争斗，也开始趋于表面化与公开化。

"76号"与汪精卫集团合流后，李士群觉得搞特工除了可以弄钱外，还有很大的"政治前程"，而本来应该归他做的"一把手"，都给丁默邨揽去了，好处也都让丁默邨占去，于是深悔当初的做法。真是请神容易送神难，丁默邨是一个阴险毒辣、心胸狭窄、野心很大的人，他认为自己已搭上了汪精卫这条"大船"，尤其是他与主管特工的周佛海同为"CC派"，关系不错，于是处处以老大自居，压李士群一头，独揽特工大权。

参加"76号"的骨干人物，很多都是通过丁默邨所主持的伪国民党中央社会部的关系进来的，这批人越来越多，形成一股势力。他们心目中只有丁默邨，而没有李士群。而且其中不少人原来在蒋介石特务系统时，地位就远高于李士群，根本看不起这个当年月薪只有80大洋的小特务。这一切，使李士群对丁默邨恨之入骨，必欲除去而后快。

丁默邨与李士群的较量表现在"张小通事件"上。

张小通，江苏松江人，是国民党上海特别市党部"党皇帝"吴开先手下的一员大将，曾在国民党上海特别市党部组织部任职，后调任国民党上海特别市党部调查统计室主任。从1932年开始，先后任国民党上海特别市党部候补监察委员、市党部委员。

1939年夏,张小通与汪伪中央委员、原国民党上海特别市党部宣传科主任黄香谷暗中接洽投汪,不料为刚刚到达上海的国民党中央执行委员吴开先发现而被制止。

但丁默邨并未就此罢休。他认为张小通是国民党上海特别市党部内专搞特工的人物,而且此人的地位在"中统"中比李士群高得多,拉进"76号"对李士群就是一种威胁。

丁默邨越是对张小通感兴趣,李士群就越不能让此人成为自己的对手,于是决定先下手为强。

1939年冬的一个晚上,根据黄香谷提供的线索,李士群秘密逮捕了张小通,由苏成德、马啸天进行审讯,要他参加"76号",并交出国民党上海特别市党部的组织名单。

当张小通被李士群逮捕的消息传到丁默邨耳朵里之后,他立即写"手令",这才使张小通免受一顿刑罚。张小通被带回看守所后,不少有势力的人去见李士群,为张解释、求情。

阴险毒辣的李士群表面上显得十分痛快,说:"好说,既然如此,你说怎么办就怎么办吧!"

来人十分高兴:"能不能让张小通给他太太打个电话,令其安心、放心,并让她明天给张小通送些替换衣服进来。"

李士群也同意照办。于是,说情者放心而去。

不料,三天后,李士群突然下了一个条子给警卫总队长吴四宝:"未经本人批准,任何人不准会见张小通。"

原来,问题不在张小通本身,而在于李士群与丁默邨的争权夺利。张小通被捕后,丁默邨派的援救、求情,使李士群感到一旦放了张小通,将会让丁默邨"如虎添翼"。而把张放回,也已不可能。于是,对张小通的处置,便只有一个"杀"字。但一时还难以下手,因为一是张小通本来就准备投汪，与"76号"并无"短兵相接"，没有借口；二是一些重要人物不断地在为张小通求情、疏通，情面上难以交代；三是当时"76号"的杀人批准权还在丁默邨手里，他也不会同意的。

为了达到置张于死地的目的，李士群便将张小通秘密押解至南京中央路大树根"76号"行动科，密令特工总部南京区区长苏成德将张小通处死。苏成德等人将张小通押至中央路大树根"76号"行动科办公地点，在苏成德策划下，特务们先给张小通吃了砒霜，可能因为药放得少了，张乱跌乱撞，却死不了。于是又用绳子将他勒死，再用刀肢解为数块，放入一个坛子里，倒入硝镪水，毁尸灭迹。最后，将坛子埋在玄武门内中央路大树根"76号"房的后墙脚之下。

当时丁默邨等人只知道张小通被押解到南京去了，直到一年多以后，方才知道他早已成了鬼魂。原来，李士群千方百计地阻止丁默邨的人进入"76号"，目的就是打击丁默邨，巩固自己的地位。

1940年初，汪伪"还都"前夕，围绕着伪"警政部部长"的席位，丁、李冲突发展到了白热化。根据1939年5月丁默邨、李士群与汪精卫的约定，汪伪政权的警政部部长一席，由"76号"头目担任。汪精卫原先内定丁默邨担任伪警政部部长，李士群担任政务次长。丁得意扬扬，以为自己既是汪伪国民党中央社会部部长，又兼汪伪行政院警政部部长，集民运、特务、警察三位于一体，可以完全压倒李士群了。但李士群并不示弱，他先挤掉了丁默邨的伪特工总部主任一职，接着又公开反对丁默邨兼任伪警政部部长，要求由他担任此职。为此闹得不可开交，酿成汪伪政权建立过程中，人事安排上的一次重大危机。

丁李之争闹到最后，变成"敲破狗食盘，大家吃不成"。最后由周佛海以伪特务委员会主任的名义兼任伪警政部部长，李士群任伪政务次长。1939年底，丁默邨被排挤出了"76号"，搬到愚园路1136弄周佛海家隔壁。很快，"76号"成了李士群的一统天下。

丁默邨被李士群踢出了伪特工总部，后调任伪社会部部长，1941年9月任伪交通部部长，1943年又任伪社会福利部部长；1945年5月调任伪浙江省省长兼伪驻杭绥靖主任。

日本投降前，丁默邨与陈立夫联系，表示要效忠中央。陈立夫知道戴笠恨透了丁默邨，所以特别要丁和戴笠取得联络，电报由戴笠的电台转给陈立夫，这样戴笠他们也了解这段事的接洽经过，否则"76号"对军统欠下的血债，戴是不会放过他的。

既然陈立夫与丁默邨有约，而且戴笠飞机失事摔死以后，周佛海、丁默邨也被押回南京，丁默邨又去走陈立夫的门路。陈立夫暗示："汉奸是不能放出来的，但如果有病可以假释。"

丁默邨有肺结核，在白公馆时，只见他成天忙的一件事是自己涂改药方，反复查看后将方子交给负责看守的谭正龙副官，让他派手下满街跑药店抓药。等到把药送到，他又立即回房关门，将买来的药包打开，时而摊开一包中药细细拨弄、分辨，时而捧起另一包送到鼻前反复闻嗅，时而干脆手捻少许送入口中品咂，活似一个药材检验员。这是众所周知的事情。

1946年9月16日，白公馆早餐提前。饭后汽车将周佛海、丁默邨等众奸送往机场登机。10时起飞，下午1时在武昌稍作停留，3时左右到南京明故宫机场降落。丁默邨从舷窗往外一看，什么都明白了。机场上警察林立，便衣特工巡弋，记者拥挤了一群。

舱门一开，肩佩少将军衔的军统人员脸色呆板地登上飞机，以命令口吻指示众奸一一下机。丁默邨紧随周佛海之后，下机后立即被记者抢拍了几个镜头，随后被两名警察左右挟持，塞入轿车，直驶宁海路军统局看守所。等谭正龙副官带人将行李用卡车送到宁海路，众奸已处于被戒之中。后来谭副官回忆："周佛海握着我的手流泪，丁默邨哭得更伤心……上峰交给我看管大汉奸的公差，到此就算结束了。"

正好有一天他说肺结核病犯了，要保外去看医生，上下一打点，居然真的从看守所里出来，心情高兴，顺便游览了玄武湖，在水上荡舟。恰巧碰到《中央日报》的记者，这位记者发现了丁默邨，他回去后便在报上报道了一个消息："丁默邨逍遥玄武湖。"这个消息被蒋介石看到以后，立即打电话让陈立夫去见他，劈头就问："丁默邨为什么跑出监狱呢？"

陈立夫说："待我查明事情真相后向委座报告。"于是他问了一圈，才向蒋介石说明丁默邨因为患病，监狱才准他外出治病，不知道他为何去游览玄武湖。蒋介石很生气地说："生病怎能游玄武湖呢？共产党骂我们包庇汉奸，像丁默邨这样的汉奸怎能包庇？应予枪毙！"

陈立夫又向蒋介石求情，希望永远监禁不要枪毙他，但是蒋没有答应陈的请求。不得已，陈立夫只好派员告诉丁默邨说："我已没有办法救你了，我虽然向你担保过，可是你自己不好，为什么要逍遥玄武湖呢？"丁默邨被处决前写了一封信给陈立夫，信上说：我很感激也知道你很帮我的忙，我自己不当心，都怪我自己铸成了大错。所以陈立夫说是《中央日报》的记者害了他。

其实，中国有句古话："天作孽尤可活，人作孽不可活。"其实在法庭上向丁默邨讨还血债的还另有其人。

4.《色戒》中的男一号

1945年深秋，重庆歌乐山下的白公馆成为关押周佛海、丁默邨等大汉奸的临时住所。一天，军统少将处长沈醉来此看望周佛海，两人随便聊起过去双方刀光剑影地争夺上海滩的往事。

周佛海问："丁默邨与戴笠先生在抗战时早就有联系，而且曾经都是处长。你们为什么还派人暗杀他？并且能找到那样一个漂亮的小妞来搞暗杀工作？你们是怎样训练这种杀手的？"

沈醉诧异地问："有这样的事？我怎么不知道？至于军统为什么要杀丁默邨，什么原因我不清楚，更不知道训练了什么漂亮小妞去从事暗杀工作。"

"怎么？沈处长不知道有军统女谍暗杀丁默邨之事？那个女人是我下令枪决的，怪可惜的。她可太厉害了，要不是李士群盯得紧，她差一点把执行官林之江都策反了，两人都商量好了一起私奔……"

沈醉一听，来了兴趣："到底是怎么一回事，能详细告诉我吗？我回去也好查一查，给这个无名英雄记功。"

这正是电影《色戒》中描述的王佳芝和易先生的故事，而真实的人物正是丁默邨和郑苹如。

由于李士群、丁默邨相继投敌，给中统开山人物陈立夫脸上抹了黑，他下令徐恩曾相继予以制裁。

中统上海区张瑞京和嵇希宗受命以后，决定利用"美人计"引诱丁默邨上钩，然后乘机刺杀丁默邨。

稽希宗，浙江吴兴人，生于 1913 年。是陈果夫、陈立夫的表弟。"中统"上海区情报组外勤。他找的这个"诱饵"，就是家住万宜坊 67 号的郑苹如。

当时，她是上海滩出了名的大美人。上海宪兵司令部特高课课长林秀澄用一种羡慕的口吻说："上海没有比她更美的人了。"

上海报业人士、住在万宜坊 48 号的金雄白这样形容郑苹如的美貌："万宜坊中有着上百人家，其中活跃如邹韬奋，艳丽如郑苹如，都是最受注意的人物……每天傍晚，郑苹如常常骑了一辆脚踏车，由学校返家，必然经过我的门口，一个鹅蛋脸，配上一双水汪汪的媚眼，秋波含笑，桃腮生春，确有动人的风韵。"

郑苹如的父亲郑钺，字伯英，浙江兰溪人。曾留学日本，与于右任结交，加入同盟会，娶一日本女子木村花子。生有三女二男。郑苹如就是二小姐，1913 年生于日本，讲得一口流利的日语。1917 年郑钺参加了于右任为总司令的陕西靖国军，任一等秘书和军法处长。1927 年南京国民政府成立后，郑钺在上海高等法院工作，到 1934 年升任高等法院特区分院首席检察官。郑苹如中学毕业后进入上海法政大学，稽希宗也是上海法政大学的学生，只是比郑苹如低一届，两人经常以探讨专业为名秘密联络。

抗战爆发后，经陈果夫、陈立夫的堂弟陈宝骅，时任国民党上海党部常务委员、国民政府军事委员会调查统计局一处（即"中统"）驻沪专员，公开身份是福州路新生命书局经理，经他介绍发展，有着爱国思想的郑苹如愿意"报效国家"，加入"中统"组织。由于她母亲的关系，因此她与不少日本人都有来往。

稽希宗布置给郑苹如一个任务，叫她以营救熊剑东的名义去接近丁默邨。

熊剑东是何许人呢？此人是浙江新昌人，国民政府军事委员会别动军淞沪特遣分队司令，并兼忠义救国军太仓、昆山、松江、青浦、常熟、嘉定六县游击司令。1939年3月7日在常熟一带被日军抓获，关押在上海日伪监狱中一年多。

熊剑东的老婆唐逸君去找郑苹如帮忙，设法营救熊剑东。郑苹如曾经在上海民光中学读书，而丁默邨曾经是民光中学的校董、校长，也算有师生关系。郑苹如正好借此机会去接近丁默邨。

丁默邨虽然患有肺结核，却是一个地地道道的色鬼，他靠壮阳药不断地玩弄女色，在没遇上郑苹如之前，还和一个色情女伶在沧州饭店开房鬼混。"中统"上海区就是研究了丁默邨的弱点，投其所好，才制定了"美人计"。

于是，郑苹如打扮得花枝招展，在日本沪西宪兵分队长藤野少佐的介绍下来到"76号"，与丁默邨见了面。

果然，丁默邨一下子就被郑苹如的美色迷倒了，况且主动送上门来的美人岂能轻易放过？对于郑苹如为熊剑东求情之事，丁拍着胸脯说："这没问题，我来办。"

他还对唐逸君说："熊剑东有带兵的经验，我们现在正要筹建新税警总团，总团长之职一时没有合适的人选。只要熊剑东答应参加'和运'，我负责推荐给周佛海，只要他听话，可以让他带兵。"

果然，丁默邨将熊剑东从大牢里保释出来，推荐给周佛海，因为熊剑东懂得军事，后来做了伪税警团副团长。

再说郑苹如与丁默邨的关系迅速升温。据日本宪兵队特高课的监视记录，从郑苹如第一次见丁默邨，到丁默邨被刺，短短2个多月的时间里，两人来往频繁，密切交往竟有50次之多。

眼看时机成熟了，"中统"上海区决定采取行动。他们将第一次暗杀行动定在 12 月 10 日万宜坊郑苹如家里，利用丁默邨送郑苹如回家之机，邀请丁默邨"喝茶"，然后由埋伏在郑家的嵇希宗、刘彬动手，一举制裁丁默邨。

这一时刻终于到了。门外汽车声由远而近，嵇希宗、刘彬将拉严的窗帘撩开一条缝，只见一辆黑色的别克轿车停在门前，司机下了车，帮拉开车门，郑苹如的心"怦怦"跳得很厉害。她殷勤地对身旁的丁默邨说："到家门口也不进来坐坐喝杯茶？"

丁默邨不愧是高级特工，警惕性特别高，陌生的地方根本不去。他看看表说："来不及了，改天再来吧。"

任凭郑苹如怎么"邀请"，他就是不下汽车。嵇希宗等人只能眼睁睁地"让这只煮熟的鸭子飞走了"。

第一次暗杀行动就这样流产了。

但"老板"的指令还得完成，于是第二次暗杀行动开始了。

1939 年 12 月 21 日，丁默邨要到一个朋友家里吃饭，出发之前，他拨了个电话给郑苹如："中午我去接你，去沪西一个朋友家吃饭。你在家等我，不见不散。"

郑苹如立即电话通知嵇希宗。嵇希宗决定由郑苹如将丁默邨诱至必经的静安寺附近的西伯利亚皮货店，由埋伏在那里的嵇希宗和刘彬将其打死。

丁默邨和郑苹如在朋友家吃饭，直到下午才结束。从朋友家出来，天近黄昏。丁默邨对郑苹如说："你自己走吧，我还要到虹口，梅机关的机关长影佐祯昭今晚在虹口酒家的料理馆宴请'76 号'处长以上的官员。"

郑苹如噘起嘴："人家出来时，连件大衣也没穿，我要去静安寺的西伯利亚皮货店买件大衣，那里的皮大衣款式最好，你要陪我去！"

"好啦好啦，我陪你去，我给你买，行了吧？"他用手在郑苹如的鼻子上刮了一下,说:"敲竹杠!"

汽车行至静安寺路和戈登路口的西伯利亚皮货店对面的安登公寓前,司机将车停在路边。郑苹如打开车门先跳下去,丁默邨给司机使了个眼色,示意不要熄火,于是他也下了车。

郑苹如和丁默邨横穿马路,来到西伯利亚皮货店前推开玻璃门进入。该店店主是一个白俄贵族,俄国"十月革命"后逃到上海,专营高档的皮货服装生意。

郑苹如走到衣架前去挑选大衣。店堂里,还有几个男女顾客在挑选大衣。丁默邨也踱到衣架前,装作看衣服,用眼角的余光向周围瞟了一圈,店内没有什么异常情况。他又往外一看,突然发现有两个短打衣着、形迹可疑的人,正隔着落地玻璃窗向店内打量。丁默邨心里"咯噔"一下,暗叫不好,但依然不动声色地走到郑苹如旁边。

"有没有喜欢的?"

"默邨,你看这两种样式哪种更适合?"

"这件披风式的我看蛮适合你的。你慢慢挑吧。"说完还没等郑苹如反应过来,丁默邨突然一个急转身,迅速走到门前,猛地推开门,拔脚向马路对面狂逃。

门外正是嵇希宗和刘彬,他们见丁默邨和郑苹如在挑选衣服,以为还要等一段时间,没想到丁默邨像兔子一般窜了出来。二人稍一愣神,才想到拔出枪,可丁默邨已冲过马路。

司机见丁默邨拼命朝这边跑来,知道有情况,立即打开车门。就在丁默邨弯腰时,"啪啪"两声枪响,子弹擦着丁默邨的头皮飞了过去,他连滚带爬,进到车内,反手关上车门,"啪啪"子弹又打在车门上。

"快快快!"丁默邨的腔调都失声了。

司机猛地一踩油门,这辆1936年出产的美国别克车,就像离弦之箭冲了出去。

紧接着远处警笛声声,一名骑着摩托车的捕头和几名巡捕拼命向这边赶来。稽希宗等人立即消失在人群之中。

当危险过去之后,失魂落魄的丁默邨将头往座椅上一靠,掏出香烟和打火机,点上烟深深地吸了一口,这才慢慢镇定下来,觉得这件事很蹊跷,但一时还理不出个头绪,不管怎样,肯定与郑苹如有牵连。想到这里不觉破口大骂:"竟敢来算计老子!"突然,他又觉得此事不宜声张,于是,他拍拍司机的肩说:"今天多亏你了,我有数,不会亏待你的。但这件事不要对任何人说,尤其是不能让李士群知道。"

5. 诱杀郑苹如

当丁默邨赶到虹口酒家时,影佐祯昭和周佛海、李士群、吴四宝、王天木、林之江等人都等得不耐烦了。惊魂未定的丁默邨连连拱手:"对不起,耽误大家,久等了。"影佐祯昭笑了笑:"按中国人的规矩罚酒三杯吧!"丁默邨哪还有心情喝酒,他双手直摆,几乎用哀求的声音说:"今天实在不胜酒力,高抬贵手,饶了我吧,只喝一杯好吧。"

对丁默邨的反常行为,李士群第一个注意到了,待酒酣耳热之际,他不动声色地溜出来,找到丁默邨的司机问:"丁主任今天遇到啥事了?"

司机不敢隐瞒,一五一十全兜了出来。李士群冷笑一声,心里说:"那个漂亮的小囡自动送上门,我早就猜到这里面有文章,果然不出所料!丁默邨呀丁默邨,这一下就要你的好看,不让你丢个大人,我就不姓李。"他叮嘱司机:"不准告诉丁主任我晓得这件事!"

再说郑苹如万万想不到煮熟的鸭子又飞了。当丁默邨突然转身向门口奔去,郑苹如都没反应过来,直到丁默邨猛地推开玻璃门向外狂逃之时,她才回到可怕的现实之中,来不及多想,也下意识向外追了两步,想拽住丁默邨,哪里还追得到?

紧接着"噼噼啪啪"枪响了。郑苹如眼睁睁看着小汽车跑得无影无踪,稽希宗和刘彬还在开枪。街上传来了警笛声,巡捕房的人马上就要到了,郑苹如来不及多想,赶紧出门,拦了辆"飞云"汽车,直奔法国公园而去。

稽希宗等人将刚才发生的事情细细分析一遍，认为郑苹如暴露的可能性不大，否则丁默邨也不会来，可能是自己向店内观察时被丁默邨发现了。于是这一伙经验不足的"愣头青"，抱着侥幸心理，让郑苹如再打电话给丁默邨试探一下。

丁默邨的心里很矛盾，一想到郑苹如可能是"军统"派来的杀手，身上就紧张得出汗，转念又想她那含情脉脉的倩影，一种难舍难分的情怀油然而生。这时电话铃催命般响了，他神经兮兮抓起来，一听是郑苹如的声音，心里便明白她是投石问路："默邨，是你吗？我好担心好害怕，真真吓傻了。都怪我要你陪我去买大衣，我真是好后悔。"

老狐狸丁默邨假惺惺地说："小心肝，我是担心你，他们是要杀我，你一定要原谅我丢下你一个人跑了。我不跑开就会连累你的。对了，你的大衣买了吗？"

"那件灰背大衣我很喜欢，但要一千块，你又走了，最后我挑了一件麂皮大衣，款式还不错。"

"你在沪西舞厅等着，我马上派茅子明把钱给你送去！"丁默邨决定先稳住郑苹如，以后再想办法悄悄处置她和她的同伙。

不料，"76号"的接线员是李士群特意安排的亲信。他窃听了电话的内容，抄送下来，直接交给了李士群。李士群一见，高兴得直搓手，只要抓住郑苹如，便可以让丁默邨难堪，并由此达到打击和赶走丁默邨的目的。他立即派人跟踪茅子明，同时出动四辆汽车，派林之江带20多个特务赶到沪西舞厅，却扑了个空，便不显山不露水地撤回来。原来郑苹如怕中丁默邨的圈套，根本就没有去舞厅，而是躲进了沪西的日本宪兵分队。

过了几天，郑苹如见一切照旧，便从日本宪兵队给丁默邨打电话。丁默邨一听是郑苹如，生气地说："你搞什么鬼，茅子明说你根本没去沪西舞厅。"

郑苹如连连道歉："我母亲的一个同学的儿子渡边，新到上海沪西宪兵队任分队长，他从日本来，给我母亲带了不少礼物，我们去他那里了。你别来找我，我去看你吧。"

11月26日下午，郑苹如让沪西宪兵分队队长渡边给"76号"的日本宪兵分队队长打电话联系过后，请渡边开着摩托车送她到"76号"去见丁默邨。她太幼稚了，以为"76号"最怕日本宪兵，有宪兵朋友陪着，再闯"76号"，万无一失。

这一切，全在李士群的掌握之中。他狞笑着说："看我演一出刘备东吴招亲，定让周郎赔掉夫人又折兵！"他立即进行布置：命令门房的警卫人员，郑苹如一到，立即向他报告，不许让丁默邨知道；他又通知"76号"的日本宪兵队队长涩谷，要他给予协助；最后，他命令第一行动大队队长林之江，张网以待。

郑苹如到了，她坐着渡边的车，直接开进了"76号"大门，涩谷在二门迎接他们。当郑苹如和渡边进来后，李士群在渡边耳边轻轻讲了几句，只见渡边立即跟他走了，并且回过头，用一种疑惑的目光与郑苹如分别。这时，林之江出现在她的面前，嬉皮笑脸地说："请吧，郑小姐。"

郑苹如被送到忆定盘路37号的"第一行动大队"驻地关押。事后，丁默邨才接到茅子明的报告，因为此事涉及丁默邨本人，自己出面反而会引火烧身，于是只好装聋作哑，不闻不问，任凭李士群摆布。

李士群对如何处置郑苹如，却煞费苦心。自己或手下人出面，碍着丁默邨的颜面有诸多不便，想来想去，向老婆叶吉卿问计。叶吉卿说："交给吴四宝的老婆佘爱珍出头，我陪审，对了，再叫上周佛海的老婆杨淑慧，加上丁默邨家的'大醋缸'，一起去审这个小婊子。由风流案再扯出间谍案，要让丁默邨疤癞眼照镜子——自找难看。一定还能抓住她后面的人。"

李士群一听，拍手叫好。因为佘爱珍是一只"母大虫"，专门负责审讯搜查被"76号"抓捕的女犯，而且手段特别毒辣，动不动便将犯人打得皮开肉绽。于是由叶吉卿为首的几个婆娘和一个女翻译沈耕梅，共同负责去审郑苹如。

郑苹如在被捕之后，经过反复思考，为保全嵇希宗、刘彬的安全和组织不受破坏，决定自毁名誉，将刺杀丁默邨之事，完全说成是男女感情问题。

叶吉卿却直指主题："郑苹如你不要避重就轻，你多次来'76号'找丁默邨，真正的目的到底是什么？"

郑苹如却说："因为丁默邨对不起我。他这个没有良心的，所以我请人来要他的命！"

"你的同伙叫什么？现在躲在什么地方？"

"名字我不能告诉你，他为了我去和仇人拼命，我不能再出卖他。他知道自己闯了祸，已经逃到香港去了。"

叶吉卿说："郑苹如，你不要被重庆特工所利用，代人受过实在没有道理，等子弹打到头上后悔就来不及了。这个地方你要看清楚，拎清楚，好好走进来，未必能好好走出去的。我劝你还是老实交代吧！"

郑苹如说："什么重庆特工？我不认得，我所爱的人，要去爱别人我就要杀了他！我要让丁默邨晓得，天底下的女人不都是好欺负的！"

不管"76号"如何审问，郑苹如始终在"桃色案件"中与特务周旋。所谓"郑苹如间谍案"，审来审去，给人的感觉的确是一次情杀行为，搞得汪伪集团人人皆知，连汪精卫的老婆陈璧君见了丁默邨也讥讽道："老丁，当年你办的那个拆烂污的社会新闻，造谣汪先生的桃色新闻，害得我们在家里闹了好长时间，没想到你才是'牡丹花下死，做鬼也风流'！"

丁默邨的老婆赵慧敏对郑苹如恨之入骨，担心夜长梦多，非要置郑苹如于死地。她联合佘爱珍、杨淑慧等人向陈璧君提出要立即枪毙郑苹如，以绝后患。

陈璧君说:"一个郑苹如就能打倒我们这么多干部,这种人比妲己、褒姒还厉害,留着早晚是祸害!"汪精卫一听有理,下令周佛海严惩郑苹如。周佛海只得同意,为了不刺激丁默邨,1940年2月,汪精卫秘密给李士群下达了处死郑苹如的命令。

要杀死这么美丽的姑娘,对任何一个刽子手都是很不舍的。就连"76号"的后台老板、日本特务头子晴气庆胤,也流露出恻隐之心。他在回忆文章中写道:"妖艳的重庆'白蛇'、蓝衣社女间谍郑苹如最终也未能逃离被送上祭坛的悲惨命运。她为了躲避'76号'的追踪,曾在虹口隐居下来。虹口是日本军的驻地,是'76号'力所不及的死角。郑苹如后来又巧妙地钻进了日本军内部。南京的中国派遣军总司令部二课的一位参谋和上海第十三军司令部一位年轻的大尉参谋,都为她的妖艳着了魔。她出卖的重庆情报和蓝衣社情报以及正活跃于上海内外的游击队动向等,正是当地日军求之不得的。两位单纯的参谋不问情由地轻信了她,做梦也没想到她以这些来历不明的情报为诱饵,换取了日军宝贵的最高机密情报。"

"我不知为什么,很想救她,哪怕是免她一死也好。我也知道她罪孽深重,可总想救她一下。我之所以产生这种心情,也许因为她是日华的混血儿吧,在她身上流着日本人的血。她虽死有余辜,但为了她那日本籍的母亲,我也想请求饶她一命。我与李士群商量,设法寻求一条可免她一死的活路。但是,李士群哭丧着脸说:'其实,我也想尽了各种办法,但都行不通。丁默邨怎么说也不答应,何况汪精卫先生也下达了关于执行死刑的命令。我已是无能为力了,要是你能给汪先生打个招呼,或许有用。'我虽然可怜她,但一想到汪政府会发生动摇,也只得无能为力了。"

郑苹如直到被执行枪毙的前夕,还蒙在鼓里。她还给其弟郑南阳写信说:她在"76号"很好,请父母、兄弟等不必挂念。她在银行的领款图章请其弟妥为保存，并将其衣服托人带来。

为防止郑苹如逃跑，李士群等人早作了防范。他知道郑苹如的魅力实在太强大了，谁也经不起她的诱惑，于是特意加派夏仲明跟车去监刑。刑场终于到了，郑苹如死死地抓住车门不放，在夏仲明的一再催促下，林之江才转过脸去，挥了挥手，让人把郑苹如拖了出去。

郑苹如自知难免一死，只是要求最后打扮一下，她掏出化妆盒，在哭得一道道泪花的脸上，细细地扑上粉，重新化了妆。和畅的春风吹拂在郑苹如美丽的脸上，在太阳的映衬下，好像一朵鲜艳的桃花，这朵绽放的花就要枯萎了。顷刻之间，她那张漂亮的脸蛋变得十分可怕，她痛骂汪精卫，痛骂丁默邨，痛骂日本侵略者！临死前，她对刽子手说："请不要打我的脸！"

林之江亲自瞄准射击，对着她打了两枪，郑苹如倒在血泊里，香消玉殒。林之江走上前，扒下她的大衣，并从她脖子上扯下了鸡心项链，打开后，里面是一张郑苹如笑盈盈的小照片。

这个不被"军统"承认的"温柔杀手"就这样被杀害了，郑苹如的父亲郑钺在女儿死后不久，因悲伤过度而病死。

1946年，国民政府在审判汪伪汉奸时，郑苹如的母亲郑华君、弟弟郑南阳向首都高等法院控告大汉奸丁默邨残害郑苹如之罪恶，此时竟没有一个军统人员出来证明郑苹如是为组织工作的。幸亏有沈醉出面过问，军统人事处才把郑苹如的名字补到烈士名单中去。

6. 出来混，终要还

大汉奸们进入宁海路25号看守所，情况大变，登记、搜身之后，看守以命令口吻，要求每人都写一份"自白书"，还说"初审"时必须交出。好在于重庆写"工作节略"时已经有所准备，所以，做惯杀人捕拿勾当的丁默邨，很快舞动手中之笔，几天内便写出了上万字的"自白书"，条理还颇为清晰。

丁默邨写的"自白书"一共分为五部分。第一部分说的是，自己"参加伪方经过"，纯粹是上当受骗，加上李士群逼迫所致。第二部分说的是，"向中央输诚经过"，表白伪府成立，自己被迫参加还被人监视，所以最初不能向中央输诚，是因"途间受阻"，后来不仅与中央联络，还接受了命令，暂居伪方，协力抗战，为民谋福，并列出了详细的与中央联系的时间表和各色人物。第三部分说的是，"在南京时期为中央之工作"，包括"抗日"反共、营救人员、维护国权民利等，条目竟达23项之多。第四部分说的是，"在浙江时期为中央工作"，"闻中央即将大举反攻，邨乃决心设法赴浙，期对中央作更大之报效"，时间虽然不长，但是做了17项工作，抗战胜利后为维护秩序、配合接收，也做了不少事情。第五部分是"赘语"。说自己被迫身陷泥淖，虽说系日本人的威逼，也属大错特错，不过觉悟很早，"监视稍弛，邨即竭力自效，藉赎罪愆"。而且"奉命在敌后工作所受艰险惊恐，亦不下于中央所派地下人员也"，亲友也被拘捕过，活动经费还要"自筹"，言下之意比"拿钱干活"的地下工作人员要劳苦功高得多。另外，在敌后数年，对领袖对中央无"片言只字"的批评、诋毁，为此还让日汪双方不满；在汪伪"76号"时，经常劝吴四宝等不要作恶，但"一切权力均由李士群掌握"，所以自己不曾造孽，相反"因邨迁出'76号'后，其罪恶反益加甚也"。总之，丁默邨的"自白书"，确实写成了协力抗战的"工作节略"，把自己说成个被骗"下水"，却能及时猛醒，并身陷敌营，进行多年孤身奋斗的"英雄"。

交过"自白书"，丁默邨几次被提去"初审"，说的还是自白书上的那些话。军统局似乎要置丁默邨于死地，派人专门翻腾档案，整理出一份"本局民国二十八年春至二十九年三月止在京沪一带被伪特工总部杀害同志姓名册"，将"被丁默邨杀害人员名单"送至首都高等法院检察处，算作丁犯罪证据。说丁默邨当年因无职务安排，竟勾结敌人背叛党国，实行以特工制特工之毒计，捕杀军统人员无计其数，其中有姓名、年龄、籍贯、被害经过及地点确切的就列出12个。其目的再也明显不过：军统局要丁默邨杀人偿命。想必是毛人凤觉得丁默邨了解军统及捕奸内幕太多，不杀不足以灭口。只是丁默邨官至"特任"官，影响太大，何况还有陈立夫在后面，不然早就被军统杀了，哪还会等到送交法院。

军统毛森在《抗战敌后工作追忆·奉令担任肃奸工作》一节中，将汉奸分为四类：

第一类：在战前因派系斗争失败，或在宦海中被排挤，不甘冷落，乃不择手段，希求东山再起，竟想利用日本的力量，建立政权。

第二类：过去在军政界或地方上有名望的过气人物，已老朽无作为，有的被部属亲友拥抬出来，有的因门前冷落，晚景无聊，不甘寂寞，仍贪图虚荣，被诱出任傀儡，甘受利用。

第三类：有因种种关系与日本人特别接近，所谓亲日分子；有的与日人合作或商务来往；有的依靠日本人声势，从中牟利；有的被日捕俘，为情势所逼，虚与委蛇，身虽听命日人，心仍不忘国家民族。

第四类：为了一点小利，丧心病狂，卖力献功，戕害爱国志士，鱼肉人民。

中统出身后来又跟丁默邨成为汪伪特工的蒯建午，在上海落网送入看守所，没几天军统局认定其该杀，就立即被拖出去毙了，也未经过什么法院庭审。再如军统出身的伪政治保卫局局长万里浪，身高仅五尺，看上去瘦弱不堪，却心狠手辣，无恶不作，在上海滩干尽了坏事，等到日本人投降，"军统局"毛森来沪捕奸，他就上前负荆请罪，求免一死。毛森当时没有出手拘捕他，只嘱他好好在家，闭门思过，随时电话联络，听命协助办事，将功赎罪。万里浪当然唯命是从。当开始肃奸时，就由他提供了不少消息，几十位汉奸"同志"被送到军统局看守所。毛森都据实报告戴笠。后来要逮捕万里浪时，戴笠怕毛森心慈手软，特派军统局警卫团团长王兆槐抓捕万里浪。

抗战胜利后上海第一批执行枪决的汉奸一共18名，万里浪、严伟都在其中。当天下午三时，命令到达上海斜桥方滨路南市看守所，由所长徐钟奇亲押各犯赴江湾刑场，执行枪决。原因正是军统局怕他泄露捕奸内幕，加上汪伪时他积怨太多，军统局要杀之泄愤。

倒是陈立夫念在昔日部下的分上，兑现日本投降前的诺言，想救丁默邨一命，开具了丁默邨"为渝工作"的证明；中统在沪的吴开先、蒋伯诚也出具了"营救"他的信函。但是，更多的是被害人家属向法院提供证词，向报纸揭发丁的罪行，以制造惩办丁默邨的舆论压力。浙江省参议会还向中央提案"速将丁默邨正法以慰民望而彰国法"，说丁"媚待敌寇、残害同胞、颠覆国家，杀有余辜，此固不必再待检举和侦察，尽可依据条例，迅速法办以平民愤"云云。

就这样，11月上旬丁默邨于狱中见到了"起诉书"。丁默邨赶紧让人请来薛诵齐、王龙做自己的辩护律师，首都高院刑事一庭又给他指定了一个"公设辩护人"章粹吾。

11月19日上午9点，"民国三十五年度特字第三九四号汉奸案"开始公审丁默邨。审判长金世鼎、两名推事及陈绳祖检察官上堂坐定，法警押丁默邨出庭。

整个审判过程，丁默邨话语极少，回答问题往往不到十个字，反不如法官提问的字数多，倒不是他言简意赅，而只是答："记不得了，不曾注意，没有。"即便是对被告有点益处的问话，也只答"是的，大概这样"之类。看来丁默邨怕的是言多有失。

第一次公审一直折腾到傍晚，也没审出个名堂。审判长木槌一敲："本日天色已晚，改日再审。"

接着，检察官和丁默邨及其家属、律师，两方面都在忙于收集对本方有利之证据。军统局的毛人凤也急，忙与老婆向影心商量，怎么才能置丁默邨于死地，而且越快越好。毛氏夫妇最终决定，除了继续提供丁默邨犯的罪证之外，立即想办法搞到丁默邨残害"中统"同志的材料，以便审奸的一派也对丁犯切齿痛恨，便可早日将丁默邨送上断头台。于是，军统人员忙找中统"知情人"了解取证。其中最能置丁于死地的是"中统"郑苹如小姐被害一事，军统找到曾在汪伪"76号"特工总部任职的夏仲明，让夏提供了丁默邨残害郑小姐的证词。及至法院提审夏仲明，夏仲明又推翻证词，说自己是在郑小姐被害之后才加入"76号"的。法官问他，那你为什么以"知情人"身份提供证词？夏回答："军统局派人来，恐受刑讯，所以回他说有其事，实际我不知道的。"这样一来，法院对军统局提供的丁默邨汉奸犯罪的其他"证据"和"材料"也将信将疑起来。只好由院方自己派人多方取证，审判丁默邨的事情也只能一拖再拖。由此可见，在捕奸审奸问题上，仅军统与中统之较劲，内幕已经是黑暗重重了。

直到 1946 年 12 月 12 日，丁默邨汉奸案再次公审，还是原班人马升堂，上午 9 时又将丁默邨送去过堂。不知怎的，丁默邨这次一反常态，话也多了起来，再也不说什么"不知""忘记了"之类的话。而是就几个问题深入而又具体地进行辩解。

首先，他说中统局郑苹如小姐的被害，是日本人所为，而且郑小姐母亲是日本人，又与共党有联系……总之情形非常复杂，中统局出具的材料也很笼统，并没有咬定郑小姐之死是我丁默邨害的。言外之意你们法院为什么盯着我不放？

其次，与中央联络并做过工作，比如破坏汪日关系，为此还被陈璧君臭骂；再如害死李士群，"被告之胞弟即为此而牺牲"。实际上那是汪伪时期，李士群多次要排挤丁默邨，就挑唆苏成德在某次宴会上借酒发疯，用酒瓶砸死了丁默邨的胞弟。事发之后，丁默邨曾发誓要刀劈苏成德，对李士群自然也心怀仇恨。现在丁默邨硬要把这件狗咬狗的事情说成是他主动"协助抗战"，确实十分牵强。

最后，丁默邨还几次"纠正"法庭之"错误"。诸如法庭说被告"不合自首条件"，因为不是在犯罪之前；丁默邨说《自首条例》里没有这种时间上的规定，"所以才向中央自首"，是戴罪图功之表现，怎么能不算"自首"呢？接着，辩护律师薛诵齐向法庭提出了"请求调查丁案证据状"。折腾来折腾去，还是"证据"有问题，审判长再敲木槌："本案候定期再审。"

丁默邨则在狱中疾书"辩诉状"，又是万字长篇，最后针对军统局被害人员名单，被告下功夫整理出了一份"丁默邨在伪组织时期协助抗战事实一览表"。自然是一边整理，一边痛骂军统，尤其是毛人凤。表格做出来，分为编号、事实摘要、证物号码、证人姓名等栏目，文字远比军统提供的被害名单详细得多，而且军统说被告害了 12 个人，丁默邨表格里就列出 24 件"功绩",还加上附记,说是"本表力求简要,详情请再参阅被告答辩书、自白书"等。与此同时,被告的家属及辩护律师,也各处奔走,又弄来一些证据"材料"。丁默邨认为有了这些充足的材料,加上有陈立夫的暗助,案情会有转圜的余地。

果然,在陈立夫的工作下,丁默邨竟然出了看守所的高墙,并且得意忘形去了南京玄武湖游湖赏玩。不料却被"刷脸",《中央日报》记者以"丁默邨逍遥玄武湖"新闻爆料,引起舆论一片大哗。

丁默邨很快就又被绳之以法。

1947 年 2 月 1 日,首都高等法院再次开庭。这次,丁默邨的话又少了。大概他认为自己写的辩诉书及附带的一批材料,已足以说明自己的"无辜"了。因此,一到法庭,丁默邨就把"辩诉书"及一大沓材料全部当堂呈交法庭。

7. 人作孽，不可活

审讯过后，回到监房，丁默邨心中还是有些忐忑，不过又埋头疾书"丁默邨补充答辩书"，共计五千余字。语气大为嚣张，例如说法庭要是能够查出被告在伪府时期"逮捕中央一人，杀害中央一人"，那么被告自会认罪，自责"丧心病狂，甘心作恶"。可是，事实上被告不仅没有杀人捕人，相反"对中央被捕人员竭力营救，这也足以反证被告不曾害过一人"。这份答辩书中还批驳浙江省党部提供的被告"剥削民财，供给敌伪"的材料，"实属毫无根据"。

至于中统郑苹如小姐被害一事，丁默邨的"补充答辩书"中说：法庭提出的材料，只能"证明被告与郑女士被害毫无关涉"。甚至说被告在汪伪"76号"特工总部任职，是被李士群"劫持"，汪伪特工所行罪恶，与被告一概无涉，当然"不能代人负责"，等等。

自大规模审奸以来，各地都不曾碰到过丁默邨这样棘手的案子，不仅公审三次，而且被告刁钻奸猾，气焰日渐嚣张。到头来不仅什么罪名罪行都不承认，还说法庭这个不对，那个需要纠正。

原因在于丁默邨通过几次审讯，看到法庭收集的证据都有"漏洞"，而且丁默邨认为自己所做的许多恶事，大都已死无对证，只要死不承认，估计也无法认证。因此，诡计多端的丁默邨渐渐摸透门道，最终全不认账。同时，他从许多罪证材料中，忖度到"中统"方面似乎对自己有援手相救之意，这从陈立夫提供的证词中便可以看出。这样，丁默邨在法庭上和审判中更是有恃无恐，对于各种罪行，采取一概否认的恶劣态度。

但是，丁默邨错误地估计了审奸局势，认为陈立夫还会救他。但是，陈立夫也无能为力了。此时，法院只有尽快对丁默邨宣判，才能对社会舆论及公众有所交代。

因此，法院方面根据现有材料，对照丁默邨写的"补充答辩书"，法官们搬出大堆条例法规，仔细推敲字句，逐条反驳丁默邨的辩解和理由，写出了长达万言的"特字第三九四号刑事判决书"。2月8日，又将丁默邨送上法庭，宣读判决主文："丁默邨共同通谋敌国、图谋反抗本国，处死刑。"被告声称不服，并立即向最高法院提出"申请复判"。

奇怪的是最高法院又经过反复"查证"，然后认为"申请意旨所列各点理由均属无足采取"。但是，最高法院发出的"特复字第一○一八号刑事判决"之主文，却令人费解："原判决撤销。丁默邨通谋敌国、图谋反抗本国处死刑。"

最高法院的"复判书"也将近万言，这在各地审奸判决中也是少见的，与首都高等法院的原判决全文相比较，两份判决书的差别在于，最高法院的复判书中之主文部分，比首都高院的判决主文少了两个字："共同"。这两个字的删减，不仅表面上使丁默邨罪加一等，而且其真实含义在于：丁默邨的汉奸罪不是跟随某人（即周佛海）后面的"共同"通谋敌国，理应由丁默邨自己承担罪名。少了判决主文中的"共同"二字，奥妙无穷，至少是让与丁默邨"共同"犯罪的人，脱了干系。不然有人质问丁默邨究竟与谁"共同通谋敌国"呢？说浅了，是国民党最高当局决计免死的周佛海。往深处探，难保就不牵扯中统头目陈立夫等人，甚至最高当局也不免受到关联。可见，最高法院删去原判决主文中的"共同"二字，实在是大有讲究。

此外，最高法院的复判理由中还说，原判决"竟认杀人罪吸收于汉奸行为之内，不予论列杀人罪名，见解不无误会，应由本院将原判撤销，自为判决"。于是，丁默邨不仅有汉奸罪，再加上杀人罪，成了两罪并罚，被告再多一条命也保不住了。可见，"官司"越是往高层打，丁默邨的命越难保。

最高法院的复判，大出被告意料。

从此以后，丁默邨少言寡语，神情日趋沮丧、焦虑，"悬悬于朝夕的被拖出执行"，一听到动静，就以为是法警来拖自己去枪毙，惶惶不可终日。

1947年5月，汪伪政权中的人大部分已经被草草判决了，让政府完成了一件大事。人犯陆续移至老虎桥监狱执行，宁海路21号的看守所也告结束。

老虎桥是一所正式的监狱，在沦陷时期是日本宪兵队的牢房，规模宏大，共有五所监房，称为温、良、恭、俭、让，像扇形那样整齐排列着。每一所有十余间囚室，各半对峙着，中间是一条长廊，以便狱卒的监视。室门是木质的，倒不像上海提篮桥监狱是铁窗，门上有一个大洞，牢饭从那里送进来，狱卒的眼光由那里窥察。每一排最里面的一间是黑房，没有透入光线的窗户，室中更暗无天日，那是禁闭滋事的人犯之处。监房前面是狱方的办公室，再里面有一处是犯人接见家属的铁笼，在监房的最后是盥洗的地方。东面有一处操场，作为散步之用。靠北有一处礼堂兼饭厅，南边的一所监房是单人室。普通监房每一室关三人至六人，当然没有床榻的设备。刑场就在狱内东边广场，执行时狱中人还可以听到清晰的枪声。

尽管丁默邨"有利于抗战"的证据不少，并上诉到最高法院，但他自知所做的坏事太多，心里一阵阵发毛。让其家人带一相面者入狱，以卜凶吉。那个算命的瞎子掐指算了半天，却不吭声。

丁默邨沉不住气了，连声问："我能否躲过此劫，我可否逃过此劫？"

算命瞎子说："天作孽犹可活，人作孽不可活，你属于哪种？"

丁默邨说："我虽参加过伪方，原来亦是陈立夫先生手下中统局的处长。秘密赴沪被捕，纯属身不由己。我身在曹营心在汉，被迫为汪伪社会部部长、交通部部长和浙江省省长。我也曾协助中央同志，也反对共党，与中统、军统暗中联系，没有功劳，亦算有苦劳。你说，这是天作孽，还是自作孽？"

算命瞎子叹了口气："两者兼有之，听天由命。"

丁默邨："如果躲不过，还有多少时间？"

算命瞎子掐着手指："你属兔，卯为木，阴历五月是为午，午为火，木遇大火是你的死地，尤其是五月端午节后数日需格外小心，只要过了小暑就无事，否则，毋庸我多言。"

丁默邨将此话牢牢记在心中，数着指头算日子。

阴历五月端午节到了，丁默邨精神状态极坏，自知死期已近，成天唉声叹气，吃不下睡不着。

周佛海劝道："默邨，何必如此相信相者胡言，此辈皆民间骗食蒙财之流。"

丁默邨惨言："相面者说得不错，自作孽不可活，我手上有人命。现在郑苹如之母已向法院告我，要替其女报仇。军统局也造送材料至法院，说他们在沪被杀的特工人员许克等十二人都与我有关，你想，我还能活吗？"

周佛海无言以对。

丁默邨说："算命的说我五月极坏，而五月节最后之数日尤其坏，只要能过小暑……"

周佛海说："下星期一即7月8日，是阴历五月二十，交小暑，现在起只剩三天，而三天中阳历6日为星期日，7日为星期一，所以只剩一天就过去了。

丁默邨说："难说啊，但愿如此。"

周佛海笑了，说没那么准。

第二天就是7月5日，星期六，南京的气温很高，闷热得令人透不过气来。在老虎桥监狱中的犯人们大汗淋漓，环境恶劣，更被炎炎夏日煎熬得疲惫不堪，昏昏入睡。除了高墙外远处的树荫中不时传来一阵阵的"知了"声，又是一个宁静的中午。

丁默邨心惊肉跳，不敢午睡。当狱卒打开牢门，丁默邨知道大限已到，立即面色惨白得了无一丝血色，两腿也瘫软得已不能行走。由两名法警左右夹持着他的双臂，挟着他提出狱门，走到二门时已经神志模糊。

检察官已在刑场等候，一脸严肃地宣布："丁默邨，经最高法院检察署转奉司法行政部令，今天将执行你的死刑。你今天有何遗言给你家属和朋友？"

丁默邨知觉尽失，既无遗言，也无遗书。

检察官命令法警："将该犯丁默邨执行枪决。"

"啪"的一声枪响，子弹由丁默邨的脑后进去，从左眉边穿出，20分钟完成整个过程。

"轰隆隆"一声闷雷传来，惊醒了昏睡的犯人，一个个皆抚着胸口惊悸不已。

伪上海市警察局副局长卢英爬起来走向牢门，隔着小窗向外望，转过头来，惊讶紧张地用手招呼马骥良："快，快来看！"

"什么事？神秘兮兮的？"马骥良不解地问。

卢英压低了声音说："快看，那边牢头在搬谁的行李，一定有人被执行了。"

马骥良一个激灵，迅速跳起，挤到牢门的小窗口向外看，带着哭腔说："是丁默邨的行李，我认识，他肯定完了。"

牢房内，周佛海说："我没见默邨出外，也没有听见枪声。"

一犯人说："噢，你睡着了，半小时前我看见丁先生出去了，说有人要接见。"

周佛海也挤到门边，隔着门缝往外看，狱卒正清点丁默邨的行李衣物。周佛海一下子瘫软下来，因为丁默邨果然离小暑还差两天被执行的。他哀叹："岂生死有定耶……"

汪伪政权中被执行枪决的，大多从容镇静，陈公博、褚民谊、梁鸿志都有"视死如归"的模样。尤其是伪广东省省长陈春圃，他完全是一个文弱书生，当他初审被判处死刑后回狱室说："诸位放心，我将来被枪毙时，不会让诸位感到丢脸的。"而上海"黄道会"汉奸常玉清和南京伪特工领袖丁默邨则是另一种典型。平时以杀人为乐、杀人如麻的汉奸，一旦轮到被杀时，反而惊惶失措，丑态百出。这似乎成为规律。

第七讲　审判大汉奸林柏生、胡兰成

1. 林柏生香港遇袭

事情开头要从香港说起。

抗战爆发以后,香港并没有遭到中日战火的波及,歌舞升平,温暖如春。1939年1月17日下午4点左右,一位相貌斯文的中年人穿着名牌西装,戴着一副金丝边眼镜,匆匆从大街上走过。

当这个人经过历山大厦门前时,突然有两个大汉用铁棒从后面向其头部猛击,这个人顿时血流如注,倒在地上,奄奄一息。而两名大汉仍不罢手,继续用铁棒向其额头、面部痛打。就在这时,有两名外国水手从这里经过,大声呵斥,当场将一名凶手擒获,另一名趁机逃逸。赶来的皇家警察将伤者送往玛丽医院。

这个被打倒在地的人就是林柏生。当时的身份是国民党中央党部特派员、国际问题研究所主任、香港《南华日报》社长。究竟是什么人要置他于死地呢?事情要从一个月前说起。

1938年12月18日,国民党副总裁汪精卫由重庆飞往昆明,次日再转飞河内。12月22日,日本首相近卫文麿发表了《调整中日关系之原则》的宣言,内容如下:

日本政府，本年（昭和13年）曾一再声明，决定始终一贯地以武力扫荡抗日的国民政府。同时，和中国同感忧虑、具有卓识的人士合作，为建设东亚新秩序而迈进。现已感到中国各地，复兴的气势澎湃而起，建设的趋势，日盛一日。当此之时，政府向国内外阐明同新生的中国调整关系的总方针，以求彻底了解帝国的真意。日满华三国应以建设东亚新秩序为共同目标而联合起来，共谋实现相互善邻友好、共同防共和经济合作。为此，中国方面首先必须清除以往的偏狭观念，放弃抗日的愚蠢举动和对伪满洲国的成见。换言之，日本直率地希望中国进而同伪满洲国建立完全正常的外交关系。

其次，因为在东亚之天地，不容有"共产国际"的势力存在。日本认为，根据日德意防共协定的精神，签订日华防共协定一事，实为调整日华邦交之急务。鉴于中国现实情况，为充分保证达到防共的目的起见，要求中国承认在防共协定继续有效期间，在特定地点驻扎日军进行防共，并以内蒙地方为特殊防共地区。

在日华经济关系上，日本既不想在中国实行任何经济上的垄断，对理解东亚新形势，并相应采取善意行动的第三国的利益，也不要求中国加以限制，始终只求日华的提携和合作发生实效。即要求在日华平等的原则上，中国承认帝国臣民在中国内地有居住营业的自由，促进日华两国国民的经济利益，并且鉴于日华之间历史上、经济上的关系，特别在华北和内蒙地区在资源的开发利用上积极地向日本提供便利。

以上是日本对中国所要求的一个大纲。如能彻底了解日本出动大军的真意，就能理解日本在中国所寻求的，既不是区区领土，也不是赔偿军费，其理自明。实际上，日本只要求中国做出必要的最低限度的保证，为履行建设新秩序而分担部分责任。日本不仅尊重中国的主权，而且对中国为完成独立所必要的治外法权的撤销和租界的归还，也愿进一步予以积极的考虑。

2. 汪精卫的"马仔"

远在河内的汪精卫随即呼应，赞成日本的主张，于 12 月 29 日发表致蒋介石和国民党执监委的一封信，用电报形式发表，由此，称为"艳电"，因 29 日的韵目代日为"艳"而来。汪精卫的"艳电"主要响应日本首相近卫的《第三次对华声明》，主张中止抗战，对日求和，经济提携，共同防共。汪精卫将"艳电"稿交给陈公博、周佛海、陶希圣带到香港，由顾孟余审阅后，再交林柏生在《南华日报》上发表。

顾孟余属于汪派核心骨干分子，曾经担任伪铁道部部长，1938 年 3 月下旬召开的国民党临时代表大会上被任命为伪中宣部部长，但没有到任，长期滞留在港，因此，部长一职由副部长周佛海暂代。

陈公博、周佛海等人携电稿去见顾孟余。顾孟余看后认为：这是既害国家又毁灭自己的蠢事，此电绝不能发！陈公博表示发不发无所谓。而周佛海则主张立即见报，说不能因为一个部长的反对就不发，部长有什么了不起，我也当过部长。

就这样，汪精卫臭名昭著的"艳电"，终于通过林柏生拍板，在 12 月 31 日的《南华日报》上发表。

由于顾孟余的反对，电稿推迟发表一天。这时，林柏生等不及了，力排众议，说："汪先生此电是指定交给我发的，你们如果不同意，我也要负责发出，你们无权反对。"

"艳电"全文如下：

重庆中央党部，蒋总裁暨中央执监委员诸同志均鉴：

今年4月，临时全国代表大会宣言，说明此次抗战之原因，曰："自塘沽协定以来，吾人所以忍辱负重与日本政府周旋，无非欲停止军事行动，采用和平方法，先谋北方各省之保全，再进而谋东北四省问题之合理解决，在政治上以保持主权及行政之完整为最低限度。在经济上以互惠平等为合作原则。"自去岁7月卢沟桥事变突发，中国认为此种希望不能实现，始迫而出于抗战。顷读倭国政府本月22日关于调整中日邦交根本方针的阐明：

第一点为善邻友好。并郑重声明日本政府对于中国无领土之要求，无赔偿军费之要求，日本政府不但尊重中国之主权，且将仿明治维新前例，以允许内地营业之自由为条件，交还租界，废除治外法权，俾中国能完成其独立。倭国政府既有此郑重声明，则吾人依于和平方法，不但北方各省可以保全，即抗战以来沦陷各地亦可收复，而主权及行政之独立完整，亦得以保持，如此则吾人遵照宣言谋东北四省问题之合理解决，实为应有之决心与步骤。

第二点为共同防共。前此数年，倭国政府屡曾提议，吾人顾虑以此之故，干涉及吾国之军事及内政。今倭国政府既已阐明，当以日德意防共协定之精神缔结中日防共协定，则此种顾虑，可以消除。防共目的在防止共产国际之扰乱与阴谋，对苏邦交不生影响。中国共产党人既声明愿为三民主义之实现而奋斗，则应即彻底抛弃其组织及宣传，并取消其边区政府及军队之特殊组织，完全遵守中华民国之法律制度。三民主义为中华民国之最高原则，一切违背此最高原则之组织与宣传，吾人必自动的积极的加以制裁，以尽其维护中华民国之责任。

第三点为经济提携。此亦数年以来，倭国政府屡曾提议者，吾人以政治纠纷尚未解决，则经济提携无从说起。今者倭国政府既已郑重阐明尊重中国之主权及行政之独立完整，并阐明非欲在中国实行经济上之独占，亦非欲要求中国限制第三国之利益，惟欲按照中日平等之原则，以谋经济提携之实现，则对此主张应在原则上予以赞同，并应本此原则，以商订各种具体方案。

以上三点，兆铭经熟虑之后，以为国民政府应即以此为根据，与倭国政府交换诚意，以期恢复和平。倭国政府11月3日之声明，已改变1月16日声明之态度，如国民政府根据以上三点，为和平之谈判，则交涉之途径已开。中国抗战之目的，在求国家之生存独立，抗战年余，创巨痛深，倘犹能以合于正义之和平而结束战事，则国家之生存独立可保，即抗战之目的已达。以上三点，为和平之原则，至其条例，不可不悉心商榷，求其适当。其尤要者，倭国军队全部由中国撤去，必须普遍而迅速，所谓在防共协定期间内，在特定地点允许驻兵，至多以内蒙附近之地点为限，此为中国主权及行政之独立完整所关，必须如此，中国始能努力于战后之休养，努力于现代国家之建设。

中日两国壤地相接，善邻友好有其自然与必要，历年以来，所以背道而驰，不可不深求其故，而各自明了其责任。今后中国固应以善邻友好为教育方针，倭国尤应令其国民放弃其侵华侮华之传统思想，而在教育上确立亲华之方针，以奠定两国永久和平之基础，此为吾人对于东亚幸福应有之努力。同时吾人对于太平之安宁秩序及世界之和平保障，亦必须与关系各国一致努力，以维持增进其友谊及共同利益也。

谨引提议，伏祈采纳！

汪兆铭，艳。

汪精卫"艳电"发表后，传到重庆，可以想见，抗战之际，作为国民党副总裁的汪精卫不应该发表这种破坏国策、破坏抗战、媚日求和、助长敌人气焰的不当言论，激起了全国人民及海外侨胞群情激愤，一致声讨。

1939年1月2日，重庆及香港《大公报》上刊登了《中国国民党开除汪兆铭党籍决议文》。很快，军统头子戴笠亲赴香港，设法威胁汪精卫在港的追随者，防止他们继续从事破坏抗战的言行。戴笠亲自打电话要求和林柏生谈谈，威胁林柏生："最近看到你写了很多和平论的东西，和重庆对立，可不可以到我们所属的阵营里来作宣传呢？攻击的文章可不可以停止呢？"

林柏生已下定决心跟随汪精卫走与日和平的道路，认为香港是英国殖民地，言论自由，港英当局对华人带枪限制极严，重庆特工即使有枪，也不敢乱来，即便开枪，动静太大，杀手亦难逃掉。因此，林柏生对戴笠的威胁置之不理。

港英当局对军统的活动也严加防范。1月17日，香港英国皇家警察厅政治部部长通知林柏生下午3点前去谈话。这天中午，陈璧君在九龙汉口道26号私宅请周佛海、梅思平、林柏生等吃饭。饭后，林柏生如约前往警察局。

下午3时整，林柏生与警察厅政治部部长会面。部长说："我们得到线报，重庆特务想暗杀你！你要提高警惕，注意不要出事情。"并说："防范暗杀，不能不讲究一点防御的方法。你要是写封信到警察厅来备案，我们可以允许你携带手枪防身。"

林柏生说自己不会打枪，因此也不需要配枪。

就在回去的途中，林柏生果然出事了，遭到两名大汉的突然袭击。那么，林柏生有没有被打死或打残呢？

幸亏林柏生头上戴着软质薄绒礼帽，被打而形成的伤口不深，但也住了数月的医院才痊愈，头上落了个大疤痕。这也算作是有功的资本和标志。就是这个"光荣"的疤痕，令他在汪精卫的"公馆派"中大出风头，压倒了褚民谊和陈春圃等人，成为汪精卫集团投敌的八个"首义"分子之一。

再说那个被逮到的凶手陈林，被港方判处十五年监禁，但在监牢里被流氓打死了。军统由此摆脱了干系。

说到这里，我们不禁要问，林柏生是什么来历，他跟汪精卫究竟是什么关系呢？为了汪精卫"艳电"的发表竟然死心塌地将个人生死置之度外。

林柏生，号石泉，1902年出生在广东信宜县一个南洋华侨家庭。他早年就读于华侨出资办的岭南中学，1922年秋考入岭南大学。该校是一所开明、进步的学校，曾得到孙中山的大力支持。在校内，林柏生接触和阅读了一些革命书籍，思想十分激进，常在同学之中发表演说，讴歌革命，成为学校里一名激进的学生。

1923年初，孙中山重返广州就任大元帅，羊城的革命空气甚浓，岭南大学深受其影响闹起了学潮，林柏生亦积极参加罢课活动，但为校方所不容，被开除出校。林柏生离开岭南大学后，执教于广州执信中学，任训育主任。1924年第一次国共合作后，汪精卫任国民党中央宣传部部长，次年7月又出任广州国民政府主席，林柏生由执信中学校长曾醒引荐，任汪精卫秘书，时年23岁。曾醒何许人也？她的丈夫是福州方家的方声濂，婚后不久病逝，曾醒因而守寡，并随方家的方君瑛、方声涛、方声洞兄妹赴日留学，后加入同盟会，曾随汪精卫等到北京谋刺摄政王载沣。辛亥革命后随汪精卫、陈璧君一起留学法国，回国后第一个提出小学六年，初、高中各三年的新学制，并一直沿用到现在。在1924年中国国民党第一次全国代表大会上，被任命为妇女部部长。由曾醒推荐，林柏生从此追随汪精卫，成为汪的亲信。

1925年9月，林柏生由汪精卫保荐，偕新婚妻子徐莹赴莫斯科中山大学留学，和著名的共产党人王明、张闻天等是同学；并与陈璧君的侄子陈春圃被指定为与国民党中央的联络人。一年之后，林柏生离苏返穗，担任黄埔军校政治教官，是汪精卫最忠实的追随者之一。

1927年，汪精卫在与蒋介石争权夺利中失败，被迫"引退"并去了法国，林柏生亦随同前往。在旅法期间，林柏生创办《留欧通讯》杂志，这是他办刊物之始，成为汪派喉舌。

1929年冬，林柏生又被汪精卫调到香港创办南华通讯社，次年2月，又创办《南华日报》，自任社长。1929年至1931年间，汪精卫多次联合国民党内各反蒋派系与南京蒋介石集团争夺权力，林柏生不遗余力地为汪精卫的反蒋活动大造舆论，扩大其政治影响。

林柏生

"九一八"事变之后，蒋汪合作，汪精卫出任国民党政府行政院院长，为了控制舆论，汪精卫创办《中华日报》，指定林柏生当社长。由此，林柏生也当上了国民政府的立法委员。

3. 胡兰成成为汪精卫的"文胆"

再说本讲另外一个主人公胡兰成。1937年3月，胡兰成在上海进入林柏生主持的《中华日报》当编辑兼主笔，是林柏生手下的小角色，一月只能领到60元的薪水，和汪精卫没有任何关系。

1937年"八一三"抗战爆发，胡兰成偕妻带子逃进法租界。此时，《中华日报》已停止发薪水，一律改发40元生活费。胡兰成家新添的婴儿患上肺炎，胡兰成可怜兮兮地向林柏生借钱，林柏生抠抠搜搜，两次只借给他15元。但孩子还是死了。到了11月初，淞沪抗战失败。上海沦陷后，林柏生到香港主持《南华日报》，胡兰成也跟到《南华日报》任编辑，月薪60港币。

胡兰成

说到这里，我们需交代一下胡兰成的来路。胡兰成1905年出生于浙江嵊县一个贫寒家庭，少年时代赴杭州，只读了两年中学，便考取了杭州邮电局邮务生。在民国时代，邮电局是金饭碗，邮务生一个月有35块大洋的薪水，属于绝对的白领阶层。没干三个月，才高八斗的胡兰成就因为对上司不买账而被开除。1926年，胡兰成到了北平，在燕京大学副校长室担任抄写文书的工作，利用闲暇时间也在燕大旁听过几门课程。

1927年，胡兰成回到浙江，在杭州等地教了两年书，之后到了广西，在桂林等地任教。当时广西李宗仁、白崇禧正秣马厉兵，与蒋介石的中央军对抗。胡兰成对此极为不满，认为中国之祸起源于军阀混战。一次他喝醉酒，挥拳高喊："打倒白崇禧！"在桂系的地盘骂白崇禧，这是不想混了？果然胡兰成被学校解聘，又去柳州教书了。

1936年6月，广西的李宗仁、白崇禧和粤系的陈济棠，利用抗日运动名义，反抗国民政府，几乎触发了一场内战，史称"两广事变"。胡兰成却荒腔走板，在《柳州日报》上撰文，反对地方军阀与中央对抗，遭到桂系当局的军法审判，坐了33天的牢。还是他写信向白崇禧求救，这才被释放出来，白崇禧很大度，还给了胡兰成500大洋，礼送出境。胡兰成肉体受了罪，却名声大噪。后来，他就到了上海，投到了林柏生门下，在《中华日报》做了编辑。

在汪精卫的授意下，国民党中央任命林柏生为中宣部驻港特派员兼国际问题研究所主任，办了一家"蔚蓝书店"，胡兰成也进入"蔚蓝书店"，负责编辑国际通讯。因此有了接近汪精卫集团的门径。

汪精卫的"艳电"发表之后，遭到抗日阵营的口诛笔伐。而胡兰成却认为是"一朵春云自天而降"，当即《南华日报》刊载，并发表《战难和亦不易》等宣传和平路线的社论，得到汪精卫、陈璧君的赞赏。陈璧君要见胡兰成，而胡兰成没有"应诏"，是他不阿权贵自命清高吗？还真不是。

经过打听，陈璧君才知道胡兰成是林柏生手下《南华日报》的普通编辑，月薪只有60元，一家人生活很不易，而且患上严重的眼疾，无法去见汪夫人。于是陈璧君狠狠训斥了林柏生，说如此人才安能不用？林立马任其为总主笔。

不久，林柏生在香港被击伤，曾仲鸣在河内遇刺身亡，汪精卫派陈春圃去香港见胡兰成，并面交了汪精卫的一封亲笔信。信是这样写的："兹派春圃同志代表兆铭向胡兰成先生致敬。"

陈春圃又问胡兰成的月薪，胡兰成回答：60元。

几天后，陈璧君到香港约见了胡兰成，并将他的月薪由60元提高到360元，另有2000元的机密费。1939年5月6日，汪精卫由越南河内到上海，开展所谓"和平运动"。林柏生也带着胡兰成等从香港到了上海，汪精卫约胡兰成见面。汪精卫说："我把宣传的事托付兰成先生，必要坚持中国的领土主权独立完整。"

胡兰成第一次见到汪精卫这样的大人物，受宠若惊。汪精卫得知胡兰成的家小也到了上海，起身到内室取了2000元给他置买家具。胡兰成感激涕零，表示要死心塌地跟着汪精卫、陈璧君。这样，他就登上了汪精卫的战船，与陈春圃、林柏生三人担任汪精卫的秘书。汪伪的喉舌《中华日报》代理社长为赵叔庸，但宣传方针在社论委员会，社论委员会主席是汪精卫，总主笔是胡兰成。对该报上周佛海、梅思平、樊仲云等人撰写的社论，汪精卫很不满意，于是特意关照胡兰成："以后社论不管是谁写的，请兰成先生一概不要顾忌，便是我写的若有不妥，亦请通知我要改。"

胡兰成抱着"士为知己者死"的信念，异常勤奋，在一年内撰写、修改宣传和颂扬汪精卫"和平运动"的大小文章竟达一百多篇，成为名副其实的"御用文人"。

1940年3月20日，汪精卫在南京召开"中央政治会议"，组织伪中央政治委员会，拼凑伪中央政府班底，林柏生任伪中央执行委员、政治委员会委员，胡兰成也被任为伪中央执行委员，能和林柏生平起平坐了。

林柏生小肚鸡肠，觉得胡兰成曾是自己的下属，是他把胡兰成提拔起来的，胡兰成居然做了跟自己一样的伪中央执行委员，再加上自己文笔的确不如胡兰成，文人相轻，林柏生内心很不平衡。

3月30日，汪伪国民政府"还都"南京，成立伪国民政府。林柏生出任伪行政院的宣传部部长；胡兰成担任伪宣传部政务次长，也就是第一副部长。更为过分的是胡兰成还担任汪精卫的发言人,成为大汉奸汪精卫的"十二钗之一",被视为"公馆派"一员。这让林柏生下决心要拆胡兰成的台。这年夏天,胡兰成辞去《中华日报》总主笔兼职,成为汪伪政府喉舌。11月29日,汪伪政府改组,代主席汪精卫去掉"代"字,成为主席。有恃无恐的胡兰成,忘了自己姓什么了,居然在公开场合不给周佛海面子,双方唇枪舌剑,针锋相对。

4. 目空一切，四面树敌

胡兰成风头太盛，但他毕竟不是"CC派"，也不是汪精卫的广东派，周佛海讨厌他，林柏生也容不得他。于是，林柏生就把他架空了。1940年夏天，汪精卫等伪府成员都在南京办公，上海只留下两个伪次长，即伪中宣部次长胡兰成和伪警政部次长李士群留守。一个要照顾《中华日报》，一个要坐镇"76号"魔窟。

林柏生不让胡兰成到伪宣传部上班，这让胡兰成非常苦恼并心有不甘。

忽然一天，胡兰成来到"76号"闲游，与李士群见面。胡兰成是这样回忆的："那李士群正在想要跳过周佛海的管辖，只苦无路可以直达汪先生，见我到来，好比天上掉下了宝贝。我亦爱他是个人才，且对'76号'印象甚好。"两人一见如故，臭味相投。

胡兰成是个野心极大的人，不甘心屈居人下，也想树立起自己的势力；而李士群这时也还没有得势，被周佛海、丁默邨压制。共同的利益使两人一拍即合。胡兰成表示，愿为李士群与汪精卫之间搭一条线，以帮李士群建立自己的江山；李士群也拍胸脯："只要老兄办妥此事，好处费自不待言。"

当下两人进一步策划了改组特工总部的方案，要夺丁默邨的伪警政部部长的大权。胡兰成自告奋勇去见陈璧君，为李士群说好话。不料却碰了一鼻子灰，陈璧君不屑地说："'76号'？那是个带血腥气的地方！"

胡兰成危言耸听地说："夫人，话是不错，除非我们把特工制度废除掉，如果不能废除，特工总部就应当让国家元首直接掌管，否则像现在一样，我们唯一的特工机关归周佛海，夫人你想一想，财政部部长、中央储备银行总裁、警政部部长、特工委员会主任的位置都在他姓周的一人手里，汪先生的地位岂不很危险吗？而且古往今来，世界各国都无此先例！"

这句话足以让陈璧君感到震撼。她沉吟片刻，终于说："那好吧，你让李士群直接来见我吧。"

李士群喜出望外，忙不迭地来见陈璧君。将他创办特工总部之艰辛，日本人才得以重视，丁默邨的坐享其成，与蒋介石特工斗法的胜利，以及保卫"元首"的重要性，特别是戴笠派人要暗杀汪精卫，多亏"76号"特工的搭救等，自吹自擂了一番，再加上胡兰成一个劲地敲边鼓，让陈璧君听后大受感动，认为李士群的确是个不可多得的人才，而且改变观念，认为特工组织是绝对不能废除的机构，这么多年来和蒋介石的斗争都处于下风，原因就是吃了没有特工的亏。于是她对胡兰成说："你去南京向汪先生详细汇报。"

第二天一早，胡兰成赶往南京，直接前往汪公馆，将李士群推荐给汪精卫。在汪精卫的提名下，李士群如愿以偿，挤走丁默邨，当上伪警政部部长。

李士群如愿以偿，当上了伪警政部部长，与周佛海、丁默邨平起平坐，一字并肩。从那以后，凡是胡兰成到"76号"，李士群就给他一种印象——俯首帖耳，言听计从，而当胡兰成离开时，李士群必定亲自送到二门外，替胡兰成拉开车门，送其上车，等车开了才转身。而且李士群的下属吴四宝等对他也是毕恭毕敬。这一切使胡兰成更加目空一切，认为自己是可以控制李士群的。于是为了让李士群掌握更大的权力，胡兰成建议李士群："如果让日本从局部撤兵到全面撤兵，第一步能不能从江苏省先撤兵？由我们自己来维持秩序如何？你有没有武装可以接防？"

李士群听了就像打了鸡血一样，说："我有特工、警察和保安团，你如果能说动汪先生，我没问题，包在我身上。"

摇鹅毛扇子的胡兰成到了南京，见汪精卫说：建议先利用日军的力量，加上李士群的力量，共同"肃清"新四军等抗日武装，再用李士群的保安团接防日军。这样，我们就能逐步达到使日军撤军的目标。

汪精卫与陈公博、周佛海商谈，周佛海立即提出一个方案，即进行"清乡"运动。由亲信罗君强担任肃清督办，主持其事，目的是可以使自己总揽江苏省大权。

胡兰成游说汪精卫，成立清乡委员会，但是由汪本人担任委员长，陈公博、周佛海任副委员长，李士群为清乡委员会参谋长，胡兰成为秘书长；用汪精卫的名义，指挥在江苏的一切军队以及行政与经济机关。这样一来，周佛海、罗君强一派想借"清乡"总揽江苏省大权的希望破灭了。周佛海和李士群的矛盾急遽尖锐。

李士群是走胡兰成的门路，搭上汪精卫、陈璧君的直通车才能一步登天，开始对胡兰成还抱有感恩之心，言听计从。而胡兰成是个不知自忌的人，自诩为汪精卫身边的军师，就像汉高祖刘邦身边张良一样的人物。他认为自己这样无根无派，靠着自己的头脑，空手套白狼，能走到汪精卫身边实属不易。如果再联手李士群这样的狠角色，就能形成继陈璧君"公馆派"、周佛海"CC派"以外的第三种势力，与其他两派分庭抗礼，三足鼎立，平分秋色，进而影响和控制伪政府。于是胡兰成动辄以强硬的口吻来教训李士群。一来二去，李士群渐渐开始不耐烦了，只是还碍于面子。

一天，李士群去虹口与日军接洽接防之事，行前向胡兰成问计。胡兰成故弄玄虚，说了一大堆注意事项。等到下午，与日军谈判的李士群回来，胡兰成迎上去问道："事情谈得怎么样？"

李士群佯醉大笑道："我不觉得世界上什么人难对付，便是日本人也好对付，世界上最难对付的人只有你——胡兰成。"

胡兰成自然明白自己已经成为李士群忌惮的人，很知趣地辞去清乡委员会秘书长一职。但是，他在伪宣传部次长的位置上也没干多久。林柏生的地域观念非常浓厚，伪宣传部是广东人独霸的天下，自部长到工友，十之七八都是广东人，所以汪伪人士称伪宣传部为"广东会馆"，外省人老老实实地吃点残羹剩饭还可以，眼看就要爬到自己头上，那还了得？像胡兰成这样野心极大的人，钩心斗角，和大家自然搞不到一起。再加上胡兰成帮助李士群夺了周佛海、丁默邨的权，周佛海便以辞职相要挟，林柏生又去敲边鼓，汪精卫下令免去胡兰成的伪宣传部次长之职。胡兰成落了个鸡飞蛋打。

不久，李士群成功坐上"剿共救国特工总部"负责人、伪江苏省主席之座位，知道胡兰成丢了差事，为了报答胡兰成，想办个《国民新闻》报，于是送给胡兰成一处地方做报馆，并送了全套印刷机器。《国民新闻》于1941年2月28日创刊，胡兰成总算有了这个属于自己的阵地，自任社长，又捧上了吃香喝辣的大饭碗。

与此同时，汪精卫也看到了李士群的势力不好控制，并且包含了特工、军事与行政，尾大不掉，需要有其他的力量来制衡，他决定打出胡兰成这张"闲牌"。

突然有一天，汪伪国民政府重新起用胡兰成，委令他为伪法制局局长，成为制衡李士群的工具。伪行政院法制局虽然不能呼风唤雨撒豆成兵，但是伪政府的各级机构所有的"公事"，必须经过伪法制局通过，否则无法执行。很快，胡兰成就让李士群尝到了苦头。

由于胡兰成野心太大，手腕也狠，于是汪精卫便利用胡兰成来牵制飞扬跋扈的李士群。

当时，李士群以"江苏省政府主席"的名义，上了一份呈文，要举办全省土地房屋丈量工作。乍一听，似乎有道理，其实这是李士群找个冠冕堂皇的理由来大刮地皮，鱼肉百姓，使沦陷区人民雪上加霜。

光是统计费一项，伪江苏省政府便可以稳拿六万多两黄金，是一笔可观的收入。到各机构去盖各种公章，除了各项正规费用之外，老百姓还要缴纳各种费用，再加上各种贿赂，最起码伪政府能捞到十万两以上的黄金。这只是明面上的，其实用丈量房地产这个名义，登记全省的房地产所有权，再勾结地痞流氓黑社会，联手贪官污吏制造伪地契，吞没善良百姓的田地房产，这里面的水深了去了。

李士群的呈文到了胡兰成手里，胡看也不看内容，就在上面批下"不准"二字。理由是如今新政府成立不久，要收买民心，实行与民休息的政策，不宜扰民。

李士群不甘心，又给伪行政院上了要求丈量江苏省土地房产的呈文，想让汪精卫同意，下压胡兰成。汪精卫把呈文转给了胡兰成，胡兰成照样不买账，再次打回票。理由是：现在战乱时期，土地、房产经常发生变动，今天清查了，明天成为新四军的，因此，还是战后再实施为宜。

这样一来，胡兰成屡屡挡了李士群的财路。李士群气得发疯，干脆端掉胡兰成的《国民新闻》，换上自己的人马，赶走胡兰成。李、胡公开反目成仇。胡兰成也是狠角色，见缝下蛆，勾结李士群的部下吴四宝，和李士群作对。吴四宝又名吴云甫，原来是上海滩一个黑道人物，1939年，吴四宝带领大批徒众投靠李士群，担任特工总部警卫总队副总队长。上海孤岛时期，吴四宝不仅公开收受沪西"越界筑路地带"各赌窟和贩毒机关送来的保护费，同时仍纵容部众从事抢劫汽车、绑架、敲诈勒索等不法活动，暗杀、迫害抗日分子，是个毫无底线的家伙。后来连李士群也控制不住他，于是借刀杀人，买通日本人抓了吴四宝，李士群又做好人，把他保释出来，吴在临走前吃了日本宪兵队的面条，回去后毒发身亡。

胡兰成和吴四宝遗孀佘爱珍搞到一起，目的就是报复李士群。一个文人，一个女人，靠什么报复李士群？胡兰成是"山人自有妙计"，他有个少年时代的朋友熊俊，是个当兵的，胡兰成曾经给过他20块大洋。熊俊靠着这20块大洋，后来发迹，带了兵，改名熊剑东。抗战时在太湖一带打游击。1939年3月6日，在上海被日本宪兵抓捕，蹲了大狱。他的老婆唐逸君却求郑苹如营救，郑苹如找丁默邨说情，熊剑东被放了出来，投靠周佛海，成为汪伪税警总团副团长。此人与李士群是死对头，胡兰成就去找熊剑东帮忙。熊剑东本来就恨李士群，加上周佛海与李士群有梁子，于是几个人密谋，借日本宪兵队队长冈村之手，在9月，利用一场饭局毒死了李士群。

5. 官场失意，情场得意

然而，胡兰成的伪法制局局长也没能干长。他得罪人的太多，政敌纷纷到汪精卫那里告状。汪精卫也烦他，太平洋战争以后，汪精卫决定对美英"宣战"，胡兰成与汪精卫发生政见分歧，反对"宣战"。于是 1943 年 2 月，汪精卫作出决定，取消了法制局的机构设置，胡兰成的伪法制局局长也就随之被解除了，他在汪伪政府中的官场生涯就此告终。于是与汪精卫政府离心离德。

不久，胡兰成自己惹上一场牢狱之灾。这又是怎么一回事呢？

1943 年 11 月，胡兰成因丢了官发牢骚，写了篇文章，将汪精卫的"和平运动"比作太平天国，最终命运必然是垮台，隐喻日本的败亡和汪伪政府的垮台。文章被日本大使馆一位叫池田的人拿了去，在日本国内发表，引起震动，此后，又在汪伪集团内部引发轩然大波。于是林柏生借机要收拾胡兰成。

12 月 7 日下午 3 点，林柏生请胡兰成去他家。胡兰成如约而至，林柏生却不在，只来了个大汉，将他带到上海路南京特工机关监押了起来。原来是汪精卫亲下的逮捕令。

胡兰成被抓那天晚上，他老婆应英娣等到 9 点见他还未回家，就去了日本大使馆找清水董三、池田求救，通过大使谷正之施压，令汪精卫放人。汪精卫在日本压迫下，只得令林柏生释放胡兰成，并派车送胡兰成回家。池田也备了大使馆的车来接他，胡兰成丝毫不给林柏生面子，毫不迟疑地坐上了日本人的车，从此与汪伪政权分道扬镳。

问题是胡兰成的文章结论是日本败亡、汪伪政权垮台，日本人为什么还要救胡兰成呢？

原来，日本大使馆一等书记官清水董三和池田，需要了解中国各方面的动向，从不同场合听取对日本、对汪伪政权的现状与前景的意见和看法。池田认为应该将胡兰成的文章向上面汇报，于是翻译成日文，传到东京，连首相都阅读了。之后，在华的日本军界也都传看了，反响不小。日方反而对林柏生之流的阿谀奉承的文章不感兴趣，所以出手救了胡兰成。

据说，胡兰成坐牢期间，张爱玲还去上海周佛海公馆见过周佛海，请其营救胡兰成，但周佛海的日记中找不到蛛丝马迹。那么，胡兰成是怎么认识张爱玲的呢？原来这年春天，胡兰成闲在南京无事，一天，有个叫苏青的女作家（即冯何仪）寄给他一本《天地》杂志，里面有一篇张爱玲的文章，胡兰成开始对张爱玲产生了兴趣。

1944年初，胡兰成去了上海，看了《天地》杂志上刊登的张爱玲的文章《封锁》后，找上门去，将电话号码塞进门缝。

第二天，张爱玲便回了电话，上门去找胡兰成，很快，38岁的胡兰成，23岁的张爱玲，两人结合了。胡兰成原先有三个老婆，第一个老婆唐玉凤病死，第二个老婆叫全惠文，后离婚，娶了第三个老婆应英娣，不久就又和张爱玲有了来往。林柏生的人乘机煽风点火，唆使应英娣大闹特闹，醋海生波，满城风雨。胡兰成与第三任老婆离婚，与张爱玲结婚。不到一年，胡兰成与第五任老婆、湖北的一个护士周某结婚。在国民政府通缉汉奸的日子里，胡兰成隐姓埋名四处逃亡，又与一名叫范秀美的女子结为"夫妻"，假戏真做，这是第六任。最后逃亡日本，与旧相好吴四宝的老婆佘爱珍结婚，这是最后一任。

在胡兰成认识张爱玲时，他已是情场得意，官场失意了。

6. 林柏生成为汪伪的殉葬品

反观林柏生在伪宣传部部长任上，风生水起，干了四件大事。

第一，宣传指导"清乡"。林柏生担任"清乡委员会"委员之后，伪宣传部在林柏生主持下举办"清乡"宣传周，为"清乡"大造舆论。伪宣传部特设"清乡委员会宣传委员会"，采用流动剧团、电讯队、妇女服务队、书报流通队、歌咏队等组织形式进行大力宣传。与此同时，林柏生还派"记者视察团"前往苏州等"清乡"地区采访写稿，为日伪"清乡"运动涂脂抹粉。林柏生甚至亲自出马，多次到"清乡"地区"视察"，鼓吹所谓思想上的"清乡"和"新政"。

第二，对英美"宣战"而大造舆论。1942年1月9日，汪伪国民政府发表对英美《宣战布告》，并决定在伪中央政治委员会中设最高国防会议，林柏生任最高国防会议委员。同年11月，林柏生所控制的伪宣传部宣布"确立战时文化宣传体制，动员文化宣传总力"。以广播、报刊、电影、戏剧等为工具，鼓吹在"大东亚战争"时期，要加强"反蒋"和"反英美"宣传，"务使思想上之决战与武力上之决战相互辉映，以共同完成此伟大艰难的战争"，表示"有一分之心血，当为协力大东亚战争而尽其一分之努力，有一分之物力亦当为保卫东亚、建设东亚而用得其当""吾人之笔即吾人之枪杆""虽效死疆场亦所弗辞"。

第三，林柏生积极推行汪精卫发起的"新国民运动"。制定新国民服、青少年服和模范青年服。林柏生自比希特勒手下的"戈培尔"，对法西斯的一招一式不胜向往，青少年服就是模仿德国法西斯的青年挺进队。规定了新国民宴席，以节约反浪费为名，限定每次宴席几个盘几碗菜，然而实际上则无人照办。制定了一套新国民体操，并通令各学校照此操练。

第四，借反鸦片而大卖鸦片。伪宣传部是个清水衙门，看到别人发财，林柏生也不能免俗，于是他挖空心思另寻门路。如他经常打发人，通过各种关系去敲诈专卖鸦片的"宏善济堂"，每次也能弄个十万、八万元。林柏生的胃口渐渐大了，不满足这小打小敲，趁汪精卫赴日治病之机，他串通陈公博，煽动一批青年学生开展"三禁"运动，搞了一次"示威游行"，砸烂了一批烟馆、赌馆和舞场，并声称要在3个月内彻底扫除烟、赌、舞，意在榨取更多的钱财。后来由于日本人出面干涉，"三禁"运动不了了之，而查获的20多万元也不知去向。其后，禁烟总局又重新登记发放鸦片专卖牌照，林柏生干脆也领了"牌照"，请专人干起了买卖鸦片的勾当。

1944年秋，日军在太平洋战争中已成败局，11月汪精卫又病死他乡；陈公博主政后打算让林柏生出任伪安徽省省长，掌握实权。原来，按照禁烟总局的计划，要减低烟土成本，必须在安徽、淮海两省扩大种植面积。但原任伪安徽省省长的罗君强采取不合作态度，这事一直未能进行。刚巧周佛海有意要罗君强到上海，陈公博就顺势将林柏生调去主皖，以利发展皖省种烟，想在"鸦片专卖"上大捞一票。谁知林柏生到任后变本加厉，与上海方面的土商暗自勾结，派省保安队运烟，不意被日本宪兵队查获扣留。林柏生在蚌埠得此消息，只得亲往南京向陈公博认错，要求陈出面解决。陈以伪军委会名义发文，将被扣伪军提解到南京，发给林柏生处置，林柏生竟然偷偷地将他们释放了。

1945年5月的一天，伪安徽省政府秘书处突然接到南京的一份密电，而且指名要林柏生亲译，是何等要事？原来是伪国民政府限令安徽省在半个月内"征集"8万名壮丁运往大连,支援日本。林柏生哪敢怠慢?立即召开各地专员、县长联席会议布置任务,一时间安徽沦陷区的伪军纷纷出动,到处强抓壮丁,弄得鸡犬不宁。熟料,壮丁刚凑得差不多,又突然给遣散了。为什么呢?

1945年8月,日本宣布投降,这时曾经叫嚣要与日本"同甘苦,共存亡"的林柏生,突然一反常态,公开宣传陈公博提出的主张:"党必统一,国必复兴。"他说:"这是公博先生提出的一个新口号和新决策!"他竭力支持陈公博,抱陈公博的大腿。

上述之举,并不是林柏生有所醒悟,而是寻找退路。当然,这只是林柏生为个人前途所计、妄图逃脱汉奸下场的一个美梦。就在日本投降前夕,他为了能顺利出逃,嘱咐伪省秘书长代行省府事,自己匆匆去了南京"开会"。其实,林柏生已与陈公博一起逃往日本,企图逃避惩罚。然而,中国陆军总司令何应钦给了冈村宁次一个备忘录,要求日本方面将陈公博、林柏生一行7人遣返回国。10月3日,林柏生与陈公博等人从日本被引渡回国,羁押在南京老虎桥监狱之中。

1946年5月25日,在南京朝天宫的首都高等法院刑事第一庭,对林柏生汉奸一案进行公审。起诉书所列罪名为:一、发表"艳电";二、诋毁中央,诽谤领袖;三、颂扬日寇,"发表抗战必败论,摇撼人心,沮丧士气";四、对美英宣战;五、勾结日寇,秘密言和,"畏罪逃往日本"。林柏生逐一为己辩驳。

(一)"艳电"系奉汪以国民党副总裁之地位嘱为发表,不能拒绝。(二)其行使伪政权之地域乃系取之于日寇之手,原冀抢救人民,保存元气,待机反攻。(三)随从汪兆铭参加"和平运动",与敌人接洽,因职务所在(担任伪宣传部部长),有发表新闻之义务,仅以随员资格追随汪兆铭,并未直接与外人勾结。(四)没有分裂国家,没有变更国体,没有把整个国家送给敌人，不得谓为通敌谋反。（五）伪政府对英美宣战，但并未出兵，其目的在分散敌人的实力，从日本人手中收回权力。

不仅如此，林柏生还为汪伪政府鸣冤叫屈，说："当时国民政府已迁到后方，我们在宁汉地区设立一个机构，就好像中央政府在前方的一个支点，借以保存国家之元气，减除人民之痛苦，应付国际形势变化，试探和平的可能性……"

公审过后回到看守所，林柏生觉得有些意犹未尽的地方。于是，他又写了一份"补充说明"。

首先，林柏生的这份"补充说明"，从他的汉奸罪名"通谋敌国，图谋反抗本国"入手，说明两点：第一，为国家寻求和平，不是通谋敌国，更何况没有帮敌人进攻国土，没有引寇深入和劫粮劫械、争城争地，怎么能算是"通谋敌国"呢？第二，为国为民"参加"沦陷区的"工作"，不是反抗本国。还列出几桩为国为民之"义举"，说明自己是赤诚为国，热心救民，绝非通敌，更非谋叛。

林柏生还有"附带的话"，说自己的"工作"是为照料沦陷区民众，为保存国家元气、民族文化，尽了诸多努力。国际公法规定，对保护人民和文化的工作，日本人在占领区"也不能不尊重"。国内法对于林柏生，"于情于理，应该怎样呢？"言下之意，被告在沦陷区失却"自由"在日本人手下苦苦支撑，是牺牲一己之自由，为国家和人民争"自由"，难道也错了吗？

首都高等法院于5月31日上午再次开庭。10点半，林柏生被押解到庭，问过年龄、籍贯之后，审判官即起立宣判：林柏生通谋敌国，图谋反抗本国，处死刑。

然而，林柏生心里并不想死。自己说过不上诉，只好暗中授意妻子徐莹，赶紧搜集对自己有利的证据，尽快上诉。徐莹急忙打点家中财物，四出奔走，搜集证据和材料，很快送出了呈最高法院的申请状。8月1日呈送上去。8月16日被最高法院驳回："核准原判决。"

徐莹于8月19日又跑到首都高等法院，递上一份"为林柏生补陈再审理由之申请状"，长达上万字，列举了林柏生协助抗战和有利于沦陷区人民等几大部分和一大串证人及证物，请求再判。

10月7日，首都高等法院特种刑事裁定，对于确定判决申请再审，本院判决如下：

主文：再审之申请驳回……裁定如主文。

10月8日下午，在老虎桥监狱刑场，检察官陈绳祖、典狱长孔祥霖命狱警提林柏生到场。

检察官陈绳祖询问了林柏生的姓名、年龄、籍贯、职业后，说：本案判你死刑，业经判决确定，经奉最高法院检察署转奉司法行政部令准予执行，今天将你提案执行死刑。

林柏生答：好的。

检察官问：你对于你的家属有何遗言，本处代你转知你的家属。

林柏生答：检察官执行国家纲纪，我没有什么不镇定，我想写几个字给家属，请求核准。

检察官当场给他纸笔。

林柏生写诗一首、遗嘱八个字，请求转交家属。

检察官问：你还有什么话说吗？

林柏生答：还有纪念册一本及小条幅三条，请交我的家属。

检察官问：你还有最后遗言吗？

林柏生答：没有了。

检察官命法警将该犯林柏生执行枪决。子弹由脑后进，从额颅正中出，又一枪，子弹由额颜下方进，从脑后左方出，当即毙命。

7. 胡兰成逃脱惩罚

胡兰成于1944年11月离开上海，去了武汉接办《大楚报》，当了社长。由于日本已是日薄西山，气息奄奄，胡兰成的报纸也十分不景气。1945年8月15日，日本投降了。胡兰成感到末日的来临，开始了长达五年的逃亡生活。9月2日，胡兰成化装成为日本伤兵，混上轮船，抵达南京，又逃往上海，之后又潜赴浙江，到达温州，后来改名换姓，在温州和雁荡山做代课教师。中华人民共和国成立后，1950年3月底，胡兰成从上海经广州逃往香港，9月下旬，偷渡到了日本，移居东京，逃脱了被惩奸的下场，和吴四宝的老婆佘爱珍结婚，靠卖文为生。1974年，胡兰成应台湾文化大学（即中国文化大学之前身）之邀，赴台讲学，次年他的漏网汉奸身份暴露，被学校停了课。1981年7月25日病死于东京。

林柏生与胡兰成，在抗战期间，追随汪精卫，就职伪宣传部，狼狈为奸，通谋敌国，反抗本国，公开为汪精卫的投降卖国理论和日本侵略进行美化与宣传，成为汪伪集团的吹鼓手，被汉奸们称为"中国的戈培尔"和"喇叭汉奸"，对破坏和动摇中国的抗战起到推波助澜的作用。抗战胜利后，两人均逃往日本，希望逃过正义的审判。由于林柏生名气比胡兰成大得多，被引渡回国后，受到法庭的公审，却到死都不承认犯下的罪恶，死有余辜。而胡兰成侥幸逃脱了审判，利用刚解放时的混乱，逃往日本东京。后去台湾讲学，由于汉奸身份被解聘，仍不思悔过，每有风吹草动，还想蹚浑水，写文章。但已是"无可奈何花落去"，于1981年客死日本。

第八讲　审判大汉奸缪斌

1. 缪斌进楚园做楚囚

1945年大年三十,一群汉奸们聚在"楚园"聚餐。说起这个楚园,故事多多。现在为建国西路25弄6号,是一处单独的小洋楼,名为"楚园"。在汪伪时期,是伪上海警察局局长卢英的官邸。卢英,字楚僧,其官邸雅称"楚园"。抗战胜利后,卢英的房产被军统没收,成为关押汉奸的"优待室",其中关押的大汉奸有梁鸿志、温宗尧等几十个人。春秋时期,楚国人钟仪被郑国俘虏,又转送晋国,被晋侯看见,问:"那个戴南冠被囚的人是谁?"手下人回答:"是郑人所献的楚囚。"以后就把被俘关押的人称为"楚囚"。如今,把这些大汉奸关押在楚园中,倒也贴切。

关押在这里的汉奸,想起未来的命运,一个个不寒而栗。汪伪立法院院长梁鸿志说:"今天在座者如果还能脱身囹圄,重见天日之时,切勿忘记今宵的患难之情。"说着他自己已先哽咽起来,接着汉奸们个个咧着大嘴号啕起来。

就在这时,一个熟悉的吴侬软语声传来:"勿好咧,大过年的,哭什么?"众人哭声顿止,抬眼望去,原来此人正是汪伪立法院副院长缪斌,只见他穿着笔挺的西装,夹着一只鼓鼓囊囊的皮包,满面春风地由军统局东南特别站站长毛森陪着走进来。按说梁鸿志与缪斌两人的伪职一正一副，一个悲观，一个乐观，做人的差别怎么会这么大呢？这其中到底有什么缘由呢？

1945年9月中旬，全国各地搜捕汉奸以来，缪斌就在上海。在汤恩伯第三方面军抵达上海后，拟定的逮捕汉奸的名单中，缪斌赫然名列其中，可是备注一栏中却写着"暂缓执行"几个字。果然，他被军统保护起来，逍遥法外。没想到美军占领日本之后，搜检战犯档案，发现不少"佐藤事件"的材料，于是麦克阿瑟向中国政府提出"佐藤"是否为中方密使的质问，蒋介石慌忙矢口否认。就在美国大使馆查问缪斌下落时，除夕之夜，缪斌正在上海家中准备享用丰盛的年夜大餐，突然军统负责人毛森上门，以市面不太平为理由，请缪先生去楚园休养一阵子。缪斌随手拿上皮包，塞进一堆"对日工作"的材料，就这样，在大年夜，缪斌神气活现地进了楚园。

说到这里，必须讲一下"佐藤事件"到底是怎么一回事。

1945年3月16日，一架来自上海的军机飞抵日本羽田机场。下来一位神秘的客人，从外貌上看，体胖，光头，留着卫生胡，加上他自称"佐藤"，看上去完全是一个日本人。其实这个人就是缪斌，汪伪政府考试院副院长。奇怪的是他受到的欢迎很不一般，舷梯前迎接他的是日本国务大臣、情报局总裁绪方竹虎。

为什么会这样呢？因为缪斌还肩负着另一种身份，此番他到东京并非由于伪南京国民政府方面的派遣，而是以重庆蒋介石的特别代表身份来日本谈判，于是受到日本首相小矶国昭的高规格接待。那么，缪斌究竟前来谈什么呢？他是代表蒋介石商谈中日停战的。这就是"佐藤事件"。

2.缪斌与蒋介石曾经很铁

为什么蒋介石将头等重要的大事让一个汉奸身份的人去谈呢？缪斌与蒋介石究竟有什么特殊的关系呢？

缪斌，1902年出生于江苏无锡。父亲缪建章是无锡南门希夷道院的道士，是一个有名的"法师"。缪家在无锡南城门口建有住宅平房二间，生有一子二女。缪斌幼年时聪明异常，读书刻苦。缪建章望子成龙，有意栽培，特资送至上海南洋大学机电科攻读。缪斌早年接受了孙中山国民革命的政治主张，关心国家大事，大学毕业后，即只身去广东，入黄埔军校，刚满30岁就担任教授部电讯、政治教官。教授部主任是王柏龄，江苏扬州人，毕业于日本士官学校，后任云南讲武堂教育长。蒋介石邀其到黄埔军校，任命他为教授部主任，缪斌就成为他的属下。王柏龄后为军校参谋长、代理教育长，教导团团长、第一师师长、第一军副军长。缪斌组织孙文学会，大肆发表反共言论，受到蒋介石的青睐，身价也水涨船高，成为第一军党代表。

缪斌一去数年，最初与家中有书信联系，但到1926年国民革命军出师北伐、兵出江西后，便音讯中断，并在报端有第一师在进攻南昌战役中失利，主官王柏龄、缪斌双双阵亡的消息。这又是怎么一回事呢？

1926年9月，北伐军进入江西，与东南联军总司令孙传芳的部队作战。9月19日，程潜第六军攻克南昌，蒋介石的嫡系第一师作为总预备队也进了南昌城。第一军副军长兼第一师师长王柏龄，生性风流，出征以来，三个月不闻女人味。一入城，便隐迹于妓院之中，倚红偎翠，昼夜快活。党代表缪斌也不甘示弱，花天酒地。9月23日，孙传芳命令大军反攻南昌城。第六军程潜面对强敌猛攻，暗暗叫苦；又找不到第一师师长王柏龄的人影，自知孤军守城，凶多吉少，为保存实力，下令弃城突围，换上便服，突出南门，恰似"曹孟德潼关遇马超"，"割须弃袍"狼狈而逃。那么，第一师的师长和党代表都去哪儿了呢？慌乱之中，王柏龄隐藏于妓院之中，躲过一劫。缪斌呢？缪斌躲在南昌近郊一家豆腐店里逃得性命。

这件事在蒋介石1926年10月2日的日记中有记载："途中接报告，知万寿宫与祥符观之间前日以来战斗甚烈，而第一师不守奉新退守维坊不胜愤恨，王柏龄副军长及缪斌党代表皆未回……"

按蒋介石连坐之法，部队主官放弃部队，临阵脱逃，必须军法从事，罪无可赦。王柏龄自知军法难容，化装潜行去了上海。第一师没了主官，于是宣布王柏龄"失踪"，缪斌"阵亡"。

蒋介石遂令第二师师长刘峙代理第一师师长，重新组织人马攻克南昌，还没喘口气，又被孙传芳联军部队反攻出来，联军甚至在通电中宣称："蒋中正受伤致死，业经多方证实。"蒋介石在日记中也写道："因余之疏忽鲁莽，致兹失败，罪莫大焉，当自杀以谢党国，且观后效如何。"可见，对嫡系第一师将领的失望，溢于言表。缪斌也知道罪责难逃，直到11月6日，北伐军第三次收复南昌后，缪斌这才敢露面。那缪斌又是怎样蒙混过关的呢？

他对蒋介石说自己受了伤，被炮弹震晕了，幸亏让老百姓救了，才侥幸活命。蒋介石也没有追究其败军之罪，反调缪斌为第一军党代表（第一军军长为何应钦，因此，缪斌与何应钦关系非同一般）。关于缪斌临阵脱逃、匿居豆腐店的丑事，其母不以为耻，认为这是他家"祖宗利德"，因此能得到"神明保佑，大难不死"，在亲邻之间大言不惭地信口乱说，以抬高儿子，也抬高自己，于是这一丑事乃为人所共知。

1927年，缪斌任国民革命军总司令部军需局中将局长，9月任军事委员会军政厅经理处处长，次年1月任蒋介石总司令部经理处处长。再说王柏龄，则大约半年之后，又在上海重新露面。

3. 改换门庭做汉奸

1928年江苏省政府改组，派钮永建为江苏省政府主席，王柏龄、缪斌这对难兄难弟双双入选：王柏龄任建设厅厅长、缪斌为民政厅厅长；此外，教育厅厅长就是周佛海。

在江苏地盘上，由于缪斌出身低微（父为道士，这在旧社会是被鄙视的），骤然显贵，成为暴发户，所以格外为人瞩目。据说，缪斌之所以得任民政厅厅长，是走了宋美龄的门路。在国民党中央政治会议提名缪斌时，曾遭到吴稚晖的反对。吴说："缪斌品行不佳，年少任性，在总司令部经理处长任内声名狼藉，不宜主持一省的民政大权。"吴是国民党的所谓"元老"，自负清高，以经常发表些反共言论而为蒋介石所倚重，他起而反对，对于缪斌实是一个不小的打击。但缪斌终究有宋美龄为靠山，经过一番暗箱操作，打点上下，缪斌的民政厅长的任命，终于通过。1931年12月，缪斌当选国民党第四届候补中央执行委员。

缪斌任江苏省民政厅厅长历时不过三年，别无政绩可述，社会上流传着他如何凭借职权卖官鬻爵的种种丑闻。并非空穴来风，当然事出有因，对于全省61个县的县长、公安局局长的职位，一般按地区优劣分出档次，按价分等级"出售"，最低价是扬中县公安局局长那顶乌纱帽，最贵的是苏州公安局局长。这一项自然收获不小。

缪斌暴富之后，衣锦还乡，接着就"盛修第宅，卖弄威福"。1929年，在无锡南城门口（今中山路与解放南路交叉口北侧），大兴土木，建起一幢豪华富丽的花园洋房，无锡人称之为"缪公馆"。缪公馆的新屋落成之时，缪斌亦为其母祝寿，张灯结彩，并在南门城楼大放烟火，大宴宾客，高朋满座，笙歌盈耳，车水马龙，乱哄哄地着实热闹了好几天。

缪公馆落成不久，缪斌的发妻不慎在公馆的楼梯上跌了一跤，撒手西归。缪斌为亡妻"大开丧"，趁机敛财。他还常常巧立名目，以做寿、过生日等为借口，在宁、锡两地大肆索贿。两年后，缪斌因贪污行贿、卖官鬻爵东窗事发，被弹劾免职，后去了日本，和日方政要取得联系。

1937年，卢沟桥的枪声揭开了中华民族伟大抗战的序幕，不久，平津沦陷，华北河山迅速变色；"八一三"淞沪抗战爆发，中国军队坚持了三个月，之后撤退。上海、苏州、无锡、首都南京相继沦陷。国民政府迁移重庆，大小官员及一班爱国人士纷纷随军西撤。身为国民党中央执行委员的缪斌却举家迁往北平，参加王克敏、王揖唐等组织的伪中华民国临时政府。

1938年1月，缪斌担任日本人建立的反动政治组织——新民会中央指导部部长。任务是防共反共，收买汉奸，搜集情报，宣扬中日亲善、大东亚共荣圈等，推行日本的治安强化运动。但他有一个南方背景的角色，与临时政府那帮北方老官僚搞不到一起，占据不了一席之地，为什么还要在北方鬼混呢？

其实，缪斌在北平乐不思蜀还有一个主要原因，是迷恋上一个叫新艳秋的坤伶，新艳秋是青衣，学程砚秋。日军占领北平时期程砚秋不唱了，而新艳秋却爆红了。缪斌天天去东安市场吉祥戏院捧戏子，观看新艳秋演出，新艳秋很反感，又不敢得罪他。一天晚上，缪斌又按时来到戏院，坐了一会儿突然接到他母亲从家里打来的电话，于是离开了座位，恰好一位姓关的买办坐到他的位置上，那人也是个光头，于是军统杀手误把关某当成缪斌，一枪毙命。事后，缪斌怀疑与新艳秋有关，于是新老板被日本宪兵抓了，后由金碧辉即川岛芳子保释出来，以后唱戏的包银皆被川岛芳子占了大头。新艳秋不敢得罪这些权势熏天的汉奸，苦不堪言。

4. 偷鸡不成蚀把米

1940年2月21日，汪伪国民政府成立前夕，周佛海日记中出现了"缪斌来访"字样，说明此时缪斌已在南京活动。缪斌原在江苏省政府任民政厅厅长时，周佛海是教育厅厅长，两人也是同僚。此时汪精卫正紧锣密鼓地安排伪政府机构人选，显然，缪斌也想来分一杯羹。但是拿什么作为晋见礼呢？缪斌自诩手里有金刚钻。原来他在任江苏省民政厅厅长时，与保安处处长李明扬、第四保安团团长李长江的关系不错，他说有把握说服李明扬、李长江率部归顺汪精卫。这"二李"又是何许人呢？

李明扬，字师广，同盟会会员，追随孙中山参加辛亥革命。曾在广州任驻粤赣军总司令，参加北伐，为第三军第九师师长，立有战功。1930年调任江苏省保安处处长，他还有个副手李长江，原是江苏保安第四团团长。抗战爆发后，国民党主力撤出苏南，李明扬和李长江率领两万余人在苏北泰州一带活动，被军事委员会委任为苏鲁皖游击总指挥部正副总指挥，但兵权掌握在李长江手里。1940年6月下旬，江南新四军叶飞的挺进纵队，以李长江的郭村为桥头堡，挺进苏北。叶部与李长江发生武装冲突，李长江兵败，后在陈毅的折冲下，双方和解。新四军主力渡过长江，占领泰兴黄桥。9月30日，江苏省主席韩德勤调集数万大军围攻陈毅所部，二李部队暗助新四军，朝天开枪，导致韩德勤大败。韩德勤向蒋介石告状，虎视眈眈要消灭二李部队；日军又准备向泰州进攻，李长江腹背受敌，如坐针毡。

此时，汪精卫正在建立伪军，缪斌的如意算盘是：如果能把李长江两万多人马拉出抗日阵营，不但对汪精卫政权是一大"功劳"，同时还能沉重地打击重庆方面的抗日力量，肯定会抬高自己的地位，并重新掌握军权。以此为砝码，让汪精卫把"苏北清乡总司令"的重要位置给他。

于是，缪斌毛遂自荐，对汪精卫说：李明扬、李长江与江苏省主席韩德勤关系极差，又担心新四军夺其地盘，因此，我有把握说服李长江部两万余人前来归顺。但是，归顺是有条件的。

有什么样的条件呢？缪斌代表李长江向汪精卫开出两个条件：第一，李长江表示愿意归顺汪政府旗下，但必须接受缪斌的直接指挥；第二，李长江提出汪政权必须给予若干弹械接济、若干经费接济。缪斌一面说，汪精卫一面记录。之后汪精卫同意缪斌提出的条件。不料缪斌前脚走后，老奸巨猾的汪精卫立即派军事委员会第一厅厅长臧卓赶赴泰州，亲自与李长江接洽。

臧卓，苏北盐城人。原来是唐生智第八军参谋长，1927年宁汉分裂时，唐生智跟着汪精卫东征讨蒋，导致蒋介石下野。宁汉合流后，唐生智再次反蒋失败。后来唐生智就任南京陆军训练总监，臧卓任中将训练所长。臧卓与汪精卫私交很好。汪精卫成立伪南京政府后，臧卓任伪军事委员会第一厅厅长。汪精卫所给予臧卓的秘密使命就是要查明李长江为何不愿意接受汪精卫的直接领导，反而愿意接受缪斌的指挥。

臧卓乘日军小火轮，在日军护送下经运河驶往泰州，先于缪斌与李长江秘密相见。臧卓即询问李长江为何不愿意接受汪精卫的直接领导，反而要听从缪斌的指使。李长江说绝无此事，愿意听从汪主席调遣。臧卓摸清了底牌，连夜回南京向汪精卫汇报，汪知道缪斌有挟二李自重之心。

再说缪斌却蒙在鼓里，到了泰州城后，在旅馆休息一夜，第二天去见李长江。李也是老江湖，逢场作戏，又涮了缪斌一把。缪斌兴冲冲地返回复命！11月12日周佛海日记出现："缪斌报告接洽李长江部情形。"

随即李长江来到南京见汪精卫，汪精卫拿出与缪斌谈话记录，询问缪斌所提出的枪械、经费的巨额数字，李长江矢口否认其事。结果，李长江变节投敌，做了汪伪第一集团军司令官。而李明扬却拒绝当汉奸，他率领第四纵队、教导大队，在苏北里下河地区坚持抗日，所部被日军包围，李明扬被俘，关押在上海，直到日本投降才获释。

缪斌是接洽李长江投汪的始作俑者，李长江率领手下两万多人马投降汪伪。汪精卫将此功劳记在臧卓头上，臧卓做苏北清乡督办。缪斌是竹篮打水一场空。

这时，伪华北政务委员会王揖唐等人认为缪斌不应该为汪精卫服务，不能脚踩两只船，拒绝让缪斌做华北内务督办，这样华北政务委员会又没有缪斌的位置了。缪斌偷鸡不成蚀把米，机关算尽，只在汪伪政府中捞了一个伪立法院副院长的头衔，后又调任伪考试院副院长，于是长期待在上海。

但不甘寂寞的缪斌，能不能逍遥在外呢？此时，他开始动了与重庆方面联络的念头。1941年6月，缪斌托人赴重庆，与军政部部长何应钦接上头，为自己留一条后路。此后，缪斌通过军统特工陈长风，与重庆军统局戴笠取得联系。1943年夏，军统局局长戴笠发出"缪斌准予运用"的指令。军统在南京、上海的特工，与缪斌接头。缪斌化名"王佐"，又在私宅里设置电台，与重庆方面信息往来，做情报工作。这里简单说一下，王佐是宋金战争的著名卧底，南宋时，金兵南侵，金兀术与岳飞在朱仙镇摆开战场决战。金兀术有一义子，名叫陆文龙，是岳家军的劲敌。陆文龙本是宋朝潞安州节度使陆登的儿子，金兀术攻陷潞安州，陆登夫妻双双殉国。金兀术将还是婴儿的陆文龙和奶娘掳至金营，收为义子。陆文龙对自己的身世完全不知。为了对付金兀术，岳飞的部将王佐将右臂斩断，投奔金营。金兀术遂把他留在营中。王佐接近陆文龙的奶娘，说服奶娘，一同向陆文龙讲述了他的身世。文龙知道了自己的身世后，决心为父母报仇。金兵此时运来一批轰天大炮，准备深夜轰炸岳家军营，幸亏陆文龙用箭书报了信，使岳军免受损失。当晚，陆文龙、王佐、奶娘投奔宋营。王佐断臂，终于使猛将陆文龙回到宋朝。缪斌化名王佐，暗含卧底之意。

1944年日本东条英机内阁辞职。陆军大将小矶国昭成为新首相。缪斌在上海，通过日本朝日新闻社在沪人员田村真作的牵线，与小矶内阁国务大臣绪方竹虎建立了联系，了解到日本内部有一部分反战派，像陆军大臣石原莞尔主张：放弃所谓菲律宾决战的计划，立即和蒋介石谈判，这样可以在手头还有点兵力作为讨价还价资本的条件下，同美国实行停战谈判，可以争取到一个好点的条件。

8月14日，缪斌致电军统局转呈蒋介石，提出一份"策动小矶内阁求和之计划"。同时，缪斌也通过日方的关系，向小矶国昭政府进行联系和试探。

8月22日，日方特使携国务大臣兼情报局总裁绪方竹虎的信函到上海，向缪斌通报说：小矶国昭拟向蒋介石求和，请缪斌赴日本面议。于是缪斌与重庆方面谋划赴东京的有关事宜，企图联系日本政要东久迩宫、石原莞尔等所谓"反战派"分子，并与日本皇室沟通，秘密策动与推进日本当局与重庆政府"停战""议和"的活动。东京的外务省、大东亚省，或在南京的"中国派遣军"总司令部，都有人对缪斌的可靠性表示怀疑。

当时，小矶国昭认为"还不能断定最后一战无获胜的希望"，幻想日军打一次胜仗后，"抓住时机进行和平停战谈判"。于是在1944年10月下旬，日本海军与盟军海军在菲律宾附近的莱特湾进行了空前的大海战。在六天之内，双方共投入舰船总吨位超过两百万吨，其中盟军舰队多达133万吨，日本海军则达73万吨。结果，日本联合舰队巡洋舰以上重型军舰被击沉13艘，日本海军主体至此几乎已被全歼。军事上的失败促使小矶国昭开始考虑用外交方式收拾战争残局。

5. "佐藤事件"

1944年11月10日，汪精卫病死在日本名古屋，树倒猢狲散，整个汪伪集团人心惶惶，而缪斌暗暗得意。11月16日，缪斌突然出现在周佛海的家中，得意扬扬地告诉周佛海："重庆方面希望美军在华登陆前日本从中国撤兵。为什么呢？因为蒋委员长不愿意美军来华。"周佛海说："日本从中国撤兵之事，我极力去游说日本，也许能做到。但是，日本如果第一步完成撤兵后，重庆方面并没有与日本和平的表示，那日本就不可能继续撤兵，所以盼望重庆方面能秘密来一位负责人和日方先行谈判。"

缪斌摇头："大可不必，我就可以代表重庆方面去日本进行谈判。"

周佛海不再说话。为什么呢？他认为两国间这么大的事怎么可以让你这种角色来充当呢？他在日记中说："真妄人也，不再与之谈下去。"

缪斌大言不惭并不是空穴来风，其实是有内幕的。他通过戴笠，汇报给蒋介石，说他可以充当重庆方面和谈代表，去日本东京与其进行谈判。

听说缪斌要做中日间秘密信使，日本驻南京"大使"谷正之、大使馆陆、海军武官和今井武夫等人曾在东京向小矶国昭当面陈述："希望政府不要扑倒在偶然拾得的缪斌路线上，别认为它是独一无二的，无批判地加以推进，而是应该确立根本的方案，开创有正确性的路线，促进和平工作。"外务大臣重光葵也向小矶提出不同意见，要求"他改变意见停止该项工作"。然而，小矶仍执意进行"缪斌工作"。

1945年2月，小矶国昭征求了外相重光葵的意见，并与陆、海两相协商后，决定召缪斌到东京，企图通过缪斌与重庆国民政府取得联系，继而由重庆国民政府和苏联调解，结束战争。

小矶国昭求和心切，派遣自己的密友山县初男大佐到上海会晤缪斌，双方商定了所谓"和平方案"的初步框架。缪斌深知此事绝非儿戏，因此要求负责和他联系的戴笠提供保证。戴笠向蒋介石请示，蒋介石给戴笠下了一个手令，内容是派缪斌代表他同日本内阁接洽此事。

问题是1945年初，太平洋战局急转直下，美军攻势直指日本本土，日本败局已定。蒋介石重庆政府在胜局已定的情况下，为何要避开盟国单独与日本媾和，要让缪斌与日本政府秘密谈和呢？

原因并不复杂，蒋介石也想保存日本残余的力量对付中国共产党与苏联。当时，中国大陆的日本军队及伪军共有300多万，关东军拥有飞机900架、坦克800辆。重庆政府远离华北和东北，而共产党首府延安离两地都很近。谁先控制日本军队占领区，谁就有可能控制整个中国。蒋介石最担心日本崩溃后共产党势力将难以控制，所以试图让日本在保留一定实力的情况下投降。而戴笠指挥的军统组织知道日本求和情急，很想建奇功，也力促缪斌放手去干。

1945年2月初，小矶密令缪斌携带无线电台及随从七人乘军用飞机前往东京。于是，才有1945年3月16日，缪斌赴日本东京的一幕。

缪斌抵达东京当晚，向绪方竹虎出示了蒋介石给他的电文及其他证据，表示："来日之事，蒋委员长也知道。我接受的内部命令是，中日和平交涉的最后限期是三月底以前，而且中日和平从根本上说要以日美和平为前提。"

缪斌声称得到蒋介石同意的《中日全面和平实行案》，其核心是停战、撤军和取消汪伪政权，具体内容如下：一、满洲问题单独协商；二、日本完全从中国撤兵；三、取消南京政府，设置留守政府，重庆政府三个月内迁都南京；四、留守政府由重庆方面的重要人物组织；五、南京政府的要人在东京由日本政府收容；六、日本与英美讲和。

抵达东京的第二天，缪斌前去拜访日本皇室成员、防卫总司令官东久迩宫大将。

事后，东久迩宫回忆这次见面时说，他抱着警惕的心情问："你是小矶首相接到日本的，为何要首先会晤我？"缪斌称："重庆方面认为，日本除了天皇以外，没有人值得信任。由于我不可能见到天皇，便希望将这个问题向阁下提出，并请求您将我的口信转天皇陛下。"

缪斌还强调："美军在占领菲律宾之后将登陆冲绳，到了决定性的时候，苏联将侵入满洲，而重庆方面愿意日本保留天皇制。"东久迩宫认为以前中日双方和平交涉的失败，原因在于日本怎么都想要分离重庆与美国，使和平工作成了日本想当然的阴谋。而缪斌的工作正相反，目的在于取得日美间的和平。因此，有成功的可能。

东久迩宫认为缪斌是可靠的，支持小矶首相与之谈判。但内阁之中反对意见很厉害。陆军、海军大臣和外相都怀疑缪斌是否与重庆真的有联系，特别是指责缪斌资格不明，没有带来蒋介石的委任状，怀疑他是个江湖骗子或掮客，想在战局混乱时以和平为幌子以图自保，谋取私利。

3月21日，日本最高战争指导会议在首相官邸召开，主题便是讨论"缪斌工作"，赞成者也好，反对者也好，都认为主要需要弄清蒋介石的意图，他为什么这样做？吵来吵去，意见始终无法一致。陆相杉山元称缪斌没有委任状，资格不清楚。外相重光葵更是横下心来，公开声称，首相撇开外相的权力，因此，首相如果违背他的意见一意孤行的话，那内阁倒阁也在所不辞。会议就要不要与缪斌展开工作没有得出结论，对于和平外交的内容并未真正涉及，只是围绕着缪斌的资格与为人、蒋介石的真实意图等纠缠不清。会议仅40分钟就不欢而散。

小矶首相无奈之余，接受了绪方竹虎的建议，单独向裕仁天皇上奏，出乎他意料的是天皇也明确表示反对，下令："尽早将缪斌遣返回国！"

小矶见事无可为，只能于 4 月 5 日宣布内阁总辞职。缪斌的这一大单生意黄了，在日本逗留一段时间后回上海，这时他也接到重庆关于中止和平活动的密电。

抗战胜利后，缪斌不仅没有被逮捕，还在 1945 年年关之际，得到了蒋介石的嘉奖令与 8 万元法币的奖金。住在上海绍兴路的缪斌为此聚集家人举行了庆祝晚宴。但他为什么又突然被抓了呢？

原来驻日美军总部从日本战时内阁档案中发现了缪斌在日本"谋和"的档案资料，即"佐藤事件"文件及《缪斌与东久迩宫和平会谈的记录》。此事立即引起各方面的关注。在盟国的对日理事会上，苏联代表指责："重庆政府联络美国，又派遣缪斌到日本，策划对日妥协。"盟军总司令麦克阿瑟电询蒋介石："为什么瞒着美国与日本单独媾和？"蒋介石被问得非常尴尬。麦克阿瑟还准备传缪斌去东京做证人。美国总统杜鲁门，也指责蒋介石违反开罗会议宣言，因为在《开罗宣言》中规定任何一个国家不得与日本单独媾和。为了防止事情败露带来被动局面，蒋介石一面复电麦克阿瑟，称绝无此事；一面下令立即逮捕缪斌，尽快将其处决。

6. 第一个被枪毙

缪斌被捕时，不知道其中缘由，还显得很从容，在被宪兵带走前还安慰家属说："你们放心好了，我是不会死的。"

缪斌自认为不是汉奸，进楚园后对梁鸿志等说：雨农因外面机关庞杂，恐因误会而被别的机关误捉，所以要我到这里暂避一时，随时可以回去的。他又指着腋下的大皮包，这里全是我奉中央之命工作的证据，我是绝对没有问题的。没想到，三天之后，缪斌就被解往南京去了。尽管他被关押在宁海路军统看守所，但把看守所所长办公室专门腾出来作为他的卧室，完全不像犯人，反而像个贵宾。而且每天享用的菜饭都是陆军总司令何应钦专门指定的菜馆为他专门烹制的，和筵席一般丰盛。忽然有一天，缪斌从贵宾一下子成为重犯，又被押解去了苏州。这又是怎么回事呢？

一天，国民党陆军总司令何应钦派汽车将缪斌接去。缪斌本是何应钦的至交，认为事情即将解决。何对缪说："老兄的确为委员长出过力，只是委员长事忙，故他以前给你的手谕和雨农给你的电文，你统统交给我。我亲自和委座说一下，问题就解决了。我们几十年老交情，你总信得过我吧！"缪斌根本未想到何应钦会出卖他，就将公文皮包递上说："委座手谕、雨农兄的所有电文和日本方面的文件，全在里面。敬之兄（何应钦，字敬之），重重拜托了。"但缪斌万万料不到蒋介石在拿到自己的亲笔信和其他文件后，立即下了一道手谕："缪斌按律办理。"所以缪斌就被押解到苏州江苏高等法院看守所去了。

1946年3月17日，在蒋介石与缪斌之间承担中介工作的戴笠因飞机失事坠死，缪斌失去了强有力的保护人。与此同时，军统局又给江苏高等法院去了电文："查逆缪斌，背叛祖国，劣迹昭然。虽曾为本局运用，略有贡献，而发动于日本已节节败退之时，不免投机取巧。仍请依惩治汉奸条例，予以法办。"

4月5日，江苏高等法院公开审讯缪斌，旁听席上人满为患，上海、南京、苏州、无锡各地报社均特派记者到庭采访。是日下午2时，庭讯开始，缪斌在法警押解下步入法庭，表面态度尚见镇静，除口头进行诡辩外，当庭呈交其所著《我与对日工作》一册，有129页之多，内容不外是为其叛国投敌的罪行作狡赖的证据。虽然没有当众承认他曾奉蒋介石之命去东京求和，但他口口声声说：奉何应钦之命在沦陷区进行策反工作，曾托友人送一幅"苏武牧羊图"给何应钦表示心迹。

缪斌还聘请三位律师为其辩护。缪斌以自负的口气说："我做的是策反工作，并不是通谋叛国，图谋推翻中国。我是通谋本国，图谋推翻敌国。"

4月8日，江苏高等法院宣判，判处汉奸、汪伪立法院副院长缪斌死刑。判决书主文：以通谋敌国、图谋反抗本国罪判死刑。虽不无微功，乃属投机取巧……缪斌不服，有一名记者问他是否要上诉，他毫不思索地回答："当然要上诉。"并和他的家属商量如何向最高法院提出有利证词。

缪斌的继室项秀锦，是无锡望族荣家的后人，为缪斌的事想尽办法、托尽门路、花尽钱财，结果仍未奏效。据缪母后来讲，"新娘子"（媳妇项秀锦）托无锡大族钱家少爷最后去求"元老"吴稚晖，吴并未答应。最后项秀锦亲自找到吴稚晖家里。吴说："不是我不肯写这封信，我了解蒋先生的为人，我是怕我这封信弄得不好反而成了催命符。"但项氏执意说："写总归比不写好，这信无论如何要请老先生写的，还要请求老先生您当面去向蒋先生讨个情呢。"

那吴稚晖怎么办呢？既然受人之托，他还真的去见蒋介石了，并得到了宋美龄的亲口承诺："您老先生的面子总是要给的。"岂料结果正如吴稚晖担心的那样，蒋介石电令最高法院尽快结案。

5月21日，最高法院复判书下达，其主文为"上诉驳回"。当日下午缪斌在狮子口监狱接到复判书，死已成定局，但他还梦想死里求生，写信给其妻，嘱其速速要求吴稚晖、何应钦鼎力营救。信未发出，死神已临，下午5时，法警到来，将缪斌由狱中提出，押赴狮子口监内刑场，由检察官告以"本案已经结束，现奉司法行政部核准执行"，问缪斌有无遗言，缪斌强作镇定，说："余为爱国分子，有二子于抗战时赴渝，一子且在广西与敌作战时为国牺牲。奉判死刑，似属过重……"

这又是怎么回事呢？原来缪斌的小儿子叫缪弘，1926年生，抗战期间，因十分鄙视其父的汉奸卖国行为，在爱国人士的帮助下，与其兄缪中从北平逃往昆明，入南开中学高中部读书。后考入西南联大外国语言文学系。1944年响应国民政府"知识青年参军抗日"的号召，入译员训练班学习，结业后分配到降落伞兵第八大队第二分队任翻译员，后又转入空军陆战队（又称中美联合突击队）接受伞兵训练。1945年7月，缪弘随部队空降广西柳州。8月2日，在收复广西南平县竹丹机场时，缪弘手持卡宾枪奋不顾身冲在最前面，在进抵蒲阳岩时被敌弹击中，因伤势严重，为国捐躯。

缪斌临死哀鸣，拿儿子说事，只能证明老子做汉奸的可耻，儿子为国壮烈牺牲，对他的死刑无济于事。

枪声响处，缪斌中弹毙命，时为1946年5月21日下午5时50分。他在无锡、上海、南京、杭州等地的房产，均作为"敌产"被国民政府没收。

据说民国时期著名的命理学大师袁树珊曾给缪斌批命，说他晚年"受累于吴",时人附会：这个"吴"指吴稚晖。还有人说，是死在苏州，属于吴地。

缪斌是我国抗战胜利后以叛国罪处死的第一人。他以投机革命而起家发迹，由于贪腐而被国民政府罢官。在抗战中投靠日本，成为伪中华民国临时政府和汪精卫国民政府的大汉奸；由于没有得到他内心的最大追求，又投机重庆国民政府；终因去日本和谈泄露，成为第一个被推上刑场的大汉奸，成为身败名裂的丑恶人物。不管缪斌的行动是出于个人行为或是受人指派，总归是叛国投敌的大汉奸，罪无可逭，杀缪斌足以为不忠于国、不忠于民族者戒。

第九讲　审判大汉奸梁鸿志

1. 倒卖国宝，不择手段

1929 年，在日本东京美术馆举办了一场名画大展，为什么要举办这次名画展呢？原来，是为了庆祝日本昭和天皇加冕。这次展出的六百余件历代名作，分别由中日两国藏家提供。

其中有一件送展展品展出后名噪一时，被认为是该展览最重要、最吸引眼球的展品，被收入《唐宋元明名画大观》之首。这是一件什么样的展品呢？这件展品就是有名的《历代帝王图》。此图绢本，设色，纵 51.3 厘米，横 531 厘米。全卷共画有自汉至隋十三位帝王的画像。是唐代大画家阎立本的真迹。是谁把这件国宝提供给了这次名画大展的呢？展品下面标签上的提供者署名为大连梁鸿志。

梁鸿志（戴礼帽者）

这个大连的梁鸿志又是什么人呢？他正是汪伪行政院院长、立法院院长、大汉奸梁鸿志。那么梁鸿志又是怎么得到这幅画的呢？

根据《历代帝王图》画卷后收藏者的题跋来看，从唐代到 1931 年美国波士顿博物馆收藏前，共有 12 位收藏者，最后一位就是梁鸿志。在梁鸿志之前的收藏者是一个叫林寿图的人。这个林寿图是什么人？他与梁鸿志是什么关系呢？

林寿图，福建侯官人，道光二十五年进士，同治年间的陕西布政使，该画为其同治丙寅年（1866）购得，有题跋是这样写的：同治丙寅九月朔（即初一），棣儿生之日，购得此卷，他日长成，其知宝藏否。林寿图识于西安藩署。

藩署即布政司衙门。这个题跋说明，此国宝级文物是林寿图在他儿子出生的时候购得的，所以写下："他日长成，其知宝藏否。"

林寿图 1889 年离世后，《历代帝王图》还保存在林氏后人手中，后来被人骗去了。谁骗走的呢？据民国掌故专家、篆刻大家陈巨来先生在他的《安持人物琐忆》中说："（此国宝）后为梁众异绐（绐：欺骗、欺诈之意）去，盗卖于日本博物馆矣……闻得价十四万元，梁只给林氏以六万元，后为林氏所知，遂与梁断绝关系。"

这里的"绐"就是哄骗的意思。就是说这幅国宝被梁众异骗走了，卖给日本博物馆了，后来林家就与梁众异断绝了往来。

这个梁众异就是梁鸿志，众异是他的字。那么梁鸿志与林家又是什么关系呢？原来梁鸿志的外祖父正是林寿图。那梁家也肯定是有来头的。

梁鸿志，字众异，福建长乐人。生于 1882 年（清光绪八年），名门望族，曾祖梁章钜为清朝大儒，此人嘉庆进士，官至江苏巡抚，兼署两江总督，勤于著述，能书善诗，兼具官声文名。梁鸿志的外祖父林寿图，晚年出任福州致用书院、鳌峰书院山长，以诗驰名，藏书画万卷。

因此，梁鸿志家学渊源，加上天资聪颖，博学强记，是个超级学霸。举个例子，《全唐诗》收有两千两百多人，四万八千九百多首诗，不管多生冷的作品，只要能说出上句，他立刻就能说出下句。的确是众人之异。此人方面大耳，典型的南人北相，15岁参加县试，便榜上有名，成为当地最年少的秀才。21岁时，梁鸿志赴省城福州参加乡试，并中了举人。不过，次年（1903）公车进京参加会试，梁鸿志就不是那么顺风顺水了。这次会试梁鸿志名落孙山，打算苦读再考。然而，事与愿违，1905年清末新政开始，科举制度废除，这对一心想通过科举进入仕途的梁鸿志来说，"鸿大志向"难以实现，打击确实不小。不过，既然旧学不行，那就再求新学，梁鸿志于是进入京师大学堂。京师大学堂毕业后，梁鸿志任山东登莱高胶道尹公署科长、奉天优级师范学堂当教员，还在学部充任一个小京官。

梁鸿志虽然书念得很好，但志不在此，到了北京后，他开始一门心思钻营仕途。他是如何经营自己仕途的呢？

辛亥革命后民国建立，梁鸿志有心投靠大总统袁世凯，于是开始钻营交结袁世凯的二儿子袁克文。不过，这个袁克文对做官毫无兴趣，是个书呆子，组织了一个诗社。梁鸿志、黄濬包括汪精卫都参加了。

黄濬也算是个名人，福建闽侯人。此人才气横溢，诗文俱佳。他与袁克文同岁，历任北京政府交通部、财政部等秘书、佥事等。

袁世凯复辟帝制，袁克文反对，被梁鸿志打了小报告，导致袁克文被软禁。梁鸿志立了功，却没捞到一官半职，这又是怎么回事呢？

原来1915年，正是袁世凯的长子袁克定拥其父称帝，紧锣密鼓闹得最欢的时候，二公子袁克文作了首《感遇》，在朋友圈中抒发自己的心情。其中有两句是这样的："绝怜高处多风雨，莫到琼楼最上层。"暗喻帝制是行不通的。

梁鸿志将这两句"反诗"暗中抄下来送给大皇子袁克定，被袁克定认为是"无父无君"之罪名。这两句诗也被反对复辟帝制的人士所引用。有个国会议员孙伯兰，反对实行帝制，说大总统的儿子袁克文也反对，不信请看《感遇》诗。袁世凯雷霆震怒："把那个叫孙伯兰的议员撤掉；让袁克文在北海雁翅楼闭门思过。"

梁鸿志自以为立了大功，没想到洪宪帝制失败，1916年6月6日，袁世凯因尿毒症不治而亡，梁鸿志鸡飞蛋打。袁世凯死后，段祺瑞权势甚嚣尘上，梁鸿志此时改换门庭，投奔段祺瑞。那么，他步入仕途的计划还能实现吗？

每逢星期六，梁鸿志同北洋政府中其他官僚一样，乘火车去天津度周末，追逐声色犬马。他每次外出，总不忘带上几本旧版史籍或名人诗文，以便在旅途中翻阅、解闷。其实他是有目的的，专门为一个人准备的，投其所好，这个人对梁鸿志后来的宦海生涯影响重大。这个人是谁呢？他就是时任段祺瑞内阁的内务总长王揖唐。

王揖唐，安徽合肥人，清末科举进士，曾留学日本法政大学，后又改入陆军士官学校。后以同乡关系，投入北洋督练处总办段祺瑞门下，甚为段祺瑞所器重。民国后，段祺瑞执政时，出任内政总长、安徽省省长。后又组织安福俱乐部。

梁鸿志瞄准了王揖唐。有一回王揖唐乘车去天津，对面就是梁鸿志。王见到梁所带的珍本书籍，便饶有兴味地借去翻看，其中名人佳作，引得王揖唐诗兴发作，于是写了一首，顺手夹在书中。梁鸿志马上依韵和诗一首，并当面请王揖唐指教。王读了梁的和诗之后，顿觉此君才高八斗，出手不凡。从此，两人以诗文为媒，往来甚密，竟然成了知交。

王揖唐做了皖系安福国会的议长，梁鸿志也成了参议员兼秘书长，成为"安福系"重要人物之一。还在安福俱乐部担任掌管财务的会计副主任，他利用职务之便，假借俱乐部的开支，将交通部的公款，不少都装进自己的口袋里。

1920年，直皖战争爆发，皖系军阀三天就被直系打败。在段祺瑞的司令部里，还存着300万大洋的军饷，身为秘书长的梁鸿志参与瓜分，据说他一人独得50万大洋。直系军阀控制北京民国政府后，下令通缉皖系十大祸首，王揖唐、梁鸿志名列其中。梁鸿志能躲得过此劫吗？

梁鸿志可以说是狡兔三窟，就在通缉令发出之前，他就已经得到消息，躲进了位于东交民巷的日本公使馆中，后又逃出北京，躲在天津租界里的公寓。

1924年，第二次直奉战争，直系又被奉系打败。张作霖控制了北京政府，段祺瑞被请出来当北京政府的临时执政，史称"段执政"。这下子，梁鸿志的机会又来了。很快，他就做了执政府的秘书长。无奈好景不长，不到一年，段祺瑞退隐天津之后，梁鸿志也跟着去了津门。

也就在这一时期，梁鸿志没了进项，又花钱如流水，坐吃山空，于是打起外祖父林寿图的宝贝《历代帝王图》的主意。为什么这么说呢？因为在《历代帝王图》卷后北宋绢跋与南宋纸跋的隔水处，有梁鸿志的题跋一行：

爰居阁无上珍秘，共和乙丑秋日，梁鸿志题识。

这个共和乙丑为1925年，正是段祺瑞临时政府倒台，梁鸿志又一次闲居天津之时，爰居阁是梁鸿志为自己书斋起的名字。他有《爰居阁诗集》传世。

那么，他是如何得到这个宝贝的呢？《历代帝王图》是梁鸿志从他的表兄手中骗来的。1926年，梁鸿志还两次与友人鉴赏并留下了题跋。后来梁鸿志到了大连，买了一幢二层小洋楼，做了寓公。住在大连的一群安福系寓公原想以大连为基地，为拥段再起做准备。

在大连时，梁鸿志曾通过一个日本商人做中介，要将《历代帝王图》

卖给东京的一家公司。但终因价格不合，未能成交。两年之后，1931年，一位美国人直接从梁鸿志手中购得，捐赠给波士顿博物馆。从此，这幅国宝流落海外，不知何时才能还家。这种出卖国宝的可耻行为，和当时属北洋富二代的花花公子张伯驹就无法相比。张伯驹为了不使国宝《平复帖》落到日本人手里，花4万大洋买回，日本人得知，找人花30万大洋收买，被其拒绝，后又被汪伪师长绑票，宁可死也不拿帖赎命，中华人民共和国成立后无偿捐给国家。张伯驹之高尚与梁鸿志之卑劣，已经说明了爱国者与卖国贼的区别。

2. 从"阁揆"到赋闲

1931年"九一八"事变后，蒋介石担心他在保定军校时的业师段祺瑞被日本人利用，把他接到上海。不久，梁鸿志也在上海买了花园洋房。段祺瑞死后，梁鸿志又迁居杭州，心有不甘。于是请了位比较有名的阴阳先生给他推八字，这位阴阳先生说他："岁在戊寅，东山再起，位至阁揆。"

看相者无非投梁鸿志所好，可是后来事有凑巧，梁鸿志真的在戊寅年（1938）做了伪行政院院长，所以，他常对人说自己官至"阁揆"实在是命中注定的。

七七事变前，蒋介石曾邀梁鸿志上牯岭晤谈。梁鸿志以为机会来了，连忙上山，结果没说几句便出来了。正巧戴季陶进去，问蒋介石："梁鸿志怎么样？"蒋介石答道："小政客，没有什么作为。"这话传到梁鸿志的耳中，他想今后要在国民党政权中官至"阁揆"是没指望了，而且从此恨蒋介石入骨，怨其小看自己的才华和抱负。梁鸿志后来做了汉奸，天天把"亲日反蒋"挂在嘴边，这在众汉奸中是少见的。

不久，他的同乡老友黄濬以汉奸罪在南京被政府枪毙。这又是怎么回事呢？

原来，南京国民政府时期，汪精卫担任行政院院长，任黄濬为简任秘书。黄濬将自己管理的机密文件提供给日本驻南京使馆领事须磨弥吉郎。抗战爆发后，因间谍活动被捕。于1937年8月28日与其子黄晟等被执行枪决。梁鸿志与黄濬既是老乡，又是诗友，还是亲戚，当年他侄女星若嫁给了黄濬的弟弟黄竹生为妻,因此,梁鸿志对黄濬的死表示同情与哀伤。

那么,梁鸿志是怎么落水当汉奸的呢?

抗战初期,平、津、沪、南京都沦入日军手中,梁鸿志仍时刻不忘寻机猎官。当王克敏、王揖唐等一批北洋遗老在北平搞"中华民国临时政府"时,邀梁鸿志北上,王克敏专门发来一封电报:

"众异兄:中华民国临时政府已告成立,急需人才;吾兄乃栋梁之材,望在国家非常时期,北上京都,共襄盛举。"

梁鸿志与王克敏握手

梁鸿志却谢绝了王克敏、王揖唐等人的邀请,一心想做官的他为什么放弃了这个机会呢?

在梁鸿志看来,王克敏、王揖唐等人在新政府的位置已经排定,自己即使去了,也捞不到多少油水,再加上他又相信自己的官运在戊寅年,于是谢绝王克敏等人的邀请。不过,他却有自己的另一番打算。他想在华中地区,独立搞一个南方的汉奸政权。为此,梁鸿志开始积极地在上海寻找门路,开展活动。

这时,日本特务头子土肥原贤二原打算推北洋内阁唐绍仪出马,组织傀儡政权，正在进行中，风声外泄，军统冒充古董掮客，在唐家用利斧将唐绍仪劈死。土肥原又从华北找来一个名叫王子惠的人，到上海发起组织汉奸政权。王子惠，福建厦门人，早年毕业于早稻田大学政治科，归国后历任记者、北京《国风日报》编辑主任、《正义日报》社社长、国民政府总参议代表、中日经济研究会委员等职。

王子惠住在虹口日本租界内的新亚饭店，派员出来拉人入伙。正在上海积极活动的梁鸿志，苦于没机会与日本人挂上钩，得知王子惠在拉人，赶紧托人去疏通。王子惠知道梁是安福系的政客，恐怕自己不是对手，所以王子惠对梁鸿志抱有戒心，对梁几次主动上门求见都拒绝了。

王子惠这条门路行不通，梁鸿志还能实现他成立南方汉奸政权的梦吗？

事有凑巧，日本华中派遣军认为王子惠缺乏号召力，就想另找名流出面组织汉奸政权。日本方面先找到在上海隐居的北洋原财政总长李思浩，但李思浩不愿意干。日方对李思浩提出，你不干可以，但要"举荐"梁鸿志。李思浩想，己所不欲，勿施于人，可是日方催逼得紧，只好去找梁鸿志，说明日方意图，李思浩还以为梁鸿志也不会干的。谁知梁鸿志得知日本人对自己有兴趣之后，满心欢喜，马上表示了想干的意愿，并请李思浩赶快找日本人说明。李思浩见梁鸿志的态度非常积极，就向日本人介绍了梁鸿志。

铁了心要跟着日本人的梁鸿志，等不及李思浩回复，就自己直接去找日方联系。两天后，李思浩再去找梁鸿志传达消息之时，发现梁鸿志早已搬到苏州河以北的日本租界里去了。这是戊寅年（1938）初的事情，当时梁鸿志只觉得自己命中注定官运亨通的时机到了，于是异常急迫而又起劲地张罗起南方汉奸政权事宜。

在给自己的汉奸傀儡政权起名上，梁鸿志也花了不少的心思。这到底是怎么回事呢？

最初，梁鸿志想给自己的汉奸傀儡政权起名"中华民国政府"，改青天白日旗为五色旗，得到华中日军的支持。不料在华北的王克敏等人听到这一消息后，表示坚决反对，认为临时政府代表中央政府。他们的意见又得到了日本华北派遣军的支持。

最终由日本政府决定：华中伪政权只是地方性的，即便成立，到时候还要考虑并入北方的汉奸政府。梁鸿志又挖空心思将名称改作"中华民国维新政府"，这样至少在名义上和北方的"中华民国临时政府"可以平起平坐。

在日本华中派遣军的支持和直接操纵下，"维新政府"于1938年3月28日成立，地址选在南京原国民政府所在地。梁鸿志以"中华民国维新行政院院长"身份，登台致辞。至此，梁鸿志成为彻头彻尾的大汉奸。

为了与北方"临时政府"汉奸政权平衡，南方"维新政府"不许设"主席"，但日军同意梁鸿志设立行政、司法、立法三院，梁鸿志为"行政院院长"兼交通部部长，算是"首脑"人物，"立法院院长"兼内政部部长由陈群出任。梁、陈还相约，"创业"艰难，成功自然富贵同享，不成功则"败与同亡"。梁鸿志确实算得上"维新政府"的核心人物。

1938年3月26日，在日本华中派遣军特务机关人员的护卫下，梁鸿志、温宗尧、陈群、任援道、王子惠等人从上海抵达南京。两日后，伪中华民国维新政府的成立典礼在原国民政府大礼堂举行。日本华中派遣军、海军部和外务省三个机构的有关官员也前来捧场。上午9时，仪式开始，梁鸿志以伪行政院院长的身份，宣读《政府成立宣言》，主要头目"宣誓"就职。

按照伪维新政府组织大纲第四条规定，行政院为该政府最高行政机关，梁鸿志任伪行政院院长，兼伪交通部部长。伪维新政府权力范围有限,实际控制的只有南京、上海两市及苏、浙、皖等部分地区,但刮起地皮来却是唯恐不够彻底,闹得天怒人怨,罄竹难书。

梁鸿志等人是怎么搜刮钱财的呢?伪政权接管海关后,马上下令禁止各种重要物资的流通,严禁携带500元以上的法币出口和国民政府的货币入关;成立伪苏浙皖盐务总局,垄断沦陷区盐政;设立伪禁烟局,名曰禁烟,实则在苏北、安徽等地广种鸦片,各市镇遍开烟馆,由盛老三以宏济堂为名独家经销,牟取暴利,"维新政府"仅此一项,每月得利数百万元。但梁鸿志并没有就此满足,伙同日本合办华中铁道股份有限公司、华中航空股份有限公司;创办银行,帮助日本垄断华中沦陷区的经济命脉。与日本合资的以梁鸿志为董事长的华兴商业银行,于1939年5月开张以后,在不到半年时间里,就发行兑换券和辅助币1570余万元,使沦陷区人民蒙受重大经济损失。

汪精卫逃离重庆后辗转来到上海,梁鸿志开始操心自己的官运,多次抵制汪精卫,拒绝将维新政府并入汪伪政府。无奈汪精卫的来头大,加上日本人更看重汪。梁鸿志只在后来的汪伪南京政府中弄得一个"监察院院长"的闲职。连一起"只打苍蝇不打老虎"的弹劾案都不曾有过。一晃5年过去,除了领取厚禄之外,他长期躲在上海的寓所里,成天把玩文物书画,有宋明版本、珍本、孤本和宋代书画三十三幅,因此其名曰"三十三宋斋主",研究食谱菜点,将注意力集中于一饮一馔的烹调制作,成了汪伪政权中一个名副其实的"伴食宰相"。另外还写点旧诗,发泄牢骚和不满。汪精卫死去,陈公博升为伪代主席,梁鸿志改任为伪立法院院长,但他还是忙他的唱吟和吃喝,从来不主动做事。

3. 梁鸿志大骂任援道

日本人快要投降的时候,梁鸿志只能再去找安福系的老朋友李思浩询问办法。他知道李思浩与重庆的关系一直没有断绝。李思浩这次还能帮助梁鸿志吗?

李思浩见梁鸿志跑到自己家里来讨教求援,沉吟一会儿,开口授计:"据我所知,周佛海、任援道都已走通了戴笠的线,他们都留好后路了。听说你和任援道交情至深,应该赶快和他搞在一起,或许可保无虞。"梁鸿志经此点拨,面露喜色,想起自己与任援道自从"维新政府""创业"开始,共事多年,交情确实一直不错。想不到还有这么个菩萨可求,梁鸿志立马将任援道视为救星。

果不其然,日本投降前夕,任援道已被蒋介石明令发派为"南京先遣军"司令,并设司令部于苏州,"所有该司令官原辖之军警保安团队,以及江苏全省、南京附近各种部队,统归该司令官节制指挥"。其权势气焰,反比汪伪时期更加嚣张。梁鸿志自认过去有恩于任援道,提拔任命其为伪绥靖部部长和支持他当伪江苏省省长,更是觉得自己不仅识人不凡,而且福星高照。

那么,梁鸿志靠着任援道能躲过法律的严惩吗?

日本投降以后,大小汉奸各找门路,都想躲过国民政府的制裁。梁鸿志也不例外。尽管已经有任援道做自己的后台,但此时的任援道在苏州驻节,梁鸿志觉得待在上海不保险,于是带上三太太意真和两岁的幼女毛妹，直奔苏州而去。

但是，真的如梁鸿志所想，到了苏州就不会有事了吗？

到了苏州城外某处，安顿下来后，梁鸿志倒是深居简出，无人知晓。由于大汉奸梁鸿志突然失踪，军统很重视，也派人四下去查。很快，军统得知梁鸿志的侄女梁星若与黄濬之弟黄竹生结亲。军统顺藤摸瓜，找到了梁鸿志的侄女家，又是吓唬，又是诈唬。这夫妻俩怕事情牵涉自己头上，于是勾结任援道，想找到梁鸿志藏身之处。这时，梁鸿志有事，烦劳他新太太去上海办理。这位小老婆就去了梁星若家，梁星若先将其安置在自己家里，并告知任援道。任派副官和梁星若、意真一起回苏州，这样，梁鸿志的藏身地点就暴露了。当天晚上，梁鸿志就在隐居处被苏州警署人员逮捕。

梁鸿志的新太太知道不妙，立即打电话到"先遣军"司令部，向任援道哭诉，任援道说了声："别急！"然后就驱车赶到苏州警署。见到"上司"驾临，警署都不敢违抗，乖乖地派人扶送梁鸿志上了任司令的汽车。

任援道有心将梁鸿志献给军统邀功，又怕被人骂其卖友，于是去上海找李思浩商量。其实，李思浩也是泥菩萨过江自身难保。日本人在上海时，李思浩也与日本人拉拉扯扯，担任几个顾问、董事之类的名目，领取薪水。戴笠到上海后，知道他与蒋介石有点关系，加之李思浩身上没多大油水，也没有为难他，只是派了人，住到李思浩家中，说是保护，实为监视。

任援道便将梁鸿志这个烫山芋送到李思浩的手上。李思浩只得将梁鸿志藏在他的别墅中。

其实这事哪能瞒得过军统？几天后，戴笠来到李家门上，语气挺温和："抓不到梁鸿志，蒋先生那里我交不了账，您老帮帮我的忙吧。"

李思浩听了戴笠的话，知道这是对方给自己面子，只好喃喃地说：

"我……我怎么能亲手把朋友往死路上送呢？"

戴笠说："我们是能够抓住他的，不过要连带惊动他的亲友，彼此不好看，请你转告，还是请他自己投案的好。"

戴笠一走，李思浩无计可施，只好先把梁鸿志接到家里，说你的事情任援道通知戴笠了，我想留你也不好留了。他求梁鸿志赶紧去投案自首。梁鸿志会遵照李思浩的意思去投案自首吗？

梁鸿志除了大骂任援道猪狗不如外，也没想出什么好的办法。既然已经没有其他路可走，也只能走自首这条路了。

打定主意后，梁鸿志把这个想法告诉李思浩。李一听自然十分高兴，并帮梁鸿志出主意，让梁鸿志赶紧写一份"自首书"。为了掩盖逃匿的真相，也为了投案后留有余地，梁鸿志把"自首书"的落款填为1945年7月15日，交给李思浩，请转任援道，再呈戴笠。梁鸿志为什么特意在这个日期上费这番脑筋呢？

原来，梁鸿志"自首书"特意将日期写成7月15日，意在表明早在日本投降之前，就已经有心投诚。与此同时，梁鸿志又写了一封长信，让李思浩交给蒋介石，他写此信的意图是想争取主动，因为他知道自己曾经把"亲日反蒋"挂在嘴边，这一定让蒋记恨，不如先主动说明并请求宽大。所以，他在信中将自己在日伪时期的活动作了详细描述，请求蒋能够宽大处理。另外，梁鸿志又通过关系，把一批珍奇古玩字画孝敬给了戴笠。

4. 红痣消,"息壤"无

梁鸿志投案自首后能否脱身得到宽大处理呢？

10月19日,戴笠派来两辆汽车,将梁鸿志及两个小老婆都带走了。沪上各报立即登出"梁逆鸿志在上海落网"的消息。其实,梁鸿志真正出事,应当说是发生在苏州,只是因为任援道、李思浩等人插手,才逃脱了几天,又在上海重新归案而已。

楚园坐落在上海福履里路（现今的建国西路）,是一处五开间三层楼的花园洋房,原来是伪上海市警察局副局长卢英的公馆,因为卢英别号"楚僧",于是这房子就干脆叫作"楚园"。楚园里房间不少,可是送来的汉奸太多,也只好每室5人共居。

梁鸿志被关押的地方也与众不同,独享二楼一间小亭子间的独居待遇,还有小老婆早进夜出,甚至连私人厨师也一起带到楚园中来了。所以,梁鸿志的心情还算不错。

楚园关押的犯人,可以自由活动,但不许外出；看守所虽供应饭食,但菜肴可由家中做好送来；凡人犯需要金钱、衣服、香烟及其他用品,可以开出条子,由所中派人到各家去取。可是没几天,众汉奸就不用家里送菜了,这是为什么呢？原来梁鸿志的厨子手艺好生了得,中西菜手艺兼备。

梁鸿志也正好显露一下自己研究的菜谱水平,每每饭后召集众汉奸,拟好隔日菜单,请看守所人员采买各种食材,再交由梁鸿志的厨子烹制。

于是乎，小灶天天花样翻新，鸡鸭鱼肉，瓜果蔬菜，还有各色美酒，猜拳行令，完全像个高级疗养所。没几天，不少人都发福了，连各人的家属见了，也都称奇不已。

此外，楚园内设有军法处，不时提几个汉奸去侦讯一番，而梁鸿志只在入园第二天填了一份发来的表格，将自己在伪府里的经历写了一下。后来军法处找他去问案，梁鸿志居然爱搭不理地说："问什么？要说的已经都写在给委员长的信里了。"

年关将至，报端已有审判汉奸的消息，例如伪江苏省省长陈则民和伪江苏省高等法院院长陈福民，都被判了无期徒刑。楚园中的那些汉奸们也渐渐觉得事情不妙起来。在大年三十的"年夜饭"上，众人满腹心事，气息低沉，及近午夜，大家相视无言。想起往年在家中迎新岁的情景，不禁悲从中来。梁鸿志突然悲切地说道："不知来年今日还能与诸位共进'年饭'否？"他在一张宣纸当中写下了"息壤在彼"四个大字。

"息壤"就是盟誓的意思。息壤是战国时秦国的一个地名。秦武王派将军甘茂统兵进伐宜阳，甘茂怕秦武王半途而废，君臣遂盟誓于息壤。后来甘茂围攻宜阳，五个月过去没有攻打下来，秦武王果然想罢兵休战，甘茂提醒说"息壤在彼"，武王猛醒，随即大举起兵，最终攻克宜阳。息壤就是盟誓的代名词。

梁鸿志跋语已经写成，并首先在宣纸上签名，接着傅式说、唐寿民等汉奸们一一签字，等到白纸上写满了黑字，"楚囚"们已哭成一团。梁鸿志和众人盟誓明年过年一起吃年夜饭，那么，汉奸们的盟誓能兑现吗？

没过几天，梁鸿志就被移往提篮桥监狱。监房的囚室中没有灯光，只是外面走廊里每隔五六米，高挂着一个小电灯泡，显得更加阴森、凄凉。囚室除了墙角一只尿桶之外，就没有其他什么东西了。犯人都睡在水泥地上。每天上午10点与下午4点，分送两次牢饭，每人只有半饭盒的霉米饭和几叶菜皮。

进了提篮桥监狱的当夜，梁鸿志在地铺上被噩梦惊醒，第二天一早便对同牢的汉奸说："我不会再回去了，昨晚我做了一个不祥的梦，我身上的红痣都没有了。红痣与我的名字'鸿志'同音，这个噩梦不是明白告诉了我的前途吗？"

4月17日，首席检察官亲自出马，提审梁鸿志，问了很长时间。事后，梁鸿志后悔不迭，认为"自白书"中，写了自己"对于国家立场，未经兼顾，此自是个人之昏愦糊涂，不能辞免罪责也"等，反而让检察官抓了把柄。为求弥补，他开始专心致志起草、修改答辩书，对"组织维新政府之动机""各部与日人订立临时条约之经过""绥靖军成立之实况""戒烟局成立之事实"等四个自认为最要命的问题，做了不得已而为之的解释，并丑表功，之后交了上去。

半个多月过去了，5月9日，梁鸿志收到了长达3000余字的起诉书。没几天，同牢房的伪《新闻报》社副社长陈日平，被法院判了无期徒刑。这让梁鸿志心惊肉跳，他认为陈日平这样的文化汉奸判几年也就不得了了，怎么会判个无期徒刑？从此，梁鸿志更是一副惶惶的神情，他已经隐约觉得自己的死刑怕是难以逃避了。几天后，陈公博在苏州伏法的消息传到狱中，梁鸿志更是坐立不安，写下了"逝者如斯行自念，路人犹惜况相亲"的七律诗句，来哀挽陈公博，并流露出对自己命运的担忧。

6月5日下午，梁鸿志被送上法庭公审。法庭庭长与检察官等端坐堂上，记者、听众拥挤于庭中，来看这沪上在押的头号汉奸接受公审。等检察官念完起诉书，梁鸿志在被告席上拿出笔记本，戴上老花镜，就起诉书中所列被告罪名开始狡辩。梁鸿志声称自己组织"维新政府"的动机，实在是因为当时中央不能收复失地，更没有办法将全部民众移迁内地后方，又没有真正实行焦土政策，而自己眼见人民备受日军涂炭，念及华中三省二市占全国人口四分之一，是国家的精华所在，难免痛心不已，于是本人只有奋身投入"地狱"，目的在于保存国家元气，减免人民痛苦……梁鸿志还说，自己在组织伪府时期，将旧有的钱财积蓄差不多全贴上了，都是为了老百姓的生存；日本投降后剩下的家底也都"报效"给了军统局等。

6月14日下午2点30分，第二次公审梁鸿志，只见梁鸿志的律师收集来一大堆证据。梁鸿志说在"维新政府"的两年时间里，"也未诈过一家良民，从未残杀过一个志士，以我一介书生，与侵略者抗辩，对抗战不无微功，决非企图反抗本国"。相反，还救过几个中国人，如辅仁大学法学院院长董人骥、北平市教育局局长英千里等。他还再三声称，投敌初衷是"为国为民"的，决非成心与中央对抗。而自己在汪精卫政权中没有实权，遭人排挤，并不如意，而且没干过危害本国之事。

接着是律师为梁鸿志进行辩护。为梁鸿志做辩护的是谁呢？

为梁鸿志做辩护的是著名律师章士钊。梁鸿志出得重金，请章士钊为自己辩护。大律师出口果然不凡，说："被告并非国民党党员，与叛国又叛党者不同；被告始终没有反抗本国之动机和形迹；且被告自首最早，在抗战末期与任援道共同剿匪，抵制乱党，于治安有功；被告在伪府内并无恶政。"

章士钊还当堂出示了董人骥、英千里等人的证明，以及任援道关于梁鸿志在日本投降后曾协助维持秩序的证明。最让梁鸿志精神振奋的是行政院院长孔祥熙的亲笔信及证人薛子奇的证明，说梁鸿志抗战中确有电报去重庆，表明自己不甘为逆的心迹等。一时间，形势变得对梁鸿志似乎很有利，通谋敌国反抗本国的证据似乎可以推翻。那么梁鸿志会被免除一死吗？

梁鸿志不仅对自己在法庭上的表现，而且对律师们的辩词和收集的证据证言，均感到非常满意。再说，有孔院长的亲笔证词，法庭不会也不敢无所顾忌吧？梁鸿志还特意对孔祥熙的"救命"之恩，感激涕零，给孔祥熙写了一封亲笔信："庸公院长赐鉴：昨者对簿法庭，得知我公曾经复函章（士钊）薛（大可）两君，证明鸿志输诚中央，俾薛君得以出庭作证，足征我公古道热肠，不遗患难戴罪之身，感激涕下。倘邀公之福，得以余生，著书蚕室，成全之德，生生世世所不能忘也！"

梁鸿志以为有孔祥熙出面，性命无忧，于是心情大变，吃得下也睡得着，安心在囚室中等待判决。可是，他万万没想到，6月21日法庭再次开庭。庭长宣读判决书主文："梁逆鸿志通谋敌国图谋反抗本国处死刑，剥夺公权终身。"

审判长宣布退庭，梁鸿志被法警押解出来，还没缓过神来，分明听见了一声又一声童稚的奶声："爹爹……爹爹……"

梁鸿志回头一看，他的二十多岁的新夫人正抱着幼女毛妹泪眼婆娑地望着他，不懂事的毛妹正张着小手让他抱。他赶紧过去摸摸女儿的小脸，在法警的押解下，步回牢房。

第二天，梁鸿志赋诗一首：

昨日诣讼庭，庭外见娇女，牙牙初学语，见爷呼不止，径前抚其颊，父女缘尽此……

梁鸿志辩白自己为抗日做出过贡献，申请复审理由如下：

（一）出任伪职志在救民保国。

（二）与敌人订立各种协定系争回权利。

（三）曾坚拒敌军征收军米及取回被敌去之南京古物书籍。

（四）对于汪逆之中政会议从不参加，即参加亦不发言。

（五）曾于二十九年输诚中央，报告敌方机密，并曾营救陷区政治工作人员；胜利后在先遣军工作，维持京沪治安，且于三十四年七月十五日向军事委员会调查统计局自首等情，应在减免其刑之列，因而其不服原判，声请复判。

夏季到来，斗室如蒸。梁鸿志身躯肥硕，汗流浃背，趴在地上写诗写字，用工整的楷书誊写下来。自从申请复判后，一两个月毫无消息。

那么，法庭究竟有没有减免梁鸿志的罪行呢？没有，相反，梁鸿志成为上海地区第一个被判处死刑的大汉奸。

11月9日上午，高院检察官来到监狱递给梁鸿志一份最高法院执行死刑的判决主文，法警提出梁鸿志，宣读了最高法院的主文。梁鸿志向检察官提出了一个问题。

梁鸿志说："按规定收到复判书后，被告仍可以进行最后的抗告。"检察官告诉梁鸿志："已奉到司法行政部核准，今天要执行。"无奈，梁鸿志来到公案前的书桌旁坐下写遗嘱。一封是给家属的，他老婆好几个，写给家属如何分家产；接着，梁鸿志又给蒋介石写信，临死不忘"贡献国事"，一个多小时才收笔。他想学陈公博，伸出手想要与检察官握别，被检察官拒绝，他只好径直走向刑场，端坐在椅子上，法警扣动扳机，"咔嚓"一声，子弹没有打出，倒把梁鸿志吓了一跳，正想回头看看怎么回事，枪声响了。子弹出膛从梁鸿志后脑贯入，洞穿头部从口腔而出，连人带椅子摔到草地上，气绝身亡。

有一句话：卿本佳人，奈何从贼？凭梁鸿志的才学，完全有实力成为一代诗宗，可惜，他金钱欲太重，不惜出卖国宝；个人野心膨胀，权力欲作祟，总想攀龙附凤；为当"阁揆"，甘心投敌，认贼作父，出卖国家利益，做了伪中华民国维新政府行政院院长，成为华中地区最大的汉奸头子；又并入汪伪政府，自寻死路，也是他当大汉奸应有的下场。

第十讲　审判大汉奸江亢虎

1. 中国社会主义者开山祖

江亢虎（1883—1954），原籍安徽旌德，生于江西弋阳陶湾江家村一个官僚地主之家，祖父江澍畇，光绪三年进士，授翰林院编修。父亲德宣，光绪十二年进士，任工部主事。江亢虎12岁时离开江西，到他父亲做官的北京求学，为国子监贡生。1901年，江亢虎出于对清朝统治危机的忧虑，赴日留学，考察日本政治。半年后回国，被直隶总督袁世凯看中，出任北洋编译局总办、《北洋官报》总纂。其后，又复去日本留学，1904年因病辍学回国，任刑部主事和京师大学堂教习，弄了个四品官衔。

早年江亢虎对祖国充满挚爱之情，他熟知近代以来中国的历史，对祖国受到帝国主义列强的凌辱感到十分痛惜，对清朝封建顽固派的麻木不仁非常气愤。但他只是一介小吏，对朝政无法施加影响，只能把爱国、救国的着眼点放在国民身上。

1901年，江亢虎在北京创办《爱国报》，向国民宣传爱国言论，弘扬爱国精神。此前，他在北京还发起创办了"智学会"。在他看来，中国之所以不强，是由于"不智"。要想在物竞天择的规律下使中国复兴，必须提倡"智学"。

江亢虎还对甲申中法之役以来中国屡战屡败的原因做了反思,认为其原因在于对外"礼让"和内部"不和"。真可谓一针见血!近代中国落后挨打的关键就在于此,能认识到这一点的人,在当时可谓凤毛麟角。

1910年,江亢虎又在北京发起筹备了"庚子十周年国耻纪念会",内容以鸦片战争以后英、法、日、俄侵华,特别是八国联军侵华战争为主,全部活动以"惩前毖后,触目警心"为宗旨。此举在京城影响甚大。

20世纪的最初10年,江亢虎活跃于北京政坛,一位四品京官,不介意头顶上的乌纱帽,敢想敢说敢做,与其他封建顽固派官僚相比,确实与众不同。

1910年,在京城发生了革命党人汪精卫等谋刺摄政王载沣的"银锭桥事件"。由于江亢虎的过激之举,使他也受到牵连,曾被误认为嫌疑犯。事实上他与"银锭桥事件"并无关联,他与汪精卫的关系就从这里开始。具有讽刺意味的是,当年的两位志士居然在中华民族承受深重灾难的关键时刻,双双落水,成为汉奸。

是年4月,江亢虎赴欧游历。旅欧期间,他广泛接触了各国无政府主义者和社会民主党人,还以非正式代表的身份出席了第二国际在布鲁塞尔召开的一次会议。正是这一年,江亢虎接受了第二国际社会民主主义的思想理论,从一个具有维新意识的四品京官成为一个"社会主义者"。寰游归来后,江亢虎极力倡导"社会主义",他公开宣称"鄙人以社会主义为唯一之信仰,以倡道社会主义为唯一之天职"。

江亢虎的口才不错,他的演说深情、感人,"闻者颇为动容"。杭州、南京、上海之行,使他的名声大噪,他周围也聚集起一批赞同社会主义的人士。

1911年7月10日,是值得中国社会主义思想史家书写的日子。这天,由江亢虎发起的国内第一个"社会主义研究会"在上海成立。江亢虎宣读了他撰写的《社会主义研究宣言》,这是国内第一份社会主义宣言书。尽管从今天看来,这个《宣言》对社会主义的认识是肤浅的,甚至有所曲解,但它毕竟是第一份社会主义宣言书,在中国社会主义思想史上实为开山之作,其意义不可低估。在辛亥革命到来的前夕,江亢虎及其"社会主义研究会"公开举起了社会主义的大旗,对社会主义进行热情讴歌,对责难社会主义的观点进行辩驳,提出了研究和宣传社会主义的任务,这实际上客观地宣告了资产阶级革命和资产阶级共和国不是中国社会发展的终极目标,只有社会主义才是中国民众应当追求的最高理想。

2. 支持武昌首义，反对"二次革命"

辛亥革命爆发后，江亢虎首先表明了他对武昌首义的"赞同态度"和"钦佩心情"，但同时也感到有必要就革命中"兴汉灭满"的问题发表自己的看法，遂写了《致武昌革命军书论"兴汉灭满"事》，于当月22日寄往上海《天铎报》社。可以说，江亢虎是最早支持武昌首义的人，他的思想是革命的、进步的。同时，他似乎更表现出其前瞻之处。他指出：今日之革命，如果以为"推翻不良之政治，必先剿绝不良之民族"，致使"兴汉灭满之论大昌"，这是"大不可"的。他坦诚地指出狭隘民族主义和种族复仇主义的偏颇，反对大汉族主义的错误，提出了反清革命中应注意维护民族团结、维护国土统一的建议。这是值得肯定和具有进步意义的。

当时，上海各大报纸谁都不敢刊登江亢虎的"书论"。《天铎报》收到"书论"一文后，也感到有点棘手，最后虽然刊出，却是以"读者来函"的方式，并隐去了江亢虎的名字，报社还声明对此信不负责任。"书论"发表后，果然引发对其攻击。可见，江亢虎当时写"书论"一文，是冒着相当大的风险的。

11月4日，上海光复，这使江亢虎备受鼓舞，他预感革命之后，将实行"政党政治"。次日，他就以"社会主义研究会"发起人的名义召集特别会议，提议组织中国社会党，并发表党纲八条，主要内容是：一、改良法律，尊重个人；二、破除世袭遗产制度，以除"一切罪恶苦恼之根源"；三、建设公共机关，普及平等教育，以达到经济平等；四、采用美国亨利·乔治的单一税制，罢免一切税，专征地税；五、鼓励劳动；六、限制军备，节约靡费，专营教育、实业、交通、慈善事业。他起草的党纲获得通过，并决定以"惜阴公会"为上海本部事务所，江本人被推举为中国社会党本部部长。这样，中国第一个以实行社会主义为旗帜的政党——中国社会党诞生。

政党在近代中国绝对是一件新兴事物，因而中国社会党的建立颇具吸引力，在当时的社会中很能赢得好感，发展迅速，不过半年，至1912年5月，它已在全国建立起了300多个支部，党员人数达10万之众。但是，该党此时仍面临两个问题，从内部来说，是党内关于"完全政党"与"纯粹社会党"两种主张之争。从外部来看，则主要是该党的发展在南方部分地区受到当局压制，而在黄河以北地区基本上未建立自己的组织。

为了解决内外部问题，江亢虎组织了该党"重大问题"的讨论，基本达成了该党不改组为"完全政党"的共识。与此同时，江亢虎于6月北上，至9月底返沪，前后近100天，为中国社会党的组织发展不避艰险，足迹遍及山东、天津、北京、河南、湖北、湖南、江苏等省市。当时江亢虎的内心世界如何，是什么力量促使他纵横驰骋？我们不得而知。但就其长途跋涉，为中国社会党的命运奔走这一点来看，此时的江亢虎确实有着坚韧的斗志。

袁世凯窃取政权以后，认为"政党"尚有利用的必要，因此，对江亢虎的中国社会党十分"赞成"，并愿出重金，收为己用，令国务总理赵秉钧加以保护。江亢虎为了扩大中国社会党的影响，就任该党党魁。1912年夏，江亢虎到北京多次晋谒袁世凯，并秉承其旨意，遍访各党各界，联络感情。1913年7月，"二次革命"发生，江亢虎一面通电全国，要求李烈钧等"四督罢兵回防，停止二次革命"；一面奔走运动，联络各省商会、教育会共同反对孙中山，从这时起，江亢虎开始了人生的转变。同年秋，窃国大盗袁世凯脱下了"民主""共和"的外衣，加快了专制、独裁的步伐。他一脚踢开一切政党、团体，以便大权独揽。中国社会党首当其冲，被责令解散。江亢虎不得不远赴重洋，亡命美国。

3. 求见溥仪，死磕国民党

在美国期间，江亢虎任加州大学汉文教授，获赠美国名誉博士学位，后担任国会图书馆东方部主任，加拿大中国国学院院长。1920年辞职回国。1921年3月，以社会党人身份出席第三国际第三次大会，且有发言权。会议期间，江亢虎三次听到列宁的讲话，并与列宁有过两次特别会谈。江亢虎回忆说："（列宁）殷殷问余行程及中国近况，并致慰劳企望之意。"除列宁外，托洛茨基、越飞等重要人物都曾与之晤谈。江亢虎赴俄的一个重要原因，是希望在苏俄政府的帮助下，收复外蒙古，然后在那里进行社会主义的试验，但最后事败垂成。对此学者汪佩伟认为，"平心而论，江亢虎从民初提出《筹边策》，到赴俄组织华侨义勇军以收复外蒙古，其动机无可非议，其热忱也堪称可嘉。他的征蒙'办法大纲'，就其内容来看是积极的，对中国、苏俄和外蒙古都有利无害。大纲中规定苏俄红军在外蒙古问题解决后'退出蒙疆'，外蒙'仍合并为中华民国之一部'，这些规定不仅合理，而且维护了中国国家主权，理应给予充分的肯定"。

1922年，江亢虎回国发表声明，主张新民主主义和社会主义。他在上海创设南方大学，自任校长，借教育以宣传自己的主张，并赴南洋募集经费。1923年3月，从上海抵达北京，"请觐溥仪"。

1924年1月，孙中山在中国共产党的帮助下，改组国民党，反帝反封建的革命统一战线正式建立，革命运动迅速高涨。江亢虎忧心忡忡，如坐针毡。为了抵制革命，他一面上书孙中山，反对国民党接受苏联的国际主义援助；一面再三托请清室内务大臣金梁"介见"溥仪，企求这位清朝废帝出来"救亡"。他认为"逊帝英明，前途有望，宜广求知识，博采舆情，用非常之才，以应非常之变"。

6月15日，江亢虎再次组织中国社会党，次年1月，更名为中国新社会民主党，作为巩固军阀统治的工具。由于中国社会党的反动性和投机性十分露骨，所以当"中国社会党复活宣言"发表后，立即受到中国共产党机关报《向导》及进步舆论界的抨击。

1924年10月，冯玉祥发动"北京政变"，推翻曹锟直系统治。随后段祺瑞出山，揭櫫"善后会议"。江亢虎有了一个政治投机的机会。尽管遭到强烈抵制，段祺瑞政府还是一意孤行，"善后会议"于1925年2月1日举行。参加会议的160多个代表中，大都是各个军阀、官僚的代表和一些所谓"社会名流"。江亢虎也挤进了这次分赃会议，试图分享政治权力。但他表面上却宣称"本人加入善后会议，纯以宣传主义为目的，并无其他作用参厕其间"，说"参加善后会议的目的在宣传社会主义"。对此，陈独秀辛辣地讽刺说："善后会议和社会主义这两个名词居然发生了关系，我们不能不佩服江亢虎先生本领大。现在凡是相信社会主义的人，大概都圆睁两眼看江亢虎如何宣传；但是我却以为不必过于责难江先生，只要他帮助军阀政府来对付人民，便值得我们佩服了。"这番话，可谓一针见血。

在"善后会议"上，尽管江亢虎上蹿下跳，表现得十分活跃，但并未取得他所预期的效果。他以制宪委员会委员的身份，在会上提出了好几个提案，就宪法内容、制定程序及国民代表的组织与选举等问题分别提出意见，但"多被否决"。偷鸡不成反蚀一把米，落得与军阀官僚为伍的丑名，参加"善后会议"，使江亢虎在国内的名声扫地。

接着是1925年揭发出来"甲子复辟"的丑闻，即江亢虎"请觐"溥仪的信函被冯玉祥的清室善后委员会查获，更使江亢虎声名狼藉。曾经在思想界和社会上有较大影响力和号召力的江亢虎，暴露出了内心深处最丑陋、最龌龊的东西。人们突然发现了新派人物江亢虎的真面目：在高谈"社会主义"宏论之下，却是一个唯利是图的小人。

不仅如此，就连江亢虎身任"总理"的"中国新社会民主党"，也不得不扯下其挂在北京宣武门外的党旗。本来也不过近百人的该党党员，或因愤怒，或为避嫌，纷纷发表声明、刊登启事，脱离这个有支持复辟之嫌的党魁，弃党而去。

1926年下半年，广东国民政府领导的北伐军所向披靡，国民革命席卷了大半个中国。在这种情况下，已成为封建军阀的帮凶和政治掮客的江亢虎，在赖以安身立命的军阀统治陷于土崩瓦解时，不得不解散了"新社会民主党"，于1927年夏回到美国。

1928年秋，蒋介石建立起新统治，自称"耻于阿附"的江亢虎抑制不住内心的狂喜，连忙上书蒋介石，讴歌什么"俊杰""丰功骏烈，近古所稀"，且多次为巩固蒋的统治进言献策。1930年7月，江亢虎"以海外旁观之身，念兴亡有责之义"，不远万里，向蒋介石提供"速立民宪"，以"免革命而促进化"的"根本大计"。

1933年秋，作为一个失意的政客，江亢虎回到国内。当时，蒋介石为了配合其军事上对江西共产党中央革命根据地的反革命"围剿"，正在玩弄一套"新生活运动"的把戏。江亢虎一眼看出"近来政府当局在提倡新生活运动，其实就是旧道德，不过换了个新名字"，为了积极配合，江亢虎就在"旧道德"上大做文章。

1934年12月至1935年春，江亢虎在上海以《孔子的人生哲学》为题举行每周一次的定期讲座，狂热鼓吹忠君、孝悌、温良恭俭让等封建道德。说什么"现在君主虽不存在，应该忠于国家""革命不一定用物力""不一定要军队"等，妄想让中国共产党领导下的红军放弃武装革命。

1935年2月，他特地重刊旧作《善生十箴》，提倡布衣、蔬食、露宿、早起、节欲、寡言、习劳、养静、内省、达观。他本人也虚伪地穿起粗布长衫，住进清凉寺，实行斋戒，决心做蒋介石的"模范新生活运动员"。然而此时，他已失去了往日的"魅力"，他的人格为人所不齿，他的行为更令人嗤之以鼻。

4. 从政客到汉奸

1939年春，江亢虎从美国归来，寓居香港。汪精卫从河内抵达香港后，与江亢虎见面，邀请江亢虎参加和平运动。汪精卫声称：已与日方谈妥，日本无条件于两年内从中国退兵，尊重中国主权。江亢虎就此投靠汪精卫，参加汪伪的"和平运动"，由一个政客堕落成一个可耻的汉奸。

1939年10月10日，江亢虎发布《时局宣言》，公开向社会各界表明自己卖国求荣的反动立场。在宣言中，他恬不知耻地表白说："抗战军兴，南北转徙，亲见土地沦陷，生灵涂炭，牺牲壮烈，流亡惨苦，痛心已极，束手无计。所幸天心厌乱，时局剧变……尤宜趁此痛自振拔，摆脱次殖民地地位，树立新时期外交，根本解决远东问题，努力复兴建国大业。"最后，提出六条主张：一、促成中日对等的和平，荣誉的和平。二、保持中国主权独立，民族自由，领土完整。三、废除党治，开放政权，组织民主立宪政府。四、集中国家资本，发展社会事业，统制生产与分配，普及教育与工作。五、以中国固有文化为中心，建设东亚新秩序。六、在文化经济合作军事政治不侵犯原则下，协和各友邦。

1940年3月29日，汪伪国民政府在南京开张，江亢虎出任伪国府委员和伪考试院副院长、代理院长和院长等职。1940年6月1日，针对刚刚成立不久的伪南京政权面临的经济困难局面，他提出了《新经济政策建议》。这个建议在6月13日经伪中央政治委员会经济专门委员会负责人审查通过，由伪中政会秘书厅"发财政、工商、农矿三部参考"。

9月3日，江亢虎又献出两件"思想防共武器"。他叫嚷要用以佛教、道教、儒家思想为骨干的"固有的东方文化"和"不是马克思、列宁、斯大林"的"革新的社会主义"作为日汪"思想上共同防共之绝大武器"。他还曾两次组织高等文官考试。特别是1940年10月，他受命为典试委员长。每天早上6点钟就起床，晚上12点才就寝，"所以命题、阅卷，大小事必躬亲"，积极为汪伪政权选拔伪官，网罗"人才"，为日伪尽犬马之劳。

江亢虎还参加了几个卖国的日伪协定的签订，如《中日基本关系条约》《中日满共同宣言》。对于这两个条约的签订，当时在南京的汉奸们弹冠相庆，陈公博、周佛海等纷纷发表广播讲话。江亢虎也不甘寂寞，发表了《庆祝中日国交调整完成》的演讲。他说"日本向以建设东亚新秩序自任"，而"同洲、同种、同文"的中国人却"不能了解其真义，不但不与合作，甚至深闭固拒，抵抗阻挠，使日本常怀内顾之殷忧，大减对外之力量"；现在条约签订了，中、满"愿分担日本之职责，日本此后，大可发挥其抱负，伸张其权威，确定在东亚领袖之地位，加重对欧美均势之平衡"。江亢虎所言完全是一副日本帝国主义的奴才相。

汪伪傀儡政权根据日本军阀侵华战争之需，在沦陷区实行统制经济，并进行疯狂的掠夺、榨取，以致民不聊生。对此，江亢虎深感不安，唯恐它会使这个卖国政权垮台。1941年2月，他发表《饿死事大》一文，向汪精卫及其主子疾呼，要解决"吃饭问题"，否则，"中日合作之契约"和"善邻友好、经济提携、共同防共等原则"都不能实现。他甚至还在伪中央政治会议上，对日本管制粮食过严表示"抗议"。

1941年3月，在汪伪国民政府"还都"南京一周年之际，江亢虎抛出"回向东方"的《和运文选》，搬出了10年前在美国讲学时曾用过的一个新名词——Re-orientation。据他解释说，这个词直译为：重新审定方向。

大意为：近数十年，中国事事模仿泰西，以致转失其故步，今幸迷途未远，人穷反本，亟应重新审定其方向，归回世界上固有之地位，恢复历史上过去之光荣。恰巧中国为东方文化之代表国家，orientation 本义为东方，因太古初民视日出以定四方，东方实居四方之首，引申即为审定方向，而 Re 则含有回归、恢复及重与再等含义，合成一新名词，暗指中国今后改造进行之方针也。

如他所述，江亢虎把当时世界政治势力分为四大集团，日本被奉为"东亚集团"的"领袖"。他认为，中国因历史、地理、血统、文化等原因，自然属于东亚集团。在这个集团中，日本是"领袖"，"其目的唯在建设东亚新秩序，驱除白种人之殖民势力，组织黄种人之国际联盟，而自执其牛耳"。为了巩固"东亚集团"，江亢虎提出，中国不仅仅只是参加它就够了，而且要"与日本通功易事，分工合作，同以自动的、主动的资格，担负建设东亚新秩序之责任"。

为了巩固"东亚集团"，江亢虎还希望日本能够当好这个"亚洲之领袖"。他向日本军阀献计说，日本要真正做亚洲的领袖，必须注意几个问题：

第一，对成立的汪伪政府应"加以绝对之支援，承认其自由独立之地位，而给予平等互惠之待遇"。他甚至厚颜无耻地说：如果日本不能让汪精卫南京政府有独立自主的地位，那么，不光这个政权的当局者会"失望绝望"，而且，中国人民和世界舆论将会因为痛恨汉奸、厌恶傀儡，转而把矛头对准制造这个汉奸傀儡的日本本身，这样，日本怎能得到"长治久安"的局面呢？可见，江亢虎是死心塌地要为日本主子效劳。

第二，日本应在占领区内"施善政"才能笼络人心。他说，有这样几种谋略："毅然撤兵，还政于民"是上策；"兴利除弊，除暴安良"是中策；"假以礼貌，结以恩怨"是下策；而"作威作福，予取予求"是无策。江亢虎为日本考虑得实在太周到了,他真算得上是"全心全意"为日本服务的"典范"。

第三,他还建议,日本要成为亚洲的领袖,必须对亚洲各国采取怀柔政策。他希望日本以"长兄之对弱弟"的态度,给亚洲各国"以自决之机会,扶植其自治之能力,使各国成为亚洲大联盟之一员"。

江亢虎的"回向东方"论,打着"复兴东方文化"的旗号,实则是贩卖日本帝国主义的所谓"东亚联盟"和"大东亚共荣圈"的侵略理论和巩固汪伪政权的所谓"中国新体制"为主要内容,具有极大的反动性和相当程度的欺骗性。

1943年1月,江亢虎还参加了汪伪政府对英、美的"宣战",从而在世界反法西斯战争中犯下了新的罪行。

1944年9月,在日本疗养的汪精卫,病情日益严重,10月13日,江亢虎飞抵日本,托词有病,向汪精卫提出辞去伪考试院院长一职。为了适应日本建立"大东亚共荣圈"的需要,他筹组孔子2500年祀典事宜。一个多月的时间里,他曾五次与日本首相小矶、三次与外相重光会谈。他还在日本东亚同文院、外交协会以及广播电台发表多次演讲,鼓吹"以孔子学说为中心,借以发扬东方文化"。

回国后,他对新闻记者发表谈话,渲染"日本民众协力战争之情绪,颇令人钦佩",试图以此安抚汉奸、巩固汪伪政权。然而,他本人则另做准备,穿起长衫潜至清凉寺当起和尚念起经来。1945年4月,狡猾的江亢虎见风声日紧,便又逃到北京隐居。

5. 难逃法网

日本投降后，全国人民纷纷要求严惩汪伪汉奸。国民政府从1945年9月下旬开始逮捕汉奸。10月，国民党军统局在北平积水潭北河沿将江亢虎抓获，遂将其关押在北平监狱（这里需要说明，1937年北平沦陷后，伪中华民国临时政府将北平改名为北京，抗战胜利后国民政府又将城市名改为北平），1946年初又移押至南京国民党首都老虎桥监狱。

对于参加汪伪政府以及担任伪职的种种事实，江亢虎认为：

第一，被告参加和平运动的动机是好的。因为"当时妄想日本如果归还我领土，尊重我主权，则息战求和，未始非救国之一道，因出任考试院副院长，旋任院长。嗣后发现日人无诚意，汪精卫无实力，理想难以实现，失望甚大，乃力求摆脱"。所以通敌谋反的罪名不能成立。

第二，被告多次反对日本及汪伪的政策。"在伪职四年余，从未与闻行政、外交及军事，迭次发表言论，为民生疾苦呼吁，反对日人及汪政府之失策，曾受南京宣传部封禁、没收之处分……自问并无贪赃枉法、祸国殃民之事"。

第三，《惩治汉奸条例》正式颁布是在被告被捕之后，一则事先没有明文，二则事后溯既往，均与《刑法》之本意及习惯不符。

被告非为伪中央政治局委员会固定委员，只是列席会议，因此所参加会议不表决，无记录。所以对汪伪的政策不能负责任。

1946年11月2日，首都高等法院特种刑事庭对江亢虎判决如下：

主文：江亢虎共同同谋敌国、图谋反抗本国处无期徒刑，褫夺公权终身。

江亢虎不服，申请复判。1947年3月20日，最高法院特种刑事判决如下：原判决核准。

江亢虎于4月30日声请再审。5月8日，首都高等法院特种刑事庭裁定：再审之声请驳回。

江亢虎于5月14日提起抗告，6月16日，最高法院特种刑事第二庭裁定：抗告驳回。

江亢虎遂在南京老虎桥监狱服刑，1950年以后移押至上海提篮桥监狱，1954年12月7日病死狱中。

盖棺定论，江亢虎已被牢牢地钉在了历史的耻辱柱上，这一点毋庸置疑。但他人生道路的轨迹起伏跌宕，却很难用三言两语说清楚。他的一生，经历了晚清、北洋、民国和中华人民共和国四个政权，从一个四品京官，转变为维新志士、无政府主义和空想社会主义者；又从一个"社会主义"的宣传家沦为无耻政客；最后堕落成可耻汉奸。这无常的变化，除却近代中国动荡不安的局势外，只能从他自身去寻找答案。一个是非不分、与敌为伍，损害国家与民族利益的人，纵有千种理由，万般原因，都难辞其咎。守住不投敌这最后的底线，是起码的品行与气节，而卖身投靠，只能是自取其辱，死路一条。

第十一讲　审判大汉奸罗君强

1. 从共产党到国民党

日本投降后，罗君强立即以代理上海警察局局长的名义向全市发布警令，声称"决不使任何不合法的势力（指中共领导的抗日力量）侵入市内""必保护上海全市的生命财产直至安全地奉还中央而后已"。扬言"最后虽剩一兵一卒，亦必周旋到底"，向重庆国民党政府大抛媚眼，大献殷勤。

蒋介石政府为阻止中共领导的抗日部队进入上海，日本一宣布投降，即电令周佛海为"上海行动总队"总指挥，罗君强为副总指挥。

转眼间，行情大变，老母鸡变成鸭。昨天还是汉奸，今日摇身一变，却成了国民党政府的军政要员。

有了头衔和名分，罗君强又来劲了，俨然党国新贵，其神气有甚于日军未降之时，即使日本人也要对他笑脸相待。

8月19日，罗君强发布紧急命令，称"所属官警及市区全体保甲人员，自应归顺中央，服从蒋委员长命令，并应听从上海行动总队司令部指挥""集中警力，强化治安"，为重庆政府接收上海效力。

抗日战争胜利后，蒋介石、戴笠采取利用与庇护汉奸的政策，同罗君强一样，一大批汉奸成了党国军政要员。但此举却遭到全国舆论的谴责，严惩汉奸的声浪愈加高涨。9月中旬，国民党军队陆续开进东南沦陷区，成批的接收大员也纷纷抵达上海。

形势又一次逆转，周佛海、罗君强的利用价值逐渐丧失。为了平息民愤，戴笠奉命来到上海，找周佛海多次密谈。在他的"安慰"下，周佛海决定辞去上海行动总队司令职，点名要罗君强、丁默邨和他的小舅子杨惺华、马良骥随他去重庆"自行投案"。

说到这儿，先要扒一扒罗君强的老底。

罗君强（1902—1970），湖南湘乡县人，出生在一个官僚地主之家。他的祖父是曾国藩湘军王鑫部管带，曾参与镇压太平天国运动，并以此发迹；父亲先后在安徽、湖北等地做官。生长在这样一个家庭中，对罗君强人生观、道德观的形成都有很大影响。

1917年，罗君强进入省城长沙青年会日学校读书，次年7月毕业后赴上海入大同学院。1919年1月因病辍学，同年8月赴法勤工俭学，后因病回国，在湘乡陶龛小学任教。1920年8月，罗君强进长沙岳麓中学读书，于1923年7月毕业。

长沙是湖南省省会，在中国近代反帝反封建斗争中占有重要地位。它给罗君强展示了一个光明的前景，如果他循着最初选择的道路走下去，他的一生或许会很辉煌。可悲的是，他在人生的十字路口，错误地选择了一条不归路。

当时，毛泽东、蔡和森、向警予等革命先驱都在这里工作、学习和战斗，能与他们在一起共事是幸运的。在他们的帮助下，罗君强对五四新文化运动有了一定认识，在岳云中学读书期间，参加了毛泽东领导的湖南学生爱国运动，并于1922年春加入中国社会主义青年团，不久又加入了共产党。

当时的罗君强表现十分活跃，与李立三等一起发动湖南省各界"拥谭（延闿）反赵（恒惕）"运动。他还主编《赤光周刊》刊物，并兼任马克思学说研究会湖南分会书记。1922年夏，罗君强受湖南中共组织委托，作为湘区及安源的代表，赴上海出席中共二大。据说，罗君强因未找到开会地点而没能与会，听起来还真有点像讲故事。

得天独厚的政治环境和土壤，为罗君强的进步提供了有利条件。但是，他却就此停滞不前。1923年春，罗父去世，他回家奔丧，大肆操办，造成极坏影响，受到党组织的批评。

就为这么一点点小事，罗君强便承受不了，一气之下，竟拿自己的政治生命开玩笑，居然在长沙登报声明脱离共产党。

1924年初，罗君强来到北京，准备报考北京大学，见到蔡和森后便告知此事。出于对罗君强的爱护，蔡和森关切地问他："你以后做何打算？"罗君强没好气地说准备投考学校。蔡和森严肃地批评了他："革命岂能意气用事？"同时开导他："湖南方面的同志亦了解你，你不是政治上的问题，你还是回湖南去吧。"

在蔡和森的教育帮助下，罗君强给毛泽东写了一封信，表示自己愿意回湖南参加工作。中共湖南党组织并没有嫌弃他，不久便恢复了他的党籍，并任命他为共青团湖南省委书记，兼任中国共产党湖南训练委员会秘书。

党组织的宽宏大量，并没有换来罗君强为党努力工作。党组织的一片苦心，得到的却是相反的回报。1925年春，罗因患气管炎严重咯血，回湘乡家中休养。身体的不适，再加上革命意志不坚定，使他对革命丧失信心，意志消沉，终于第二次脱党。

1925年秋，罗君强再度赴沪，入大夏大学读书，旋即参加了国民党。次年7月，广东国民政府誓师北伐，国民革命军节节胜利。面对日益高涨的革命形势，罗君强觉得是个好机会，反正自己书也读不下去，索性离开学校。他于12月辍学到武汉，进入北伐军总司令部张治中的学兵团，任政治部上尉科员兼政治教官。不久，因学兵团团长张治中兼中央军事政治学校武汉分校教育长，罗君强也调去军校政治部，主编校内刊物《革命生活》。此时，周佛海已经在该校任秘书长兼政治部主任，罗君强以同乡关系结交上他，从此，罗君强成了周佛海政治上的忠实伙伴和得力助手，后来双双落水成了汉奸后，更是狼狈为奸，助纣为虐。

1927年4月，蒋介石在上海发动"四一二"反革命政变，随后在南京另起炉灶，成立南京国民政府，与武汉国民政府相对立。5月18日，周佛海秘密逃离武汉，投奔蒋介石。对于周佛海的出逃，罗君强事先一无所知，故仍留在武汉任职。到了9月"宁汉合流"，罗急忙到南京找周佛海，被派往南京国民党中央陆军军官学校任政治教官，投入了蒋介石的怀抱。

1929年3月，蒋桂战争爆发。罗君强任陆军第六师政训处中校秘书，随军到武汉，旋被"总司令行营政训部"主任周佛海推荐任该部秘书长。1930年中原大战结束后，蒋介石开始对革命根据地发动军事"围剿"，罗君强于1932年7月任蒋介石"武汉行营"秘书处上校秘书。在这期间，罗君强经常编印反共书刊、标语、图画，恶毒攻击共产党，进行反共宣传，为蒋介石卖命。这年10月，生活放荡的罗君强，因逼他姨太太杨淑云吞服鸦片自杀这一丑闻而受到降级处分，调任浙江海宁县县长。

成为"县太爷"的罗君强，卖力地配合蒋介石的军事"围剿"，抽调壮丁成立保安基干队，镇压百姓。其后他又被起用，相继出任"南昌行营"第二厅第四课课长兼第二组副组长及行营办公厅上校秘书、"重庆行营"上校秘书。在红军长征途中，罗君强参与围追堵截红军及"肃清"所谓"收复地区"的共党势力，并参与制定"剿匪失去惩治盗匪暂行条例""匪军投诚缴械给奖办法"等多种反动文件，为蒋介石的反动统治出谋划策，极尽犬马之劳。

罗君强因反共有功，深获蒋介石的欢心，不断得到提拔重用，先后出任国民党军事委员会办公厅少将秘书、办公厅秘书处少将处长、蒋介石侍从室上校秘书等职。对此，他不知廉耻，一再感激涕零地声称："我是一个直接受过主席蒋公培养多年的后进。"

2. 奔死路，拦不住

七七事变后，在全国人民奋起抗日之际，被日本帝国主义暂时的军事优势吓破胆的罗君强，对抗战前途悲观失望，与周佛海等人沆瀣一气，诬蔑人民的抗战呼声是"唱高调"，鼓吹"亡国论"，成为抗战初期所谓"低调俱乐部"的主要成员之一。1938年2月，罗君强参加周佛海、陶希圣主办的灰色文化团体"艺文研究会"，任该会秘书及总务组主任干事，出版拥蒋反共书刊，继续散布投降主义论调。

同年10月，武汉、广州相继沦陷，抗日战争进入相持阶段。国民党统治集团内部以蒋介石为首的亲英美派和以汪精卫为首的亲日派之间的矛盾更加表面化，在日本帝国主义诱降政策下，12月，汪精卫、周佛海等逃出重庆，不久即发表"艳电"，公开叛国投敌。

汪精卫、周佛海等人的出逃，在国民党内引起极大震动，特别是与汪、周接近的人，更是关心，私下议论纷纷，非议者和同情者兼而有之。罗君强原是周佛海的部属与密友，抗战初期又同气相求，合唱"抗战低调"，自然他是站在汪、周一边的。

当汪精卫发表的"艳电"传到重庆，罗君强立刻呼应，说："照现在的情形，抗战下去，国必愈战愈弱，共产党必乘机得势，日渐强大；为了防止共党为患，非早日和日本讲和不可。"同时又攻击说："共产党现在借汪的问题，拼命宣传肃清动摇分子，和民国十五、十六年宣传肃清反革命分子，打倒昏庸老朽一样，都是意在分化国民党，削弱国民党的，大家应注意到这一点。"他坚决主张"联日以反共反俄（苏）"。

就在这时，罗君强因行为不检点，被免去了行政院简任秘书之职，于是促使他最终离开重庆去香港，选择了当汉奸的道路。

事情是这样的，罗君强是一个好色之徒，他早在武汉时就结识了一名交际花孔小姐，于是胁迫原配罗吉羽与他离婚，然后把孔小姐带回家中同居。为此事，罗君强的老朋友易礼容曾写信劝他说，这个女人是个危险人物，请他慎重。但罗君强对此十分反感，因而置之不理。这以后，他更加放荡，吃喝嫖样样都来，身为少将处长，却成天深夜不归，搞得声名狼藉。此事为军统特务头子戴笠所闻，密报蒋介石。蒋勃然大怒，先是在讲话中以极为严厉的语气不指名地批评，接着又亲自下了一道手令："罗君强生活放荡，应予撤职查办。"行政院接旨后，赶忙开会将罗君强免职，但未"查办"。尽管这样，他还是混不下去了，遂决定投奔周佛海。

他赶紧办了移交，然后去找陈布雷，表示自己将离渝远行。陈布雷深知罗君强的处境，也为了脱卸责任，就去对蒋介石说，罗秘书手续已办妥了，他想到昆明去看看家眷。蒋介石"嗯"了一声，算是同意了。

罗君强被允许走后，为了保证行程安全，他把曾任军委秘书处长时特意留存的一张空白军用出差证明书，填上自己的姓名头衔，带在身边，并利用没有交还的侍从室特别证章和派司，顺利通过检查，由重庆飞往昆明，接着再经河内转到香港。

是时，罗君强并不知道周佛海等人的全部意图，而周佛海对罗君强的到来也表示怀疑。两人见面后，周佛海先告诉他关于"和平运动"的大致经过，接着介绍了自己所坚持的行动方针，说要召开国民党全国代表大会，准备国民政府"还都"南京。最后，周佛海试探罗君强："现在有人怀疑你是一名中央派遣的间谍。"

在重庆蒋介石那边没法混下去，可在香港周佛海这边又得不到信任，罗君强颇感不快。为了及时表明自己的态度，同时也为了消除周的疑虑，他将自己在重庆的处境和盘托出。周听后甚是高兴，立刻换了一副面孔说："我知道你是一个能够卖点力气的干部，希望根据过去良好的交谊而替我分忧。"

罗君强一听，正中下怀，但又有些后怕。什么是"和平运动"？不就是与侵略者为伍，就是当汉奸吗？要是戴上这顶汉奸的帽子，可是几辈子也洗刷不清的，故表示容他考虑考虑后再做决定。

辞别周佛海，罗君强确实顾虑较多。他想到自己在蒋介石手下长期任秘书工作，除了当过一年海宁县县长，如此而已，"大丈夫何以有出头之日"？

既然在国民党中颇有地位的周佛海也都不惜名利地位，弃蒋投汪，加入"和平运动"，何不冒一次险？或许会搞出点名堂来，"逆取顺守，乘时乘势，有权有势有伙伴"。于是他立即找到周佛海，满口答应，就这样，罗君强心甘情愿地当了汉奸。

罗君强落水后，因犯心脏病没有马上离开香港去上海入伙做汉奸。时任中国农民银行总经理的老朋友徐继庄（子青）得知罗君强有病滞港，几乎每周都去看望，接济他医药费，得知罗君强要去上海，几次流着泪劝其千万不要参加汪精卫集团，下水做汉奸，并保证其家庭生活。可是，罗君强鬼迷心窍，非要自己干一番"事业"不可。罗君强赴上海时，徐继庄送他到轮船码头还在哭劝，然而，铁了心的罗君强决心已定，汉奸是当定了。从此，他一去不返，走向背叛国家的深渊。

这时，汪精卫、周佛海等人已经得到日本人的"恩准"成立伪政权，从东京回到上海，正着手准备召开伪国民党第六次全国代表大会，取得所谓"党统""法统"的"法律根据"，以便粉墨登场。罗君强的到来，正派上用场，他奉命参加了大会的筹备工作。

罗君强是周佛海的亲信，在周的提携下，顷刻间飞黄腾达，身价百倍。在伪国民党第六次全国代表大会上，罗被指派为中央执行委员兼中央党部副秘书长。1940年初，汪伪组织"国府还都筹备委员会"，罗为该会委员。其后担任汪伪"中央政治会议"副秘书长，进行所谓"以国民党为中心联合各党各派，树立南京新政权"的活动，以及"整理中央政府必要之建筑物及其他用品与事务人员"等事项。

3. 争权夺利，自诩"恶犬"

随着伪政权登台紧锣密鼓，汪伪集团内部的权力之争也日渐激烈，周佛海利用汪精卫对他的"信任"，竭力要在伪政权中安插自己的亲信。他曾提议让罗君强任政训部次长，可已内定为立法院院长兼军委会政治训练部部长的陈公博心知肚明，周佛海不就是想在他身边安插一颗钉子，以便扶植势力，控制一部分武装吗？他毫不客气地说："君强的脾气那么坏，我不能要他，你为他另谋高就吧！"一句话就把周佛海给顶了回去。

结果，罗君强没有捞到政训部次长，只落得一个无人要的边疆委员会委员长。说是边疆委员会，可汪伪政权哪来的边疆，至多也就是以南京的城墙为界。罗君强得此一职，认为连"告朔饩羊"都不如，但毕竟此官为"特任官"。罗君强是个官瘾很大的人，与过去的"秘书"相比，最起码的官俸也是部长级待遇吧。

这年下半年，罗君强又在内部争斗中夺得了伪财政部税警团副团长的头衔。

1943年3月，伪税警第一、第二团合并成立伪中央税警团，罗君强又担任总团长一职。随着权势的扩大，罗君强得意忘形，盛气凌人，处处表现出一副傲慢的神态，甚至以周佛海的代言人自居，有人要见周佛海，要通过他联系，否则他必定从中捣乱、离间，因而得罪了不少人，树敌颇多。罗君强把他在汪伪集团中捞到的好处归功于周佛海。因此，他眼中只有周佛海而没有其他人。

有人提醒周佛海，再让罗君强这样胡闹下去，会造成"同室操戈"。为了息事宁人，周佛海一口气写了八张信纸，把罗君强痛骂了一顿。罗君强一看，很吃惊，立即回了封信说："我受你一手提拔，终身愿供驱使。所做一切，也只是为你。假如你对我印象不好，我将全无生趣，假如有一天你不要我了，我愿意自杀！"周佛海看了这封信，高兴地说："君强什么都不好，但对我到底是忠实的。"于是继续委以重任。

正是有周佛海当靠山，罗君强在汪伪宦海中一直官运亨通。既是"特任官"，又掌握一部分军队，还兼任南京《中报》、上海《平报》社长，控制了汪伪的一部分舆论工具。

罗君强利用手中的权力，积极从事"和平反共"的反动宣传，竭力吹嘘汪伪的"和平运动"是"符合世界战略的新使命"，是"为人类文明再造的种子"；诬蔑共产主义是"以思想理由杀人，以宗教情绪灭口者"，要坚持与之"反抗"。他大肆鼓吹与日本侵略者"携手共进"的所谓"东亚联盟"的"自觉运动的民族联盟""平衡发展的经济合作""除旧布新的军事同盟""亚洲中心的文化沟通"等四项卖国纲领，叫嚷中日两国要"声应气求"，要"与邻邦日本采取齐一的步调与共同的计划，自打破东亚的以至世界的旧秩序而建立新的秩序，自扫除欧美帝国主义留在东方的残余力量，以至杜绝赤化的根苗"，早日实现"东亚联盟"。罗君强的所作所为，深得周佛海的信任，也受到汪精卫的重视和日本人的赏识。

1940年8月，周佛海在上海办起了"中央税警学校"，周佛海自任主任委员，委派罗君强任委员、秘书兼办公厅主任，负责校务实际工作。罗君强一上任，便倾其全力，自1941年下半年至1943年底，先后筹办了干部训练班、特训队、班长集训队、军士教导队、电讯队、学兵营、入伍生与督察队训练班等名目繁多的集训队，向学员灌输"和平反共"为核心的所谓汪精卫主义的反动毒素，为税警团训练了千余名下级干部。

1941年3月30日，汪精卫在南京召开纪念会和阅兵式，并举办"和平建国文献展览"，庆祝伪政权成立一周年。罗君强也跑出来表演一番，于同日在南京《中报》上拟文，大肆鼓吹汪精卫的"和平运动"，其汉奸嘴脸，暴露无遗。

说到上面的《中报》这个刊物名称的由来，颇值得玩味。罗君强初到上海，周佛海让其办份报纸，鼓吹"和平运动"。奸诈的罗君强苦思冥想，最终取了个《中报》之名。他对外公开说这是中国人办的报、是"中央"办的报。实际上他是看到《申报》资格老、牌子响，于是将"申"字中间一横抹去，就成了《中报》，以李鬼冒充李逵，王麻子、汪麻子让人真假难辨，借以拓宽销路。

这年春，汪伪政府最高军事顾问影佐向汪精卫提交了《江南地区的肃清方案》，罗君强得知这一消息后，即建议汪精卫沿用历史上"清乡"的名义进行。对于主持清乡的人选，汪精卫最初属意罗君强。有一天，汪精卫在其颐和路家中开过伪行政院例会后，对罗君强说："你这个委员长，真是饱食终日，无所事事，无异是个太子太保。我想给你一件实际的工作，你看怎样？"罗君强一听，连忙答应说："好，我静待先生的命令。"

汪精卫那时虽未说明要给他什么实际工作，但罗君强却心中有数，知道指的就是"清乡"。

罗君强官瘾很大，十分得意。自得了汪精卫的指示后，他便认为这个官非他莫属，于是，连忙起草清乡督办公署的"组织条例"与"清乡计划"。见到熟人，也扬扬得意地自称本督办，先过一把官瘾。可是，这"清乡"计划出自日本，要怎么办，由谁来办，由不得汪精卫做主。汪精卫提出罗君强，影佐一口就否决了，而他们看中的则是李士群，汪精卫只能照办。于是令罗君强停止"清乡督办公署"的筹备工作，另外成立了"清乡委员会"，自任委员长，并任命李士群为秘书长，主持常务工作。这件事，使罗君强十分难堪，督办之梦成了一枕黄粱。尽管如此，他对"清乡"还是十分卖力的，亲率税警团数百人配合日军，在江苏常熟、江阴、浙江慈溪、余姚以及上海郊区的南汇等地进行残酷的"清乡扫荡"，与新四军及抗日游击队发生多次战斗。

1942年3月24日，伪中央政治委员会召开第八十五次会议，任命罗君强为伪司法行政部部长。罗君强就任后，立即召开"全国司法会议"，宣传"大东亚圣战"的意义，企图通过"统一司法的手段，以强化伪政权的统治力量"。会后，罗君强积极策划成立了伪司法行政部华北事务署，命伪华北政务委员会委员长王克敏的亲信桂步骥为署长，这就使得华北日伪当局的司法更加"合法化"。不仅如此，罗君强还甄审批准了一批为非作歹之徒任律师，这些人在罗君强的怂恿包庇下，干尽坏事。

1944年1月，为了"决战"的需要，汪伪政权从中央到地方进行了一次全面调整，罗君强出任伪安徽省省长兼蚌埠"绥靖主任"及伪省党部主任委员。为了进一步替日军"以战养战"政策效劳，罗君强利用伪政权的力量，实施"田赋征实"，进行疯狂搜刮。他还卖力地推行毒化政策，抽鸦片亩捐税，收购烟浆，制造烟土毒害人民，从中牟取暴利，使安徽省成了日军理想的后方基地。

1944年底，汪精卫在内外交困中死去，陈公博代理伪国民政府主席，周佛海任伪行政院院长兼伪上海市市长，罗君强则跟随主子来到上海，出任伪上海市政府秘书长兼财政局局长。

就职当天，罗君强厚颜无耻地说："我辞掉安徽省省长不干，而来担任上海市政府秘书长，目的是来做一条恶狗。以后只要得到周市长之指示，我将如恶狗一样随时猛噬恶人。"

自诩是一条恶狗，罗君强果然说到做到。他穷凶极恶，极力推行保甲法令，强化汪伪统治，同时增办新税，实现奴化教育，还为日本侵略军扩修公路桥梁，加修飞机场，以防御同盟国军队在沿海登陆。因此，他在日本侵略者的心目中，有着"良好印象和特殊声誉"。

4. 走得太远，回头已晚

罗君强善于政治投机，脚踏两只船，早在1941年，便随周佛海与重庆军统局特务头子戴笠相勾结，为自己留了一条后路。

1945年5月，日本败局已定，罗君强在周佛海的默许下，在上海秘密发起"建国社"，标榜其纲领为："（一）绝对信仰三民主义；（二）绝对拥护蒋主席；（三）绝力保卫京沪苏浙地区的治安。"这一组织网罗了伪上海市军、政、警中央头目为干事，其成员遍布各警察分局、各保安队及税警总团，这是罗君强准备投靠蒋介石的政治资本。7月，戴笠亲笔致函罗君强，指示他"联络各方有志之士，团结所能掌握的一切有用力量，适应时机，协同行动"，并委托他负责"上海的一切"。

日本投降后，罗君强奉戴笠之命担任上海行动总指挥部副总指挥兼代上海市警察局局长，指挥伪税警总团、伪保安队、伪警察共两万余人"确实保卫上海地区的治安"，尽心尽责维护蒋介石这份家当。用他自己的话说，"在这一个月左右的过渡期间，治安事项真是千头万绪，光是听电话一项，已使右耳受伤"。直到9月12日，由宣铁吾接收伪警局；罗君强将手上的部队交给戴笠，统编为军委会别动军。9月30日，跟着戴笠、周佛海等人一起到重庆自投罗网。1946年9月与周佛海等人同机押赴南京。

10月7日，首都高等法庭特种刑事一庭对罗君强汉奸案提起起诉。罗君强针对检察官起诉，进行了种种辩诉。11月7日上午9时，在朝天宫进行公审。1947年3月6日，首都高等法院特种刑事庭对罗君强判决如下：

主文：罗君强共同同谋敌国，图谋反抗本国，处无期徒刑，褫夺公权终身。全部财产除酌留家属必需生活费外没收。

判决之后，罗君强押在南京老虎桥监狱服刑。1949年1月罗君强由南京押解上海提篮桥监狱，1964年保外就医，1970年2月去世。

罗君强政治上无定见，早年参加共产党，脱党又加入国民党；追随蒋介石，做到军委会秘书；由于生活不检点，被蒋介石逐出，流落到香港；遇见周佛海，于是落水，成为周佛海的得力助手。成为汪伪政府伪司法行政部部长、伪税警总团长、伪安徽省省长、伪上海市府秘书长。抗战胜利后，又成为蒋介石手中的一颗棋子，用他来对付新四军，防止共产党占领上海。当中央军至上海后，即被戴笠骗至重庆，囚禁起来。他在自白书中却把当汉奸的经历，美化成"确实利用它们一点一滴地做了一些协助抗战有利人民的工作"。将毒杀李士群之事表扬在自己和周佛海的头上。拒不交代他的汉奸罪行。被首都高等法庭以汉奸罪判处无期徒刑，也是罪有应得。

第十二讲　审判大汉奸周作人

1. 不去联大留北大

周作人是周树人即鲁迅先生的二弟（1885—1967），浙江绍兴人，现代散文家、诗人和翻译家。周作人于1901年入南京江南水师学堂；1906年东渡日本留学；1911年回国；1917年在绍兴任中学英文教员，同年任北京大学、燕京大学文科教授。1919年五四时期，周作人是新文化运动重要代表人物之一。他参加发起文学研究会，曾任新潮社主任编辑，主持北京大学歌谣研究会，是《新青年》主要撰稿人之一。他起草《文学研究会宣言》，并撰写《人的文学》《平民文学》《思想革命》等重要理论文章，同时又以极大的热情介绍俄国、日本、希腊文学以及波兰、匈牙利等被压迫民族的文学，也是"文学革命"的一面旗。

周作人

在中国现代文学史上，周作人无疑是一个极富才气的人。他有着超人的语言天赋，未入专门语言学校接受正规训练，却先后掌握了英语、古希腊语、梵文，而其日语几乎和母语一般娴熟，并以上述几种语言翻译了很多作品。在日本时，周氏兄弟的翻译作品大都由他口述，鲁迅笔译而成。他自小读书极多，博闻强记，他的文章洋洋洒洒，旁征博引、引经据典，着实令人钦佩。

在第一次大革命时期，周作人的文笔犀利，带有强烈的民族主义色彩。对于日本帝国主义嚣张的侵略行径，周作人的态度是坚决反对和抗议的。1925—1927年间写下《日本与中国》《日本浪人与顺天时报》《日本人的好意》《再论顺天时报》《支那民族性》《排日平议》等十余篇檄文，无情揭露了日本帝国主义的狼子野心和侵略逻辑，代表了中国知识分子抗日爱国的一片赤诚。他在文中对日本侵略的清醒认识和愤怒斥责，让人钦敬不已。这与他日后沦为日本人的奴才，形成了让人难以置信的强烈反差！

应该说，在1928年之前，周作人的血是热的。他没有躲进书斋，只顾品苦茶，写小品文，不问世事，而是尽到了一个知识分子应尽的责任。然而，1928年后，他追求所谓的"得体地活着"，以及自誉为修炼得大彻大悟，超越了人间是是非非，进入超凡脱俗的活佛与神仙境界，任何庸俗的举动也就无伤大雅，甚至可以化俗为雅了，这些都是促其"下水"的引子。以1928年11月发表《闭户读书论》为界，周作人的思想渐离时代主流，提倡闲适幽默的小品文，沉溺于"草木虫鱼"的花花天地。此后，一个曾和民族共命运、与时代同呼吸的周作人就彻底告别过去，再后来，更走向反面。

周作人的这一转变，始于1935年9月所写的《岳飞与秦桧》一文。是时，日本侵略者的铁蹄已横行东北，窥伺华北。在民族危亡的关键时刻，他大贬岳飞，却褒扬秦桧"主和"正是"爱国之处"，比"主战"还难，否定了主战的岳飞为忠义之臣，秦桧主和为奸相之说。这种谬论，弦外之音，路人皆知。而在《关于英雄崇拜》中，又大贬文天祥和史可法，重弹"和比战难"。在《日本管窥》中，他竟然肉麻地吹捧日本军国主义分子犬养毅。在《再谈油炸鬼》中，他的卖国主义"和战论"更是发挥得淋漓尽致，"秦桧主和还能保得住半壁江山"；"秦桧的案我主张翻一下"；"和比战难。战败了仍不失为民族英雄，和成则是民族罪人"；"故而，主和实在更需要有政治上的定见与道德的毅力"。他嘲讽爱国英雄文天祥说："唯一的好处是气节，国亡了肯死。这是一件很可佩服的事，我们对于他不应不表示钦敬，但是这个我们不必去学他，也不能算我们的模范。第一，要学他必须国先亡了，否则怎么死得像呢？我们要有气节，须得平时使用才好，若是必以亡国时为期，那牺牲太大了。第二，这种死，于国家社会倒无益处，我们的目的在于保存国家，不做这个工作而等候国亡了去死，就是死了文天祥也何补于事呢？我不希望中国再出文天祥第二……"可以说这些汉奸理论就是周作人留在北平、落水当汉奸的理论根据。

值此日本大兵压境、全面抗日日益高涨之时，周作人的这番"主和论"，听起来是多么刺耳！完全是在迎合日本侵华的需要。这与他后来降日一脉相承。

七七事变后不到一个月，北平沦陷。此前，学校纷纷南迁，教授学者同往避寇。身为北大教授的周作人何去何从？显然，他未做离开的准备。

知识分子是讲求气节的，宁可饿死，也不愿意为侵略者服务。但是周作人却选择留下，理由是冠冕堂皇的"八旬老母在堂，未敢擅离膝下"。其实，他还有一个不能说的理由，即他的太太羽太信子是日本人。有了这层关系，他认为，就算日本人统治，大不了躲进书斋中，喝喝苦茶，写写散文，以卖文为生就是。

他写信给《宇宙风》编辑陶亢德，内中有这样一段话："有同事将南行，曾嘱其向王教长、蒋校长代为同仁致一书，请勿视留北诸人为李陵，却当作苏武看为宜。"意思是说，别把留下的人当成李陵而应当成苏武。如果他真能坚守节操，也会为人所景仰，但其实事情的发展远没有这么简单。

1938年5月，一位叫汤尔和的老友，来到新街口八道湾11号，这里原是鲁迅先生的住处，是1919年11月购买的。不久，鲁迅的弟弟周作人全家也搬来同住。1922年，周作人与鲁迅绝交。鲁迅带着母亲和夫人朱安，愤而离开八道湾，搬到砖塔胡同。从此，周作人成为八道湾11号唯一的主人。

这个汤尔和又是什么人呢？他是浙江杭州人，在北洋时期做过财政总长、教育总长等职。1937年12月14日，伪华北临时政府成立，汤尔和出任伪教育部总长。此人是浙江杭州人，与周作人是浙江同乡。那么他来干什么呢？邀请周作人出任伪国立北京大学总监督。周作人再三推辞，不肯就任。当时，为了养家糊口，他执教于私立燕京大学。

然而，事情很快就发生了大逆转。

2. 周作人遇刺

1938年2月9日，日军主持召开了"更生中国文化建设座谈会"，周作人欣然出席，与大汉奸汤尔和、张燕卿以及日本人坐到了同一条板凳上。对日本侵略军而言，需要维持秩序、粉饰太平。

尽管周作人在会上只讲了几句，但已昭示他的失节和"归顺"。其实，也用不着周作人发表什么言论，只要往那儿一坐，其行为对于横暴的日军，对于失掉人性而举国攻伐的日本人来说，就是一味上好的镇静剂。

而同一时期留在北京的燕京大学教授邓之诚遭到日军囚禁近半载，出狱后仅靠鬻字、典当借以维持一家生计，但拒绝为日伪工作，表现了坚贞不屈的民族气节。同样都是著名学者，为何差距就这么大呢？难怪当时全国舆论一片哗然，声讨之音不绝于耳，斥责周作人的人格，把他归于"文人无行"一类之中。

周作人似乎并未幡然悔悟，而是愈陷愈深。同年8月30日，出席由日军控制的第一届"东亚文化协会"并出任委员一职。其后，又出任伪职北京大学图书馆馆长、教授兼文学院院长。

接着，又接替死去的汤尔和出任"华北政务委员会常务委员兼教育总署督办"。这之后，他为日军侵华鼓吹动员，为"大东亚共荣"的建立奔走卖命，从此戴上了文化汉奸的"帽子"。

1939年1月1日，八道湾11号发生过一起刺杀周作人的案子。当日上午10时20分左右，在八道湾周作人苦雨斋二进院西屋的客厅里，周作人正在和前来贺年的"四大弟子"之一、家住南锣鼓巷板厂胡同13号的北京女子师范学校教员沈启无聊天。

这时，工役徐田进来，递上一封信，说有两个学生来拜见二先生（即周作人）。于是，周作人请徐田让两位学生进来。

本来周作人和沈启无对桌而坐，因为要进来两个学生，沈启无便从桌子的对面，坐到周作人旁边的沙发上。

两个"学生"戴着帽子和口罩进了客厅，周作人站了起来。见一位学生对另一位学生说："这就是周先生。"

离周作人只有一米远的一名学生，迅速从衣袋中掏出手枪，抬手就是一枪，击中周作人的左腹部。也许周作人命不该绝，子弹恰好打在周作人毛衣的纽扣上，只是擦伤点皮，但周作人还是应声跌倒。

沈启无闻听枪声，条件反射地站了起来，下意识地说："我是客人。"学生抬手又是一枪，射中胸部。沈启无应声倒地。

两名"学生"得手后，赶忙向外跑去，从八道湾胡同西口撤退。

受伤的周作人、沈启无被周家人送到日华同仁医院救治。周作人伤势较轻，敷了点药就回去了。沈启无因子弹穿过肺部留在后背，伤势较重，住院治疗。

当天下午，日本宪兵就把周作人叫到宪兵队，询问了两个小时。

从第二天起，伪警署派来便衣住在周作人家里，既是保护，又是监视。周作人倒也安心接受。出门时，侦缉队员也不离其左右。

这就是轰动一时的刺杀周作人案件，但伪警局始终没有侦破。周作人自认"可能是日本人主使的"。

3. 脱去"苏武"外衣，公开做"李陵"

也就在这一年8月，周作人任伪北京大学图书馆馆长兼任文学院院长，两份工资加在一起有700元。

1940年3月，汪精卫的伪政府在南京成立，北平伪"临时政府"改称华北政务委员会，汤尔和任华北政务委员会常委兼教育总署督办。当时他已患肺癌卧床不起，署务由伪教育总署署长方宗鳌代理。同年11月8日汤因肺癌病死于北平。于是，1941年1月，汪伪政府特任周作人为伪华北政务委员会常委兼教育总署督办，月薪1200元；同时还兼任伪东亚文化协议会会长、新民总会委员、华北综合调查研究所副所长。

1941年4月，周作人作为团长，带领"东亚文化协议会"代表团赴日本参加会议，"百忙"中特意去参拜靖国神社，为日本侵华战争中死去的军人招魂。4月15日，国内的《庸报》报道了前一天下午周作人等"参拜护国英灵之靖国神社，东亚永久和平之志向相同之一行均誓言真心"。拜鬼之后，周作人又两次赴日军医院，"亲切慰问"在侵华战争中被打伤的日军官兵，还两次为他们养伤捐款。他的这些丑行令人匪夷所思，国人也永远无法原谅他。

1942年5月，为庆祝伪满洲国成立十周年，汪精卫从南京带领代表团到长春，谒见伪满洲国皇帝溥仪，而周作人是成员之一。

在担任伪职期间，周作人志得意满，兴趣盎然。他居然身着军服，恬不知耻地检阅伪新民会青少年团。他到南京、苏州宴饮游乐，在游玄武湖时,还写下"疲车羸马招摇过,为吃干丝到后湖"这样的诗句,一副得意忘形的神态。他曾有一枚闲章,文曰"知惭愧",可现实中他却恬不知耻。难怪时人曾有这样一句流行语,叫作"周作人不'作人'"。

在周作人当教育督办的两年中,他利用各种机会摇唇鼓舌,竭力迎合日本人所谓"建立大东亚新秩序"的论调。伪华北政务委员会发动治安强化运动时,他又大放厥词,在《治安强化运动与教育之关系》一文中,大肆鼓吹此举乃是"华北反共最重要的工作,同时也是使民众安居乐业的唯一途径"。那一段时间,他毫不掩饰,赤裸裸地发表文章、讲话,出席各种会议。

1943年2月,周作人辞去教育督办之职。1944年又兼任伪中日文化协会华北分会秘书长。

沦陷时期的周作人,有着种种不堪的道德丑行。他曾经很看重气节,也很想保持气节,但最终未能持守自己的道德思想,这种利己"苦衷"的纠结,其背后是懦弱贪生的私人欲望的纠结。这种两难的选择,正是他与汪伪高官共同面临的道德与欲望的无解困境。他们的内心世界,常留有一种道德负罪感与焦虑感,严重的挫败感和被羞辱感。别以为他们面带笑容,夜里却时刻做着噩梦。

周作人为日本侵略者出谋划策,而日本主子则要求他对战争采取更加明确的文字支持态度。这一时期,他所写的许多东西,基本都是迎合这一主旨。"事伪"的经历,使他具有"双重人格"。在暧昧的政治身份下,为自己寻求精神解脱的支点,但其实是暗含苦涩的背离。

周作人处于一个风云激荡、阴晴不定的时代,以其对历史与人性的深刻洞察,加之"少信"的态度与存疑主义,使他精神深处充满了一种深深的绝望与消极。但周氏对于"生于斯长于斯"的这片国土的现状与未来从未真正释怀,却又使他常常不甘于此。这一缠绕周作人一生的痛苦矛盾，实际上也折射出中国传统知识分子身上所体现出的一种矛盾型的文化人格。

坦率而客观地说，当时一些知识分子和周作人一样对时局持悲观看法，如吴宓、陈寅恪等，但他们从宋明亡国悲剧中汲取的是抗争到底的民族精神。虽明知一时胜利的希望渺茫，但仍为传统气节鼓舞而南渡，以图恢复，重整山河。而周作人则"别出心裁"，通过对晚明的认知，推导出"道义事功化"等荒谬见解。于是自甘堕落，还极力为自己附逆辩护。且这样的自辩，更具蛊惑性。他在沦陷时期发表了好几篇很具迷惑性的文章，包括《中国的思想问题》《中国文学上的两种思想》《汉文学的前途》等，导致读者感觉错位，思维混乱，辨识不清，危害抗战。

4. 牢狱之灾及最后下场

抗战胜利后,北大教授傅斯年在重庆初次发表对伪北大教职人员处理办法的谈话,周作人自视为傅斯年师辈人物,遂以老前辈的姿态致信傅斯年。信中不但对自己下水做日本人走狗的历史罪过无丝毫忏悔之情,反而口气蛮横强硬,理直气壮地令傅斯年应把自己作为特殊人物予以照顾,且有威胁警告性的"你今日以我为伪,安知今后不有人以你为伪"等语。傅斯年看罢,当场把信拍在桌子上,大骂一声:"他妈的,青天白日旗还没落下,难道反了这些缩头乌龟王八蛋不成!"遂当即挥毫泼墨,痛斥道:"今后即使真有以我为'伪'的,那也是属于国内党派斗争的问题,却决不会说我做汉奸;而你周作人之为大汉奸,却是已经刻在耻辱柱上,永世无法改变了。"

1945年10月,周作人在八道湾的家里被"军统"拘捕,先在北平炮局监狱里关了半年,后押解至南京受审,监禁于宁海路临时看守所中,和大汉奸林柏生关在同一监室。

1946年10月8日,林柏生被处决后,兔死狐悲,周作人写下《感逝诗》一首:

当世不闻原庾信,今朝又报杀陈琳。

后园恸哭悲凉甚,领取偷儿一片心。

1946年6月17日，首都高等法院检察官起诉书：

被告周作人，男，63岁，浙江绍兴人，住北平新街口八道湾11号。

被告因民国三十五年度侦字第四六二号汉奸案件业经侦查终结，认为应行起诉，兹将犯罪事实及证据并所犯法条叙述如下：

犯罪事实：

被告周作人，于中日战事发生前，曾历任北京大学、师范大学等校教授有年。迨北平沦陷、伪临时政府组织成立，遂受汤逆尔和之怂恿，于民国二十八年八月出任伪北京大学教授兼该伪校文学院院长，秉承敌伪意旨，聘用日人为教授。三十年一月，经升任为伪华北政务委员会常务委员兼教育总署督办，推行伪府政令。同年十月，兼任伪东亚文化协议会会长，促进两国文化交流。三十二年六月，兼任伪华北综合调查研究所副理事长，协助敌人调查研究华北资源。三十三年五月，任伪《华北新报》理事及报道协会理事，发行有利敌伪宣传报纸。同年十二月，又兼任伪中日文化协会华北分会理事长，实施沟通中日文化。迨日寇投降，经军事委员会调查统计局将被告捕获，转解侦查到院……

1946年6月22日，原辅仁大学教授沈兼士、董洗凡，北大教授陈雪屏，前清华大学教授俞平伯等14人以及著名作家徐祖正等为保周作人致首都高等法院呈文：为联名保证周作人并未通谋敌国，且曾作有利于青年教育之行为，恳请略迹原心，从宽发落事。

所列举周作人对抗战有益之处有三：

第一，保护旧北大图书馆中西书籍四十六万余册，还有教学仪器、校舍等有形之物质，价值在数十万万元以上。保存其他院校图书（例如由敌兵营中救出清华大学图书十五万余册，与代北平研究院保存图书五千余册等）及添购大量善本书籍，综计共三十三万余册。周氏又恢复北平图书馆，得免与其左邻之静生生物调查所沦为敌兵占据，该馆图书始得安然至今。并由敌兵营中抢救清华大学藏书十五万余册,运送伪北大图书馆保存。

第二,周作人营救了文教及地下工作人员,如董洗凡、张怀、英千里、郭健夫、杨永芳、刘书琴出狱。

第三,日本文学报国会代表片冈铁兵在大东亚文学者大会上公开提议:扫荡"中国之老作家",指责周氏是"特殊之文化敌人""残余敌人之一""正在和平区内蠢动之反动的文坛老作家""彼(指周氏)为诸君(中国参加大会会员)及吾辈(日籍会员)斗争途上之障碍物、积极之妨害者""彼(指周氏)为大东亚地域中必须摧毁之邪教偶像"云云。

前国立北京大学校长、时任行政院秘书长蒋梦麟也给首都高等法院院长赵琛写信,证明在七七事变后,蒋介石本人派孟森、冯祖荀、马裕藻和周作人四人保护北大校产。时任北大校长胡适也证明确有其事。而且提到北大复原后,"点查本校校产及书籍,尚无损失,且稍有增加"。

11月16日,首都高等法院特种刑事庭判决如下:

主文:周作人共同通谋敌国、图谋反抗本国,处有期徒刑十四年,褫夺公权十年,全部财产除酌留家属必需生活费外没收。

周作人不服,声请复判。

1947年12月19日,最高法院特种刑事庭判决声请复判,判决如下:

主文:原判决撤销。周作人通谋敌国,图谋反抗本国,处有期徒刑十年,褫夺公权十年。全部财产除酌留家属必需生活费外没收。

周作人前往法庭

之后，周作人在上海提篮桥监狱服刑近三年。1949年1月22日，李宗仁接任中华民国总统，在国共和谈的气氛中，下令释放政治犯，周作人在1949年1月26日被放出监狱，去上海暂住。

1949年8月14日，他从上海回到中国人民解放军管治下的北平定居。

10月1日，中华人民共和国成立。周作人搬回北京八道湾的老房子，专心翻译和写作，以稿费维持生计。

1952年8月起，周作人出任人民文学出版社编制外特约译者，每月预支稿费200元人民币，按月交稿。

反右运动中，在北京图书馆工作的儿子周丰一被划为右派，停发工资，让他的经济负担大增，只好给中央领导同志写信。在康生和周扬的过问下，从1960年1月起，稿费调高到每月400元人民币。

1964年9月起，其稿费又减半至每月200元人民币，当时他的爱人羽太信子已去世。

1966年6月起，人民文学出版社不再给周作人预付稿费。

1967年5月6日，周作人发病去世，享年82岁。

周作人的附逆不单是一个历史事件，它还是一个文化事件。尽管让人扼腕唏嘘，但从周作人的性格心性、思想倾向、生活经历而观，也许这一选择是一种必然。当然，其选择的艰难与决绝，可以想见。至于对他附逆的解析，大致有四：对民族与人生的悲观，无气节主义，自由主义，对日本文化的情结。周作人的一生，可以说是刻意为文与无可无不可做人度日。而对于后者，其兄鲁迅仅用一字之评，那就是"昏"。在日本侵华战争中，周作人站在歧路的中间。在为人、学问和大节上，做出了很不一致的选择，且是一种满足个人主义的异类取舍。足以为后来者戒！

第十三讲　审判军事大汉奸齐燮元

1. 斜眼秀才去当兵

这个齐燮元是什么人？他是怎样做的汉奸？又干下哪些祸国殃民之事呢？我们来扒一扒齐燮元的发迹史。

齐燮元，出生年月先按下不说，直隶（今河北）宁河县人。从小刻苦读书，十年寒窗，自认为熬到头了，没想到参加县里选拔秀才时，出了问题。什么问题呢？政审没过关。清代规定：凡倡优吏皂之子孙，三代不能报考。齐燮元的父亲曾在县衙中干过差役，就属于吏皂一类。因此，齐燮元的报考资格就遭到乡人的揭发。幸亏授业夫子气场大，经过多方疏通，说服乡人，齐燮元才得以蒙混入场考试。发榜之日，考上了秀才。按理说应该扬眉吐气，但有人总拿他的家庭出身说事，心理落下阴影。1905年，清廷宣布终止施行了一千三百多年的科举制度，也终止了读书人的青云之路，齐燮元弃文投武，在1907年报考了北洋速成学堂，即保定军校的前身。没想到，在报考时，又差点没过关，这又是怎么回事呢？

当时报考者从高到低一字排开，齐燮元因个儿小，排在最后一个。考官逐一目测，眼光落在齐燮元身上，不禁摇头。齐燮元一看要落选，急忙大声说："学生身材虽矮小，而志如鸿鹄。"考官听了不禁称奇，这个不起眼儿的考生，竟出口不凡。紧接着又端详这名考生，发现他五官不正，是个斜眼，又摇摇头。齐燮元连忙又说："学生眼虽斜，但能识远。"这位考官也是宁河县人，和齐是同乡。看了他的学历，原来是个秀才，高学历，而且笔试成绩出类拔萃。这样，齐燮元涉险过关，分配在二班炮兵科学炮科。

1909年，齐燮元毕业后被分派在北洋第六镇。镇相当于后来的师，这个师的师长，当时叫镇统，都不是一般人物。第一任镇统是王士珍，后任有段祺瑞、吴禄贞等，都鼎鼎大名。齐燮元的顶头上司是第十一协协统（旅长）李纯。李纯是老行伍，北洋武备学堂光绪十五年（李鸿章于1885年在天津创办）的毕业生。齐燮元从见习排长干起，很快升连长、管带（营长），被选拔到陆军预备大学堂，即陆军大学第三期深造，1913年毕业。陆大是当时中国陆军最高学府。当时北洋镇改为师，第六师师长是李纯，齐燮元回第六师任参谋长，在陆大毕业生中仅此一人。

当时李纯兼任九江镇守使，旋任江西都督，1916年，李纯改任江西督军，齐燮元署理第六师师长；1917年8月，李纯特任江苏督军，齐燮元任江苏督军参谋长，接任第六师师长；10月，李纯兼任苏皖赣三省巡阅使，齐燮元任江苏军务帮办副使。之所以不厌其烦地讲李纯和齐燮元的职务升迁，目的是要告诉大家，齐燮元一出道就和李纯在一起，但李纯始终压齐燮元一头。这对于有野心有才能的齐燮元来说，内心是不服气的，他只需要等待一个时机，就能出人头地，成为北洋的封疆大吏，威加海内。

果然这一天被齐燮元等到了。1920年10月10日，李纯被北洋政府授予"英威上将军"；齐燮元加上将衔。诡异的是，两天以后，李纯竟然自杀了。

2. 混成封疆大吏

我们都知道，在北洋军阀统治时期，权力大的其实并不一定是大总统，而是各省掌握军权的督军。能当上督军是军人们奋斗的最高目标。而当时最霸气的督军就是江苏督军，占有富庶的江苏省，经济实力雄厚，兵多饷足，装备精良，又是实力派中的翘楚，按今天的话说，即军界的大咖！

为了证明李纯是"自杀"的，齐燮元拿出李纯的五封遗书，其中有封遗书竟是指定接班人的。遗书中这样表述：

江苏督军职务，以齐帮办燮元代理，恳候中央特简实授，以维全省军务而保地方治安。叩请齐省长、齐帮办及全体军政两界周知。

齐省长就是省长齐耀琳。

李纯一死，齐燮元是最大的受益者。当时就有人怀疑李纯之死与齐燮元有关。

齐燮元对天发誓说："督军如是我刺死，将来一定在南京吃'卫生丸子'（子弹），不得好死。"没想到一语成谶。抗战胜利后，齐燮元果然以"汉奸"罪名在南京雨花台被枪决，吃了"卫生丸子"。

李纯之死，是一起民国史上著名的谋杀案，但是还真不是齐燮元干的，齐燮元借机出牌，从中获得了极大的利益。这是怎么回事呢？

1920年10月12日清晨，许多走出家门的南京人明显感觉到街头的气氛有些不大对头，军警林立不说，还有许多军官往来如织于那条通往督军府衙的路上。大家纷纷猜测，一定是出大事了！

没过多久，一则惊人的消息就从那些"消息人士"口中传出：督军大人昨夜自杀了！

按官方的说法，46岁的李督军头一天还在后花园散步，身体、精神看上去都还不错。吃过晚饭，他向副官索要这几天的报纸看。由于这些天来江苏各界发动反对财政厅厅长文和（李纯干儿子）贪污的风潮，报纸影射他"任用非人，遗祸全省"。副官怕他看到报纸后生气，就谎称报纸还没到。连续几次都是如此回复，眼见都到半夜了，仍未看到报纸的李纯突然明白了，破口大骂之后让副官速取报纸来。这次，李纯终于看到了报纸。但看完后放声大哭，也不说话，而是坐在桌前奋笔疾书。其间，守在门外的副官曾听到屋内不时传来叹息声，但怕再惹其生气而没敢进入。等到天将大亮，副官进入室内听候盼咐时，惊异地发现督军大人"拥被而卧，无声无息，乃有弹自左胁入腹……"一般军人自杀，对脑袋一枪，谁朝腋下开枪，何况右手拿枪还要转到左边？解释不通啊！

俗话说，谁受益最多，谁的嫌疑最大。

为了证实自杀之说，第二天，李纯的五封遗书即见诸报端，言称"两月不能理事，贻误甚多""和平统一，寸效未见。杀纯一身，爱国爱民，素愿皆空。求同胞勿事权利，救我将亡国家""纯实愧对人民，不得已以身谢国、谢苏人"。这是军阀的自白？鬼才相信！齐燮元刻意将李纯包装成为一位"以身许国"的忧民忧国的爱国将领，但很多人对此并不买账。他们针对官方的说法连连质疑，既然李督军真的是为了忧国自杀，那当初袁世凯称帝时为何不自杀？张勋复辟时为何不自杀？南北军阀战争或五四运动爆发等国家危难之际为何不自杀？而偏偏发生在直皖战争后，皖系段祺瑞战败，直系如日中天之时。这样说吧，李纯如果不死，布贩出身的曹锟可能就不会执牛耳，成为直系一把手。

再看齐燮元的组合拳。

一天以后，不等北京政府任命，齐燮元便自行宣布就任江苏督军。以接班人的身份大操大办，为李纯举办隆重的丧礼，其盛况在江苏全省可以说前所未有。齐燮元抚棺大哭，哀哀欲绝，活活将生米煮成熟饭。老百姓难道就这样好哄好骗？

有关"督军大人死于情杀"的说法很快就在南京的街头巷尾流传开来。

有一种说法是：李纯在北洋第六镇任十一协统领（即旅长）时，有一次点验部队，在列兵群中，发现一个十八九岁的新兵蛋子，眉清目秀，聪慧可爱，是天津大毕庄人，名叫毕正林，李纯因为同乡之谊，遂带毕正林回旅部，派在传达处工作。毕既聪明又勤快，眼里有活，甚让李纯喜爱，遂命小毕在不影响工作的情况下，跟着文案师爷学习文字，一年后竟能阅读报章和普通公文。李纯更为满意，遂派小毕为随身马弁。李纯任江西督军的时候，小毕即升至上尉副官，专门办理督军私人事务和家庭琐事。

李纯的霸业呼风唤雨，但家里也有难念的经。那就是李纯自与夫人成婚，多年来却始终未能落得一儿半女。

民国初年，其妻曾收养一个名叫菱子的孤女为侍婢。是时菱子只有12岁，天生丽质，伶俐可人，因此极得李纯夫妇的宠爱，不把她看作侍女，而当作亲生女。这个女孩子到李纯家时，李纯还未升到第六师师长，自她进家后，李纯官运连连，从旅长即升第六师师长、九江镇守使、江西督军、江苏督军，李纯夫妇认为这是菱子带来的好运，因此对菱子更加宠爱。

由于小毕是李纯的亲信，出入李公馆很方便，而菱子这时正是花信年华，两人不免眉来眼去，很自然地便互相接近。有一次小毕在菱子面前开了一句玩笑，恰恰被李太太听到，深感不安，即对李纯说，菱子已长大成人，应该给她选一个如意郎君，成婚后仍可在督署做事。李纯惧内，听老婆的话错不了，于是就把菱子许配给小毕，不久两人正式成婚。菱子变成少妇后，不像未婚以前那么拘谨，有时遇到李纯也不似昔日那么羞涩。李纯则仍和过去一样把菱子当作孩子看待。不过菱子已是情窦初开的少妇，所以有时李妻不在她也在李纯面前撒娇，这样一来，春秋正富的李纯便不能自持，终有一天因李妻外出，李纯竟与菱子巫山云雨一番。自此以后，李纯欲罢不能，常常托故把小毕支派出去和菱子秘密幽会。时间一长，难免风言风语，小毕对此敢怒不敢言，因李督军是他的衣食父母，不但菱子是李纯所赐，自己今后的功名富贵也靠李大人抬举，于是也还识相，不敢计较。

一天，李纯又派小毕去上海为夫人购买衣料饰物。小毕起了个大早，搭上早班火车，于12点以前抵达上海，下车之后，即径至南京路一家大百货公司，按照预列的货品清单购物，顺带给老婆买了两件礼物，随即赶往车站，恰巧赶上下午2点的快车，掌灯时分，回到南京。当即雇辆人力车，返回督署，径奔自己住房去。不料一推板门，业已自内上闩，砰砰拍了两下，也没见动静。房门突然被打开，满脸通红的李纯走了出来。回过神之后的毕正林走进房中，发现自己的老婆倒很镇静。菱子提醒他，赶紧把替夫人买的那些东西送过去吧，督军已经过来催问好几次了。

毕正林把给妻子买的礼物挑出来之后，拎着购物网篮匆匆赶往李纯夫妇的住处。这个时候不过晚上九点多，李纯夫妇都还没睡。听得小毕的"报告"之声，李夫人就让他进来了。毕副官发现李纯面色阴沉，对他不理不睬。因为刚才的事，小毕不敢多说什么，只是把从上海买来的东西请夫人一一过目。然后，他还是毕恭毕敬地掏出购物发票，请李纯过目。得到的却是一句颇含怒意的答复："放在这里好了。"忐忑不安的毕正林不敢多言，悄然退出。毕副官没敢走远，而是转身来到李纯的办公室，借收拾房间之机思谋对策。还没等毕正林想好，李纯突然走了进来。只见他一脸严肃，径直走到办公桌前，取过纸笔，草草写了张字条之后吩咐道："到军法处去把杨处长叫来，就说我有急事待办。"毕正林突然想到，督军大人之所以急匆匆地找军法处处长，肯定是为了刚才奸情被撞破一事，他要趁夜深人静的时候把自己枪毙，否则，多大的事不能等到明天再办？心乱如麻的毕正林觉得可疑，最后一咬牙，与其等而待毙，不如先下手为强。咬一咬牙，小毕猛地抽出腰间的手枪装满子弹，重新走向办公室，对着李纯连开三枪……闻声赶来的卫兵将毕正林五花大绑之后，立即通知了军务帮办齐燮元。齐燮元本来就对老长官与养女间的暧昧情形有所耳闻，现在一听说督军被毕正林杀了，心里就明白了几分。他拿着毕正林的口供对李太太说，要是把实情公布出去，对李督军的声誉不大好。倒不如向外界编造一套光明正大的说辞，而将实情隐藏。取得李太太同意之后，齐燮元命人将毕正林提来，先是厉声呵斥一番，然后才语重心长地说道："按你所犯罪行，即使全家枪毙，亦不足偿其罪，因督军夫人念你平素尚无大错，特赏你路费500元，限你带菱子，连夜离开南京，对任何人皆不许泄露本案真情！"毕正林走后，齐燮元又严厉警告了在场官兵。然后，找来一名随李纯多年的秘书，命他模仿李的口气伪造五份遗书，说自己常年为疾病所折磨，加上忧国忧民，忍受不堪而自杀身亡。

毕竟纸里包不住火。虽然齐燮元极力掩饰李纯死亡的真相，但根本挡不住外界舆论汹汹。就连督军署秘书长周嵩尧也认为，无论李纯是自杀还是他杀，齐都有重大嫌疑。因为李若死了，齐燮元得利最大。这令齐百口难辩，他指天发誓"督军如是我刺死，将来一定在南京吃'卫生丸子'（子弹），不得好死"。结果，就在抗战胜利后，这位李纯的继任者果以"汉奸"罪名在南京吃了"卫生丸子"。

李纯的内弟，即李纯老婆的弟弟、赣巡阅使署任机要秘书的李鹏图道出真相，他写的《我所知道的齐燮元》是这样说的：

"李纯死，齐遂升任江苏督军。当时社会方面对李纯之死多疑为齐燮元所谋杀，其实死于副官之手（李爱妾与其副官私通，被李撞见），该副官将李枪杀。至当时报纸宣传李纯忧国忧民而自杀，并刊登李之遗书等，则系齐等为保全李之体面所虚构。"

这件事，北洋时期高级将领都耳熟能详。张宗昌就从来不到姨太太的房中睡觉，他说：李纯是自找的。

张宗昌的参谋长李藻麟说：李纯被年轻的副官刺杀后，齐燮元当时是旅长，立即接替任师长职务，为了掩人耳目，维护长官的面子，确保江苏地盘，齐燮元捏造了一个忧国忧民、自杀殉国的谎言遗嘱。时隔多年，无人知晓内幕，谎言也就变成事实。

3. 挑起江浙之战，引发直奉大战

齐燮元当上江苏督军兼三省巡阅使之后，吴佩孚坐镇河南洛阳，兼直鲁豫三省巡阅使，使整个中原和江南都掌控在直系军阀的手中，大总统也控制不了局面。

为什么呢？齐燮元和李纯不同，他弃文投军的目的就是要以军威扬名，洗刷皂隶之子不能报考秀才的世道不公之辱，野心勃勃，不满足于当一个省内的"土皇帝"，并以冯国璋为例，想当总统。

这里才说到齐燮元的年龄问题。其实，他的岁数是往大里报了的。他的内弟李鹏图1962年写的材料中称："齐燮元原名齐瑛，字抚万，投身军籍后改名齐燮元，1884年生于直隶省宁河县城里。"

所以，到1921年齐燮元应该37岁。为了官位，一般人都是越报越小，齐燮元为什么往大里报呢？那时和现在不一样，参选大总统不到40岁的人不能参选，所以齐燮元大办40岁生日公诸报端，是让人们知道：他已经够了参选大总统的法定年龄，为下一步做大总统大造舆论。

北洋时期军阀混战不断，到底为什么呢？就是为争夺土地，掠夺经济利益。齐燮元当上江苏督军后，也不是省油的灯。为了从皖系浙江督军卢永祥手里夺得上海和浙江的地盘，1924年9月，齐燮元冒天下之大不韪，发动了对卢永祥的一场大战，史称第一次江浙战争，或齐卢之战。

大战的原因是上海在江苏省的辖区之内，但却归皖系的浙江督军卢永祥管辖。齐燮元认为，上海是中国最大的商埠，每年上海口岸的税收居全国之首，而且大量的鸦片烟土从这里转运内地各省销售，其利润极为可观。所以也有人把这场战争称为"新鸦片战争"。

上海时代图书公司出版的《论语》杂志上曾有妙文讥讽齐燮元说：

齐燮元与卢永祥在江浙一带争地盘。他们争夺的目的当然在乎钱，都想多抽鸦片烟税，可是面子上都说要禁烟。齐燮元原来也是老枪。卢永祥的线人向齐燮元吐露，光是由印度运进上海的鸦片，其税收就足以养3个师。齐燮元垂涎上海这块聚财宝地，也常常抱怨："我这个江苏督军，兼苏皖赣巡阅使，可是对上海这个最具军事、经济价值的地盘，却不能行使管辖权。"欲成就霸业，就必须将上海和浙江拿到手中。齐燮元进攻上海的时候，有一次在房间里大过鸦片烟瘾，房中同僚都在谈论关于进攻上海的事。齐燮元一时情急，竟举起烟枪，大声喊道："我老齐到上海第一样要禁鸦片烟！"

春秋无义战。北洋时期军阀混战，同样无义战。有关江浙战争即齐卢之战的结果究竟如何，齐燮元是不是最大的赢家？

这场战争持续40多天，双方损失惨重。卢永祥被迫下野。齐燮元损兵折将，上海地盘未得到，却让福建与浙江边界的闽浙督办孙传芳从背后捅了刀子，乘虚而入，攻下浙江，占领上海，收编了约5个师的兵力，使孙实力大增。这就是江苏督军齐燮元甘冒天下之大不韪，挑起的一场两败俱伤的内战。最倒霉的是战区的老百姓，惨遭战争涂炭。

据江苏绅士黄炎培等灾区考察报告："无辜良民死于战时炮火，已属可怜；困于战后焚掠，尤觉奇惨。浏河全市弥望瓦砾，方泰一镇洗劫殆尽，满空飞蝇，触鼻腥秽，惨不忍闻。"上海人皆对齐恨之入骨。要求齐燮元被免职，卢永祥也应该被免职，两人同为战争祸首。

齐燮元偷鸡不成蚀把米。直系要扩充地盘，发动了江浙战争，引起关外奉系张作霖的不满，于是打电报要开飞机去北京问曹锟大总统起居，这就是战争的前奏,接下来调兵遣将,挥师进关,又引发了第二次直奉大战。正当奉军猛攻山海关、九门口等地,直系军阀吴佩孚岌岌可危之时,直系将领冯玉祥为张作霖所收买,阵前倒戈,从古北口返回北京,囚禁了直系大总统曹锟,并与张作霖联手攻击直军,导致直系吴佩孚大败亏输,一时推翻直系,由黄郛摄政内阁。张作霖、冯玉祥到天津,推皖系下野的段祺瑞重新出山,出任中华民国临时执政。

战胜直系后,张作霖野心膨胀,并没有如约撤回关外。为了扩充地盘,张作霖决定向东南用兵,奉军在张宗昌率领下,分三路进攻江苏,挑起了第二次江浙战争。

1925年1月,卢永祥、张宗昌率奉军过江,在南京集结,威胁到浙江督军孙传芳的利益和地盘。卧榻之侧岂容他人鼾睡?于是孙大帅公开站出来,叫板段祺瑞执政,反对奉军南下,并与齐燮元联手,组织了江浙联军进行对抗。齐燮元有了帮手,底气也足,打就打吧,谁怕谁?

别看齐燮元神气十足,又是军事最高学府陆军大学毕业,做参谋的出身,但是枪林弹雨的血腥场面还真没见过。

1月17日晨5时许,镇江一带炮声隆隆,火光闪闪,奉军部队向齐燮元军和苏军阵地发起进攻。最可怕的是张宗昌的白俄雇佣军,端着刺刀大枪,嗷嗷叫着,冲在最前面。苏军未见过这种阵势,抵御不住,便向后退,兵败如山倒。奉军占领了镇江,苏军节节败退,丢了丹阳,又丢常州。齐燮元急忙率部赶到无锡布防,在皋桥车站设立了司令部。此时,孙传芳的浙军突然撤走。为什么呢?原来段祺瑞私下分化瓦解,保证奉军不触及孙传芳的地盘,孙传芳于是通电拥护中央。这样一来苏军立即土崩瓦解。齐燮元吓得连滚带爬地想乘火车逃走。谁知他的兵比他跑得还快,早已将火车车厢挤得没有插针的地方。可怜威震东南的齐大帅只得拔脚向后狂奔,途中幸好碰上一辆铁篷车,也不管是拉煤还是拉货用的,爬上就走，冻饿交加，逃往上海去了。

齐卢之争给东南人民造成巨大的灾难，而其中无锡战祸尤烈。从1925年1月19日齐军退至无锡，到26日奉军进入无锡，前后八天，几乎"无日不抢，无日不烧，杀掠奸淫，穷凶极恶"。经专员调查并详细审核，在这次战争中，无锡共计被焚毁财物价值银727503元，被军兵抢掠总额银5906733元，合计损失总额银6634236元。

1月20日，段祺瑞令：褫夺齐燮元官勋，缉拿解京讯办，所有私产概行抄没。

最后，这场惨烈的第二次江浙战争以孙传芳撤兵回浙江；奉军退出上海；齐燮元宣布下野，逃往日本，将所部交由孙传芳接收而告终。

4. 投靠日本人

这一年冬天，直系吴佩孚东山再起，在汉口组织十四省讨贼联军，吴佩孚称讨贼联军总司令，并电约齐燮元，任齐为副总司令。齐燮元立即从日本回国就任讨贼联军副司令之职，驻在长辛店和易州一带。此次讨贼的目的是驱赶段祺瑞下台，欲推曹锟重新上台。但是最终的结果，吴佩孚被北伐军彻底打败，齐燮元还是没能达到东山再起的目的，只得躲进天津英租界。

1930年5月，齐燮元参加了冯玉祥、阎锡山、李宗仁对阵蒋介石的"中原大战"，出任江北招抚使，讨伐蒋介石。没想到声势浩大的反蒋军被蒋介石击败，齐燮元和蒋介石结下了梁子，只能又隐居在天津英租界。

1931年九一八事变以后，日本占领东三省，并加紧对华北的侵略。1933年长城抗战后，中国军队失利，与对方签订了丧权辱国的《塘沽协定》，实际上承认了日本占有东北三省及热河，并划绥东、察北、冀东为日本自由出入地区。

1935年5月，华北日本驻屯军参谋长酒井隆和日本大使馆武官高桥，指责国民党政府华北地区当局挑起"河北事件"。河北事件包括两件事，一是5月17日，发生了所谓抗日武装孙永勤部进入非武装区，得到国民党遵化县县长庇护和援助的事件。孙永勤是什么人？孙永勤，热河兴隆（今属河北）人，自幼习武，崇尚忠义。热河沦陷后，孙永勤建立了抗日救国军，发展到5000人，活动在青龙、兴隆、承德、平泉、迁安、遵化等县，不断打击日伪军。1935年5月，在日本关东军的疯狂围堵下，腿部负伤的孙永勤被迫带队入关，得到国民党遵化县县长庇护和援助。后孙永勤发觉日军意图，为不给侵略者造成进占华北的口实，他决定寻机突围，重返长城以北山区。不料，被日本关东军纠集的一万余武装层层围困。5月24日，孙永勤在指挥少数部队掩护主力向热河方向突围时壮烈牺牲。

二是，日方还指责天津两个汉奸报社社长被暗杀是蓝衣社所为，是排日行为。

酒井隆威胁要采取自卫行动。北平军分会委员长何应钦与日方代表梅津美治郎签订"何梅协定"，中央军撤出华北，北平军分会撤销，国民党河北党部和蓝衣社撤出华北，取消抗日活动。这样，宋哲元第二十九军由察哈尔进驻北平，成立一个新的机构，叫"冀察政务委员会"，宋哲元任冀察政务委员会委员长，齐燮元进了冀察政务委员会，当上了政务委员，总算又进入了政界。因为齐燮元长期和日本人打交道，儿子齐鸿迈又是日文翻译，加之国民党第二十九军经常与日军发生摩擦，因而齐燮元成了与日谈判调停的关键人物。

5. 为虎作伥，建立伪军

1937年七七事变后，7月下旬，北平、天津相继沦陷。日华北方面军认为筹建伪政权的时机已经到来，12月7日，华北特务部长喜多诚一等人立即决定以王克敏为中心，把已经网罗到手的汤尔和、王揖唐、齐燮元、江朝宗等一班汉奸召集到一起，在北京饭店成立了一个"政府筹备处"，对成立新政权的事项进行具体策划。

12月13日，华中日军攻破南京。首都南京的沦陷，被日本当局认为是中国政府"溃灭"的标志，因而以为成立新政权的时机已经成熟。于是，日本华北方面军特务部立即命令王克敏等人于次日成立新政权。12月14日，"中华民国临时政府"在北平宣布成立，当天上午在中南海居仁堂举行伪府成立仪式。由于没有物色到担任"总统"的合适人选，只好将"大总统"席位空缺。该政权的主体是伪行政委员会，在伪行政委员会之下，又设置行政、治安、文教、司法、赈济5个伪部。王克敏任行政委员会委员长兼伪行政部部长，朱深任伪司法部部长，王揖唐任伪赈济部部长；在一群文奸之中，只有齐燮元是个武人，并号称懂军事第一人，由此，出任伪治安部部长。

在此期间，齐燮元率先带头，将宁河镇西关附近的18个佃户村的5万多亩土地卖给日方，让日方建立高丽圈。这个高丽圈是怎么回事呢？顾名思义，高丽就是朝鲜，朝鲜人在中国土地上定居，老百姓就称之为"高丽圈"。日方利用朝鲜种植水稻的经验，安置4300名朝鲜人，建有23个高丽屯。日本标榜为"以战养战"的"芦台模范农村",当地俗称"高丽圈"。四周由壕堑围圈,实行封闭型的管理。也就是建立起专门生产水稻的军谷农场,以供日军军粮。

日军为何选择在宁河县蓟运河下游建军谷农场?早在1927年,日本华北驻屯军的特务机关搞了一份经济情报,叫《冀东综览》,将华北冀东各县、市的矿产、盐业、农渔业、水利、工业、运输、地质气候等资源状况,调查得十分详细。在书中介绍冀东有广袤的滨海盐田,平阔肥沃的土地和丰沛水源,交通便利,境内有北宁铁路和蓟运河运输。

1934年10月23日,华北日本驻屯军参谋长酒井隆致函满铁总务部长,要求协助成立一专门研究所,调查华北的经济资源。随后驻屯军就制定了《华北重要资源调查方针及要项》,提出了向华北扩张的设想。在这个文件中提出:"为补充战时资源的不足,考察研究所需华北资源的培植、开发、改良、增产的方策。""高丽圈"正是侵华的需要和产物。根据"中日经济提携"规定,要使华北永远保持"亲日态度",日本所需资源要在华北地区开发,要"迅速求其实"。

1937年华北沦陷,伪华北临时政府随即成立。为了配合日军"以战养战",就需要建立军谷基地。

紧接着在1938年,日本在下坞、大王邺圈占1000亩地建立的小型农场,名为"天津米谷统制协会军谷农场",又建立了"钟渊启明农场";同年日军在崔兴沽占地22204亩,建立了"北支那机械农场",1941年更名为"中日机械股份有限公司茶淀农场"。这些"军谷农场"生产的稻麦(米面),全部运到芦台镇,由日军设立的"军谷统制公司"统收、统制,然后再运往日军各部队。但是,齐燮元最大的"功劳"不在于此。

齐燮元出任伪治安部部长伊始,就表示要整顿北平、天津、青岛三市及河北、河南、山东、山西四省的警察及保安团,以确保日军占领区的"治安"。

齐燮元提出:"兴学、建军、剿共"六字方针。要建立伪军,编练伪军,就必须造就培养各级、各专业骨干人员的伪军校。从1938年初开始,齐燮元先后组建了各种伪军军事教育机构,这就是"兴学"。那么,齐燮元共开办了多少军事学校呢? 大致可分为五类:

第一类,建立伪陆军军官学校。

1938年夏季,齐燮元效仿蒋介石办黄埔军校,在北京通县南门外设"陆军军官学校",齐燮元自兼校长。学校宗旨是培养排级军官,招收对象为18岁以上、25岁以下初中毕业的青年,笔试合格后,由齐燮元亲自口试录取。学校的教务长是日本人,叫西村大佐,教官中日本人很多。教学内容分学科、术科和思想控制科。第一批学生于1939年10月即宣告毕业,共450多人,均派充伪新军8个团当排长。成绩好的,被充任第二期伪军官学校学士队的区队长。另有20名日语较好并与日伪关系密切者,被送入日本陆军士官学校继续培训,以后成为伪军中的骨干分子。1939年,该伪军校迁到北京德胜门外清河镇原陆军中学营址,扩大招生1000名,为第二期(俗称清河军校)。为适应战时需要,学制为一年。第三期也招1000名,从第四到第五期学制改为两年,招生名额减至400多人。

第二类,伪宪兵学校。

伪宪兵学校地址在北京东四四条,是原北洋宪兵学校旧址,成立于1938年8月。该校的校长是奉系军阀邵文凯。邵文凯,辽宁辽阳人,娶袁世凯第十女袁琮祯为妻,1919年毕业于东三省陆军讲武堂第5期步兵科,后任东北陆军军士教导队教育副官。1931年任东北宪兵副司令兼北平警备司令,1936年任北平绥靖公署宪兵司令部司令。1936年10月5日,授中将军衔。

七七事变发生后,北平宣布临时戒严,并成立北平及四郊临时戒严司令部,由冯治安任司令,邵文凯等为副司令。随着平津的失守,邵文凯当了汉奸,任伪北平宪兵司令。1943年10月10日被汪伪政府授予陆军中将。

该宪兵学校设有学员队和学兵队。其宗旨是培养和造就军事警察,维持军容风纪。开学典礼之日,北平日本宪兵队有名的特务宫内少佐参加,并担任学校顾问。

第三类,建立伪军士教导团。

1938年10月,齐燮元在清河镇原陆军中学旧址成立伪军士教导团,主要宗旨是给新建伪军输送班级干部。团长为刘凤池,伪少将军衔,原任伪治安部保卫局局长;主任教官是日本人小坂大佐。其编制是:团以下设2个大队,每个大队辖4个中队,每个中队辖3个区队(相当于排),每个区队设区队长及区队副各1人。每中队设有日籍教官1人,负责术科训练。每个中队约120人,入团学习的约有1000人,大都是日本侵略军从所占领的河北、山东等沦陷区强迫征来的,年龄都在20岁左右,文化程度参差不齐。因待遇较好,衣食无忧,入营后还可免予被抓充劳工,所以几乎没有逃兵。1939年10月,配合伪军建军,第一期结业后送出800人编入新建伪军。有100人送到准尉训练班,向第二期伪军官学校送20名。1940—1941年,分别办了第二期和第三期。到1942年并入伪教导集团,地址也移到通县的老四营,名称为"军士教导团"。

第四类,建立伪军官队。

伪军官队的队址在通县,与军士教导团同为一地。主要搜罗训练中级伪军干部(团、营级)。这是根据齐燮元的要求开办的,成立于1939年初。招集了200多名闲散无业的老军人,组成伪军官队,由齐燮元自兼队长,刘组生任主任队副,另设队副2人,学员的年龄多在三四十岁,也有五六十岁的,其中有些是齐燮元在北洋军阀时期的旧部。这些人有的出自北洋武备学堂，有的出自保定速成学堂和保定军校，大都是行伍出身，失业闲居，想借此机会图谋东山再起，升官发财；也有为谋生而来的，动机各异，情况复杂。这批学员于1939年10月毕业，除有3名任伪军团长的外，多数为营长、连长和中级幕僚。1940年至1941年又办了两期，因人数越来越少，后停办。

第五类，组建其他班队。

除了上述各种伪军校，齐燮元还按专业举办各种各样的训练班，如1939年在伪军校内开设译务训练班，有日语教官主持，毕业200人，均为伪军上尉以上翻译官或秘书；伪军需训练班，招收初中毕业生，教以粮食服务、会计知识，以充当伪军需人员；除此之外，还有伪军医训练班；伪准尉训练班；伪宣导学校，即培养伪政工人员等。

齐燮元为适应日本对华北的治安要求，利用多种形式办学，训练伪军，可谓用心良苦。一次，在伪军士教导团内举行联合毕业仪式上，日军华北派遣军司令官冈村宁次也到场参加。齐燮元当着冈村宁次的面，在讲话中说："在中国军队史上，从来没有这次建军准备得这样完善……应首先感谢我们的朋友……"

6. 害死吴佩孚

1938年夏，日本土肥原特务机关拟订"南唐北吴"计划，即在上海拉出做过北洋总理的唐绍仪和在北京拉出北洋上将吴佩孚，一南一北，一个掌政，一个掌军，共同建立全国性的伪傀儡政府。

秉承日本旨意的齐燮元，多次登门拉拢他在北洋时期的老上司吴佩孚为日本服务，均遭吴佩孚拒绝。1939年12月4日，吴佩孚因牙病死于北平。关于吴佩孚之死，有种种说法流传。但是吴佩孚的孙子则认为吴佩孚是被日本间谍所谋杀，而齐燮元是帮凶。这又是怎么回事呢？

吴佩孚的孙子撰文说，日本侵略者想利用吴佩孚与蒋介石政权的历史宿怨和在社会上的威望，企图敦劝他出山当傀儡。一时间，每日吴宅前车水马龙，军警林立，日特首领及形形色色的汉奸说客络绎不绝，门前经常水泄不通。在这种"外有强敌施压，内有群奸游说"的困难境遇下，吴佩孚始终不肯在强敌面前屈膝就范。他骂上门游说的大汉奸江朝宗"老而不死"，咒齐燮元"死无葬身之地"，还斥责汪精卫是"著名汉奸""无耻下贱"。面对日寇的威逼利诱，他多次对日特头子拍桌子，掷茶碗，盛气凌人。他提出了日寇不可能接受的"出山条件"：日军必须全部撤出中国，包括东北三省，确保自己的实力、实权和实地。吴佩孚自知身处险境，谆谆教诲其子孙：不准当汉奸！

日本特务机关意识到敦促吴佩孚充当傀儡的计划已告失败，于是密谋杀害吴佩孚，以绝后患。当时，吴佩孚患牙疾，延请德国医生到家中诊看，诊断需住院拔牙。德国医生认为家中不具备拔牙的卫生条件，才要求住院手术，因系"德国医院"，被毕生不入租界的吴佩孚拒绝。日本当局得知后，强行指派日医到家中拔牙，结果导致严重感染，腮部肿胀，继而高烧昏迷。

究竟吴佩孚之死和齐燮元有无关系，齐燮元还做过哪些有利敌国、谋害本国的事情呢？

据在场的吴佩孚的孙子回忆：1939年12月4日，日特头子川本会同大汉奸齐燮元携日本军医前来强行"治疗"。家属欲阻拦而不得，齐燮元说："大帅是国家的人，一切由国家主持安排，家属无权过问。"当时是由吴佩孚的儿子扶护头部，吴夫人也在侧，川本、齐燮元现场监督。日医用手术刀在浮肿的右腮下气管与静脉的部位一刀割下，血流如注，吴佩孚顿时气绝。当时有人喊了一声：快打强心针！日医在医药包里寻找一番，表示没带强心针，旋即跳到床上"抢救"，进行"人工呼吸"，强压胸腔及心脏。这番"抢救"动作，无非是再施手脚，加速死亡。吴夫人从屋中出来时，痛哭失声，告诉子孙："天塌了！"噩耗一经传出，楼上下、院内外一片大乱，哭声震天。吴夫人当场昏厥。亲随张劭溥拔出手枪要打死日医，日医在众多警特掩护下鼠窜而逃。当时的情景，给我们的印象十分深刻，直到如今，还历历在目。齐燮元虽然没有直接对吴佩孚下毒手，但起码他是日本人的帮凶。

吴佩孚骤然辞世，举世震惊，一时其死因成了街谈巷议的话题。为了混淆视听，日方利用控制北平媒体的条件，多方散布谣言，企图掩盖事实。但时隔不久，合众社、路透社、中央社等就作出了相关报道，使真相大白于天下。如中央社香港12月17日电指出：

吴佩孚将军之死，经各方面调查，得悉吴非因病致死，确系经威胁利诱，迫其发表新政权宣言，经吴拒绝，乘吴牙疾就医致死。

重庆中央政府对吴佩孚给予了极高的评价。蒋介石亲发吊丧唁电："……虽暴敌肆其诱胁，群奸竭其簧鼓，迄后屹立如山，不移不屈，大义炳耀，海宇崇钦。先生之身虽逝，而其坚贞之气实足以作励兆民，流芳万古……"

几天后，国民政府和国防委员会追赠吴佩孚为"一级上将"，"生平事迹，存备宣付国史馆"。

1940年1月24日，吴家在北平为吴佩孚移灵举殡之时，陪都重庆也召开追悼大会和各种纪念活动。中国共产党对吴佩孚一生反对外来侵略并保持晚节做出了高度评价。董必武当时这样评价：吴佩孚虽然也是一个军阀，他有两点却和其他的军阀截然不同。第一，他生平崇拜我国历史上伟大的人物是关、岳，他在失败时也不出洋，不居租界自失。第二，吴氏做官数十年，统治过几省的地盘，带领过几十万大军，他没有私蓄，有清廉名，比较他同时的那些军阀腰缠千百万，总算难能可贵。吴佩孚之死虽然众说纷纭，但他的儿孙当时在场，应该说他们提供的材料是可信的。

7. 与八路军作战

伪临时政府成立时，负责华北治安工作的中国方面的兵力只有警防队3个团、宪兵3个营，共约5000人。1939年10月1日，齐燮元成立伪治安军，以8个团（定额约1.5万人）为骨干，编成3个集团（一个集团相当于一个旅的兵力）和2个独立团。

10月10日，日本《大阪朝日新闻》刊登关于"治安军"开赴第一线的报道。（同盟社北京9日电）临时政府所辖治安军，于10月1日正式建成。其各级干部定于9日、10日分别启程前往任务地，更将站在第一线，开始协助日军讨伐破坏东亚新秩序建设的匪团。新治安军由3个集团编成，总兵力1.3万人。

一年以后，即1940年10月，日本报纸报道：治安军负担河北省10个县、山东省2个县的警备工作。一开始，治安军同日军混合部署。后来在日军支援下从事"讨伐"作战，进行实际的训练。进入驻地后，治安军在2个月内参加了21次战斗，逐步提高了战斗力。

1940年3月，汪精卫伪政府在南京成立后，伪临时政府改为伪"华北政务委员会"，伪治安总署改称"绥靖总署"，"治安军"改称"绥靖军"，又扩充了14个团，定额约2.6万人。任命齐燮元上将为总司令兼督办。

第三年，即1941年10月，华北伪军在原来22个团和1个炮兵队的基础上，又不断扩充，最终达13个集团军，36个团，总兵力达5万人以上。

齐燮元扩充这么多伪军主要对付谁呢？当然不是对付国民党军队。当时国民党主力军基本上撤出了华北地区，而八路军主力东渡黄河，挺进华北地区，尤其是华北通往东北的战略要道冀东地区，成为日伪的眼中钉、肉中刺。齐燮元的伪军主要配合日军对八路军和抗日根据地进行多次大扫荡。

下面讲一下齐燮元的伪军与八路军的作战情况。

在日军遗留的一份"北支那方面敌情要图昭和16年（1941）"标注着聂荣臻、徐向前、贺龙、刘伯承、萧劲光等集团所处的位置，由此可以证明在华北抗日的都是共产党领导的八路军，而在冀东军区则标注着李云长的名字。其实这个李云长就是李运昌，他被日军视为劲敌之一。

李运昌（1908—2008），河北省乐亭人。1925年10月，经李大钊推荐，入广州黄埔军校四期学习，与林彪是同学。参加过毛泽东的农民运动讲习所和海陆丰起义。1939年7月，任八路军冀热察挺进军第十三支队司令员。1940年7月，任冀东军分区司令员。

李运昌的名字为什么在日军敌情要图中变成了"李云长"？那时冀东地区曾流传着这样的民谣传唱："李云长，大忠良，骑红马，挎大枪，打日本，捉豺狼。"就是在这样的民谣传唱中，"李云长"成了抗战期间苦难冀东人民心中的传奇，而侵华日军则把这个充满传奇色彩的"李云长"的名字就标在冀东的位置上。

从1939年开始，华北治安军配合日军，先后在冀东进行了两次"强化治安运动"，残酷镇压抗日军民。1941年开始，日本华北方面军在冈村宁次指挥下，为了推行日本大本营的战略计划，实行以军事为主的总力战，宣称要把冀东变为日本管辖的"模范区"，并进而推广到全华北，说什么在这"模范区"里，由"中国人执政""中国军队统治"，只要执行日本的政策，"就可成为在中国大地上最好的王道乐土"。

实际上冈村宁次的目的是把日本军队抽去执行南进计划，配合日军发动太平洋战争。是年10月，华北方面军开始将日军主力第27师团，即发动卢沟桥事变的华北驻屯军调离冀东基本区，去南方配合作战。由于日军兵力不足以与冀东抗日军民相对抗，先后将齐燮元的伪治安军共7个集团军，约8个团近4万兵力来接替日军防务。

齐燮元于1941年4月调动3个集团（一个集团相当于一旅兵力）和独立第八团，集结在河北迁安地区。齐燮元督战的大本营设在滦县，这是指挥中枢，挂上了"华北绥靖军总司令滦县行营办事处"的牌子。日伪报纸把这次"围剿"称为"十万精兵扫荡冀东"。从4月初到6月间，向冀东抗日根据地推进，遭到李运昌抗日武装的伏击，当场击毙第一团的一名营长，死伤多人。由于敌我力量过于悬殊，我抗日军民的反扫荡准备又不充足，激战数日，弹尽人疲，两个主力团都吃了不少亏。一时的失利，让齐燮元错误估计了形势，并鼓吹"空前胜利"，不再把"土八路"放在眼里。

1941年9月，伪军第二次向冀东集中。这次仍然是日伪合作，协同作战。调动共计16个团的伪军，伪华北"绥靖军"总司令行营设在唐山，以齐燮元的亲信杜锡钧为行营主任，齐燮元在北平坐镇指挥。但是，伪军集结立足未稳，就遭到我冀东军区李运昌部的沉重打击，在遵化石门截击开往遵化的伪军第十团，歼其团部，击溃两个营，俘日籍教官公田、川越二人，并被群众击毙。伪军出师受挫，大大动摇了伪军的军心，同时也使身在北平的齐燮元"大为震惊"。齐燮元与顾问部长官田岛少将亲到唐山，并往丰润县至遵化视察。当他们进入遵化城时，当地出现了抗日标语传单，吓得他们即日返回唐山。随后，由伪军咨局局长王斌拟订了进攻冀东抗日根据地的计划，企图用集中优势兵力、重点突袭的策略，一举歼灭抗日武装。把16个团的伪军统一集中，向北部遵化山区各根据地进发，李运昌部当即迁回到伪军薄弱的南部滦县之北,将伪军第二十团包围,采取了围点打援的战术,牵引伪军北进的7个团的兵力。当时,安排由伪军日本顾问率领8个营的兵力,前去解围,此时李运昌早已安排重兵,形成包围圈。当伪军进入包围圈后,突然遭到八路军的袭击,使整团及炮兵队全部被歼。驻该团的3名日本教官全被击毙,缴获了全部装备和武器。包括步枪1100支,迫击炮4门,重机枪6挺,山炮2门,团长以下官兵全部被俘,后经教育,予以释放。

当齐燮元和日军头目田岛得知伪军整团被歼的消息后,急命取消原计划,急急慌慌离开唐山返回北平。被八路军释放的伪四团团长,又逃回北平向齐燮元报到,结果以指挥失当,交由军法会审判,处以死刑。另外,伪第十团,有两个营被歼灭,正团长因丢失伪军团旗,也按军法处以死刑。当时行刑之时选在农历除夕,齐燮元给每家抚恤金两万元。人们说,这是齐燮元唱了一出"斩马谡",为了向日本主子交代,齐燮元对第四集团司令姜恩溥下了责罚令,令其找回日本人公田、川越的尸体,如不能寻到,亦将以军法从事。二人尸体后被找回。

1941年11月初,以"清剿剔抉"的手段,向我冀东根据地进行"扫荡",实施第三次"治安强化运动",企图消灭冀东八路军,摧毁冀东抗日根据地。

当时我冀东根据地的基本区内仅有少数几个区队和民兵坚持斗争,显然很难粉碎伪"治安军"的狂妄计划。针对以上情况,中共冀东分委、冀东军分区司令员李运昌和政治委员李楚离等召开会议,分析形势,研究对策。根据会议决定,冀东军分区立即制定了打伪"绥靖军"的作战计划。从1941年11月开始到1942年2月,我冀东军区两个主力团和地方武装对阵日军约3千人、伪治安军3万人,经过84天29次作战,共歼灭伪"绥靖军"8个团的大部。这次战役,粉碎了敌人企图在冀东以伪"绥靖军"为主,结合地方伪组织建立"模范治安区"的狂妄计划,从而打乱了日军妄图在华北建立太平洋战争的兵站基地的步骤;并大大瓦解了伪军的斗志,伪军士兵逃跑与日俱增。已经调离冀东的日军第27师团,不得不又调回冀东。使敌人意识到在他们认为条件好的冀东都建不成"模范治安区",在别的地区同样也不可能。事实上,日军在冀东失败后,再也没有进行过建立"模范治安区"的尝试。

日本华北方面军高级指挥官哀叹:"到冀东如入苦海""对冀东应有再认识。"当时,日军为了集中兵力确保重要据点和铁路沿线,还先后撤了20多个据点,为八路军恢复原有地区和后来开辟新地区打下了良好基础。

但是,八路军也伤亡了连队干部10余人,战士347人。部队在转移过程中,与日军遭遇,冀东军区副司令员包森不幸牺牲。

包森(1911—1942)陕西蒲城县人。1932年2月加入中国共产党。1937年3月赴延安,入中国人民抗日军政大学学习,抗战爆发后被派往晋察冀抗日根据地独立一师工作。1938年6月,率40多人到冀东,在河北兴隆一带开辟抗日游击区。1939年秋,包森被任命为冀东军区副司令员。1941年春,包森率部参加反"治安强化运动"。1941年秋,冀东军分区开展打击伪治安军的作战行动开始后,包森多谋善断、英勇果敢,在他的指挥下,部队打了一个又一个漂亮仗。其中,1942年1月,燕山口内果河沿一役,包森以7个连的兵力,毙俘敌伪中佐以下官兵近千人,创造了以少胜多、以弱胜强的奇迹。当时在冀东一带包森的大名妇孺皆知,人们亲切地称他"包队长""包司令""包团长"。而敌人则把他视为克星,伪军们嘴边经常以"出门打仗碰上老包"为咒语。

1942年2月17日,包森所部在遵化境内野虎山一带与日伪一部遭遇,包森在指挥战斗中不幸胸部中弹牺牲。

8. 齐燮元的下场

齐燮元自 1937 年参与筹建伪华北政府，到 1943 年 11 月，任职长达 6 年之久，后由于内部派别斗争，被群奸暗算逐出伪华北政府。正是他在任内务署督办、治安总署督办和绥靖军总司令的巅峰时刻，集军政大权于一身，麾下握有 36 个团的兵力，竟被逼下台。其内幕究竟如何呢？据李鹏图讲，齐在扩充治安军时，曾招致日本人的猜忌，"当时伪治安各军团主官均称司令，日寇驻伪治安总署顾问部对司令人选坚持由日本军部推荐，齐则强用自己的旧部，以此摩擦不断。齐教育伪治安军官兵口号是'忠爱国家'，更为日寇所不满"。日军强制命令黄南鹏接任北平伪宪兵司令，使齐不能忍受，曾与日本顾问拍案大吵，"结果齐被迫下台，伪治安督办杜锡钧继任，齐回天津杜门谢客"。

1943 年 11 月，王克敏接替王揖唐，再次出任伪华北政务委员会委员长，重新搭班子物色人选时，齐燮元的亲信杜锡钧协助王克敏设计了一个"逼宫"的阴谋。

杜锡钧（1895—1945），字鸿宾，直隶省河间府故城县人，日本陆军士官学校第 4 期生。历任湖北省的新军第 8 镇管带、第 2 协统领。辛亥革命爆发后，被黎元洪任命为湖北军政府军令部部长、北伐军第 1 军总司令官。1912 年（民国元年），他任湖北第 4 师师长、陆军中将。1940 年 3 月，杜锡钧任伪华北政务委员会治安总署署长。1943 年兼任伪河北省省长。

此次，伪华北政务委员会的改组，肯定要得罪齐燮元，为了防范不测，王克敏把山东大汉奸荣子恒的部队调到北京郊区布防。原计划在11月11日公布伪华北政府改组名单，在11月10日这一天召开成员会议时，齐燮元被请到外交大楼。王克敏事先在外交大楼周围布置好卫队，齐燮元到外交大楼，所带一个班的卫兵荷枪实弹，但以热情招待的名义都安排到待客室，让他们喝茶休息。齐燮元走进会议室，见到桌面上放着伪华北政府改组方案大吃一惊，因为事先一点消息都没有得到。桌面上除了改组方案外，还有为齐燮元事先准备好的一份"总辞呈书"，就等着让齐燮元签字，他一签字，伪华北政府的班底就可以公布发表。

齐燮元此时感到问题的严重性，想走，卫兵全不在场；不签字，恐怕王克敏他们早已布置好武装。后来经过王荫泰等人再三劝说，才愤然提笔，只签了"齐燮"两个字，即愤愤离去。从此，齐燮元离开了伪华北政府。1945年8月15日，日本政府宣布无条件投降后，大大小小的汉奸，个个都坐卧不安，惶惶不可终日。但齐燮元认为自己在1943年就离开了伪华北政务委员会，已经不能算大汉奸，或能侥幸过关。

没想到，12月4日，在汪时璟家的鸿门宴上，马汉三宣布的特任级大汉奸名单中，齐燮元排名第4号。齐当场被押往北平炮局监狱关押。1946年5月26日，由国民党司法部下令，将伪华北政务委员会委员长王荫泰、伪经济总署督办汪时璟、伪治安总署督办齐燮元、伪教育总署督办周作人、伪冀东防共自治政府长官殷汝耕等14名华北大汉奸，由军统局北平区区长马汉三亲自从北平押解飞赴南京。

齐燮元因为是军事巨奸，由南京军事法庭进行审判。

在法庭上，齐燮元十分硬气，态度蛮横，对自己投靠日本人的汉奸罪行矢口否认。当法官问他："齐燮元，你是不是汉奸？"齐燮元回答："汪精卫是汉奸，因为他听日本人的；蒋介石是汉奸，因为他听美国人的……

我齐燮元不是汉奸,因为我只听我自己的。"齐燮元在法庭上的蛮横态度,闹得一片哗然。最后法官历数他的汉奸罪行,军事法庭宣判,主文:齐燮元共同通谋敌国、图谋反抗本国,处死刑,褫夺公权终身。全部财产除酌留家属必需生活费外没收。

同年12月18日,华北军事巨奸齐燮元在南京雨花台被枪决,在临刑前,法官递给他笔和纸,对他说:"你有什么遗言,可写在上面。"齐燮元拿起笔写道:"齐燮元忠爱国家,为忌者所害,国事变化无常,虽国家可亡,民族可灭,而政权不可丢掉者,死为厉鬼必与之为敌,言不及私,如斯而矣。"

法警随即对其后脑勺开枪,齐燮元气绝身亡。他成为华北地区第一个被枪毙的大汉奸。其尸体由胞弟齐体元运回天津。

纵观齐燮元一生,早年为封建军阀,纵兵殃民,生灵涂炭,后沦为汉奸,为虎作伥,反抗本国,实属罪大恶极。以汉奸罪被枪决也是咎由自取。

第十四讲　审判军事大汉奸叶蓬

1. 抗日先锋

1935年秋，日寇在华北步步紧逼，全国抗日救亡运动高涨之时，为全国抗战做准备，武汉警备司令部在汉口刘祥药园举办"防空演习展览"。演习很成功，市民鼓掌声、口号声、欢呼声此起彼伏，达到了预期的效果。负责这次演习的指挥者，就是武汉警备司令叶蓬。没想到演习结束不久，叶蓬竟因为这次成功的演习被撤职了，而且"永不叙用"，这究竟是为什么呢？

原来，那天演习场边悬挂"东三省地图"，上书"还我河山"四个大字，射击场上的半胸靶即胸环靶，也叫复仇靶，画着日本军人的头像，红圆心胸环靶影射日本国旗，参演官兵瞄准实弹射击。不料，遭到在场观看演习的汉口日领事馆武官的强烈抗议，一直闹到南京国民政府外交部。

蒋介石担心演习之事激怒日本军人，电令湖北省主席张群全权处理。张群是有名的亲日派，他果然没有让日本人失望，有了尚方宝剑，于是下令撤掉了武汉警备司令叶蓬的一切职务，并宣布"永不叙用"。

作为抗日先锋的叶蓬，组织一场防空演习，应该说是爱国之举，无可非议，为何遭到如此严重的处分？那么他又是怎样从抗日先锋沦落为大汉奸的呢？

说到这里，就必须说说叶蓬的来历。叶蓬，字孚孚，1896年生于湖北黄陂南乡的一个大地主家庭，娇生惯养，豪放不羁，胆大妄为。

15岁那年，叶蓬高小毕业，正逢辛亥革命，投入湖北学生军，不久，入湖北陆军小学、武昌陆军中学和保定陆军军校。1918年暑假还家，因反对其父纳丫鬟为妾，父子发生冲突，叶蓬竟掏出手枪欲枪杀父亲，扳机一扣却没响，原来子弹未上膛，没有酿成惨剧。从这件事就能看出叶蓬胆大妄为、无毒不丈夫的个性。

这一年年底，叶蓬保定军校第六期毕业，分派到湖北督军王占元部第二师见习，由于北洋军阀认为保定军校学生带有革命危险性，不肯委用，不得已叶蓬只能在第二师官佐子弟学校教书，自比落架的凤凰不如鸡。此时，从父命在乡间与一旧式女子完婚。不久又看上一个叫蓝秀成的新派女人，嫌原配土俗糟糠，原配生病时，乘机在药中下毒，将其发妻毒死，女家因叶蓬是无赖，不敢追责。叶蓬又与蓝秀成结婚。后结交上湖北陆军军法处处长程某，花钱买官，得以被委任为陆军监狱所所长，不久军法处长易人，他也连带失业。加上抽大烟、赌博、讲应酬，入不敷出，将其父遗产变卖大部，难以为继。

1923年，叶蓬进入湖南军阀唐生智部的夏斗寅团当了一名营长。此后，叶蓬在夏部3年沉浮，职务虽几经变迁，但始终超不出团长级别。1926年，北伐战争开始了，很快，国民革命军（北伐军）进入湖北，夏斗寅部响应，被编为国民革命军独立第十四师，叶蓬任参谋处长、代理参谋长，后调任第七十四团团长。该部属于武汉国民政府所辖部队。

1927年"四一二"反革命政变后，蒋介石成立了南京国民政府，与汪精卫领导的武汉国民政府对着干，史称"宁汉分裂"。武汉军事委员会通电全国，号召一致努力完成北伐及肃清蒋介石等叛党分子。此时，叶蓬却主张响应蒋介石。5月上旬，夏斗寅通电反共，率部由宜昌、沙市进攻武汉，一直打过咸宁的汀泗桥，进抵武昌城外的纸坊，武汉震动。武汉国民政府以夏斗寅"称兵谋叛"为名，下令缉拿，急派叶挺率第二十四师等部迎击夏斗寅。夏部被叶挺所部击败后，撤到蚌埠扩编，叶蓬任教导团团长。1930年，夏斗寅跟蒋介石参加中原大战，率部沿津浦路北上，在山东曲阜与阎锡山两个师、一个炮兵旅苦战月余，将其一举击溃，动摇了阎锡山挺进中原的野心，为蒋介石立下了汗马功劳。因此，夏斗寅备受蒋介石的喜爱，与其结拜为兄弟。1931年2月，蒋介石为了奖励夏斗寅在中原大战中率部卖命的"苦劳"，让夏兼任了武汉警备司令，在组建司令部的过程中，夏斗寅将叶蓬调到司令部担任参谋长。当时夏斗寅还兼任13军军长，忙不过来，便将司令部的日常事务交给叶蓬负责。武汉警备司令设有一厅五处，还有火车、轮船、新闻、邮电四个检查所，权力相当广泛。任参谋长的叶蓬，比在部队时有了更广的接触面，结识了汉口的巨商富贾、过往的军政要员，为日后的发迹奠定了基础。叶蓬在参谋长任内，向特税处、跑马厅、各戏院索要保护费，月入十万元，与夏斗寅平分。1932年3月，夏斗寅升兼湖北省主席，更加无暇打理警备司令部，叶蓬重贿军政部部长何应钦，接任了警备司令一职。一年前还是上校团长的叶蓬，升为少将，至此步入高级将领行列。

　　夏斗寅在湖北招贤纳士，自行设置了一个"省政设计委员会"，专致"强省富民安内攘外事宜"。然而，还未成气候，蒋介石有所察觉，便亲自派人查封扼杀，还怀疑夏"居心叵测有野心"，对他的"异想天开"大为不满。也不过一年时间，蒋介石担心湖北籍势力太大，就将夏斗寅撤职，调其任鄂豫皖剿匪总司令部上将总参议，换上自己的亲信张群做了湖北省政府主席。叶蓬背靠的大树被拔了不久，就与省主席张群结怨，青云失路，最后落得丢官罢职。

2. 蹊跷的"掘金案"

事情的经过其实没那么简单。原来，湖北省主席张群借题发挥，有意要整叶蓬，才使出如此手段。张群为什么会有如此大的仇恨，以致要断送叶蓬的仕途呢？原来，这与当时轰动武汉乃至全国的一桩大案——武昌掘金案有关。

事件的经过大致是这样的：1933年端午节这一天，寓居在武昌粮道街的一户大宅门里张灯结彩，车水马龙，贺客盈门，人来人往。为何这般热闹？原来，这一家的老太爷在过六十大寿。这家老太爷的身份可不一般，他是国民党元老孔庚。

孔庚是湖北浠水人，早年官费留学日本，入振武学校和陆军士官学校第六期步科，与程潜、李烈钧、阎锡山、孙传芳都是同期。1905年，孙中山在东京成立中国同盟会，孔庚加入中国同盟会。毕业后历任广西督练公所参事官兼经理科长、教育科长，创办广西陆军小学堂，该小学堂毕业生中最出名的就是李宗仁。

孔庚后任清政府陆军部军学司一等科员。1911年辛亥革命爆发，清军南下镇压。孔庚被清廷派为专使，趁机往来于北京、孝感间，利用专使身份，联络同志，传递消息。本拟亲赴武昌参加革命，无奈中途受阻，当时山西也爆发了起义，阎锡山被推为山西革命军都督，要出正太路，清廷调吴禄贞率第六镇前往镇压。吴禄贞驻兵石家庄，孔庚与吴禄贞是老乡，就留在吴处。这两人都有革命思想，吴禄贞本身就是革命党的卧底，两人商量，派孔庚去娘子关与阎锡山会谈，组建"燕晋联军"，进攻北京。

11月2日，吴禄贞在石家庄扣留了北洋军运往湖北的军火，吴禄贞的举动令清廷大为恐慌。袁世凯指使其死党用两万元收买了吴部下马步周和其他几个军官。11月7日凌晨，马步周率几名打手闯进石家庄车站内吴禄贞的住所将其枪杀，然后又割下吴禄贞的首级，以便向主子请功。吴禄贞就这样被袁世凯秘密买凶杀死，年仅31岁。

孔庚见势不妙，去太原找同学阎锡山，参加山西独立，立有战功，任晋军旅长。1914年，孔庚的同学孙传芳还只是第二师的一名少校营长时，孔庚已经是中央陆军第九师师长，兼大同镇守使，陆军中将。

1922年，在广州任孙中山大元帅大本营参议；陈炯明叛变，孔庚为讨逆军中央直属鄂军军长。1923年，曹锟贿选大总统，孔庚任讨贼鄂军总司令。1924年，黄埔军校成立，孔庚任教务长兼编译局局长。1927年3月，当选为国民政府委员；1927年后任湖北省政府民政厅厅长、建设厅厅长，武汉政治分会常委兼武汉国民政府委员；同年7月，任湖北省政府主席。因为当时的武汉国民政府主席是汪精卫，汪精卫倒台，孔庚也被免职，避居上海。1928年，任湖北省政府民政厅厅长。1933年2月，出任湖北省政府委员。虽说告老还乡，在湖北也是响当当有威望的人物。

孔家寿诞，热热闹闹开了一整天的流水席。到了晚上，终于送走最后一位客人，收拾完毕，上上下下累了几天，都沉沉入睡。半夜，天降大雨，雨水冲塌了孔家屋后的土坡。孔家宅院位于粮道街与尚书巷巷口，高轩大屋，几进院子。而他家后院正对着的人家，是尚书巷一个叫彭幼南的小老板。这天夜里，他起身出门，在对面的孔家后墙下小解，看见被雨水冲过的土坡中，露出了一些闪闪发光的物件，扒开一看，全是金元宝。彭幼南立即找来自己的兄弟彭石荪，趁孔家人不备，偷偷进入其院内挖掘，仅各种金银财宝就挖到二十大箱。孔庚家房子太多，也没有发现后院的一间房子中被挖个大洞。三天后，彭氏兄弟准备将这笔财宝转移到汉口的时候，在汉阳门码头被值勤的武汉警备司令部少校副官李某截获。李某经盘问得知，箱子是从粮道街尚书巷抬出来的，因李是孔庚的旧部，怀疑东西是从孔家盗出的，他命令手下扣住箱子，又去打电话到孔家查询。彭家兄弟见势不妙，趁李打电话之机，重金贿赂看守士兵，将箱子抬到曾家巷码头渡江而去。孔家接到电话后，满宅清查，发现尚书巷1号院厨房内被挖了一个大坑，坑里散落着彭家兄弟来不及取走的小银锭就能装两大筐。这一下孔庚不干了，向警备司令部和法院控告彭家兄弟盗窃，要求追赃。彭氏兄弟一面将十余箱珍宝运往上海租界，一面用其余财宝四处行贿，层层打点。身为警备司令的叶蓬，得了彭家的不少好处，他会怎样放彭家兄弟一马呢？于是叶蓬说本司令一定替孔老做主，让孔庚列出一份失物清单，以便追查。

孔家院子里这批财宝，并不是孔家的。据说是一个姓刘的降清太平军头目所埋。太平军实行圣库制度，缴获的财宝集中在一处，后武昌被清军攻破，此人便埋藏了财宝，投降清军，盖起大屋。该屋几经变化，后为孔宅。孔庚不知财宝从何而来，自然无法列出清单。可叹孔家做了几十年守财奴，却与偌大的一笔财宝失之交臂，孔庚焉能甘心？况且当时的省主席夏斗寅曾经是孔庚任大同镇守使时的一名排长。但是他没想到叶蓬却与夏斗寅关系更深，叶蓬原是夏斗寅手下一名团长，正是叶蓬帮助夏斗寅挤垮了原省主席何成浚，夏斗寅遂继任湖北省政府主席。加上夏斗寅为了利用叶蓬帮他搜刮地皮，将自己的武汉警备司令兼警备旅旅长让给了叶蓬。

为了争回财宝，孔庚四处找人控告叶蓬，但县官不如现管，告不赢。没想到这一年的7月上旬，蒋介石将湖北省主席位置给了政学系的张群。

张群与蒋介石早年同在日本振武学校学习，与孔庚也是校友。辛亥革命时，张群和蒋介石一同从日本返回上海进行革命，与蒋介石是把兄弟。

张群是著名的政学系领袖，政学系是国民党的一个派别，其主要成员有：杨永泰、熊式辉、黄郛、张群、吴铁城等。1933年至1936年是政学系活动的鼎盛时期。杨永泰、熊式辉和张群被称作新政学系的三巨头。他们为蒋介石统治出谋划策，炮制"三分军事，七分政治"的反共政治纲领，发动第五次"围剿"红军的活动，制定改变行政制度、整饬纲纪、训练民团及实行新生活运动等施政措施，使政学系身价大增。

孔庚早年在山西和广东做官，与政学系关系不错。于是就在为新来的省主席张群的欢迎酒会上，公开指责叶蓬贪赃受贿，包庇贼人；叶蓬不甘示弱，当场骂孔庚倚老卖老，想发横财，把新主席的就职仪式闹得乌烟瘴气，不可开交。张群赴任湖北，替换夏斗寅，本来就负有遏制湖北地方势力的使命，见叶蓬竟敢在自己的就职典礼上与党国元老对骂，不由大怒，训斥叶蓬狂妄，令其退席，实际是给湖北地方势力一点颜色瞧瞧。叶蓬悻悻而退，与张群结下梁子。紧接着，又出了一桩事，让两人之间的关系雪上加霜。

这一年夏汛，江洪暴溢，武汉三镇洪水围城，市区内可以行船，民不聊生。省主席张群召开紧急会议，决定由叶蓬负责指挥防汛抢险。叶蓬心里不爽，但也不好说什么。他在督阵抢险过程中，以"挑土不力"的罪名枪毙了一个民工。张群闻讯，怒斥叶蓬未经上报擅自处决，目无长官。于是以"贪图已功，草菅人命"为由，给了他一个处分。紧接着不久，赶上防空演习，叶蓬别出心裁的抗日之举，引起国际交涉，张群是亲日派，本不愿与日本交恶，借机将叶蓬罢官撤职，"永不叙用"！

3. 要杀张群泄私愤

这样一来，双方的梁子结死了。叶蓬好不容易花费18年的时光，从少尉爬上少将衔，没想到得罪上峰，高台失脚，一摔到底。于是，他发誓报仇，要出一口恶气！

叶蓬罢职丢官两个多月以后，由于中日关系紧张，张群就离开了湖北，去南京出任国民政府外交部部长，主持对日外交，被世人骂为"亲日派"。张群走后，政学系领袖人物杨永泰继任湖北省主席，叶蓬眼看还是没戏，愤恨之余，也到了南京。他要杀张群！

张群是蒋介石的把兄弟，又去了天子脚下，那么，叶蓬这个仇又将怎么报呢？首先他意识到单枪匹马不行，他要投靠特务组织。什么特务组织？就是蓝衣社。

蓝衣社就是中华复兴社，这个复兴社是干什么的呢？主要任务是攘外安内。参加复兴社的人统一着装都穿蓝衣服，因此被称为蓝衣社。"九一八"事变后，内忧外患，国将不国，在蒋介石的授意下，以嫡系黄埔学生效法德意法西斯的模式，成立了一个以校长为核心的秘密组织。

复兴社社长是蒋介石，核心为"十三太保"，有邓文仪、贺衷寒、曾扩情、胡宗南、酆悌、戴笠等，是黄埔系少壮派军人，主张抗日，听命于社长蒋介石。1935年华北事件，日本华北驻屯军叫嚣要发动战争，后来南京政府妥协，签订"何梅协定"，其中有重要的一条，就是蓝衣社撤出华北。可见，在日本人眼里，这是一个抗日的特务组织。

复兴社有个书记长叫酆悌，很得蒋介石的宠幸。叶蓬就去走酆悌的后门。在酆悌的推荐下，叶蓬取信于蒋介石，又被任为铁道部铁道队警察总局局长，为了取悦复兴社，铁路部铁道总局的主要干部均用复兴社成员。

1936年10月，湖北省主席杨永泰被刺杀。关于杨永泰被刺原因，军统查明此案是爱国青年自发组织"中华青年抗日锄奸团"所为。他们不满政治腐败，特别是对亲日派丧权辱国之行径更为痛恨。大家自筹经费，购买枪支，准备刺杀亲日派头目张群、杨永泰等人。张群走了，便杀了杨永泰。

叶蓬认为杨永泰和张群都是政学系的，既然能杀杨永泰，张群当然也可杀，于是派前湖北警备旅中校副官主任程亦鹏，带领前警备旅体操队兵二人，伺机暗杀外交部部长张群，这几个人怀揣手枪在外交部和宁海路5号张群官邸一带徘徊踩点。某日，趁张群出门上汽车，两名杀手一名掩护，一名持枪便打。也是张群命不该绝，子弹卡了壳，没射出来，这时已为张群发觉，刺客被张群的卫士抓住，一打全招了，程亦鹏也被捕了，供出指使人是叶蓬。张群报告蒋介石，蒋介石就派人把叶蓬叫去，说："张群是我的外交部长，好大的胆子，你怎敢杀他？"

叶蓬任凭蒋介石雷霆震怒，死猪不怕开水烫，就是不开口。蒋介石将叶蓬的铁道队警察总局局长撤职，命令侍从室主任钱大钧将其交给南京宪兵司令谷正伦看管。

叶蓬后来说："如果我承认杀张群是我背后指使的，一定是死罪，我咬牙不承认，谁也拿我没办法。"

钱大钧与叶蓬都是保定军校六期同学，钱又任过武汉要塞司令，与叶蓬关系不错。果然，在钱大钧斡旋下，谷正伦关了叶蓬几天，就让他住在南京的私宅里。不久又让他回居武汉。

1937年7月，抗日战争全面爆发。淞沪抗战抵抗了三个月，终于失败，日军兵分三路杀向南京。是年12月上旬，蒋介石由南京退到武汉。不甘寂寞的叶蓬，托钱大钧向蒋介石游说，希望能带兵在战场上露一手，但久不见命令，遂满腹牢骚。后来蒋介石终于点头，准备委任叶蓬为刘戡第八十三师副师长，但须经当时的武汉卫戍总司令陈诚同意。某日蒋介石召见叶蓬说："你去见辞修（陈诚）吧，让他安排。"

4. 投蒋不成改投汪

叶蓬很兴奋地来到武汉卫戍总司令部拜会陈诚。陈诚是保定军校八期毕业。常言道"和尚不亲帽儿亲",都是老同学,无论如何会给自己安排个像样的角色吧。

叶蓬指望陈诚能给他安排一个不错的位置。他让陈诚随从递上名片,坐在客厅内等候接见。谁知随从喊了好几个等候人的名字,就是没有叫叶蓬。叶蓬呆坐良久,问随从:"我的名片递上了吗?"回答:"已递上,总司令正阅公文。"叶蓬又要纸和笔即席写一便函,交给随从再递。

半小时后,仍不见陈诚召见。原来,陈诚是个气量狭小的人,疾恶如仇,办事易走极端。他不齿叶蓬的为人,所以有意不见。

叶蓬又问随从:"我的信递上了吗?"副官说:"已递上。"叶蓬问:"总司令怎么说?"回答:"看都未看,丢在纸篓里了。"叶蓬立即出了客厅,在该部副官处给陈诚打电话。陈诚听是叶蓬的湖北口音,当即将电话挂了。叶蓬吃了个闭门羹,这才退出来,感到前途渺茫,报国无门,于是怀恨在心,只想报复社会,但一时又找不到门路。

1938年10月下旬,武汉会战失败,蒋介石的抵抗中心西迁重庆。撤退前夕,蒋介石命何应钦为韶关行营主任,叶蓬为该行营高级参谋,他认为无兵可带,不能往上爬,不屑此位。于是退到香港,住在九龙,由随从刘某经营汽油生意,静待时机。这"时机"还真来了。

在香港,叶蓬碰上了一个让他落水当汉奸的引路人。这个熟人不是别人，就是周佛海。早在南京时，叶蓬就与周佛海厮混在一起，两人经常在一起喝酒打牌。1937年12月上旬，周佛海一到武汉，一连两天日记中都有"赴孛孛家晚饭"的记载。此后日记中不断有见面吃饭的记录。

1938年12月，汪精卫抵达越南河内后，立即着手拼凑伪军事委员会，由汪精卫自任主任委员，陈公博、周佛海任委员，周佛海兼任秘书长，正在招降纳叛。叶蓬到香港后，在周佛海拉拢下，本来就对蒋介石和抗战不满的叶蓬，加入了汪精卫的班底。

叶蓬认为汪精卫手下只有几个文人，不足以成大事。叶蓬自命将才，野心勃勃，于是亲自赴河内向汪精卫献策，主张大搞军事工作，表示拥护汪当孙中山那样的领袖，自己愿意当一个蒋介石式的部下来供驱使，以建立大业。汪精卫、陈璧君也认为叶蓬人才难得，特别是他们的周围都是一帮文人，连个懂军事的都没有，现在好了，来了个武人叶蓬。叶蓬遂大包大揽，将汪精卫夫妇的保卫工作和建军负责到底。汪精卫夫妇很是感动。

汪精卫从河内到上海后，同年11月，日汪重开会谈。影佐祯昭将《日支新关系调整纲要》《日支新关系调整纲要附件》和各秘密协定的打字油印本，作为拟订方案当面交给周佛海和每一位汪方代表，并请周佛海、梅思平等将"纲要"带回，送给汪精卫审阅。

陈璧君听完汇报后上楼，再一条一条解释给汪精卫听。汪精卫知道日本的条件，最终是要灭亡中国。但已经被套住了，想退出谈何容易？因此，陈璧君一面说，汪精卫一面流泪，听完之后哽咽着说："日本如能征服中国，就来征服好了。他们征服不了，要我签一个字在他们的计划上面，这种文件说不上什么卖国契，中国不是我卖得了的。我若签字，就不过是我的卖身契罢了。"

陈璧君气愤地说："日本人是不讲信用的。不行就不谈了，政府也不成立了，我们准备由愚园路搬回法租界福履理路（即现在的建国西路）的住宅,汪先生发表声明,停止一切活动,然后我们去法国。"

汪精卫认为说起来容易,可怎么走?陈璧君提出是不是去金神父路(即现在的瑞金二路)找叶蓬,设法将队伍带到广州,在广州求生存。

汪精卫夫妇的态度给了叶蓬一个立功的好机会。如果叶蓬带部队拱卫汪精卫夫妇逃往广州,后来的事情也许就不会再发生。那么叶蓬能不能把握住机会呢?

关键时刻,叶蓬却退缩了,以种种理由推托:到处是日军重兵,要想冲出重围,带队伍到广州是做不到的事,一则所谓部队不成其为力量;二则部队移动还须与日方协助;三则即使能回到广州,仍然是寄人篱下,不能抬头,和上海没有分别。因此婉转否定了陈璧君的想法。陈璧君颇感失望。

汪日谈判陷入僵局,停顿下来,双方即将决裂。最后怎样解决呢?

11月16日,影佐祯昭带着汪方提出的修正案回到东京。在陆军省向陆相畑俊六及有关部长、局长进行了汇报,并谈了自己的想法:"如果我们坚持不让步,汪精卫不得已,只有中途停止采用成立政府的方法。"畑俊六命令:"无论如何要努力导致谈判成功!我必须使兴亚院那边让步!"在陆相畑俊六的干涉下,兴亚院终于答应让步,但日本的总体利益没有受到损失。

接下来,叶蓬参与了汪精卫组织伪国民政府和建军活动。

汪精卫为了训练汉奸军队的干部,筹备成立了一个"中央陆军军官训练团",地点是借上海江湾日军所建的临时营房。汪自兼团长,叶蓬为教育长,刘培绪为副教育长。中央陆军军官训练团下设5个大队。训练团编制分学员队、学生队两种,学员队约占三分之二以上,其中第一、第二、第三队为军官队,即学员队,约400人,多为旧军人,有些当过警察或干过其他职业的青年混入其中,是一种速成性质的军官训练。

由于附近招不到生员,于是派刘培绪前往北平招收所谓"在乡军人",

即脱离部队的军人,为学员队学员。

这个刘培绪又是什么货色呢?他有什么能耐去河北招降纳叛呢?

刘培绪是河北沙县人,保定军官学校第六期生,和叶蓬是同学。抗战前曾任独立第三十七旅旅长。七七事变后,任上官云相第十一军团第四十师师长。淞沪会战期间,刘部驻防苏州附近,作战不力,蒋介石要予以严办,刘吓得远逃香港。后在港经叶蓬的拉拢、介绍,参加"和平运动"。刘培绪长期在北方活动,人头熟,很快便拉来不少虾兵蟹将,"其中曾任师、旅、团长者不少",成立了三个学员队,约400人。

第四、第五队为学生队,约200人。从本地和苏南地区一批中学程度的知识青年中招收来,进行类似士官式的正规训练,修业期限较长。

学员队和学生队均以军事操课为主,辅以政治训练。目的是要培养这些年轻人当小汉奸。其入团宣誓书上有:"誓以至诚相信三民主义,拥护汪主席的和平运动"等语。

1939年12月9日,在江湾举行所谓盛大的开学典礼。汪精卫、陈璧君、周佛海、褚民谊等一批大汉奸出席典礼。汪精卫在开学典礼上致辞说:要"集合武装同志,建立现代国家部队,以担负和平反共建国的重大使命"。伪《中华日报》吹嘘说:此为"和平反共建国运动建军之第一面旗帜"。

叶蓬还从上海卢英手下的伪警中,抽调数百名曾服过兵役、体格较好的警察,编成一个警卫大队,在军官训练团附带受训。按原计划本来是准备给汪精卫当卫士的,1940年2月,该团学员队结业。这时汪伪正准备在南京举行中央政治会议及成立政治委员会,该学员队集体编为汪精卫的亲卫队,担任内卫(由日本宪兵任围墙外的警戒)。以后只有少数人分配在伪军中当干部,南京各军事机关的内勤人员安插了不少。大都安插在伪财政部、中政会、警政部、边疆委员会及首都警察厅等处。

刘培绪后任伪中央军校教育长兼参谋次长,与伪中央军校总队长刘夷关系不好。刘夷为黄埔二期生、刘峙之侄。1938年，国民党中央党务训练团军训处处长刘夷被俘投敌，投敌后任汪伪军官训练团团长。1940年10月，任汪伪警卫旅旅长。1941年初，刘夷在一次检查内务时，发现该旅士兵中有两人私藏炸弹，而其中有一士兵的日记本中记载有刘培绪家地址。于是报告汪精卫，说刘培绪勾结该旅士兵，图谋不轨，要暗杀汪精卫。汪精卫一听大怒，下令将刘培绪扣押起来，并命令李士群的"76号"审理该案。后经查清，与暗杀汪精卫无关。

但是，汪精卫担心叶蓬、刘培绪这批人政治上靠不住，仅把他们训练的警卫人员编为国民政府警卫大队，在南京机关里站岗放哨，或替要人守大门，不久又把这个大队并入以张诚为警卫旅长的部队内。汪精卫本人则由陈璧君替他从广东招来"丰沛"子弟数百名，成立卫士大队（后改为卫士团），以汪1935年在南京中央党部院内被刺时，当场开枪打伤刺客孙凤鸣的卫士桂联轩当团长。刘培绪后为伪第二军军长。1943年3月，回北京闲居，后开粮行和手工织袜厂。

由于叶蓬、刘培绪等人与汪精卫的关系不好，在汪伪中没有实权，一直坐冷板凳。

1941年7月29日早晨7点，一架专机从上海机场起飞，当时机上的乘客是伪财政部部长周佛海。飞机起飞后，周佛海在机舱中感觉机身摇晃得很厉害，非常害怕，但飞行员告诉周佛海是气流所致。该机到南京后，周佛海下机，随即又直飞汉口接叶蓬到南京。

当天晚上，周佛海赴汪精卫公馆晚宴，当他听说是日早晨自己所乘的飞机在汉口出事，萧其昌殉难时，把周佛海吓出一身冷汗，其在日记中写道："如四小时前出事，则余亦离人间矣。生死有命，其信然也。"

其实，这完全是日方制造的一起谋杀事件，目的就是要除掉叶蓬。那么日本人为什么恨叶蓬呢？

原来，1940年3月，叶蓬通过周佛海，运作得到武汉伪绥靖公署主任一职。没想到叶蓬做了伪武汉绥靖公署主任以后，仍然桀骜不驯，不时与日方闹矛盾、制造摩擦。日方也不相信他是真心参加"和平运动"，怀疑他是重庆的卧底，加上旧恨，设计要把他除掉。

那时武汉到南京交通不便，水路要一两天时间，于是向日方联系飞机，顺路搭乘回南京。日方得知叶蓬要回南京述职，想趁机在半途将其谋杀，计划在飞机起飞时，用另一架日机故意撞击专机后部，乘客虽能丧生而驾驶员可安然无事。日方安排的那架飞机就是周佛海乘坐的飞机，送了周佛海又去武汉接叶蓬。

没想到，那天叶蓬临时有事，便命令其参谋长萧其昌坐此机赴京。萧其昌是福建人，和其兄萧叔宣同为日本陆军大学毕业，萧叔宣为汪伪军事参议院院长，其弟萧其昌在伪武汉绥靖公署任参谋长。于是同挂着中将军衔的萧其昌就上了飞机。驾驶员见身着中将军装的军官上机，当时叶、萧同是中将，相貌、服装又颇相同，故易混同，飞行员也没有进一步确认，便匆促起飞，果然中途遇险。事后，一批日本军官到叶蓬府上吊唁，发现他还好好活着，搞得十分尴尬。叶蓬心里有数，再也不敢与日本人对着干了。于是在8月，又通过周佛海的关系，让南京伪军事委员会改任他为伪陆军编练总监，次年任伪陆军部部长，明知空洞无为，也得过一时官瘾。

同时，叶蓬学乖了，任何工作都通过日军联络部许可才敢执行。在部长任内，叶蓬秉承日军联络部意旨，曾选派军官学校学生数十人赴日本士官学校受训，培养亲日分子。1943年，汪精卫派叶蓬等十余人组织军事代表团赴日本觐见日本天皇，在日参观游览，短期逗留，备受日政府宠待。他承命日军，在东京广播，因顾忌开罪于蒋介石，不敢点名蒋介石，只是大骂张群、陈诚误国。

1944年11月，汪精卫在日本病死后，陈公博主持伪政权。叶蓬于

1945年3月回到武汉，任伪湖北省省长兼驻武汉绥靖公署主任。

当时的日军在美军打击下岌岌可危，日暮途远，倒行逆施。叶蓬采取以下几项措施：

一、从基层抓起，召开伪县长会议。强调"维持治安""积极反共""注意粮食和食盐供应""认真征收田赋""厉行戒烟（寓禁于征，变相搜括方法）"，实际盐和大烟收入为日军特务部控制，此乃日军统治沦陷区主要财源，叶蓬装腔作势，无非表示迎合日军心理。他又想大捞一把，借重建洪山宝塔之名，命各伪县长及列席各伪军师长，各捐献五十万或一百万元"储备币"，大多落入私人荷包。

二、依靠日军联络部。当时日军联络部部长为落合少将，该联络部辖三课：第一课主管民政，课长为德岛大佐；第二课主管财政，课长为浅田中佐；第三课主管军事，课长为中村中佐。叶蓬对日军联络部唯命是从。

三、抓军权。当时有"中央训练团武汉分团"设于武昌抱冰堂，叶蓬派亲信刘明夏为团长，归伪绥靖公署指挥。

四、向蒋介石暗送秋波。戴笠军统方面为控制武汉情报，曾派特务多人驻汉，少将级近十人，叶蓬均加以委用，为日后寻一退路。

五、恣情享受。当时叶蓬住岳飞街圣德里4号，室内无论走廊、卧室、客厅均用上等地毯铺地，家具均用红木，椅凳尽铺彩缎花垫，沙发铺大红缎面虎皮毯，陈设豪华，并雇中西厨师四人服侍饮食，副官、仆人十几人分管家务，还不时叫日妓到家轮流烧烟，助其欢娱。

为了配合日军行动，叶蓬命伪军邹平凡所部虚张声势，向恩施一带第六战区进攻，沿途张贴标语"活捉陈诚"。因此，加剧了陈诚对他的恼恨。

5. 死到临头，仍不认罪

1945年8月15日，日本宣布无条件投降。蒋介石唯恐伪军各部投新四军，积极进行拉拢，于是委任叶蓬为第七路总指挥，命令他维持鄂赣湘地方秩序，听候接收。叶蓬当时正在南京，兴奋不已，以为前途尚有可为。不料另一位野心家出来搅局，这个人是谁？就是张爱玲的老公，时任《大楚报》社长胡兰成，他鼓动伪二十九军军长邹平凡宣布武汉"独立"，以等待中央军接收，反对叶蓬回武汉。

邹平凡原是熊剑东的部属，熊剑东到上海，将部队交给邹平凡。邹平凡在胡兰成的蛊惑下，同意赶走叶蓬，实行独立的主张，趁叶蓬尚在南京，派人连夜将叶蓬的特务营缴了械并宣布"独立"。风声传出后，附近的两个师也来加入，连同各县保安队，一时拥兵数万。

叶蓬正在南京，与陈公博商量善后办法，听说后院失火，于是乘飞机仓皇返回武汉。由于不敢贸然进城，叶蓬不得已在武昌南湖下机，在飞机场附近住了一夜，得到的都是不好的消息，于是在第二天早晨又匆匆上飞机逃回了南京。这样一来，他就成为光杆司令，没有资本迎接中央军的到来。

1945年9月17日，第六战区副司令长官兼参谋长郭忏率部从恩施回武汉，进行对武汉地区日军的受降筹备工作。当抵达汉口码头时，郭忏挂着中将肩章，叶蓬穿着汪伪上将军服往迎，郭忏非常反感，认为汪伪政府不复存在，叶蓬还穿着伪将服，不妥。但郭忏仍与叶蓬虚与委蛇。郭忏到武汉数日后，叶蓬毫无自知之明，仍继续大发号令，扩编部队，郭忏便请他到司令部。郭忏说："陈长官（陈诚）有命令不让活动，请你住在长官部。"但每日供给较好的饮食及三五牌纸烟一听，很受优待。后将他转押武汉行营军法处，仍加优待。因为叶蓬是军事汉奸，1945年底，叶蓬被转押军政部南京江东门陆军监狱，交军事法庭审讯。对汉奸叶蓬，陈诚坚决主张严办。陈诚缮好签呈，请张群递交蒋介石，批准枪决。叶蓬的妻兄曾到南京向何应钦求情，何应钦说："事实俱在，我不好说话。"

经过审讯，军事法庭以叶蓬"通谋敌国，反抗本国"汉奸罪，判处叶蓬死刑。

1947年9月18日，叶蓬在南京伏法。临死前仍称自己是"和平救国"，不是当汉奸。被行刑士兵一枪毙命！

纵观叶蓬的一生，个人品行实属不佳，为了往上爬，实现个人野心而不择手段。贪赃枉法，蝇营狗苟。从一个要求抗日的将领，变成杀害政府要员的杀人犯，在达不到目的、实现不了野心的情况下，转而报复国家，报复社会，从坚决抗日到无耻降日，沦落成一个通谋敌国、反抗本国的大汉奸，终于被军事法庭宣判枪毙，也是他咎由自取。

第十五讲　审判汉奸殷汝耕

1. 蒋介石心腹暗中通日

1932年3月1日，日本在我国东北辽、吉、黑三省制造了一个傀儡政权——"满洲国"之后，吞并华北五省就成为日本的既定政策。日军中的"中国通"板垣征四郎、多田骏与土肥原等少壮派主张采取政治诱降的策略，诱导华北地区效仿"满洲国"模式，拥立一个"华北王"，脱离南京国民政府。

首先，由天津日本特务机关长板垣征四郎给了北洋余孽张敬尧30万元，令其潜往北平，谋划成立"华北国"。张敬尧（1881—1933），字勋臣，安徽省霍邱县人，北洋皖系军阀骨干。曾任中央陆军第七师师长、苏皖鲁豫四省交界剿匪督办、察哈尔都统和湖南省督军，因贪婪成性，遭到当地人民的强烈反对被迫辞职，后在吴佩孚、张宗昌、张作霖部下任司令、军长等职。1932年与板垣征四郎勾结，拟任伪平津第二集团军总司令，密谋在北平进行暴动，策应日本关东军进占平津。

1933年5月7日，张敬尧被戴笠派出的杀手陈恭澍与白世雄等刺杀于东交民巷的六国饭店，日本成立"华北国"阴谋破产。但日本方面并不死心，由天津驻屯军司令官多田骏出面，威迫宋哲元、河北省主席商震、山东省主席韩复榘、山西省主席阎锡山等"建立新政权——即华北五省自治政府",但是也未能得逞。为什么呢?华北五省的省主席虽然都不是蒋介石与中央的嫡系,而且他们与蒋介石都有着很深的矛盾,但在民族大义上都不含糊,绝不愿做出卖民族与国家利益的汉奸。

最后由奉天特务机关长土肥原出马,决定策反殷汝耕独立,成立冀东汉奸傀儡政权。说到这里,我们要交代一下,这个殷汝耕是个什么角色?他为什么成了土肥原策反的对象呢?

用京剧《秦琼卖马》中的一句戏词:"提起此马来头大。"

殷汝耕,1889年生于浙江平阳。1904年选为官费留日,入东京第一高等学校,后转第七高等学校。在日期间曾加入同盟会,参加辛亥革命。1913年,殷汝耕参加了国民党反袁的"二次革命",失败后流亡日本,考入早稻田大学政治科,曾兼任孙中山所办中华政治学校翻译,号称"日本通"。

殷汝耕在日期间,娶了一个有背景的日本女子为妻,以此与日本军政界要员取得联系。平日挥霍无度,经常向日本人借钱,答应日本人:以后得势,必当报答,即为日本人充当间谍,出卖本国情报。1916年毕业回国,被任命为北京政府众议院秘书。1918年,孙中山在广州成立护法军政府,殷被委为驻日特派员。

1925年11月下旬,奉系将领郭松龄起兵反对张作霖,郭松龄是张学良在东北讲武堂的老师,代表了东北进步力量。此时,殷汝耕担任郭松龄军的外交处长,负责与日军交涉。在殷汝耕的交涉下,日方答应不加干涉,郭军进展顺利,逼近奉天。没想到,张作霖对日方开出更大的价钱,许以更多承诺,日军遂全力支持张作霖,导致郭松龄兵败被杀,殷汝耕逃入日本驻新民县领事馆,并在领事馆派人护送下,逃往日本。

殷汝耕在日本待了不到一年,国内形势发生了变化。以蒋介石为首的革命国民军开始了北伐战争。在日本人秘密护送下，殷汝耕以浙江老乡和留日生的资本，并曾经反对张作霖的一系列辉煌历史，来到南昌投靠蒋介石，任职国民革命军总司令部通讯处处长，深得蒋介石的信任。

1927年4月，南京国民政府成立，殷汝耕任驻日特派员。9月底，下野的蒋介石赴日旅游胜地有马，见宋美龄的母亲倪桂珍请婚，并在日本进行访问，殷汝耕一路陪同。为了获取日本的谅解和支持，蒋介石拜会了众多日本名流和政界高官。11月5日，他同日本首相田中义一举行"民间对官方"的外交会谈，表达了主要观点：中国要统一，蒋某将负起此重任，中日必须精诚合作，以真正平等为基点。望首相阁下支持中国革命事业。殷汝耕跟随蒋介石身边，担任翻译与记录。

1928年1月，蒋介石复职，领导"二次北伐"。殷汝耕任陆海空军总司令部参议。

是年5月初，北伐军打到济南，北洋军阀张宗昌逃跑。日本为干涉中国统一，出兵济南向北伐军挑衅，对城内军民开枪开炮，制造了"五三"济南惨案。其时，外交部部长是蒋介石的盟兄黄郛，急需有关系的外交人员与日方打交道，于是调殷汝耕回国，留在蒋介石总司令部任参议。是年6月初，蒋介石打到北京，统一了全国。

日本首相田中义一作为军人政治家，长期在日本军政两界呼风唤雨，在国内实行高压政策，摧残议会政治；在国外推行满蒙分离政策，阻挠中国统一。但是蒋介石取得政权后，为了打破陷入困境的中日关系，邀请日本政友会党首床次竹二郎偕议员一行10人来华访问，进行沟通。

12月11日下午，床次到了南京，会晤蒋介石与国民政府要人，蒋介石非常重视，专门开会研究招待办法。12月12日，立法院院长胡汉民宴请床次，行政院副院长兼军政部部长冯玉祥等人参加。13日，蒋介石赴汤山，与床次长谈。蒋介石日记中有"往访床次，谈颇洽，予甚望其能成功也"。成功什么呢？耐人寻味。同日，床次在南京下榻的安乐酒店招待日本新闻记者，宣称将以公平的态度确立对华政策。当天晚上，床次在酒店宴请蒋介石、冯玉祥等要人。

蒋介石与床次竹二郎之间究竟谈了些什么呢？

床次先请蒋介石取得充分谅解，并批评了田中的对华政策和日军的暴行。告诉蒋介石：他准备回国后弹劾内阁首相田中，并争取组阁，再与中国共同解决济南惨案。

这应该就是蒋介石所说"甚望其能成功也"。按照床次的计划，不但济南惨案可获解决，而中日外交亦有缓和的前景。

床次在南京与蒋介石的一切秘密会谈，均由殷汝耕充任翻译，这属于国家机密。不料，殷汝耕竟然将谈话的内容，暗中报告给日本首相田中义一。

床次回到日本以后，造访田中首相，准备逼宫，要求首相辞职，以自己上台，打破中日僵局。但田中不等床次开口，反问床次："你到中国谈了些什么？"床次说："不过一些敷衍话。"田中说："敷衍话吗？"随即拿出一束文件给床次说："这是你谈话的记录，你拿去看看，是否有误？"

随即将殷汝耕所记录的秘密报告拿给他看。床次见真凭实据被田中所获，一时浑身冒汗，哑口无言。田中警告床次：你须拥护现政府，否则我即将这种秘密公之于众，叫你在政界无法立足。床次连说对不起，只得唯命是从。

1929年2月6日，日本民政党在议会提出不信任田中内阁案，床次的政友党26人投了内阁赞成票，田中内阁得以32票通过，如果没有床次的26票，田中内阁必垮无疑。

殷汝耕密告田中之事是怎样曝光的呢？是床次托梅屋庄吉转告蒋介石，梅屋庄吉是孙中山的老友，孙中山逝世后，他自费铸造了四个青铜像送到中国，南京中山陵的孙中山铜像就是其中之一。梅屋庄吉告诉蒋介石的目的不是床次竹二郎不讲信用，是你们内部出了问题。

蒋介石气急败坏，却不能公开宣布殷汝耕出卖国家机密，因为这样会激怒田中，给中国带来更大的不利。如果处分殷汝耕，也打了自己的脸，想来想去，调殷汝耕去交通部船政司任司长，免去他总司令部参议之职，不得再参与机要之事。

2. 率先在华北成立伪政权

1931年"九一八"事变爆发后，东三省沦陷，全国要求抗日的呼声很高，蒋介石在巨大的压力下被迫下野。

1932年1月，日本陆战队在上海挑衅，制造了"一·二八"事变。蒋光鼐、蔡廷锴率第十九路军奋起抵抗。战事对中方不利，当时上海市市长吴铁城知道殷汝耕对日本比较熟悉，便于交涉，所以请殷汝耕担任中日谈判的随员，参与签订了《淞沪停战协定》，为淞沪战区接管委员会委员长。

1933年5月，长城抗战结束，中日双方签订《塘沽协定》，中国军队撤到延庆、宝坻、通州以西以南地区，以东以北沿长城为非武装区，为日军进入冀东，进入华北，打开了大门。行政院成立北平政务委员会，由蒋介石的盟兄黄郛出任委员长。为了缓和与日本在华北的紧张关系，黄郛明知殷汝耕与日本关系密切，还是任命他为冀东行政专员，希冀利用这种关系，来转圜与日本人之间的关系，想使中日交涉得以顺利进行，这样就给殷汝耕在冀东独立、勾结日方、割裂国土创造了机会。

因为土肥原对宋哲元的策反工作很不顺利，主要是因为宋哲元对日本的态度是"不说硬话，不做软事"。因此，土肥原决定暂时停止对宋哲元的说服工作，而去全力扶植殷汝耕单独成立一个反南京政府的新中立政权，如果殷汝耕很积极的话，说不定宋哲元也会屈服。这样土肥原积极与殷汝耕取得联系。据《土肥原秘录》这样说："殷汝耕不仅同意，并且表现了出乎意料的决心。当然，殷汝耕由于有冀东贸易的关系，同时和关东军的关系也源远流长,他揭起反蒋叛旗本有可能,但是他彻底的反蒋态度,却大大出乎我们的意料。11月25日,殷汝耕以惊人之势,成立了'冀东防共自治政府',发表了堂堂的反蒋亲日的政策宣言。"

在殷汝耕发表成立"冀东防共自治政府"宣言的前夕,土肥原来到天津某饭店,那里已聚齐了殷汝耕以下的主要人员,土肥原要求他们起草独立宣言。意气高昂的殷汝耕立即说:"好事要快办,明天就宣告新政府成立,今天晚上我立即回通州。"土肥原大为高兴,让手下马上去拿香槟酒,并说:"那么,我们就以香槟举杯预祝成功吧。"

当手下人向饭店要香槟酒时,不巧得很,香槟酒已全部卖光。如果到英租界或法租界是很容易找到的,但时已深夜,时间也来不及。手下人提议用日本酒代替。土肥原虽然不满意,但也没办法,只好如此。于是和殷汝耕商量说:"太不巧了,只有日本酒,怎么样?"

殷汝耕却说:"用日本酒庆贺比香槟还好。"

这使在场的日本人很高兴,他们就把所有的酒拿出来,以干鱿鱼当酒菜,干起杯来。现在回想起来,当时在房间里一同干杯的情景犹如在眼前。殷汝耕干完杯,就紧急驰车返回通州。这是冀东政府成立前夕的一个插曲。

对于这个过程,日本出版的《土肥原秘录》记载得清清楚楚。

1935年11月24日晚,喝了卖国酒的殷汝耕,像打了鸡血一样,匆忙赶回通州老巢,当即以"冀东防共自治委员会"委员长名义,发表宣言。声称:"自本日(25日)起,脱离中央,宣布冀东自治,树联省之先声,谋东亚之和平。"

殷汝耕宣布脱离南京国民政府。去掉国民政府的青天白日旗,改为与伪满洲国一样的五色旗。伪委员会设秘书、外交、保安三处,民政、财务、教育、建设、实业等厅。

殷汝耕伪政府主要成员构成如下:

姓名	年龄	籍贯	毕业院校	职务
殷汝耕	46 岁	浙江平阳人	日本早稻田大学毕业	伪防共自治委员会委员长
池宗墨	46 岁	浙江平阳人	日本东京高等师范学校毕业	伪秘书长兼外务处处长
王润贞	50 岁	湖北汉阳人	日本第四高等学校、铁道院毕业	伪外交处处长
刘宗纪	50 岁	河北河间人	日本士官学校毕业	伪保安处处长
张仁蠡	37 岁	河北南皮人	北京大学毕业	伪民政处长
赵从懿	50 岁	江西南丰人	日本法政大学毕业	伪财政厅厅长
王厦材	40 岁	浙江吴兴人	北京大学毕业	伪建设厅厅长
殷体新	36 岁	浙江平阳人	日本庆应大学毕业	伪实业厅厅长
陈曾	52 岁	河北青县人	日本明治大学毕业	伪秘书处处长
叶尔衡	55 岁	北平人	日本早稻田大学毕业	伪参事
刘友惠	43 岁	不详	东京帝国大学毕业	伪禁烟总局局长
李垣	57 岁	河北大兴人	圣彼得堡大学毕业	伪货物查验所所长

从学历上看,这些人在当时都是高学历,9人为日本留学生,2人为北大毕业生,1人为留俄学生,3人为军校毕业。其中留日学生居多,故深受日本文化、政治、意识影响,与之关系密切并多有好感。因此,国家有难,这些高学历、高智商的人,却为了一己私利,与侵略者站在一起,落水当了汉奸,这种现象值得深思。

冀东伪政权下辖北平周边22个县,600万人口,面积约8200平方公里。而且将地盘直接划到了北平城外,公开和南京国民政府叫板。对于殷汝耕的卖国行径,是可忍孰不可忍。蒋介石是什么态度呢?

11月19日,蒋介石在国民党全国第五次代表大会上发表《对外关系之报告》,在报告中蒋介石虽仍特别强调对日关系"当为最大之忍耐",但提出了"和平未到完全绝望时期,决不放弃和平,牺牲未到最后关头,亦不轻言牺牲"的外交方针，表示日本如果无止境地进攻，超过了"和平之限度"，只有"听命党国，下最后之决心"了。蒋介石"最后关头"的演说，已经表明国民政府对日政策的某些变化。没想到六天以后，殷汝耕就公开分裂华北，成立伪自治政府，就是要让蒋介石难堪。那么蒋介石的反应又将如何呢？蒋介石得知后异常震怒，是可忍孰不可忍！第一，殷汝耕为卖国之先驱，为汉奸做出了一个非常恶劣的榜样。第二，殷汝耕曾经是蒋介石的日文秘书，参与机要，由于他和蒋介石的特殊关系，加之他与戴笠也有关系，所以谣言四起，殷汝耕成立伪政权，分裂了国家，在华北成立了汉奸政府，等于直接打蒋介石的脸！

于是第二天，即11月26日，南京国民政府明令：殷汝耕宣布"独立"，背叛国家，甘为汉奸，着即撤职拿办！

这是任何一个主权国家的正当举措，在自己的国土上捉拿出卖国家利益的汉奸，天经地义。没想到国民政府通缉汉奸的正义之举，遭到日本政府的无理反对。日驻南京总领事须磨弥吉郎面见行政院院长孔祥熙，公然威胁说："华北自治运动，乃系中国之内政问题，非日本政府所能干预。然而若国民政府采取无视舆论之手段，例如逮捕殷汝耕之行动，则日本政府将不得已出于何项之处置，事态将陷于恶化……"

同日，华北驻屯军司令官多田骏也发布公告，说中国当局如以武力镇压，实属徒劳……威胁将用武力与南京方面进行对抗。

有日本主子的撑腰，殷汝耕非但没有丝毫收敛，反而变本加厉。不到一个月，殷汝耕将冀东防共自治委员会改组为冀东防共自治政府。

冀东伪政权的成立，对中国华北的抗日运动破坏是巨大的。从此，日本军国主义在华北有了依托之地，殷汝耕与日军、伪满洲国三位一体，签订攻守同盟，规定：

1.冀东地带接壤满洲之长城沿线，治安任务悉由满洲完全负责；

2. 冀东东侧海防，悉由日方驻南满海军舰队负责；

3. 对冀东之基本武力，由日方与满洲使其积极发展，需要之物质，先由满洲尽量补助；

4. 空中力量必要时亦由满洲接济；

5. 冀东政府行政、建设、公路发生障碍或者外来之压力，满洲协力共同根绝。

除以上项外之动向，冀东政权的一切措施均悉依关东军及日方之中央军部指示执行之。

冀东汉奸政府与北平搭界，这令日本策划的华北自治运动的华北政局更加动荡不安。对此，全国各界爱国人士一致声讨殷汝耕的叛乱行径，纷纷要求国民政府明令讨伐卖国贼，维护国家领土完整。南京国民政府曾经数次与日本交涉，要求取消该政权，但未得结果。

殷汝耕的公然卖国，日本的无耻与嚣张和国民政府的软弱，在中国人民中产生了什么样的后果呢？直接导致了北平爱国学生、市民游行请愿，反对自治伪组织，要求团结救亡。

1935年12月6日，北平的11所大学和第一女中等4所中学学生自治会联名通电全国，"誓死反对断送领土及主权的自治行动，以及任何变相之独立阴谋"，要求政府下令讨伐殷汝耕，宣布对敌外交政策，动员对敌抵抗。12月9日当天，各大、中、小学生三千多人进行大规模示威游行，但遭到北平当局的血腥镇压，多名学生被打成重伤。

殷汝耕毫无收敛，不知悔改，在出卖国家利益的同时，还派出伪外务处长池宗墨访问伪满洲国，与之结盟，公开与国民政府对着干，在卖国的道路上越走越远。

3. 军统"美人计"

面对日本政府及军队的不断威胁，中国人民的抗日爱国运动风起云涌，蒋介石怎么办呢？既然明着不敢公然与日本进行对抗，为了制裁殷汝耕出卖国家利益、建立冀东伪政权的卖国行为，蒋介石命令戴笠立即对殷汝耕实行制裁。

为了完成制裁殷汝耕的任务，戴笠动员了精兵强将。

他将此任务下达给军统天津站站长陈恭澍来执行。此人是戴笠的高足，军统金牌杀手，他和他的行动组曾在北平六国饭店成功刺杀大汉奸张敬尧，这一成功的刺杀案例，被写入军统的教材当中。

这一次，除了陈恭澍的原班人马外，戴笠又专门配备了高手唐英杰。唐英杰原在上海大舞台登台献艺，轰动一时，为戴笠所欣赏。他有一身好武艺，不仅穿房跃脊如履平地，就是十丈高楼，也能够上下自如。他在南京被囚禁期间，为了防他脱逃，曾加戴刑具，不料他竟能脱下手铐脚链，皮肉丝毫无损。还有一次，他手持一把普通雨伞，从三层高的楼顶上一跃而下，飘飘然落在地上，仅发出轻微声响。戴笠将其罗致进军统，加以训练并灌输政治知识，成为行动人员中的骨干。陈恭澍怎样完成制裁殷汝耕的命令呢？

陈恭澍最初的构想，还是硬干，采取突击方式。计划是这样的：

由陈恭澍先到北平，分两步走，一是与"北平区"协商，除说明"天津站"对制裁殷汝耕一事的做法之外，也要了解"北平站"的意向如何，听听是否有互为影响之处；二是去通州进行踩点，以便制订可行的"行动计划"。

当陈恭澍将制裁殷汝耕的初步构想讲出，北平区认为，此计划采取的"突击"或"袭击"不切实际，并给予八个字的评语，那就是："勇气十足，过分天真。"北平负责人毛万里说："你们准备出动多少人投入此项计划？人多了目标大，行动不便；人少寡不敌众，无济于事。且无论人手多少，光是'切入脱出''集合分散'这些必经的过程，必须做到分毫不差，恰到好处，才能侥幸成功。稍微有一点闪失，打草惊蛇，必将导致全盘皆输。"

陈恭澍认为不无道理，但总得去通州侦察一番，于是开车去了通州。伪冀东政府一共编有四个保安总队，约一万六千人，通州城里还有一个联队的日军，陈恭澍曾环绕着悬挂"冀东防共自治委员会"招牌的冀东伪政府这座不起眼建筑物的四周慢慢地绕了两圈，并没有人注意，可见警戒不严。站门岗的伪警因天冷而畏畏缩缩，个个显得无精打采，又可以看出绝无应变的能力。不过，这仅是外表，至于大门里面的情形如何，则难以透视，甚至连殷汝耕在哪间屋办公都弄不清楚。

单凭这么一点点了解，对拟订一项行动计划来说，当然不够。可是又没有办法叫他们打开大门进去看个明白，所以他们又来过通州两次。还有一个问题无法解决，即通州城里的道路坑坑洼洼，连一条柏油路都没有，如果刺杀后，任凭多好的车也开不快，很可能跑不出来。于是陈恭澍的第一计划被否定了。接下来该怎么办呢？

陈恭澍的第二个计划是"美人计"，戴笠认识一个姓尚的漂亮女人，论姿色，虽不能说风华绝代，但也不同凡俗，最吸引人的还在那股难以形容的媚力。听说，她是西北某单位驻京办事处的处长夫人，与丈夫分居，至于如何得识戴笠，戴笠又如何会派她来进行制裁殷汝耕的任务，戴先生并没交代，陈恭澍等也不敢问。

这个女人自称曾是殷汝耕的学生，关系很密切，可以直接住进殷的公馆里，找机会下手刺杀殷汝耕。

果然，一位花枝招展的"尚小姐"来找陈恭澍，直接告诉陈恭澍不劳费心，制裁殷汝耕之事就包在她身上了。她果然住进了殷公馆，可见此人与殷汝耕关系非同一般。而且她不时地往来于北平与通州之间，说明殷汝耕对尚小姐的行动并无半点怀疑。很快，尚小姐物色了殷汝耕的一名贴身副官，三十多岁，很得殷汝耕宠信。此人既机灵又随和，也很容易与之接近。在尚小姐用心地争取之下，没有多久就被其说服了。这位副官答应为国家效命，伺机刺杀殷汝耕。尚小姐向陈恭澍汇报后，陈大为高兴。尚小姐安排好了刺杀行动之后，就先期回到北平等候消息。等了一阵，见无动静，不得不再去通州为那位副官打气加油。就这样又往返了好几次，可是那位副官却徘徊瞻顾，一直不下手。每逢见到尚小姐之际，总是表现得勇气十足，颇有男儿气概的样子，一待尚小姐离开，他又犹豫起来了。如此拖了半个多月，由于尚小姐逼得太紧，这个意志不坚定的家伙，竟然罔顾民族大义，向殷汝耕告密，把尚小姐给出卖了；并把尚小姐亲手交给他的枪械与药品都交给了殷汝耕，成了有力的证据。等尚小姐再从北平回到通州之后，殷汝耕就不再露面，那位副官也不知下落，尚小姐"糊里糊涂"地被移送到驻在通州的日本宪兵队。第二次行动又失败了。那么，日本宪兵队将怎样审讯尚小姐呢？

日本宪兵队将尚小姐押往北平宪兵队进行审问。一个弱弱的女子备受折磨，却坚贞不屈。受刑过后，无法睡觉，于是要求宪兵队给她一点安眠药，得到批准后，她将安眠药含在嘴里，藏在舌下，骗过看守，积少成多。有一天晚上，她又借口睡不着觉，嚷着要喝酒，于是看守找来酒，尚小姐酒量不小，想灌醉看守，那位日本兵酒量也很大，眼看喝了大半瓶酒，没有丝毫醉意，尚小姐趁其不备，将安眠药放入酒中，看守喝后，终于将其灌醉，趁机拿了钥匙，开门逃出，但宪兵队墙高，大门又落锁，根本逃不出去。危急时刻，唯一的一位中国人，即做饭的厨师向她招手，让尚小姐踩着肩膀爬上墙，跳了下去。好在尚小姐对北平不陌生，走背街，钻胡同，终于回到联络站，逃得性命。这个具体的过程，记载在《陈恭澍回忆录》中。

为了完成戴老板交下的任务，陈恭澍等人只好再策划第三次行动。但打草惊蛇的殷汝耕还会上当吗？究竟第三次行动能不能成功？殷汝耕能不能被抓住呢？还真被抓住了，殷汝耕在被押往北平的途中，又逃脱了。这一次并不是陈恭澍等人所为，而是殷汝耕的伪冀东保安队干的。这究竟是怎么回事呢？

4. 通州被捉，风光不再

1937年7月7日，侵华日军悍然向卢沟桥和宛平县城发动进攻，中国守军第29军奋起抵抗，于是抗日战争全面爆发。7月27日凌晨3时许，侵华日军和通县日军守备队突然向驻守在通县新城南门外第29军143师的一个营发动进攻，这个营的官兵奋力反击，杀伤日军百人，然而，埋伏在旧城南门外担任截击任务的政府保安队，并没有截击突围转移的第29军部队，只是对空鸣枪、打炮，佯装阻击撤退的第29军，同时在双方激战中也没有给日军任何支援。狡猾的日本特务机关长细木繁对伪保安队产生了怀疑。

这一天上午9时左右，日军实施报复行动，出动飞机12架狂轰滥炸旧城南门外保安队营地，致使保安队10余人伤亡。保安队广大官兵愤愤不平，难咽这口屈辱气，保安队第一总队队长张庆余立即把第二总队队长张砚田及教导总队沈维干找来密谈："城南的战斗和日机轰炸教导总队营地，已经激起保安队官兵的义愤，我们怎么办？"沈维干说："不是鱼死就是网破。依我看，现在就可以动手。"张砚田有些顾虑："我们的行动已经暴露了，日本人已有了准备，动手以后再同29军接应不上，全军就要覆没。"沈维干对形势又进行了分析："现在官兵的抗日义愤实难抑制，与其抑制，不如顺水推舟就此起义。"张庆余说："先观察一下日本人的动态再定，你们看怎样？"

7月28日下午，张庆余在"自强社"门口遇上了细木繁。细木繁质问道:"张队长你怎么搞的,为什么没有把29军截住?"张庆余觉得一个堂堂的中国人被日本人如此训斥,是奇耻大辱,他再也忍不住内心的愤怒,说:"我保安队是维持治安的,不是打仗的,我管不着!"细木大怒:"我撤了你!""我不是你任命的,你细木繁算个什么东西。"两个人互不相让,同时拔出手枪,怒目对视,直到有人上来阻拦劝解,两人才不欢而散。事后张庆余、张砚田、沈维干秘密集合,认为事已至此,不能坐以待毙,应该尽快采取行动。于是,决定28日夜12时举行保安队武装起义。约定以午夜进攻日军兵营的枪声为起义信号,兵分三路同时行动。午夜,起义的信号枪声大作。起义部队迅速占领了长官公署和其他重要机关。殷汝耕听到枪声,连忙呼唤卫队长,卫队长早已被起义部队架到了指挥部。殷汝耕听无人应声,便藏身柜顶。起义部队官兵迅速扑进殷汝耕的卧室,但见被单、衣服散落在地,不见人影。又在厕所、壁橱、立柜一一搜查,还是找不到人。这时,从厢房搜出一个仆役,逼迫他交代殷汝耕的去处,仆役不情愿地指向柜顶:"长官您出来吧!"此时,殷汝耕吓得屁滚尿流,浑身筛起糠来,哪里还能动弹?几个保安队士兵上去就把殷汝耕拽了下来。随后,将他押解到北关指挥部监禁起来。主攻日军守备队和特务机关的一路起义官兵,以200多人的敢死队为前导,趁敌不备解决了敌岗哨,然后摸进了日军特务机关和守备队住所。细木繁听到动静,率队冲了出来。他持短枪高声喊道:"你们速回本队,否则皇军一到,你们休想活命!"起义官兵哪听他的号叫,一扣扳机将他击毙在地。

双方激战6个小时,直打到东方发白,日本顾问渡边少佐、教育厅顾问竹腾茂、宪兵队长何田、通县顾问申茂及冀东银行行长等均得到了与细木繁同样的下场。同时,捣毁日伪组织各机关,炸毁了日军守备队火药库。当夜,驻顺义保安队苏连章团根据张庆余指令,举行起义,于7月29日上午10时开进通县,与通州起义队伍会合。时近中午,日军派飞机20

余架轮番对通州城进行轰炸，起义部队伤亡甚重。张庆余得知形势危急，当机立断，命令部队分成两路向平西方向转移，与29军会合。当起义部队行至北平安定门与德胜门之间时，突然遭到日军截击，押解汉奸殷汝耕的士兵被日军冲散，殷汝耕乘机脱逃，被日军劫走。随后，有装甲车20余辆掩护日军截击起义部队，保安队教导总队长沈维干、区队长张会明突围时相继阵亡。危难中张庆余下令化整为零，分头突围，经门头沟奔保定集合。

因通州保安队起义，殷汝耕被迫"引咎辞职"，经他一手策划成立的卖国政府也被迫迁往唐山。这就是著名的"通州事件"。

此次事件中，通州保安队杀死日本顾问、官兵和日韩浪人、侨民500多人，沉重打击了日军，宣告"冀东防共自治政府"彻底垮台。但是，由于通州保安队没有和华北的第29军宋哲元部相配合，因此"通州事件"未能改变华北战局。

后来通州起义的领导者张庆余在重庆被蒋介石召见。蒋介石问张庆余：既捉住殷汝耕，却为什么不杀？张庆余回答说：当时本拟将殷逆枭首示众，殷逆称有何应钦代委员长和黄郛委员长的亲笔信，派他到冀东担任行政专员，所以才改为押送北平交宋哲元处理。蒋介石愤愤不已。张庆余后被国民政府委任为军委会参议等职。因不满国民党内部派系倾轧，张庆余愤郁成疾，于1946年退役居于天津。1963年9月18日病逝，享年68岁。

再说，殷汝耕被日军劫走后关押在北平煤渣胡同，为什么呢？因为通州起义给华北日军以很大的损失，日本好不容易扶植的伪政权竟然打了自己的脸，这都是走狗办事不力的原因。后来，殷汝耕由日本黑龙会头目山满保释出来。老实了几天，又任日中合办的山西煤矿董事长，把中国的煤炭和矿山资源出卖给敌国。1943年，殷汝耕在大汉奸汪精卫的召唤下，去南京投奔汪伪政权，历任汪伪全国经济委员会特派员、汪伪运河工程局局长等职。虽然他所担任的伪职没有伪冀东政权中的委员长那么高、出卖国家利益没有那么大，但是中国人民不能忘记在华北第一个建立冀东伪政府的大汉奸殷汝耕的劣行。

5. 巧舌如簧，走向死亡

日本投降后，老牌汉奸殷汝耕于 1945 年 10 月 22 日在北平被军统局逮捕，后与华北方面 14 名巨奸被押往南京。1946 年 6 月 15 日，首都高等法院检察官对其起诉，罪名大致如下：

1. 成立冀东伪政权，自任委员长，强制冀东六百万人民背叛中央；
2. 任命日人开采长城煤铁等矿，强迫百姓出卖柳江煤矿；
3. 建筑飞机场、公路、电话、电台，供敌军用；
4. 命令保安队归日军指挥作战；
5. 擅自建立冀东银行，滥发伪钞以充经费，扰乱中央金融，征收各种苛捐杂税，劫取民财；
6. 改编教科书本，灌输青年亲日思想；
7. 包庇日寇进行走私，日本运来的砂糖、石油、鸦片和杂货，只是象征性征收进口税，日货源源不断由冀东流入内地，对天津海关的收入和中华民国贸易造成极大的冲击。日本还搜集大量白银出口。种种措施，无一不是通敌叛国殃民之举。

这里必须强调的是允许日本方面修机场的问题。当时日本的飞机不能从日本直接飞天津、北平，日军决定在平津地区建飞机场。为了便于日机速起速降和加油，以中日合办的名义，成立惠通航空公司，中方出土地，日方出技术、飞机和技术人员。经殷汝耕允许，日方在通州城外租用民田，修建机场，之后在伪冀东政府的范围内又开辟了北平南苑、丰台赵家村、天津东局子、北仓、塘沽等机场。这样，日军就控制了华北的制空权。七七事变后，北平、天津迅速沦陷，与日本军机轰炸天津、北平南苑，使中国军队丧失战斗力不无关系。

针对检察官的指控，殷汝耕极力辩解，认为自己对国家不但无罪，反而有功，表现在以下方面：

1. 崇奉国体。冀东自治之名称上，必冠以中华民国字样。职是之故，冀东一切设施完全以地方自治政权自居，对中央之法令及机关，极力尊重，如司法、铁路、邮政、电报、海关、盐务等行政，无不予以保护协助，完全不加干涉。即若宋哲元所辖的第29军队及北京宪兵队均驻扎通县，直至"七七事变"为止，对中国军队和税警队未尝加以干涉。

2. 绝对不丧主权。冀东政府成立后，日方天津军曾经要求关于经济、政治须受其指导，经汝耕严词拒绝，嗣后一切行政完全自主，日方不得干涉，虽日方推荐顾问，亦不过备咨询事联络而已。又，关东军曾经要求割让东陵为满洲领土，形势极为严重，拼着与之决裂，极力交涉，力争结果，使之撤回。又，关东军要求在冀东组织庞大之假借民治机构，类似协和会者，条例纷繁，均已备妥，迫以实施。经以此乃冀东内政，毋庸越俎代谋，严词拒绝，令其撤回。此外对于主权所在，无不据理力争，不肯丝毫放弃，致以此不满日本军阀之欲望，而终被摧毁者也。冀东行政中有不得不受日方之限制者一端，即关于保安队之编制、调遣、配备均无须经日军关东军之同意是也……再冀东所辖，如密云、平谷、兴隆、遵化、迁安、临榆等县，在长城外虽均有辖境，而以长城为境界，亦系规定于《塘沽协定》中者，冀东不得不遵守，对于此等辖境亦只得望洋兴叹耳。

3. 整理治安。汝耕在专员时代，极力予以整饬，而以专员权限太狭，牵制太多，以致未能彻底肃清。宣布自治后，乃得放手整饬，于是不出半载，得实行彻底清乡，设法驱除匪队，强化民众自卫武力，整饬警察纲纪；

实行保甲制度，于是冀东秩序最称安谧，此至今二十二县民众所恒念不忘者也。

4. 整顿吏治。自治以后，提高官吏待遇，俾得养廉，并严整纪纲，不久吏治即焕然改观，民情能以上达。有案可稽。

5. 解除民众痛苦。停战区成立后，日、鲜浪人经日方包庇，无恶不作。经向日关东军交涉，由其特派宪兵协助，彻底禁绝，浪人数千均驱逐出境。并免除一切苛捐杂税，另筹正当收入，以减轻民众负担。

6. 努力建设。自治后对于公路之建设，电话网之设置，警防电话网之完成，虽穷乡僻壤均无处不通。此外矿产之开发，农业之改良均有相当成绩，兹不赘述。

7. 维持地方自卫武力。自治后，日方曾主张搜集民枪，经与力争，不特免收，且强化民间自卫组织，官民结为一体，共党绝对不能施展。此为彼时冀东治安之最良好时代，至今民众犹怀念不已者也。

8. 对中央工作人员之维护。冀东虽称自治，而心向中央。对中央派遣之工作人员，虽不敢公然援护，而遇有机会，必在暗中维护……总而言之，冀东自治宣布后，原拟缓冲五年之久，则中央军备、财政、外交均有办法，汝耕即可卸责请罪。乃不出二年，即遇"七七事变"，而冀东同时亦遭摧毁。在此短期间内，虽不敢自诩有何成绩，而诚心报国，决无他志。

殷汝耕在法庭上进行狡辩说："我在冀东成立防共自治政府，表面上是脱离中央与日本合作，实际是冀东自治完全出于自动，故一切不愿受日方干涉，且处处维持主权，不甘为其傀儡，对其要求，莫不据理力争，不肯迁就轻让。因此，我与宋哲元之第29军实是一致的。"

针对殷汝耕的无耻狡辩，原29军副军长、时任国防部次长的秦德纯致函首都高等法院，驳斥殷汝耕的谬论说："……宋（哲元）将军曾费尽心力促使殷逆取消伪冀东政权。当时宋将军深明所谓五省自治系日寇破坏我国家领土主权之完整与行政之自主，实为灭我国家种族之毒计。殷逆所谓曾商妥宋将军率蓟密、滦榆两区军民自成单位参加五省自治一节，全为饰词避罪之语。"殷汝耕声辩秦曾代表宋哲元与之秘谈。秦德纯谓："全系捏造事实。纯或不知别人，但本人绝无代表宋将军接见彼等之事，且本人绝未与之有任何联系。"

几经庭审，殷汝耕就是不承认自己的卖国罪行。然而舆论汹汹，民间要求枪毙殷汝耕的呼声甚嚣尘上。

1946年6月7日和1947年4月13日，南京《救国日报》分别发表社论，题为《老派间谍殷汝耕》和《殷贼汝耕还不够死刑吗？》提出：充敌国间谍者处死刑，这是各国一致之法律，因为不如此规定，不能保护国家利益。普通间谍偷鸡摸狗之流尚处死刑，而殷贼泄露国家重大秘密，破坏国家政策，其罪加普通间谍十等，自不待言。而况殷贼充敌人间谍又系自愿，其罪更不容诛。

尽管殷汝耕多方抵赖，但所犯罪行事实清楚，虽然有大律师章士钊为其辩护，终属徒劳。1946年10月31日，经首都高等法院特种刑事判决，主文如下：

殷汝耕共同通谋敌国，图谋反抗本国，处死刑，褫夺公权终身。全部财产除酌留家属必需生活费外没收。

1947年1月20日，殷汝耕、章士钊申请最高法院复判；3月10日，最高法院刑事判决书下达，主文：原判决核准。

1947年12月1日上午，首都高等法院检察官、典狱长命令狱警将殷汝耕提至老虎桥监狱刑场。

检察官说："殷汝耕，本案判你死刑，业经判决确定，经奉最高法院检察署转奉司法行政部令准执行到处，今天是将你提案执行死刑，你对于你家属有何遗言？以便通知你家属。"

殷汝耕说："请准予我书写遗嘱书信。"

检察官遂命给笔墨让其当庭书写。写完后检察官问："你对于书写之遗嘱外，还有什么话说呢？"

殷汝耕答："其余无话说，不过请准予给我设一个座位，我念几声佛，以后再予执行。"

检察官问："你还有何话说吗？"

殷汝耕答："没有。"

检察官命狱警："将该犯殷汝耕执行枪决。"

子弹由后脑进，由左眼穿出，当即毙命。

殷汝耕的"防共自治政府"就是帮助敌国推翻本国政府的汉奸政权，无论他如何狡辩，妄图洗刷自己的汉奸罪行，但其出卖本国利益帮助敌国的铁证是抹不去的。由于殷汝耕率先投敌，公开认敌为父，在日本武力羽翼下，国民政府又一时无可奈何。一帮不法之徒遂起而效尤。华北汉奸之众多、猖獗，日本帝国主义之军刀如此犀利、如此势如破竹，与此人助纣为虐大有关系。仅此而论，殷汝耕是百死莫恕。

第十六讲 大汉奸王克敏的下场

1. 王克敏被逮去世

由于社会舆论，给国民政府以很大压力，北平行营主任李宗仁要求军统北平办事处马汉三等，立即拘捕平津一带的伪华北政务委员会大汉奸殷汝耕、王克敏、王揖唐、汪时璟等人。

1945年12月11日，蒋介石要到北平视察，万一惹起民怨，闹出点事情就麻烦了。于是戴笠决定将北平的大汉奸一网打尽。从南京挑选军统120名行动队员，连同大批汤普森机枪、卡宾枪、左轮手枪同弹药，分乘6架运输机抵北平，暂住东四六条64号前北洋时期大总统徐世昌公馆，日本占领时的伪新民会总部。

12月4日晚，戴笠在北兵马司1号汪时璟家设下"鸿门宴"，宴请平、津等地的大汉奸，连抗战时期未与日本人合作的曹汝霖也如约前往，由军统北平负责人马汉三出面招待。奇怪的是戴笠没有出现，伪华北政务委员会的两位委员长王克敏和王揖唐都没有到场。饭吃完了，北平警察局局长齐庆斌带着宪兵也来了，将殷汝耕、邹泉荪、曹汝霖、张燕卿、汪时璟等人押往炮局监狱。几天后，曹汝霖被开释了，原因是在沦陷期间，他拒绝出任伪职，也没有与日本人合作。戴笠还奉蒋介石的命令，亲自上门道歉赔罪。

　　王克敏与王揖唐没有赴宴，华北最大的汉奸首领——伪华北政务委员会委员长王克敏和王揖唐二人并不在被捕的汉奸之中，难道是此二人事先得到风声而逃逸了吗？

　　12月5日清晨，位于东交民巷内公安街的王克敏家来了几名身穿便服的军统人员，为首的手持一封信，称戴老板请王先生去谈话。王克敏下楼说："等我一下。"随即吩咐其妻准备一些应用物品。当他穿上大衣后，其妻偷偷地在他大衣口袋里塞了几个烟泡、又问来人："可否要人随侍？"得到回答："不必，我们会照应。"

　　王克敏手持拐棍，被军统人员搀扶着上了车。而王揖唐也从他躲避的协和医院病房中被军统人员带走。

　　王克敏被捕20天后，病逝于北京炮局监狱，有人说他是自杀，有人说他是大烟瘾发，逃脱法律的制裁。毛泽东在《论政策》一文中谈到亲日派汉奸时，认为其中也有两面分子，和坚决的汉奸如汪精卫、王揖唐、石友三等，加以区别。

2. 王克敏投日内幕

王克敏，字叔鲁，1876年5月4日生于广东，祖籍浙江杭州。此人平时总戴一副墨镜，人送绰号"王瞎子"。这是怎么回事呢？

原来，在1924年10月前后，冯玉祥发动"北京政变"，黄郛代理内阁总理，摄行总统职权。某日，王克敏去黄郛宅，坐在客厅中等候黄郛出来，见墙上挂有一幅古画，因高度近视，看不真切，起身欲走近观看，不慎跌倒，眼睛正巧碰在八仙桌的角上，使一只眼球受伤，手术摘去了眼球，装了假眼，从此就一直戴着墨镜。他还有一大特征，就是雪茄烟不离口。

1937年12月，日本华北方面军和特务机关决定邀请王克敏出山，担任带有全国政权性质的临时亲日政权"中华民国临时政府"行政委员会委员长。为什么会选中他呢？

王克敏是光绪二十三年（1897）丁酉科乡试举人，1900年以清国留学生监督的名义到日本，并担任清国驻日使馆的参赞、宣统年间直隶交涉使。北洋政府统治时期王克敏任中法实业银行总经理、中国银行总裁，北洋政府期间曾三度出任财政总长。1934年5月3日，南京国民政府公布设立行政院驻平政务整理委员会，由黄郛担任委员长一职，承担华北政务和与日方谈判的重要任务。1935年，王克敏任冀察政务委员会经济委员会主席，并出任东北政务委员会、北平政务委员会委员等多项要职。在北方，王克敏是个有重要影响的人物。

1937年7月29日，日军占领北平，拉出一批北洋遗老，成立了临时性的地方行政机构"北平市地方维持会"，推前清步军统领江朝宗为会长兼伪北平市市长。王克敏没有参加伪组织及活动，而是带着妻子孩子逃到了香港。但为什么12月初王克敏又回到了北平呢？

原来，北平、天津沦陷后，日军欲在华北筹建一个新政权，构想是"不应作为华北的地方政权，而应该成为取代南京政府的中央政权"，目的是分化中国的抗日阵线。按日方的设想，伪政权组织人员标准：（一）元首须以曾任总统、总理的一流人物任之；（二）政府首长须以曾任总理、总长的一流人物任之。

以"中国通"著称的土肥原贤二最早的人选是曹汝霖，他一再登门，诱说曹汝霖出山，担任伪华北临时政府主席，等日军攻占南京后，即成立正式政府，主席就是大总统。但都被曹汝霖以种种理由推辞。后来，土肥原贤二见实在劝不动曹汝霖，便派遣华北占领军特务部总务课长根本博大佐专程去香港，策动王克敏出马。

根据日本防卫厅战史室编《中国事变陆军作战史》中说：开始时王克敏采取了"慎重态度"。王克敏以"兹事体大"为由搪塞，为取得南京国民政府方面的谅解，特致电财政部部长宋子文，转向蒋介石请示，宋子文复电谓："奉委座谕，北平事可请叔鲁维持。"

正是有了宋子文的提议，王克敏偕妻、子于10月来到上海，日本华北特务机关头子喜多诚一也到了上海，通过与王克敏素识的日本人山本荣治向王表示，希望王克敏北上成立傀儡政府。对于日本特务机关的邀请，王克敏与喜多诚一、山本荣治去了大连和福冈等地，双方开始谈合作的条件。王克敏表示：如能"任其行事"，自己是可以出马的。在得到了日本军部的"承诺"后，王克敏于12月7日随日军专使一起回到北平，着手"中华民国临时政府"的成立筹备工作。

那么王克敏与宋子文之间究竟有着怎样的交情呢？

据曹汝霖说：王克敏的父亲王存善在前清曾任广东道员、厘金局总办兼督署文案。少年时代王克敏曾在广州生活过，能讲一口粤语，因此，他与宋子文以同乡相称，沟通没有障碍。王克敏记忆极好，尤其对数字十分敏感，他在中国银行当经理时，背账本上的数目能精确到小数点，深为宋子文所激赏。正是有了宋子文的首肯，王克敏从而答应日方条件，回到北平，纠集董康、汤尔和、朱深、王揖唐、齐燮元等在北京饭店成立了一个以朱深为主、俞家骥为幕后军师和原北洋政府二等官僚祝书元掌握日常工作的"政府筹备处"。

王克敏家人口众多，他先后娶了五位夫人，其中二夫人生有五女，五夫人洪芝英生有七女二子。加上王克敏的大哥（子三、女五）、三哥（子五、女三）去世后，家属都在王克敏家生活，所以曹汝霖说他"室人交镝、债台高筑"，"喜赌博，好挥霍，至境况日窘。此次出来，亦贫而仕，未必附日"。也就是说，出于经济原因，要养活一大家子委实不易，也是导致王克敏参加伪政权的原因之一。

王克敏在北洋政府时期只担任过财政总长，是个有治世才能，但并无很重威望的政客。日方首先去劝说曹锟、吴佩孚等出山担任"元首"，均遭到拒绝，于是退而求其次。王克敏于12月上旬与齐燮元、高凌蔚、王揖唐两次去天津，请原两任北洋总理的靳云鹏出山，直到伪临时政府成立头一天，他还不死心，在天津与靳云鹏研究组织伪政府之事，但最终被靳云鹏所拒绝。与此同时，王克敏登门敦请曹汝霖出来做"临时政府"元首，自己情愿为副。

据曹汝霖回忆录记载：

不久，王叔鲁（克敏）到了北京，即来见我。我适卧病，门者告以主人病不能见客。他说不妨，我与你主人是老朋友，即在床前亦可谈话。

遂引入卧室，我仍躺着。他坐在床边，问我何病？我说，肾脏病患了多年，时愈时发，发时即不能下床。他说，日本方面很盼望您担任临时政府主席，您该知道，我是为您来铺路的。我说，您看我这样的病夫能当主席吗？土肥原和喜多都来过了，我已坚决表示不干，我想他们应该明白了解了。我们不必再谈这些，言归正传，请您把大连的经过告诉我听听。他说，他们对您未必就死了心，我们先谈我的经过。我住在大连，关东军中坚分子要跟我谈谈，由满铁理事介绍，和关东军某少将（忘其名）交换了几次意见。那还是"七七"事变以前，宋哲元在北京。他们说，宋哲元一味避不见面，即见面也谈不出所以然。后来宋竟避到家乡，一去不来，他们不能忍受，因此想另立一政权，单管华北的事。那时要我出来任事，我说，到那时再说，目前情形，还谈不到。及"卢沟桥事变"发动以后，他们又来说现在情形变了，不但华北一方面，连南京政府也没有诚意。他们先在华北另立一政权，要我出来担任主席，一切到福冈再说。即预备飞机，接我到福冈去，与东京军部的人见面商量。到了福冈，东京军部方面的人已先到等我了，即说，华北设立临时政府，我们既已定议，我们希望君或曹君出来担任主席。曹君已由北京方面接洽过，因身体不好，不肯担任。请君到了北京，再与曹君接洽，最好能合作。一切事情，由北京军部方面与君商谈好了。我即告他们，要在北京立临时政府，必先取消冀东政权。其余的事，到北京再商。我与曹君久未通信，不知他的意见如何，见面再说。我又说，若立政府，总要像一个政府才能发号施令，军方不能事事干涉，方可办事，他们也同意。我即来北京，这即是经过的情形。

曹说："您说要像一个政府，不能事事干涉，这是最扼要的话。他们既表示同意，很好。但只是一句口头话，又没字据，且日军方面人又多，这人这样说，其他人未必这样说。日本人说话，向来不可尽信的。他们要你上台，什么都好说，上了台之后就不那么好说了，这事您亦知道。况临时政府，是在军司令部之下，虽不属于军司令部，您想那军司令部能听命于临时政府？"

王说："我又不会说日本话，日本情形又没您熟悉，所以希望您出来合作。您如出来，我愿以主席让您，我另担任一部，共同合作。"

曹说："这话不必再提了。我因老母在堂，不能离开这里。我能帮您忙的地方，我一定帮忙。但我若见了不顺眼的事，我也要替沦陷的人尽我的微力，那时也要请您帮我的忙。事已如此，您是有手段的，总可相机应付。老实说，这政府说不到有怎么主张，能为沦陷区人民尽一分力，使人民少受一分苦即很好了。"

王叹了一口气："我也是不得已而为之，债台高筑，室人交谪，如何得了？我看您景况未必比我好，您说得不差，为人民尽一分力，何必一定固执呢？"

曹说："我景况确是不好，但吃瓦片（北京人说卖房过活）还可过一时，我是坚决不干的，岂有对你说假话？"

王说："我的脾气，您亦是知道的，我王某亦不是肯听日本人指挥的人。这局戏不知如何唱法，过一天，算一天，不久拆班亦未可知。但由日本军人胡天胡地搅下去，百姓不知要吃多少苦，有一个政府在旁看着，总比他们胡搅好一点。我哪敢说为百姓解除痛苦，我亦像您说的尽一分力罢了，只好做到哪里是哪里。我说对了，这个临时政府只要能为人民尽一分力，即算已有交代，不必说有什么主张。为人民尽一分责任，即是为国家保存一分元气，这是为自己的良心，不是为日本人服务，更不是为图富贵。我们到底是好朋友，人同此心，心同此理，盼望你这样干，亦可对得住良心，对得住国家。"

在劝说曹汝霖无果的情况下，12月14日，"中华民国临时政府"成立，当天上午在中南海怀仁堂举行成立典礼。该政府采三权分立形式，即行政院、立法院、司法院，称委员长。由于没有可以充任总统的一流人物参加，因此，行政院委员长等于主席，由王克敏担任。

此时，日军华北派遣军总司令部设在天津，总司令官是寺内寿一大将，日军北京特务机关改组为联络部，由原机关长喜多诚一担任部长，负责与伪临时政府打交道。伪政府行政院所在地即位于东城区东南部，东起朝阳门南小街，西至东单北大街，南临西总布胡同，北至与协和胡同相通的外交部街外交大楼。这幢外交大楼因民国政府时期的外交部设于此而得名。

从以上的情况看，王克敏成为华北最大的汉奸政权"中华民国临时政府"行政院委员长，并不是单单因为"室人交谪，债台高筑"，的确另有隐情。

该傀儡政权成立后，王克敏率政府要员前往天津拜会日本华北派遣军总司令官寺内寿一，以表示效忠的决心。

在日本军部支持下，华北汉奸又成立了"新民会"，推选王克敏为名义上的会长，原伪满洲国外交部大臣张燕卿为副会长，"新民会"实际由张燕卿全权负责。

3. 王克敏为日军干了什么事

那么，北平"临时政府"成立以后王克敏究竟干了什么呢？

王克敏与日本人的关系：首先是华北币制，1937年7月末天津沦陷后，日本关东军调满洲铁路株式会社理事坂谷希一专司处理华北财经事务。先是改组河北省银行，由曹汝霖、李思浩、张弧各推荐一人为监事，并以王荷舫为总经理。坂谷派村山任该行顾问，紧紧地控制了天津的金融。后坂谷到北平筹设华北伪政权的国家银行，以期控制华北金融。此举遭到王克敏的反对。经多方活动，因平津方面的银行家多不愿为日伪效劳，以致组织和人选问题未能解决。这时小山贞知已随日本侵略军来北平，当即提名汪时璟担任该职。在坂谷同意下，10月，汪时璟由小山陪同，在大连大和旅馆与坂谷见面，谈妥开办银行的大体方案。11月间，汪即带领行员漆世昌、张仲坚到北平待命。

当时日本军票、伪满洲国钞票（老头票、绵羊票）流入华北，严重影响了经济。搞金融出身的王克敏深感忧虑，伪中华民国临时政府成立后，日本经济顾问坂谷希一拟向中、交两行商借垫款，中行经理卞白眉、交行经理徐柏圆只得各垫付五百万元。但总不是长久之计。日方表示如果设立华北联合银行，此各项钞票可以完全停止。王克敏于是同意。随后，由日本大藏省财务官大野龙次郎、伪满经济部司长田中恭与坂谷希一等在北平正式决定，汪时璟负责筹备华北银行事宜。

1938年1月，汪时璟调来沈阳分行大批人员，在北平松树胡同成立办事处，开始筹备工作。银行名称决定用北平维持会准备印钞票时使用的"中国联合准备银行"（简称"联银"）之名，资金除由北平的中国、交通、大陆、金城、中南、盐业、河北、冀东等八家银行联合投资外，并由伪华北政委会投资一部分。资金总额五千万元，实际上各银行并无现金，亦未缴股本，只以往来存款性质将款项存入"联银"。此外，尚有原国民党政府改革币制时，华北各发行纸币的银行向中央银行缴纳的准备金两三千万元，存放在天津租界内，被宋哲元所扣留，未能解送南京，汪时璟即以此款作为"联银"准备金列入账面。几经多方拼凑，一切大致就绪。王克敏对银行是行家里手，想独揽政经大权，由自己兼任"联银"总裁，而日方坚持总裁一职由汪时璟担任。因此，形成僵持之局。王克敏对"联银"总裁一职，拖延不予发表，经坂谷一再催促，王答以"此事慢慢商量，不必着急"。汪时璟得知内情后，深恐夜长梦多，即与小山贞知相商，小山随即访问北平日本陆军特务机关长喜多诚一，要他压服王克敏，保住汪时璟。喜多出面维护汪时璟，王克敏就不得不俯首听命了。但王克敏的内心是不满意的，一直拖延到1938年3月10日"中国联合准备银行"正式开幕的前一天，才正式任命汪时璟为"联银"总裁。不久汪时璟又兼任伪经济总署督办，从此华北财经大权便操于他一人之手。

谁知银行开行后，日本借此银行，大肆滥印，钞票滚滚而来，造成严重的通货膨胀。这成为王克敏与日本人发生争执的主要原因之一。王克敏自白书中写道："民国二十九年（1940）本人第一次去职时发行总额五万（万）七千万元，及三十二年本人第二次出任，总额为二百万万元。三十四年二次去职时为八百七十万万元。接受时已有约于前而三百万万元。通货膨胀，物价腾贵，人民痛苦不堪言状。物价腾贵之原因，既有治安状态不良，交通不便，物资缺乏之诸点。其中物资问题最为重要。而且原因则由于敌方（指日方）之搜刮，计可分为前后两个时期。前期在珍珠港事件之前，日方规定公定价格，以极低计刻之价格强收物资，至后期在珍珠港事件之后。又改用新经济政策，不惜高价收买，其结果物资悉如其掌握，而滥印发钞票通货膨胀，人民乃益受其苦矣。"

有无具体事例可以说明王克敏的反对态度呢？

据曹汝霖回忆：有一天晚上，曹汝霖去看王克敏，正在聊天时，联合准备银行总裁汪时璟来了，很神气地伸出两个指头汇报："报告委员长，联银券已经发行到两亿了。"

王克敏听后，勃然大怒："你是来表功的吗？这种滥纸，少发一张，即为百姓少受一张的痛苦，我正设法筹划增加发行准备，你亦应有点打算，不要一味讨好日本人，这是你的责任。"

汪时璟兴冲冲而来，想不到反而受到了一顿埋怨，连连称是而退。

通过这件事，曹汝霖认为：王克敏尚有将百姓放在心上的表现。

其次，保定（应为济南或其他地方，回忆有误，因为保定为1937年9月24日沦陷，当时还没成立伪临时政府）陷落时，日方耀武扬威，要求伪政府张贴布告，组织学生召开提灯庆祝大会，进行游行庆祝。王克敏认为本国地方为敌人陷落，要本国学生游行庆祝，这成什么话？除非丧心病狂，甘心做贼，哪能发布这种布告？于是，他与教育署署长汤尔和据理力争，极力反对，日军总算作罢，只放气球，挂一条飘带，上写"庆祝保定陷落"的字样在空中飘荡，熟料日方此举更加激起中国人的愤怒。

还有一件事说明王克敏与日方的关系：喜多诚一与王克敏约定每周会晤一次，商谈公事。但在会谈的地点上，双方争执不下。王克敏坚持要在北平临时政府所在地外交大楼，而喜多诚一则一定要在他的办公室。最后想了个折中的方案，选定了中间地点，煤渣胡同20号，即平汉铁路高级职员的憩息地——铁路俱乐部。

1938年3月上旬，军统天津站站长陈恭澍奉戴笠之命，对华北最大的汉奸头子王克敏与汪时璟"二逆"相继予以制裁。他们摸清了王克敏的行动规律，每逢周一下午1时55分到2点之间，一定会去铁路俱乐部与喜多诚一会面。

3月28日下午1时57分，王克敏的警卫车和专车由南驶来，一前一后进入煤渣胡同东口时，早已蹲守在胡同里的陈恭澍及行动队员立即开火。枪声一响，坐在王克敏身边的日本顾问山本荣治立即扑在王克敏身上，当即被打死，王克敏乘势下滑，躲到车座下，王的卫队也立即开火，陈恭澍等人相继遁逃。王克敏侥幸躲过一劫。

当时，云南、西康的地方军阀龙云和刘文辉，与蒋介石的中央政府矛盾颇深，担心国民政府西迁后，滇康的地盘终将不保，于是于4月15日亲笔给北平"中华民国临时政府"委员长王克敏写信，表示他们想与川康滇黔四省地区结为联盟，发起反蒋的"和平运动"，并且有了相当的联络程度。希望此事得到王克敏的支持，并且通过王与日本方面取得联络。该信函由云南省政府参事唐继贤、参议宋云阶二人于5月间秘密赴北平面交王克敏，还会见了日军特务机关长喜多诚一，商讨了四省联盟发起反蒋和平运动后对付蒋介石军事讨伐的具体办法。后来由于汪精卫集团逃离了重庆，日本将注意力转移到汪精卫方面，所以此事无疾而终。

4. 王克敏与重庆的关系

大约是在 1937 年初，宋子文来北平，大家都意识到中日战争已迫在眉睫，日军行将迅速占领整个华北。怎样才能对局势多少保留一点影响力呢？宋说："不如先把王克敏推出来，让他对付日本人一阵。"王在北洋政府时期曾任内务部部长、财政部部长和中国实业银行总裁，在华北财经界有一定影响力，而且一向与日方关系良好，所以冀察政务委员会成立后，他除了担任委员之外还兼任经济委员会主席。这时候，一个重要的老朋友出现了，他就是在杭州出生的美国人、传教士的儿子司徒雷登，和王克敏既属于小同乡，又是同庚。两人的关系极熟，燕京大学有时出现一些财务方面的问题，王总设法帮助解决。于是宋、司徒、傅泾波三人约王克敏见了一次面，事情就这样拍板了。当时王曾问宋："以后怎样联系？"宋说："找司徒。"即便如此，"七七事变"后，王克敏并未参加伪组织及活动，而是携妻带子逃到了香港。后日方派遣华北占领军特务部总务课长根本博大佐专程去香港，策动王克敏出马。王克敏以"兹事体大"特致电南京国民政府财政部部长宋子文转而向蒋介石请示，宋子文复电谓："奉委座谕，北平事可请叔鲁维持。"王这才偕妻、子于 10 月回到上海，并于 12 月初赴平就职。王克敏曾经委托司徒雷登三次去重庆接洽，表示希望和平与减除华北人民之痛苦。

王克敏自白书："本人于二十六年任职之初，原具有抱负，即希望和平与减除华北人民之痛苦。关于和平运动，曾经委托司徒雷登于二十八、九年中三次前往重庆接洽，嗣见日本方面全无诚意，遂以中止，本人亦即去职。"这究竟是不是真的呢？

2010年7月，海南出版社出版的由司徒雷登所著《在华五十年》中得到印证。

1939年1月中旬，司徒雷登到达重庆，名义上是要向国民政府教育部将燕京大学的教学情况进行常规性的汇报，但他还有一个重要的任务，即与蒋介石进行沟通。在有关方面安排下，某日下午，他约好与蒋介石夫妇共进晚餐。正当他在等车来接时，却遭遇了一次空袭的恐怖经历，27架日本轰炸机对重庆进行了狂轰滥炸，十分惨烈。"整整一英里半的道路两侧建筑全被炸毁，路上横七竖八都是烧焦的尸骸"。

查台北传记文学出版社《民国大事日志》，民国二十八年（1939）己卯一月十五日：日机二十七架袭重庆。可见司徒雷登的回忆应当是准确的。他回到北平后，将重庆的情况告诉了王克敏。

司徒雷登在回忆录中写道："第一次回来（即从重庆回北平），我把所见所闻讲给老朋友王克敏听。他当时是北方傀儡政权的领导。此前他曾一直踌躇不决，反复思忖是否应该担任这个卖国的职位，为日本主子效力。我告诉他，在委员长的有力领导下，所有阶层的中国人民众志成城，坚决抵抗日本侵略者。听到这振奋人心的消息后，他问我是否愿意让他安排我去和日本高层传达这席话。日本人当然知道我全国各处走的事，但因为我是中立国的公民，也不好加以制止……"

两相对照，王克敏自白书中所述应该是可信的。

5. 王克敏与地下党及汪精卫的关系

王克敏与中共方面也有秘密往来，先后共有三位资深中共党员与王克敏有往来。第一位是许宝骙，杭州人，1932 年毕业于燕京大学哲学系。因其父与王家的世交关系，他曾是华北政务委员会秘书，也是王与中共的中间人。他是地下党，曾在重庆面见周恩来接受指示。他还是"中国民主革命同盟"的重要发起人之一。1957 年至 1966 年，许宝骙在全国政协文史资料委员会负责审稿工作，后担任民革中央宣传部副部长、理论政策研究委员会副主任，《团结报》总编辑、社长等职，曾任全国政协文史资料委员会副主任，第二、第五届全国政协委员。第二位是陈絜，他是抗战初期北平地下党负责人之一，是他把王克敏、司徒雷登、张东荪等人的接头关系移交给王定南。第三位就是王定南，1937 年调到北平特委工作，次年任特委书记。1941 年 3 月，王定南被日本宪兵逮捕，因身份没有暴露而被释放。1942 年 6 月，再次被捕，由王克敏出面保出，后到河南省郏县、宝丰等地从事抗日工作。20 世纪 80 年代王定南曾任山西省政协副主席。王克敏辞职后，全家去了青岛，许宝骙也逃至青岛，藏在王家，躲过日本宪兵队的追捕。改革开放后，许宝骙、王定南、陈絜分别以不同形式找过王克敏的后人，谈及王克敏为人民做过好事，其曾数次给银元及药品支援过晋察冀边区聂荣臻部。

王克敏与汪精卫的关系：

1940 年 12 月，毛泽东在《论政策》一文中特地指出亲日派汉奸中也有两面分子,"和坚决的汉奸如汪精卫、王揖唐、石友三等,加以区别"。却没有将华北头号大汉奸王克敏并列其中。这是为什么呢?

汪精卫集团投敌之后,多次与日方交涉,要成立以汪精卫为首的,合并南京以梁鸿志为首的伪中华民国维新政府和北平以王克敏为首的伪中华民国临时政府的南北两大汉奸集团。1940年1月,汪精卫邀集王克敏与梁鸿志在青岛举行会谈,商量合并之事。由于这是日本的意见,王克敏与梁鸿志不得不照做,但王克敏与头号大汉奸汪精卫的关系不睦。在涉及国旗、汪党流入华北、在华北建立政治分会和陇海路的管辖权等问题时争得面红耳赤。因此,汪精卫对王克敏怀恨在心,想剥夺他的权力。

汪精卫动不动就搬出日本方面的意见来逼王克敏就范,双方钩心斗角,唇枪舌剑。

王克敏当面讥讽汪精卫:"你应当向我请教。跟日本人处事,应该虚与委蛇。日本人难缠,你同他条件谈得再好,到一定时期,他也能翻脸不认账。"

王克敏还私下对参加青岛会谈的周佛海说:"我们60多岁的人,做汉奸没几年就死了,汪先生何必把一些年轻人拖下水呢!"

汪精卫是假正经,伪君子,以"党国元老"和"国家元首"自居,打着"国民党"和"国民政府"的旗号,最忌讳别人讥讽他是汉奸,听了周佛海的汇报,对王克敏深恶痛绝。

1940年3月30日,汪伪国民政府以"还都"的名义在南京成立后,北平"中华民国临时政府"取消,成立"华北政务委员会",任命王克敏为委员长。

同日,王克敏以委员长的名义发布布告,宣称:"照得国民政府改组,还都典礼经于本日告成,为使华北各省市就近有所秉承,并处理其他政府委任各项政务起见,设置华北政务委员会。"

"华北政务委员会"成立不久，王克敏与汪精卫南京伪府之间矛盾日趋尖锐，而王克敏的后台——华北日军特务机关长喜多诚一也去职，其继任者冈森对王克敏并不支持。王自知汪精卫气量狭小，怕汪精卫给他"穿小鞋"，于是提出辞职。汪精卫假惺惺进行慰留。6月初王克敏还是坚持提出辞职。

他辞职的主要原因是财政政策。抗战胜利后，王克敏在监狱中所写自白书："关于财政，本人向持紧缩方针，冀为国家人民保存元气。二十七年度预算总数为七千余万，二十八年为一万（万）八千万，至二十九年为增至二万（万）八千万。当时由本人拒绝，实为本人去职原因之一。其实以当时华北之情形而论，担负二万万余之预算，非不可能。唯本人为保存国家人民之元气计，不能赞成。在本人去职时华北全部财政计尚余存七万万元，关税在内全数未动，留交后任。此在本人为可自慰者。"

汪精卫借坡下驴，6月7日就发表准王辞去本兼各职的命令，同时任命王揖唐为伪华北政务委员会委员长兼常务委员的命令。王揖唐的风格和对日本人的态度与王克敏迥然不同。他一上任就对属下说："华北政权机构变更以后，委员长一职原是我的，因为前王委员长未在当时辞职，所以推迟到今天。在前委员长担任本署督办（王克敏为'华北政务委员会'委员长兼内务总署督办）时曾对大家说他是给我看家。今天我又给他来看家，仍希望他重回到他的家来。"言外之意是质问王克敏："你是否还有回来的那一天？"

王揖唐在对待日本人的问题上向来顺从，任日方办理，从不过问。王克敏曾告诫他不要对日本人百依百顺。王揖唐说："你说得甚是，但在此环境下，说也白说，徒费唇舌。你事事要争，到底争到了什么？"

1943年2月，朱深接任"华北政务委员会"委员长，但他年老多病，上台不到半年就病死于任上。在华北日军的知会下，7月4日，汪伪国民政府下令特派王克敏为"华北政务委员会"委员长。当时"全年预算为十万万元，民国三十三年（1944）维持原数，未有变动"。

1945年2月，日方"提出预算总数增至二十九万（万）元"，王克敏不愿涂炭百姓，因此极不赞成这种做法，加上身体极度衰弱，上下楼要以藤椅抬，因此决定第二次辞职。

1945年8月15日，日本宣布无条件投降。10月10日，第十一战区在北平举行日军受降仪式。军统北平站开始行动，在北平抓捕汉奸。12月4日，戴笠在汪时璟家设"鸿门宴"，抓捕华北的大汉奸。

6. 王克敏的自白

按说王克敏当汉奸的内幕，司徒雷登应该很清楚，他在某种程度上又是华北与重庆方面的联络人，可司徒雷登为何不替王克敏说情呢？

原来，1941年12月8日太平洋战争爆发，在北平的司徒雷登等英美人士和燕大学生27人随即被日军抓了起来，司徒雷登和另外两名美国人被秘密囚禁，受到严刑逼供，日军逼问"北京人"头盖骨的下落。司徒雷登和燕大学生的命运引起社会各界的同情。他的学生、助手傅泾波经过一番努力，联络到一位叫王凌的中共地下党员，侦察到司徒雷登的关押地点，准备带一小队人马进行营救。傅泾波随即去找王克敏进行商量。王说："你们怎么出得了城？要冲西直门，日本人的机关枪会把你们全给扫死。"傅泾波等人才决定取消行动。

日本投降后，司徒雷登获释，随即去了美国。王克敏被捕后，傅泾波曾找军统方面活动，想营救王克敏，但人微言轻，不起作用。

12月5日，王克敏被抓时，已患重病。法官要他写自白书，他抱着反正豁出去的态度，说："政府如果要加罪于我，我都承受。华北的事，都是我干的，与他人无关，要办就办我一人好了，没有什么话好说，这就是自白。"

曹汝霖因几次拒绝在华北出任伪职，因此被蒋介石下令释放，戴笠亲自登门道歉，并向曹汝霖打听华北的几个伪主席。曹汝霖答道："这几个人都是我的朋友，论他们平日品格，都不是附敌求荣之辈，也有回护老百姓的意思。但在这种环境之下，亦是枉然。比较起来，还算王克敏最有骨气，亦敢直言。"

听了曹汝霖的这番话，戴笠秘密去监狱看望了王克敏两次，说些什么内容曹汝霖却不知晓，但戴笠与王克敏见面后，王的样子"似有信心"，也同意写自白书。

12月8日，王克敏体衰已不能坐起，于是请同室关押的周作人代笔，口述自白书，并亲自签名。随即王克敏搬到单人房间，且有取暖设备。

不久，王克敏的病情加剧。监狱方面给王家打电话，称王克敏身体状况不佳，需要熟悉王克敏病情的家庭医师陆观仁前去诊疗。陆观仁即去王家取了一些药品，前往诊治。

12月25日上午，监狱来电话说王克敏病重，要其家人前去探视。其妻带着四女赶到后，王克敏已经气息奄奄，自入狱以来多日未吸鸦片，其妻给他烧烟，他已经不能自吸，其妻深吸一口鸦片，喷在他脸上，大约猛然刺激，心脏承受不了，下午3时许，心衰病逝。并非所传自杀或烟瘾大发而亡。这一天距他被捕整整20天。

曹汝霖认为"左明澈女士（即曾任北平市政府外事代理处处长）所说（汉奸）分政治法律办法解决，似非无因。惟只有戴氏一人能分别情形、权衡轻重，他人未必知道。后戴氏在戴（岱）山撞机身亡，部下人员，不知其他，只要黏着一点敌伪关系，一律交法院"。

也就是说，如果王克敏没有病死，戴笠也没有摔死，王克敏一案是可以政治解决的，而不会被当作大汉奸接受法律制裁的。

12月26日上午，王克敏的家属去监狱领尸，穿戴好寿衣即行入殓，移灵柏林寺，后葬于福田公墓。

此外，有关北京八大胡同的名妓小凤仙在蔡锷死后嫁与王克敏一事，此事不确，纯属讹传。

小凤仙（1900—1954），浙江钱塘人，原名朱筱凤。母亲是偏房，一位姓张的奶妈抚养她，所以她后来改名为张凤云、张洗非。1911年，武昌起义后张奶妈带她逃往上海，因衣食无着就将她暂时押给一位姓胡的艺人学戏，到南京以卖唱为生，取艺名"小凤仙"。1913年（民国二年）革命党人在南京发动反对袁世凯的"二次革命"，北洋军阀冯国璋、张勋等部攻打南京，战火持续近两月。小凤仙跟着胡老板逃回上海，这年小凤仙13岁，已是亭亭玉立的美人。同年，小凤仙又跟着胡老板辗转到北京，后被卖到北京八大胡同"陕西巷云吉班"。之后，才有与蔡锷相识的一段佳话。

　　而王克敏的五夫人名叫洪芝英，江苏昆山人，生于1900年，死于1968年。她和小凤仙有相同的经历，出身穷苦，早年沦落风尘，是上海堂子里的清倌人，艳名小阿凤。民国后到北京，也在八大胡同。可能是因为小凤仙与小阿凤一字之差，就被人误传为小凤仙。她天生一副好嗓子，可以自拉自唱须生。后被王克敏赎身，娶为妾。因遵母亲嘱，谁人生男孩，谁就扶正，1932年五夫人生子王遵仲，故王克敏于1938年将其扶为正室。1945年12月王克敏病逝后，洪芝英带几个年幼子女在北平主要靠变卖一些首饰和王克贞（王克敏之妹，住上海）接济度日。1949年初北平和平解放，平沪邮路已断，且王克贞已由沪赴港，洪芝英向人民政府申请，获准赴港。在港住了一年多于1950年8月偕子女返回上海。"三反""五反"时，在燕京大学读书的女儿王遵保、儿子王遵仲追求进步，对党忠诚，动员母亲洪芝英于1952年将手上残存的首饰及碑帖、字画全部上交驻燕大北京市委工作组（以张大中为首），计首饰19件，碑帖字画9件（首饰中包括嫁给王克敏之前自有的首饰）。

第十七讲　审判两大汉奸王揖唐、汪时璟

1. 蒋介石给汪时璟的凭证

时间回到1945年8月下旬，日本宣布投降不久，重庆黄山的军事委员会委员长侍从室来了一位神秘人物，此人名叫汪时璟，是伪华北政务委员会主官，华北地区最大的经济汉奸！在特殊的敏感时期，汪时璟来重庆要求面见蒋介石到底为了何事呢？

警戒森严的蒋介石黄山官邸，岂是一个大汉奸想进就进的？汪时璟自有门路，他神秘兮兮地掏出一个相片册，里面夹着一张白纸小条，上有毛笔写着"在新民"三个字，请人送了进去。一会儿，侍从室主任陈布雷出来见汪时璟。陈布雷为什么出来呢？他跟随蒋介石多年，一眼就看出来那个条子的笔迹，熟悉得不能再熟悉了，正是蒋介石的手迹。这是哪来的呢？

汪时璟告诉陈布雷："这是太平洋战争前夕，委座托人带给我的，作为给中央效忠的凭证。"

暗号对上了，陈布雷问汪："干什么来了？"

汪时璟拿出携带有关华北金融经济及日伪军情报等文件，说要亲自向委座报告日本投降后北平的军事、经济、财政情况，向中央方面请示

机宜。

陈布雷说:"日本刚宣布无条件投降,委座日理万机,实在抽不出空来接见你。你把这些情报汇报给我,我代转委座。你还是暂回北平,稳定局面,中央对于复员工作,目前有一定的障碍,共产党又要与国府争天下,你与在北平诸公一定要尽力维持,待中央军接收。"

陈布雷又与汪时璟规定了联系方式和电台呼叫的时间。

汪时璟又说:"我和委座亦是多年故识,他当年北伐时,军饷就是我设法筹措的,他不会忘吧?"

说到这里,这个汪时璟到底是什么人?蒋介石北伐时期真的用过他的钱吗?

汪时璟,字翊唐,1891年生,安徽旌德人。早年毕业于日本陆军经理学校,曾任北洋政府财政总长王克敏的秘书,后任中国银行汉口分行经理。1926年,北伐战争前,广东国民政府的财政特别困难,无粮不聚兵,无钱不打仗,北伐战争是需要巨大的财政开支的。而广东政府中央银行所印制的钞票,由于准备金不足,出了广东地面就不管用,所到之处,必须银元。蒋介石的军需就是银元,雇挑夫一路挑着行军,但在湖南就用得差不多了。于是,蒋介石通过他的盟兄弟黄郛向北京中国银行总行密商借款,答应北伐成功后给中国银行以好处。因此,中国银行总管理处秘密通知中行汉口经理汪时璟,等蒋介石打到汉口,接济蒋介石一百万大洋。后来蒋介石取道江西,没在汉口提取,改在上海兑现了一百万。正因为有了这层关系,汪时璟才敢来面见蒋介石,想求得蒋介石的赦免。

汪时璟在重庆住了十来天,蒋介石根本不见他,汪时璟只好悻悻回到北平。

2. 马汉三巧设"鸿门宴"

到了 1945 年 9 月下旬，国民党的部队逐步进入华中、华东、华北各沦陷区后，遏制共军，抢占抗日成果的目的已基本达到，蒋介石变脸了，恶狠狠地说："国民参政会与共产党都骂我们保护、包庇汉奸。从现在起，要开始肃奸！"

到 10 月中旬，军统在各地捕获的汉奸罪嫌疑分子，已达 4000 多人。戴笠自吹自擂，大言不惭地说："所有政府通缉有案的汉奸，已全部落网。"实际情况远非如此。

尤其是北平的老百姓特别憎恨汉奸，当时市民早点买油条不叫油条，叫油炸桧儿，两根面条拧在一起，就像秦桧和他老婆王氏，恨不得要放在嘴里嚼了。北平行辕主任李宗仁，要求军统北平办事处负责人马汉三立即拘捕平津一带的伪华北政务委员会大汉奸王揖唐、王克敏、王荫泰、殷汝耕、张燕卿、汪时璟等人。加上蒋介石于 12 月 11 日要到北平视察，万一惹起民怨，闹出点事情就麻烦了。马汉三急电戴笠，戴笠经仔细筹划，决定用诱捕的方式把汉奸们一网打尽。为了不打草惊蛇，戴笠从南京挑选军统 120 名行动队员，分乘 6 架运输机抵达北平，暂住东四六条前北洋时期大总统徐世昌公馆，日本占领时的伪新民会总部。

北平的大汉奸分布四城，戴笠用什么办法一网打尽呢？"鸿门宴"，用请客的方式邀请这些大汉奸到场。但要想实现这个计划，需要个托儿，最合适的人选就是汪时璟。为什么呢？因为汪时璟仗着和蒋介石是老关系，没把自己当外人。于是戴笠登门汪府，用老友的口气说："翊唐兄，本年8月，你投奔重庆，汇报日本投降及军事情报，委座与我们是有数的，我们在行动上亦是有分寸的。对党国有功者，是不会作为汉奸来对待的。"

汪时璟还真不拿自己当外人，说："雨农兄，我与委座是多年的故交，有什么事情需要兄弟帮忙的，不必客气。"

戴笠借坡下驴："目前正有个事儿，想请老兄鼎力相助，什么事呢？委座就要莅临北平视察，然而现在军统压力很大，《大公报》社论尖锐批评我们在北方未逮一个老牌汉奸……我想用楚霸王项羽宴请刘邦的方式，在您府上设一个鸿门宴，由你出面邀请王克敏、王揖唐、王荫泰、齐燮元、潘毓桂、曹汝霖等一批特任级汉奸到场，然后一网打尽。"

汪时璟仍不放心："你得把我摘出来！"

戴笠说："在你家里抓他们不抓你，不怕别人骂你卖友求荣？我只是例行公事，到时候我们再证明老兄是为我们工作的，不就结了？"

汪时璟一想，既能瞒天过海，又能毫发无伤，对肃奸也是大功一件，何乐不为？于是依计而行。

次日，在北平的十几个大汉奸收到一封以军统北平区区长马汉三名义发出的请柬，上写："兹定于12月4日晚6点，在城东北兵马司胡同1号汪时璟公馆，举行宴会，届时军统局戴局长笠应邀出席，敬请阁下光临。"

接到请柬的这些大汉奸，心里难免嘀咕，既然是军统局北平区请客，戴老板出席，不去恐会得罪戴老板和军统，去了吧，不怕一万就怕万一。但又转念一想，请客既然在汪时璟家里，想必不会有什么万一，于是都打算出席。

12月4日晚，北兵马司胡同口，车水马龙，汪公馆大门口张灯结彩。汪时璟笑容满面，在大门口迎接客人。因为停电，客厅中点了两支大红蜡烛。晚宴相当丰盛，山珍海味样样俱全，各种名酒，琳琅满目。7点整，马汉三姗姗来迟，说："兄弟奉戴局长之命，举行这次晚宴，主要是为了酬谢诸位，从日寇投降数月以来维持地方治安之功劳。戴局长有事，要晚来一会儿，来！我先敬大家一杯。"诸人都站起来端起杯，有的一饮而尽，有的心里七上八下，端着杯子未动，更多人只是沾沾嘴唇。

汪时璟以主人的身份殷勤劝酒，大家眼看无事，于是吃了起来。大厅中的蜡烛燃烧了一半，戴老板仍未现身。这时，有人坐不住了，说："马处长和戴局长的一片好意，我们心领了。既然中央不会难为我们，在座的心里就踏实了。为党国效力，理应如此，不敢言功，但求无过。天色不早了，我们原想一睹戴局长之英姿，遗憾的是缘悭一面。客去主安，我们先走吧！"

眼看在座的不少人已穿上大衣，正欲动身，马汉三抬腕看看金表，才8点半，行动队员9点才能到，于是便说："来来，我代表戴老板一个一个地敬，诸位可不要敬酒不吃吃罚酒啊！"

一圈喝下来，条几上的大座钟响了："当当当……"共9下，只见北平警察局督察长齐庆斌带着宪兵闯进来，径直来到马汉三面前，向马敬礼，并大声说："报告，行动组奉命来到！"

马汉三掏出名单，高声说："从现在起，诸位就是被捕的犯人，我已奉命做好了安排，希望诸位安心守法，听候国法之审理。"

这些华北地区的大汉奸们如梦方醒，明白中了马汉三的圈套，叫苦不迭。他们在宪兵的押送下，鱼贯而出。汪时璟跟着忙活半天，未及好好享受一下精美的饭菜，也被押着上了汽车。

但奇怪的是，曾经担任伪华北政务委员会委员长的王克敏与王揖唐不在其中，难道是此二人事先得到风声逃逸了？其实，王克敏有病未能出席，而王揖唐装病也没有参加晚宴。

第二天清晨，位于东交民巷内公安街的王克敏家来了几名身穿便服的军统人员，将其逮捕。20天后，王克敏病逝于北京炮局监狱。

3. 王揖唐躲进医院被逮

12月6日上午，军统行动组从协和医院病房中抬出了一位身穿长袍马褂，留着一把长长的山羊胡子的老头，此人就是年近古稀的王揖唐。在华北的大汉奸中，王揖唐最为人民所痛恨，此人又是什么来头呢？

王揖唐，名赓，字揖唐，1877年生于安徽合肥。27岁那年，恰逢慈禧太后70岁生日（光绪三十年，即1904年），赶上"恩科"（即中国历史上最后一次科举，1903年会试与1904年恩科）时，考中进士，同科的著名人士有谭延闿、汤化龙、沈钧儒等。

王揖唐金榜题名后，授庶吉士，因巧于辞令，又很会逢迎巴结，不久，被授予兵部主事，投到清廷权贵徐世昌门下，得到徐的赏识。

当时袁世凯为编练北洋军，选送人员赴日本学习军事，徐世昌主办此事，遂派王揖唐赴日本留学深造。在日本东京振武学校学习期间，柔弱书生的王揖唐遇上魔鬼似的操练，根本受不了。王因为劈刀、搏击两项不及格，日本教官气得踢了他一马靴，受了骨伤。王揖唐只得离开振武学校，跑到法政大学去学法律。仅完成一半学业王即返国度假，正巧赶上清政府学部组织"游学毕业生考试"，成了法政科"双料进士"。随后，他以道员的身份随东三省总督徐世昌去奉天，任吉林兵备处总办。

1912年，孙中山让位于袁世凯，袁世凯做了大总统。王揖唐因与内阁陆军总长段祺瑞是安徽合肥的同乡，被段视为最亲信的幕僚，并向袁世凯力荐，再加上徐世昌这层关系，王揖唐成为袁世凯的谋士和红人。

1913年1月10日，袁世凯召集国会，王被定为首届国会参议员。2月，加陆军上将衔，任参议员。在参众两院选举中，国民党共392票，为国会中第一大党。这着实让袁世凯害怕，他不害怕国民党的武装对抗，担心国民党通过议会斗争掌握政权。

这时王揖唐干了一件让袁世凯十分称心的事！他干了什么呢？他组织了一个新政党，即进步党。他为什么干这个事呢？原来，袁世凯不懂政党政治，想制造一个政党来对抗国民党，但又没有途径。王揖唐投其所好，联合几个小党，共和党、统一党、民主党等组织成一个大党，叫进步党。该党站在袁世凯一边与国民党进行对抗。王又唆使国民党分裂，另组成5个小党，国会中国民党议员只剩下150人，无力与进步党抗衡。这样一来，让袁世凯惊喜不已，称王揖唐为"可儿"（可爱的人、能人）。

没过两年，袁世凯又要复辟帝制，王揖唐又成了策划"劝进"最卖力气的人。1915年12月21日，袁世凯登基，做了洪宪皇帝，大肆封赏有功之臣，特封王揖唐为一等男爵。

1916年6月袁世凯病死。段祺瑞担任国务总理，控制了政权，"会说合肥话，就把洋刀挎"。安徽人掌兵权的很多，王揖唐也食指大动。段祺瑞打算将自兼的陆军总长一职让给王揖唐来做。王揖唐又喜又忧，喜的是能掌握全国军权，忧的是怕难以服众。于是，王揖唐便扮成商人模样，去找北平最有名的算命先生算卦看相。

算命先生说："就先生尊相格局看，宜干文差不宜武，干文差可官至一品，贵不可言。"

王揖唐心中恋于当陆军总长，反问道："可鄙人是个武人，难道习武的还不能够领兵往上升吗？"

算命先生回答说："尊驾虽是武人，但也千万不能再带兵，就是挂了虚衔也要推掉，不然的话，将会有性命之忧，杀身大祸。"

王揖唐听信了这话，便向段祺瑞表示自己是文人出身，当不了陆军总长。段也就自兼该职，未让给他人。王揖唐成了段内阁中年纪最轻的内务总长，也算官居一品了。

1918年春，王揖唐奉段祺瑞之命组织安福俱乐部（以安福胡同命名），选举新国会议员，成立新国会。安福系议员开会前每人先预支300元出席费，另外段祺瑞内阁支出1000万元的选举费。8月20日，众议院选举安福系掌门人王揖唐为众议院议长。安福国会操控选举大总统，投票前每位议员都领了出席费和一张徐世昌亲笔题名的照片，少数不受控制的议员则以每张票5000元被收买，由安福系所办的华通银行付款。安福国会如愿选出徐世昌为大总统；在选举副总统时，王揖唐担心票数不够，还干绑票的勾当，不惜到天津去绑架议员。

1920年7月，直皖矛盾尖锐，爆发直皖战争，皖系失败，段祺瑞下台。直系吴佩孚通电声讨安福系，电文中有"安福系毒痡四海，腥闻于天，王揖唐败国殄民，豺狼不食"之句。安福俱乐部被查抄，王揖唐化装逃到日本。直到1924年第二次直奉战争后，段祺瑞就任中华民国临时政府执政，王揖唐才被段任命为安徽省省长兼军务督办。可是上任才两个月，就被手下的军务帮办赶走。

不久，段祺瑞下野，皖系彻底瓦解，段祺瑞在天津英租界做起寓公来。王揖唐也结束了他在北洋政治舞台上的表演，在天津租界观望时局变化，妄图东山再起。

4. 汪精卫联手王揖唐

抗日战争爆发，平津沦陷，蛰居天津英租界多年的北洋政坛人物王揖唐、王克敏、齐燮元、朱深等，都纷纷觍颜投敌，而谀媚肉麻无所不至者以王揖唐为甚。但日本人却对王克敏更为重视，所以在北平扶植的伪中华民国临时政府以王克敏为首，而王揖唐只任伪临时政府赈济部总长、伪内政部总长等。后来，汪精卫在南京成立伪国民政府，还是冷落王揖唐而重视王克敏，仅给王揖唐以有名无实的"考试院院长"虚衔而已。

汪精卫的胃口很大，想把华北、华中、华南各沦陷区统归他一人领导，但王克敏有日本人撑腰，骄傲自大，不买汪精卫的账。日本人为了达到分而治之的目的，表面上同意汪的意见，实际上将伪临时政府改名为伪华北政务委员会，与汪伪南京政府形成南北半独立的状态。汪精卫由此对王克敏怀恨在心，必欲除之而后快，最后终于寻机让王揖唐任伪华北政务委员会委员长。汪精卫的目的是想通过王揖唐之手，把华北沦陷的五省真正拿到自己手里。为此，费尽了心机，而且不惜得罪日本人。

王揖唐上台不久，为取悦日本人，又向日方建议成立"华北防共委员会"，并自告奋勇任"委员长"。他多次演讲，发表谈话，要华北五省沦陷区的人民拥护日本"大东亚圣战""反共救国"；又先后去日本两次，拜见天皇裕仁，给日本朝野重臣送古玩书画。

王揖唐对日本人的谄媚趋奉登峰造极。有一次在怀仁堂开会，日本驻华北派遣军司令官多田骏和喜多诚一均出席到场。王以"华北政务委员会委员长"身份主持会议,竟不敢坐主座,对这两个侵略军头目诚惶诚恐,唯唯称是。会上,喜多盛气凌人,讥诮怒骂,王揖唐仍曲意逢迎不已。日方的兴亚院下设有政务局,局长专田大佐仅是个三流角色,王对其也是有事必请示,动辄便说:"专田阁下的意思怎样就怎样。"

王揖唐每天上午上班,下午则应酬交际和访友,风花雪月。如有紧急公务,只准上午找他批示办理,下午照例不谈公事。日本人也对他非常不满,有"王克敏能做事不听话,王揖唐肯听话不做事"的议论。王揖唐私下对人谈起为官之道时则说:"我宦海浮沉这么些年,不管马虎和认真,全是给别人抬轿子和作嫁衣裳,必须面面俱到,绝不能丁是丁卯是卯,这样才能长治久安。何况现在是日本人的天下,顺从为万事之本,不管他人笑骂。"

王揖唐当伪华北政务委员会委员长期间,贪污搜刮了不少钱。他将钱财的大半买了黄金和房产,除了在北平东城东堂子胡同的住宅外,他处还有房屋700余间,古玩、书画、名瓷、珍珠、翡翠、皮货等不计其数。由于王揖唐敛财无度,不得人心,王克敏又乘机在幕后指挥,向日本内阁首相控告王揖唐"贪污渎职,废弛公务"。

那么,王揖唐严重的贪腐行为会让他的日本主子感到不满吗?会不会走马换将呢?

伪华北政务委员会委员长王揖唐贪腐案,是不是让日本当局予以包庇呢?相反,也令日方感到厌恶,经日本兴亚院北平机关长调查属实,终被撤换,由王克敏继任。兴亚院是抗战时期日本内阁设立的专门处理中国事务的机构,1938年12月成立,有首相近卫文麿任总裁,外相、藏相、陆相、海相兼任副总裁。在中国北平、上海等地也有分支机构。

为了给王揖唐一个台阶,由汪精卫给了他一个伪国民政府委员的空名了事。

5. 求蒋总统开恩

抗战胜利后，王揖唐自知难逃法网，惶惶不可终日，入协和医院企图逃避。王揖唐住在协和医院东楼下 127 号单间房，因其惜财如命，将搜刮的民脂民膏全都带在了身边，放在一个小皮箱内。他每天晨晚念佛，手拈珊瑚佛珠，祈求佛祖保佑。此外，临睡前他还总要坐在床旁小桌前，把房地契一份一份地摆到桌子上，极为仔细地查看一番。他知道自己是不可赦的汉奸之一，这偌大的一份家产，难免被充公，因此，他经常在梦呓中呼喊：某某处的房产，你们不能没收；某某处的地产，是我的祖产……

王揖唐被捕后，就以装病来对抗受审，每当开庭，王揖唐就装成病重昏迷状态，被人用帆布行军床抬到法庭。王在帆布床上，闭目不语地躺着，既不坐起来，也不答话，搞得法官没有办法。就这样拖着多活了两年多。其实，猫腻颇多。原来，狱中的法医叫陈礼之，也是王揖唐的部下，每次出庭，陈礼之为王揖唐进行检查，对王揖唐的病情故意夸大，结论都是"病情严重，不能作畅达语言"。

后来，几位法官专门作了研究，对群奸之首的王揖唐，如果再不开口答讯，视同缺席判决。即不管他开不开口，其叛国之罪铁证如山，一定要依法制裁。

1947 年 5 月，开庭那天，北平司法部街河北高院法庭挤满了旁听的人，法院外更是人声鼎沸。然而，谁也没有料到，当承审法官刑二庭庭长何承焯审问时，王竟突然欠身从帆布床上坐起来，开口了。他一开口不要紧，可谓一鸣惊人。他说什么呢？他大声地说："何承焯，你没有资格来审问我！华北沦陷期间，你在我的下面做事，又不是地下工作者，你是个小汉奸！哪有小汉奸审问大汉奸之理？这岂不是滑天下之大稽吗？你赶快给我回避，让政府另换一位纯洁的法官来审问我，我王某人自会认罪。"

王揖唐这一手，使法庭上下和旁听的人们顿时哗然。何承焯更是搞得脸上红一阵白一阵，难以下台，只好宣布退庭，改期再审。大汉奸几句话轰跑了主审法官，也是天底下一大奇闻。

一个星期后，北平《华北日报》、天津《大公报》、上海《申报》，报头旁的广告栏内出了一则王揖唐启事：

查主审揖唐案件之审判长何承焯，曾任伪华北政务委员会所属之法官训练所教务主任。如谓揖唐系大汉奸，则该审判长为揖唐统治下之小汉奸。今以小汉奸而审大汉奸，天下后世其谓今世何如世耶？

何承焯因被王揖唐抓住把柄，受到停职处分。

1947年6月5日，法庭再次公审王揖唐。王揖唐汉奸案是轰动当时社会的重大新闻，其引人注意的程度不亚于金璧辉汉奸案。公审之日虽在夏日，但司法部街河北高院大礼堂仍挤满了人。开庭后，法官询问王姓名、年龄、籍贯、所任伪职，王都一一应答。对于他在汪伪任职期间帮助日军举行五次"治安强化运动"，屠杀无辜百姓，掠夺人民财物等罪，他上推下卸，诡辩一切是日军出谋，手下人经办。但罪证十分确凿，他只有用"嗯""啊"等话，半推半就，支支吾吾。在审讯过程中，最引人注目的，要算王揖唐访日的一段。1943年，王亲率代表团访问日本，为日本的侵华战争歌功颂德。王访日期间，曾受到日本天皇裕仁的召见。王兴奋不已，吟唱多首诗表志。有一首诗被法庭提出，作为卖国媚外的罪证。

诗曰：

> 八纮一宇浴仁风，旭日萦辉递藐躬。
>
> 春殿从容温语慰，外臣感谢此心同。

"八纮一宇"是日本侵略中国，独霸世界的"最高理想"，也是日本的国策。"浴仁风"是说在"觐见"日本天皇时，犹如沐浴于仁义道德的"春风"之中。"旭日萦辉"是颂扬敌寇犹如旭日之东升，说明敌人的侵略事业前程无限。"递藐躬"是自卑、自贱，向主子叩头时的用语。"春殿从容温语慰"是感谢天皇的召见，把天皇对他们卖国殃民行径的表扬，说成对他们的"温语慰藉"。最后一句自称"外臣"，简直是明目张胆地"纳表称臣"，是不折不扣的认贼作父行为。

此诗由书记官向王揖唐宣读两遍，问他听清了没有。受审时王在担架上，连连点头，表示听清楚了。接着，法官叫他逐字逐句对这首七言绝句加以解释，并说明其主题思想，写作意图。王听到此，连连摇头，喃喃地说："这是文人的游戏笔墨，写着玩的，没有什么意义。"

王揖唐的死刑判决，一直拖到1948年9月10日才在北平姚家井第一监狱中执行。刑前，王被抬到后院刑场。他躺在竹编长躺椅上，还大声地喊叫着："我不服，我还要上诉呢！我还要上诉呢！"当法警把躺椅抬到离墙2米处，王更是声泪俱下地大喊："求蒋总统开恩啊！"

法警连开数枪，王揖唐方才毙命，结束了他反动罪恶的一生。

6. 通谋敌国，祸害本国

再说，王揖唐手下的伪华北经济总署督办汪时璟，尽管在日本宣布投降之初就投机去重庆疏通，又帮戴笠巧设鸿门宴，可还是把自己折进了局子。

1946年5月26日，由国民党司法部下令，将伪华北政务委员会委员长王荫泰，经济总署督办汪时璟，治安总署督办齐燮元，建设总署督办余晋和，工务总署督办唐仰杜，教育总署督办文元模和周作人、王谟，农务总署督办陈曾拭，伪国民政府考试院院长江亢虎，伪冀东防共自治政府长官殷汝耕，伪天津特别市市长潘毓桂，伪北平特别市市长刘玉书，伪华北商会联合会会长邹泉荪，14名华北大汉奸，由军统局从北平空运到南京老虎桥监狱拘押。当他们由北平草岚子第一监狱提出时，每人胸前贴着白长布条，上面是毛笔书写的名字，乘敞篷卡车在东单、西单、前门等交通要道游街示众，让如潮的人们唾骂。

说到这里，我们就要谈一下，汪时璟在抗战期间究竟干过什么损害国家、坑害人民的事情呢？

这个问题必须从1931年"九一八"事变说起，9月19日，中国银行沈阳分行被日军占领，银行周围被日军监视，不许行员出入，听候彻查有无张学良的股份或存款。当时中国银行总经理张嘉璈正在大连，他接到汪时璟的报告后，担心这一消息如传到津沪地区，会引起关内各行存户和持票人的恐慌和挤兑风潮，因此他立即由大连赶往沈阳。22日，张嘉璈、汪时璟去见本庄繁和土肥原，说明中行并无张学良的股份和存款，希望能即日启封。当时的沈阳市市长是土肥原，而市长任内最困难的问题是缺乏经费，由于事变后市面混乱，商号无利，征税不成。土肥原令日本宪兵司令部派员检查后，准予沈阳分行开业。继而交通银行也相继营业，市面逐步安定下来。为了市政和警察的薪饷，土肥原也找过汪时璟帮忙。汪时璟与土肥原等人建立了私人友谊。

1937年7月底，北平、天津沦陷后，日军欲在华北筹建一个傀儡政权，构想是"不应作为华北的地方政权，而应该成为取代南京政府的中央政权"，目的是分化中国的抗日阵线。按日方的设想，伪政权组织人员标准：（一）元首须以曾任总统、总理的一流人物任之；（二）政府首长须以曾任总理、总长的一流人物任之。

以"中国通"著称的土肥原最先的人选是曹汝霖，他一再登门，诱说曹汝霖出山，担任伪华北临时政府主席，等日军攻占南京后，即成立正式政府，主席就是大总统。但都被曹汝霖以种种理由推辞。后来，土肥原贤二见实在劝不动曹汝霖，便派遣华北占领军特务部总务课长根本博大佐专程去香港，策动王克敏出马。

王克敏是光绪二十三年（1897）丁酉科乡试举人，1900年以清国留学生监督的名义到日本，并担任清国驻日使馆的参赞、宣统年间直隶交涉使。北洋政府统治时期王克敏任中法实业银行总经理、中国银行总裁，北洋政府期间曾三度出任财政总长。而汪时璟当时是他的秘书。

1937年12月7日，王克敏随日军专使一起回到北平，登门敦请曹汝霖出来做"临时政府"元首，自己情愿为副。王克敏说："日本方面很盼望您担任临时政府主席，您该知道，我是为您来铺路的。"曹答："您看我这样的病夫能当主席吗？土肥原和喜多（诚一）来过了，我已坚决表示不干，我想他们应该明白了解了。我们不必再谈这些。"在曹汝霖坚决不干的情况下,王克敏着手北京"中华民国临时政府"的筹备工作。

12月14日上午,王克敏与王揖唐、汪时璟等8人在中南海怀仁堂袍笏登场,举行"中华民国临时政府"典礼,发表宣言。由于没有可以充任总统一流人物参加,因此,行政院委员长等于主席,由王克敏担任。汪时璟何尝不想当一把手?由于他资历和名望都太低,轮不上。那他究竟干了什么呢?汪时璟主要负责经济事务,着手筹备华北银行事宜。

1938年1月,汪时璟调来沈阳分行大批人员,在北平松树胡同成立办事处,开始筹备工作。银行名称决定用"中国联合准备银行"(简称"联银")之名,资金总额五千万元,除由北平的中国、交通、大陆、金城、中南、盐业、河北、冀东等八家银行联合投资外,并由伪华北政委会投资一部分。实际上各银行并无现金,亦未缴股本,只以往来存款性质将款项存入"联银"。此外,尚有原国民党政府改革币制时,华北各发行纸币的银行向中央银行缴纳的准备金两三千万元,存放在天津租界内,未及解送南京,汪即以此款作为"联银"准备金列入账面。几经多方拼凑,一切大致就绪。王克敏在北洋时期做过中国银行总裁,业务熟悉,想独揽政经大权,决定由自己兼任"联银"总裁,与汪时璟明争暗斗,十分厉害。王克敏大权在握,对"联银"总裁一职,拖延不予发表,经日方一再催促,王答以"此事慢慢商量,不必着急"。汪时璟得知内情后,深恐夜长梦多,即去求日本陆军特务机关长喜多诚一,要他压服王克敏,任命汪时璟为"联银"总裁。喜多诚一出面力荐汪时璟,王克敏就不得不俯首听命了。但王的内心是不满意的,一直拖延到1938年3月10日"中国联合准备银行"正式开幕的前一天,才正式任命汪时璟为"联银"总裁。不久汪时璟又兼任伪经济总署督办,从此华北财经大权便操于他一人之手。

"中国联合准备银行"开业后,刻制券版已来不及,只得用过去大清银行留下来的钢版,将行名改为"中国联合准备银行",将摄政王载沣头像改为黄帝、关羽、岳飞、孔子等的肖像，分别发行一元、五元、十元等票值。

该行成立后，野心勃勃，立意要将华北地区货币统一，实施联银券变为唯一"法定货币"的政策，出台了《旧货币整理办法》，对法币和各种商业银行、地方银行、私帖等纸币加以收兑、限制，直至禁止通行。1939年4月，日伪政权颁布《扰乱金融暂行治罪法》，规定凡搬运或使用非联银券者，处1月以上10年以下徒刑，或500元以上1万元以下罚金。对日本、朝鲜银行券及伪满洲中央银行发行的纸币也于1941年后禁止在华北流通。

在资源储备有限、消耗日繁的情况下，日本确定在华北利用"联银券"为支撑点，主要手段是：（1）限期在沦陷区将法币以1：1价格兑换伪"联银券"，收回的法币由正金银行运往上海，套购外汇，或由日本军部取领，在尚未通用"联银券"的地区抢购物资，如粮食、棉花、铜铁、制钱、铜元、银元等；（2）日本的日本、正金、朝鲜、兴业四家银行，可拿一张"本票"（即银行开的本行存款单据）存入"联银"，记入存款账上，即可大量支取"联银券"，转借给日本工商业者作为开办工矿企业的资金，或去投机倒把；（3）日本驻军司令部仅凭调拨单，可在"联银"随意支取"联银券"，充当军饷和抢购物资；（4）集中各银钱号的流动资金提成，存入"联银"；（5）所有伪政权机关的收入，全部存入"联银"。该行已经成为日本掠夺破坏中国经济的有力工具。

由于日方大量支取"联银券"充当军饷和抢购物资，导致币值下跌，通货膨胀，物价上涨，人民苦不堪言。1941年日伪政权实行"统制配给制"，联银券进一步贬值。"联银"于1942年又发行百元大钞，500元大钞和一千元大钞亦先后于1944年和1945年发行，1945年发行3000元大钞，联银券形同废纸，趋于破产，并筹划印行5000元大钞。直至日本投降，才结束这种残酷压榨的罪恶活动。

伪中国联合准备银行大肆滥印钞票,造成华北地区严重的通货膨胀,中国人民的生活水准直线下降,老百姓怨声载道。王克敏也把一肚子气撒到汪时璟身上。

据曹汝霖回忆:有一天晚上,他正在和王克敏聊天,伪行总裁汪时璟来了,很神气地伸出两个指头汇报:"报告委员长,联银券已经发行到两亿了。"

王克敏听后,勃然大怒:"你是来表功的吗?这种滥纸,少发一张,即为百姓少受一张的痛苦,我正设法筹划增加发行准备,你也应有点打算,不要一味讨好日本人,这是你的责任。"

汪时璟兴冲冲而来,想不到反而受到了一顿埋怨,连连称是而退。通过这件事,曹汝霖认为:王克敏良心未泯。

1940年3月,汪伪国民政府成立,伪中华民国临时政府改组为伪华北政务委员会,汪时璟继任伪政委会常务委员兼伪财务总署督办。1944年10月,伪财务总署又经改组为伪经济总署,汪时璟仍继任督办。1944年7月,又兼任伪华北税务委员会委员长。1945年2月,该委员会改组为伪华北财务委员会,汪时璟仍继任委员长。汪时璟任伪职期内,滥发伪币一千二百三十八亿元供给敌伪之用。五六年的时间内,华北一带玉米面的价格上涨了1万多倍。汪时璟主事的失败,坑苦了中国人!

汪时璟还与日方合办伪工业银行,向沦陷区工业界放款,凭借该伪银行操作其他舞弊图利行为。曾同意向敌献金钱一百万元及食盐二万吨,以及其他一切祸国殃民之措施。例如,为支援日本大东亚战争,发起献铜、献铁运动,曾派人强拆了光绪末年在琉璃厂东门建立的铁牌坊,等等。

7. 法网难逃

在汪时璟干了许多危害本国利益的事情时，也担心有朝一日被军统特务刺杀。有一次，有好几个人翻墙而入汪宅，翻越第二道院墙的时候被警卫人员发现，双方发生枪战。汪时璟躲过一劫，但内心也在嘀咕，假如中国或者同盟国打败日本，自己亦难免跟着遭殃，于是又偷偷与重庆方面眉来眼去。1942年夏天，重庆军委会国际问题研究所主任王芃生转给汪时璟一张白纸条，上面有蒋介石亲笔"在新民"三字密令。汪时璟答应王芃生效顺中央，实行内应工作，冒险设立电台，重大军情由王芃生主任转呈蒋介石鉴核，此外还掩护地下工作人员，筹备款项等。

汪时璟拿着"在新民"三字作为护身符，在首都高等法院法庭上大言不惭，说自己是负有中央重大使命之人员，应该算重庆方面的间谍，而绝非汉奸矣。对检察官所指证各项罪状逐一辩解：

1. 关于伪临时政府"宣言"问题，自己没有参加。

2. 关于滥发纸币之事，完全是奉伪华北政委会命令，而自己始终抱定抑制通货膨胀政策，不许滥发，竭力增加准备，以期人民少受损失。

3. 关于献金、献盐及献铜，搜刮物资等事，是日本人勒令地方机关直接办理的，自己和伪政委会根本不知道，但只要知道，即反对，力求减低程度、数目，或设法防止其顺利进行。

4. 关于设立工业银行，当时本人规定办法：一、不得放款日本工业机构；二、不得任用日籍职员；三、专放款予平津各项轻工业，低利资金为范围；四、出品不得出口。成立一年，幸尚能确实遵行，人民称便，更无统制出品，搜括物资等情。

5. 关于劳工开矿、购粮等事，劳工协会我曾派员接管，为日敌职员包围，抗不交还，派去人员几遭枪杀，幸警察及日敌宪兵驰救，得以解围。但始终未能接收。不久，日寇投降，哪有强征劳工之事？至开矿，特殊公司向由伪政委会主持，自经济总署改组一年有余，并无新设或许可。至购买食粮，日敌关于此类事从不与行政机关商办，且华北粗粮为重，非日敌所需，华北民食尚虞不足，代敌购集更绝无之事。

6. 关于舞弊图利事，时璟服务国中三十余年，才虽驽劣，尚知自爱……据现伪银行业经中央银行接收，并无发觉有何舞弊情事，尤足证明。

尽管汪时璟为自己涂脂抹粉，但法院经过调查认为：

"被告汪时璟，对于历任上开本兼各伪职及其发行伪币钞一千二百三十八亿元，与敌正金、朝鲜等银行均有经济往来，并会同敌人创设伪工业银行，向沦陷区工业界放款暨伪政委会献金一百万元，食盐二万吨等情，迭据在侦查中及审判中供认不讳，滥发伪钞，驱除法币，垄断金融，破坏固有体制，与日元等价联系，便利敌方经济之侵略，刺激物价上涨，通货膨胀，几致国计民生陷于破产……当其综理华北税政，征收盐税七千万元，统税七万元，关税、杂税不计其数，资助敌伪，源源接济，遂其"以战养战"之毒计。又于三十二年向敌驻华北海陆军巨额献金，三十三年赴日向夷廷献纳大量食盐，充其食用及制造炮火之资料，助纣为虐，戕害生灵，言之令人发指……"

1946 年 10 月 15 日，首都高等法院特种刑事判决主文：汪时璟共同通谋敌国，图谋反抗本国，处无期徒刑，褫夺公权终身。全部财产除酌留家属必需生活费外没收。

汪时璟呆若木鸡，他没想到落了个如此下场。

1949年，国民党政权搬迁台湾，但当时被羁押在监狱里的无期徒刑以上的大汉奸并没有予以释放。国共两党在对待汉奸的问题上，还是一致的。解放军接管南京以后，汪时璟还关在上海提篮桥监狱之中。1952年病故，卒年66岁。

纵观华北地区最大的政治和经济两大汉奸王揖唐和汪时璟，一个在政治上认贼作父，镇压人民反抗，甘当走狗，效忠敌国，破坏抗战；一个在经济上听命于日方，滥发纸币，督理税收，搜刮物资，抽取民脂民膏，为侵略者输血打气，严重地损害了国家和民族的利益。因此，抗战胜利后受到应有的审判也是他们咎由自取。

第十八讲　审判大汉奸溥仪

1. 逊帝的"复辟梦"

光绪三十四年（1908），3岁的溥仪，在刚会跑的时候，被抱上了大清皇帝的"宝座"，浑然无知地度过了3年革命的风暴，然后在北洋军阀保护下的皇宫中度过了童年和青春。为了复辟，认贼作父，充当了14年的傀儡"元首"。他究竟算不算汉奸卖国贼呢？中华民族是一个大家庭，不管是哪个民族的人，只要出卖国家和民族利益的人就是汉奸卖国贼。然而，从末代皇帝到汉奸卖国贼，这一切究竟是怎么发生的呢？

溥仪在天津张园留影

1908年10月20日傍晚，北京的醇王府中一通大混乱，溥仪的祖母先昏了过去，太监妇差丫头们灌姜汁的灌姜汁，传大夫的传大夫，忙成一团。摄政王，也就是溥仪的生父载沣，手忙脚乱地跑进跑出，一会儿招呼着随他一起来的军机大臣和内监,叫人给孩子穿衣服,这时他忘掉了老太太正昏迷不醒。一会儿被叫进去看老太太,又忘掉了军机大臣还等着送未来的皇帝进宫。这样闹腾了好大一阵儿,老太太苏醒过来,被扶送到里面去歇了,未来的皇帝还在"抗旨",连哭带打地不让内监过来抱他。内监苦笑着看军机大臣怎么吩咐,军机大臣束手无策地等摄政王商量办法。摄政王只会点头,什么办法也没有……

这就是溥仪入宫做皇帝的情形。入宫后第三天,慈禧太后就去世了。一个多月以后,溥仪的登基大典在紫禁城太和殿举行。当摄政王载沣把自己的小儿子扶上宝座,接受王公大臣、文武百官的朝贺时,溥仪挣扎着哭喊:"我不待这儿!我要回家!我不待这儿!我要回家!"父亲载沣急得满头是汗,而文武百官依旧在殿前行三跪九叩礼,磕起头来没完没了,溥仪的哭叫也越来越响。摄政王载沣只好哄他说:"别哭别哭,快完了,快完了!"

当时就把趴在地上叩头的文武百官听得心惊肉跳,难道大清朝快完了吗?

果然,3年不到,宣统三年(1911)武昌起义后,革命党和北洋派进行"南北议和"时给出条件:只要能逼清政府退位,革命党就把大总统位让与袁世凯。做梦都想掌握最高权力的袁世凯在得到革命党的确切保证后,便全力"逼宫",指使段祺瑞等北洋将领联名发出通电,要求"立即采取共和政体",以逼迫清朝皇帝退位并许以皇室特殊"优待",制定了《优待条例》,规定:一是,清帝称号不变;二是,每年由国民政府给予四百万元;三是,清帝仍居清宫,以后移居颐和园;四是,原有私产由民国保护,等等。

1912年2月12日,清朝末代皇帝退位,统治中国长达268年的清王朝被推翻。帝制从此成为一个历史名词。

当时末代皇帝溥仪只有6岁。随着年龄的增长，在紫禁城中"恢复祖业""光复故物"的复辟梦想，从未消失。

当时，溥仪还住在紫禁城中，而中南海成为民国总统办公和起居之处。每当中南海响起军乐之声，总管太监就撇着嘴说："袁世凯吃饭的时候还奏乐，简直是钟鸣鼎食，比皇上还神气！"

阵阵军乐声，让溥仪耻辱难忍：袁世凯面前摆着比太后还要多的菜肴，有成群的人伺候他，给他奏乐，扇着扇子……

复辟——用紫禁城里的话说，也叫作"恢复祖业"，用遗老和旧臣们的话说，这是"光复故物""还政于清"——这种念头一直伴随溥仪成长。1916年袁世凯病死。溥仪似乎看到了希望。1917年6月，终于等来了张勋复辟。

当时大总统黎元洪与国务总理段祺瑞大闹矛盾，集体罢工，不再上班，史称"府院之争"。辫帅张勋率5000"辫子兵"，以"调停"为名，于6月14日进驻北京。之后，张勋急电各地清朝遗老进京，"襄赞复辟大业"。

同月30日，张勋在清宫召开"御前会议"，并于7月1日撵走黎元洪，把12岁的溥仪抬出来宣布复辟，改称此年为"宣统九年"，通电全国改挂龙旗，自任首席内阁议政大臣兼直隶总督、北洋大臣。

那天早晨，警察忽然叫各户悬挂龙旗，百姓没办法，就用纸糊的旗子来应付。接着，几年没看见的清朝袍褂又在街上出现了。有的报馆出了复辟消息的号外，售价比日报还贵。满大街到处可以听到报贩叫卖"宣统上谕"的声音。前门外有些铺子的生意大为兴隆：一种是成衣铺，赶制龙旗发卖；一种是卖估衣的，清朝袍褂成了刚封了官的遗老们争购的畅销货；还有一种是做戏装道具的，有人纷纷去求购用马尾作假的发辫。没过几天，宫中掉下了讨逆军飞机的炸弹，局面突然完全改观。磕头的不来了，"上谕"没有了，议政大臣们没有了影子，在一阵混乱中，太监们簇拥着溥仪赶忙逃回养心殿，钻进了卧室再不敢出来。太妃们的情形更加狼狈，有的躲进卧室的角落里，有的钻到桌子底下。当时各宫人声嘈杂，乱成一团。这是中国历史上第一次出现空袭，也是内战史上第一次使用空军。

原来，段祺瑞在天津马厂起兵讨逆，讨逆军打进北京城，大街上，到处可以捡到丢弃的真辫子——辫子兵在逃命中把这个要命的标志剪下来扔了。张勋逃入荷兰使馆寻求庇护。"丁巳复辟"前后历时12天。12岁的溥仪还没尝到再一次登基的滋味，就偃旗息鼓了。他难过了好一阵子。

1922年，16岁的溥仪大婚，娶了一后一妃。新婚之夜，溥仪不在坤宁宫与皇后婉容圆房，而是独自回到养心殿思考："如果不是因为革命，我就开始亲政了……我要恢复我的祖业。"

1923年10月，曹锟通过贿选攫取总统大位，一时触犯众怒。1924年9月18日，第二次直奉战争爆发。10月19日，冯玉祥宣布政变计划，随后班师回京，于23日凌晨控制全城，并将曹锟囚禁，史称"首都政变"。同日，冯玉祥、胡景翼、孙岳联名通电主和，一切政治善后问题请全国贤达协商补救之方，开更新之局。

10月25日，冯玉祥在北苑召开军事会议，决议立即电请孙中山北上主持国家大计。而为了应付当前混乱局势，商定先请段祺瑞出面维持秩序，入京出任国民军大元帅。同时成立摄政内阁，黄郛摄行总统之职。

11月4日，摄政内阁会议根据冯玉祥建议，修改了《清帝逊位后之优待条件》：

一是，大清宣统帝即日起永远废除皇帝尊号，与中华民国国民在法律上享有同等一切之权利；

二是，自本条件修正后，民国政府每年补助清室家用五十万元，并特支出二百万元开办北京贫民工厂，尽先收容旗籍贫民；

三是，清室应按照原优待条件第三条，即日移出宫禁，以后得自由选择住居，但民国政府仍负有保护责任；

四是，清室之宗庙陵寝永远奉祀，由民国酌情设立卫兵妥为保护；

五是，清室私产归清室完全享有，民国政府当特别保护，其一切公产应归民国政府所有。

这与此前袁世凯订的清室优待条件相比，大为缩水。11月5日，新任北京警备司令鹿钟麟到故宫宣布修正清室优待五条件，并在景山上架起大炮，限令溥仪即日迁出故宫。溥仪被扫地出门，遣散了太监宫女，与后妃移居什刹海其父的醇王府，末代皇帝就此告别红墙杏瓦的紫禁城，成为一个普通百姓。然而，对于这一切，他心有不甘。但不甘又能怎样呢？

2. 苍蝇不叮无缝的蛋

被赶出紫禁城的溥仪，在转角处遇见了野心勃勃的日本人。他得到日本人的"关怀"，也增加了对日本人的信赖。不久，在郑孝胥的撺掇下，溥仪进入日本公使馆。郑孝胥又是何许人也？

郑孝胥（1860—1938），福建闽侯人。清光绪八年（1882）举人，曾历任广西边防大臣，安徽、广东按察使，湖南布政使等。辛亥革命后以遗老自居。1923年奉溥仪之命入北京，次年受任总理内务府大臣，1924年"北京政变"后，协助溥仪出逃。

1925年2月，被逐出宫的溥仪化装从北京逃到天津，随后入住"张园"。当时冯玉祥部和奉系李景林军阀混战，接近天津租界时，日本驻屯军司令官就到张园向溥仪报告："请宣统帝放心，我们决不让中国兵进入租界一步。"溥仪听了，大为得意。

1929年7月，溥仪又迁至"乾园"住了两年多。他将"乾园"易名"静园"，取静观其变、静待时机之意，伺机东山再起的溥仪时刻没忘"复辟"的梦想，并逐渐沦为日本进攻夺取东北的一粒棋子。

1931年"九一八"事变爆发。按照日本人炮制的所谓《满蒙问题解决方案》，意图建立一个完全在日本人控制下的傀儡政权。他们玩弄所谓"独立"和"自治"的花招，收买中国汉奸把东北从中国分裂出来。一批东北地方实力人物经不起诱惑，主动把汉奸的帽子戴在自己的脑袋上，被关东军软禁的原辽宁省政府主席臧式毅出任伪奉天省省长；投降日军的熙洽自任吉林省长官公署长官；张景惠被关东军委任为伪黑龙江省省长。

9月22日，关东军先在旅顺找到溥仪的遗臣，即所谓帝师罗振玉，告以希望溥仪出山"主持满洲大计"。随后，罗径直前往吉林会见熙洽和洮南的张海鹏，会商溥仪离津出关的具体办法。9月30日，关东军派遣上角利一和罗振玉携带熙洽致溥仪的信，在天津日本驻屯军司令部会见了溥仪，劝说他"勿失良机，立即到'祖宗发祥地'主持大计"。

熙洽是满洲八旗正蓝旗人，原来的姓氏为爱新觉罗。毕业于日本士官学校，但一直作为排日的官僚为众人所知。1928年东北易帜后，熙洽任东北边防军副司令公署参谋长；"九一八"事变时代理暂时离开东北边防军副司令兼吉林省主席张作相的工作。在"九一八"事变中，此人屈服于日本关东军的武力威胁，发布了吉林省"独立宣言"，从而改变了当年排日的态度和立场。熙洽也有私心，一心做着恢复满清的迷梦，他在给溥仪的密信中写道：

复辟的时刻已到。首先在日本支持下，在清朝发祥地满洲建立国家，然后再扩至关内。为了这一大计，请开始行动。

此时，溥仪亦有意借助日本人的力量恢复大清帝国，他曾于9月间派亲信携带礼品前往旅顺和东北其他地方，与日本关东军司令官本庄繁等联络。继而又派日籍家庭教师远山猛雄携带他的亲笔黄绢赴日活动，给陆相南次郎和黑龙会首领头山满各写了一封信，内容如下：

此次东省事变，民国政府处措失当，开衅友邦，涂炭生灵，予甚悯之。兹遣皇室家庭教师远山猛雄赴日，慰视陆军大臣南大将，转达予意。我朝以不忍目睹万民之疾苦，将政权让之汉族，愈趋愈紊，实非我朝之初怀。今者欲谋东亚之强固，有赖于中日两国提携，否则无以完成。如不彻底解决前途之障碍，则殷忧四伏，永无宁日，必有赤党横行灾难无穷矣。

辛未九月一日（十月十一日）
宣统御玺
今上御笔

1931年9月，就在溥仪将黄绢信交给日本人，度日如年地等候日方的回信时，三个星期后，来了一位阴谋家，谁呢？即有着"东方劳伦斯"之称的土肥原，11月2日他从沈阳抵达天津来见溥仪。土肥原见溥仪又要搞什么阴谋呢？

土肥原先解释"九一八"日军行动，只对付张学良一人，"因为他把满洲三千万人闹得民不聊生，日本人的权益和生命财产也得不到任何保证，这样日本才不得已而出兵……关东军对满洲绝无领土野心，只是诚心诚意地要帮助满洲人民建立自己的新国家"，希望陛下不要错过这个时机，亲自领导这个国家。日本将和这个国家订立攻守同盟，它的主权领土将受到日本的全力保护。作为这个国家的元首，溥仪一切可以自主。

溥仪问道："这个新国家是个什么样的国家？"

土肥原回答："我已经说过，是独立自主的，是由宣统帝完全做主的。"

溥仪说："我问的不是这个，我要知道这个国家是共和，还是帝制？是不是帝国？如果是复辟，我就去，不然的话，我就不去。"

土肥原微笑着，声调不变地说："当然是帝国，这是没有问题的。"

溥仪又补了一句："如果是帝国，我就去！"

3. 土肥原的阴谋

溥仪当然使劲地抓住了这个千载难逢的机会。溥仪怎样从天津逃走的呢？为了保证溥仪能顺利地离开天津，土原肥亲自策划制造了天津"便衣队暴乱"事件，趁乱掩护溥仪出走。

天津是国民党河北省政府所在地，河北省政府主席由东北军第二军军长王树常兼任。天津市市长兼公安局局长由张学铭担任。根据《辛丑条约》，天津市二十里内中国不能驻军，东北军主力移驻塘沽、大沽、军粮城间，市内只有一个营。另有保安总队2000余人。

土肥原召集汉奸张璧、李际春等人，在日租界秋山街张璧住宅内密商"起事"。

1931年11月8日夜10时30分，果然有便衣队约2000人从天津日本租界海光寺冲出来，攻击的重点目标是河北省政府、天津市政府、公安局和警察署所。经过激烈交火，便衣队节节败退。此时，天津日本驻屯军司令部却以骚乱"实已危及日本租界侨民生命之安全"为由，宣布日租界戒严，静园门外开来了担任"保护"之责的铁甲车，强行要求中国当局将中国保安队和警察自动后撤300米，否则，"将采取自由的行动"。

11月10日晚，溥仪趁乱，躲藏在一辆汽车的后备箱内，悄悄地离开静园，那时正是"天津事件"的第三天。日本租界和接近中国管区一带整日戒严，给溥仪的出逃营造了极为便利的条件。

在任何中国人的车辆不得通行的情况下，这辆汽车走到每个路口的铁丝网前，遇到日本兵阻拦时，日本人吉田摇下车窗一打招呼，便立刻通过。由于司机的驾驶技术实在糟糕，刚出静园大门就撞在电线杆子上，溥仪的脑袋被箱盖狠狠碰了一下，差点晕厥。尽管一路上十分颠簸，但总算顺利地开到一家日本餐馆，溥仪穿上日本军大衣、戴上军帽，改坐日军司令部的汽车直驶英租界码头，在十几名日本军人的护送下，登上一艘汽艇，沿白河开到了军粮城。突然岸上传来"停船"的吆喝声，日本兵都涌上甲板，趴在沙包后面，做好射击的准备，船速开始慢了下来，靠向岸边。眼看自己就要成为中国士兵的俘虏，溥仪吓得浑身哆嗦。

就在快靠岸的时刻，船上的灯光突然全熄灭了，岸上传来了枪声，几乎同时，引擎声大作，船身猛然加速，掠岸而过，岸上的呐喊声、枪声都渐渐落在后边。原来日本人先装作听命的样子，然后趁岸上不备，一溜烟逃了过去。这时，灯光又亮起来，半夜时分到达了大沽口外。随后溥仪换乘日本商船"淡路丸"向东北开去。11月13日抵达营口市的满铁码头，继而日本人又把溥仪送往汤岗子温泉，住进对翠阁旅馆，不久又前往旅顺。溥仪完全在板垣征四郎的控制之下，连楼也不能下，更不要说外出了。

1932年1月22日，由关东军参谋长三宅光治主持，板垣征四郎、石原莞尔、土肥原贤二等人出席，召开了"建国幕僚会议"，策划建立伪满洲国的具体事宜。关东军为筹建伪满洲国，在2月中旬又先后召开了四次会议，确定由熙洽负责在长春为伪满洲国建国做准备，同时东北各省留驻代表在奉天讨论有关伪国名、国体、国号、国都和国旗等问题。

选择什么样的人出任傀儡首脑？这让日本人费尽心机。

首先这个人要愿意，能够同日本合作，当然可以强迫，但没太多实际意义。虽说是一具"傀儡"，但日本还需要通过他来发号施令，找一个拒不执行或者敷衍之人，政令不能通达，那是毫无意义的。

其次，这个人要有影响力，"一国"之主，绝非"等闲之人""鼠目之辈"。没有号召力，"国"还将"国"？

思来想去，日方觉得还是把"一代末帝"溥仪请出山，最为合适。论影响，毕竟曾是一国之君，尽管已经逊位，但其周围还有不少追随者。特别是东三省，那里是满族人的发源地，对这位昔日的皇帝，还有着一定的期待。另外，从家世方面来看，溥仪属于满洲系统，不论与张学良抑或蒋介石，都不会有合流的可能。

锁定目标后，日本人开始着手实施罪恶的阴谋。具体的执行者就是那个臭名昭著的大特务土肥原，他一手导演了这出闹剧。

为了利用溥仪实现分裂东北的阴谋，日本对他进行了长期的所谓感情投资。面对这位落难逊帝，依然把他当一个皇帝对待，在他访日期间给予极为隆重的礼遇，且不断灌输中国的局势，唯有溥仪"才能收拾"。并声称，东北三千万"子民"盼他回去。

1932年2月23日，板垣亲往旅顺面见溥仪，通报了决定在东北成立新国家是"共和国"，请溥仪出任"执政"，溥仪如同被雷击一样，表示决不放弃皇帝身份。板垣态度强硬，表示军部的决定不能更改，如果不接受，"只有用对待敌人的手段作答复"。溥仪只好被迫同意。

溥仪在《我的前半生》中写道："我就是这样，一方面是浑身没有一根骨头是硬的，一方面还幻想着未来的'复位登极'，公开走上了这条卑鄙无耻的道路，确定了头号汉奸的身份，给血腥的统治者充当了遮羞布，在这块布底下，从1932年2月23日这天起，祖国的东北完全变成一块殖民地，三千万同胞开始了染满血泪的苦难生活。"同时，溥仪也给本庄、板垣之流增添了信心，奠定了"发家"的基石。

次日，板垣速回沈阳，向关东军通报了旅顺之行的情况，决定于2月25日交付所谓"东北行政委员会""审议"。继而其公布了《新国家组织大纲》,"新国家"定名为"满洲国","元首"称"执政","年号"为"大同","国旗"用红蓝白黑满地黄的五色旗,"首都"设在长春,改称"新京"。

4. 刺刀下的伪满洲国

3月1日，伪满洲国政府发表所谓"建国宣言"，宣布伪满洲国成立，由溥仪出任伪执政。

3月9日下午，溥仪在吉长道尹公署旧址内的起居室前举行了"执政就任式"。重要人物关东军司令官本庄繁、参谋长三宅光治、参谋板垣征四郎、满铁总裁内田康哉等日本军政经济要人到场，伪东北行政委员会委员、各省区文武官员和代表出席，溥仪以"满洲国执政"的身份，在文武侍从以及礼官的伴随和引导下入场。在场的伪满官员向溥仪三鞠躬后，由张景惠和熙洽分别进呈国玺和执政印，郑孝胥代读"执政宣言"，日方代表内田康哉致祝词，罗振玉代溥仪宣读答词。伪满洲国以郑孝胥为"国务总理"，下设伪民政部、军政部、财政部、外交部、司法部、实业部、交通部、立法院、监察院等机构。

就任仪式后，举行了升旗仪式，并合影留念。自此，溥仪卖身投靠，彻底沦为日本人的傀儡。溥仪后来说："经我亲手升起的'满洲国国旗'，像一块黄色的破补丁，贴上了祖国东北的天空。在这块天空下面，二百万平方公里的山河从此完全沦为日本帝国主义的殖民地，三千万同胞成了地狱中的奴隶。日寇有了日后发动全面侵略战争的基地，为'南进'或'北进'铺起了启程的道路。"

1985年溥仪之弟溥杰曾给"满洲国"下了定义："我们为了复辟清朝利用关东军，关东军也为了政治目的利用我们。'满洲国'对我们来说仅仅是这样一种组织。"

登基伊始，溥仪与日本签订了一个卖身密约，即《日满密约》。条款如下：

一、将"满洲国"的"国防"及维持治安权委托于日本；

二、日本军在国防上认为必要时，得以管理"满洲国"的铁路、港湾、水路和空路等，并得增设；

三、对于日本军所需要的各种设备，"满洲国"须加以援助；

四、推荐日本的贤达名望之士为"满洲国"参议；

五、以上各条，作为将来"两国"间正式条约的基础。

1932年9月15日，关东军司令官兼驻伪满洲国特命全权大使武藤信义与伪满洲国国务总理郑孝胥签署《日满议定书》。规定：日本正式承认伪满洲国，并在伪满洲国驻军担负伪满洲国的"国防"。在附件中规定由日本管理伪满洲国的铁路、港湾、航路、航空线等。此外，还约定日本军队所需各种物资、设备由伪满洲国负责，日本有权开发伪满洲国的矿山，日本人有权充任伪满洲国官吏，日本有权向伪满洲国移民（实为殖民开拓团）等。

伪满洲国一切由日方决定。每周一次的国务会议，由各部总长参加。主持者名义上是"国务总理"郑孝胥，其实是总务厅总务长官日本人驹井德三。驹井从前在满铁工作，在日本号称"中国通"，被日本军部请来担任"满洲国国务院"总务厅总务长官之后，日本杂志《改造》称其为"满洲国总务总理""新国家内阁总理大臣"。每次举行"国务会议"，议案是他给郑孝胥准备好，郑在会上照本宣科。再由郑孝胥向"执政"汇报，完全是走一下形式。在国务会议上没有人能反对，到了溥仪那里依然是反对不得。

在第一次会议上，讨论各部各省机构日本人官吏的比率数字表。因为伪满洲国机构中日官员的比例为1∶1，各部长官即部长为中国人，而次长皆为日本人。实际权力掌握在日本人担任的各部次官手中。由日本人驹井德三担任的国务院总务厅长官为实际总理。各部的日本裔次官每周二举行聚会，商讨国家政策和各项具体事务，被称为"火曜会"。喧宾夺主的做法令汉奸心里也不爽！

伪财政部总长熙洽打开牛皮纸口袋，一看全是准备好的数字，就不高兴了，向驹井德三质问道："新政府刚成立，第一次阁议还没开，这些表格是谁给做出来的？"

不料驹井命令道："闭嘴！"

熙洽一听，火上来了，站起来问："为什么不让说话？连日本军司令官也没跟我喊过，你喊什么？"驹井德三大怒，把桌子一拍："我叫你别说话，就是不许你说话！这是关东军决定的，你就得赞成。"

熙洽站起来："我不干啦！"说着要走。

驹井德三威胁道："走啊！你拿了钱，不干行吗？你们在座的，哪一个没拿关东军的机密费？你们要知道，'满洲国'可是日本人拿鲜血换来的！给你们吃现成，你们还想要捣蛋，可要放明白点。"

本来有几个"总长"都很气愤，只要熙洽一走，就一齐开路，把驹井晾在台上。可是一听这话，都低下了脑袋，连熙洽也乖乖地坐回位子上了。所谓机密费，就是卖身费。郑孝胥最多，是一百万元，其他"总长"各拿了二三十万不等。这笔数字是和忠顺程度成正比的。这场风波就是拿了一百万元的郑孝胥给圆了场，大家乖乖地举手，通过了日本官吏的比率表。

一心想借助日本的势力复辟大清帝国的溥仪，只得到一个"执政"的傀儡角色，大为不甘，他多次向日本提出要称为"满洲国"皇帝。溥仪把帝制的实现，看作走向大清复辟的起点。

1933年底，经日本同意，伪满洲国实行帝制，伪满洲国更名为"满洲帝国"，溥仪也由"执政"变成"皇帝"，年号则由"大同"更为"康德"。溥仪欣喜万分，第一个念头，就是要准备一套清朝皇帝的龙袍。谁知这套龙袍刚从北平老字号敦庆隆买来（旧的全没带出来），就出了岔子。关东军阻止溥仪穿大清龙袍，说日本承认的是"满洲国"皇帝，不是大清皇帝。因此，皇帝登基不能穿清朝衣服，要穿关东军指定的礼服，什么礼服呢？陆海军大元帅服。结果，溥仪碰了关东军一个硬钉子，关东军坚决表示，登基典礼非穿指定的制服不可，没有什么商量的余地。最后，只允许溥仪在祭天的时候，穿一次清朝袍褂。1934年3月1日，长春郊外一个叫杏花村的地方，临时垒起的一个土坛——代替天坛，举行了告天而后即位的祭天古礼。溥仪总算穿了一次龙袍。

日本关东军历任司令官是伪满洲国的太上皇，对溥仪通过所谓的"内部指导"进行控制和操纵。正如溥仪所言："我出巡，接见宾客，行礼巡视臣民，举杯祝酒，以致点头微笑，都要在他们的指挥下行事。"

在关东军和溥仪之间，有一个叫吉冈安直的高级参谋，作为"帝室御用挂"即"联络员"，负责沟通日方与"满洲国"之间的亲密联系。此人几乎每天都到溥仪的皇宫来，溥仪的言行都要由吉冈来监视。此外，日本人对于溥仪的护军也很不放心。所谓护军，即在宫内担任警卫任务的军队，这不同于"军政部"统辖的宫内"翊卫军"，是由溥仪直接武装的一支三百人的部队。溥仪建立这支部队是想培养出一批军队骨干，以便将来建立自己的武装实力。为了这个目的，熙洽从旧东北军中调拨了一些兵士，溥仪又派人从京津、内蒙古一带招募了一批青年，编成了这支部队。"军政部"不肯发供给，连枪支也不给，溥仪从自己的收入中分出一部分供应它，并且枪支弹药也是派人买来的，因此犯了关东军的忌讳。不久就出事了。某个星期日，护军里几个士兵到大同公园游玩。因为管理游艇的朝鲜人不肯卖票给他们，他们和朝鲜人发生了口角，这时突然从四周来了一群穿便衣的日本人和朝鲜人，还带着狼犬，向他们动起手来。护军这次也被逼急了，便使出了他们平时学的武术，居然打退了日、朝人的围攻，而且一脚就把狼犬踢死了。护军回队后，日本宪兵队立即用大卡车把他们抓走，施以酷刑，赤体鞭打，灌凉水和辣椒水，打了之后又叫他们赤体跳舞，以为取乐，并且逼他们承认"反满抗日"。原来，被护军打伤的日本人里还有穿便衣的关东军军官，踢死的狼犬是关东军的军犬。这显然是关东军的一场预谋。

溥仪当然不敢得罪日本人，忙托吉冈代向关东军说情，按照日方提出的条件，派了护军警卫处处长去赔礼道歉，将肇事的护军逐出东北，保证今后永不发生此类事件。这些条件一一照办后，护军又被缩减了编制，缴去了长武器，一律换上手枪，同时警卫处处长被革职，换了个日本人。

溥仪在政治、经济、军事、文化上完全唯日本马首是瞻。

1941年12月8日，日本对美英宣战，在关东军的指示下，伪满洲国也同时宣战，由溥仪颁布了"时局诏书"。其实都是出自日本人之手。其中称："朕与日本天皇陛下，精神如一体，尔众庶亦与其臣民咸有一德之心，夙将不可分离关系，固结共同防卫之义……"

溥仪将全东北划为十二个军管区，先以所谓"寓征于募"的办法，后来实行"国兵法"，强征东北青年当炮灰，组织"讨伐队""搜查班"，采用"集家并村制"，制造"无人区"，协助日军进攻华北。

除此之外，日本人还要从文化层面改变伪满洲国的信仰甚至祖先。要求日满亲善，精神一体。日本国的宗教就是"满洲国"的宗教，应当把日本的天照大神搬到"满洲国"来。溥仪自然照办，发布了定天照大神为祖宗和宗教的国本奠定诏书；自己的祖宗不能祭奠，要找人代祭。溥仪在"帝宫"旁修建了"建国神庙"，每逢初一、十五，在溥仪带领下，去祭祀神庙祭拜天照大神。"天照大神之神庥，天皇陛下之保佑"，以后都成了溥仪的口头禅。

1942年，就在伪满洲国成立十年的前夕，吉冈对溥仪说："没有日本，便不会有'满洲国'，应该把日本看成是'满洲国'的父亲。所以，满洲国就不能和别的国家一样称日本国为盟邦友邦，应称作'亲邦'，同别的国家就有区别了。"从此，"亲邦"二字便按规定成了"日本"的代名词。

据溥仪承认：1932年至1944年间，杀害了杨靖宇、赵尚志、王凤阁等抗日爱国者六万七千二百余人，烧毁住房三千一百余处，屠杀居民八千八百余人。

1937年至1942年间，经溥仪"裁可"了"物价物资统制法""株式会社法""钢铁统制法""矿业统制法""重要产业统制法""物品贩卖统制法""贸易统制法"，把所有行业统交到"满洲产业开发株式会社"等六十家日本财阀手里。同时，又"裁可"了"米谷统管理法"，后来实行"国兵法"，强征东北青年。至此，日本人控制了伪满洲国的一切重要权力。

溥仪作为大汉奸还干过哪些出卖中国利益的坏事呢？最令人发指的是大量故宫国宝在溥仪手中盗卖、散失和毁坏。在溥仪手中，究竟有多少中华璀璨的国宝损失了呢？

5. 被糟蹋的国宝

清帝逊位后，紫禁城宫门外，由民国政府派有士兵保护，而在宫门内，也有护军，大婚以后的溥仪知道在故宫里住不长。明目张胆地往外倒腾东西，担心引起内务府大臣的非议，或民国政府出面干涉，所以他也是有所顾忌的。于是，溥仪就想了一个以"赏赐"溥杰的名义往外带，很冠冕堂皇的卖宝理由——出国留学。溥仪在《我的前半生》中谈到他和其弟溥杰背着内务府，合伙"偷盗"皇宫内国宝级文物的情况，他说："我们第一步是筹备经费（指的是偷偷出国留学的费用），方法是把宫里最值钱的字画和古籍，以我赏赐溥杰为名，运出宫外，存到天津英租界的房子里。溥杰就每天下学回家带走一个大包袱。这样的盗运活动，几乎一天不断地干了半年多的时间。运出的字画古籍都是出类拔萃精中取精的珍品，总数一千件以上，其中就包括北宋著名画家张择端的《清明上河图》。"

1924年，溥仪被冯玉祥赶出紫禁城，不久移居天津，把他和溥杰从紫禁城偷出来的那些书画宝贝随意变卖，大肆挥霍。据资料记载：溥仪在天津出售的古画，有三希堂中的二希，即王献之《中秋帖》、王珣《伯远帖》，有北宋李公麟《五马图》《潇湘卧游图》，元朝赵孟頫《滦菊图》、黄公望《江山揽胜图》、王冕《梅花图》等几十幅古画和名人墨宝。此外，溥仪还"赏赐"近臣和经手人米元章的真迹、赵伯驹《玉洞群仙图》，唐朝阎立本《历代帝王图》《步辇图》、五代阮郜《阆苑女仙图》、宋拓《定武兰亭序拓本》等。

1932年3月，溥仪在伪满洲国"执政"以后，对故宫文物的毁坏就更加严重了。

溥仪到东北的时候，带的文物并不多，大批的书法名画以及宋元善本，只能留在天津，由溥杰看管。但是溥仪想在日本人面前显示一下阔气，在吉冈安直的帮助下，费了九牛二虎之力，才把天津存放的七十多个箱子运到了长春，其中书画卷册有三十多个箱子，放在伪宫东院图书楼楼下东间，就是著名的"小白楼"之中。小白楼位于今天的长春光复路一号，是一幢灰白色的建筑，由于年久失修，表面的颜色逐渐暗淡，变成了今天的白色，也因此得名。从天津运来的文物只能委屈地堆在这座简陋的小楼里。很多书法名画，一放就是十四年，缺乏恒温恒湿设备，对书画的损坏是可想而知的。

在伪满洲国期间，每逢天皇生日或日本王室来访及溥仪访问日本等重要活动，溥仪都要献出一些重要的珍本典籍和稀世珠宝作为礼物，毫不吝惜。最可惜的是在抗日战争胜利前，苏联红军出兵东北，关东军溃不成军，伪满洲瓦解，溥仪仓皇出逃。为了今后的生存问题，溥仪想尽可能多地带走小白楼中的文物，但是很难。他只能有选择地将晋、唐、宋、元的书法名画带走了一百二十余件，甚至把所有的楠木盒和花纹包袱一概扔掉。

1945年8月13日，溥仪从长春逃到通化大栗子沟。就在短暂逗留的时间内，溥仪把身边携带的大量文物变卖、毁坏了，出售的价格非常低，很多时候只是换一些生活必需品，草草了事。溥仪的"皇姐"曾经在镇上摆地摊，卖这些宝贝，不少珍品被贱卖。

那么在大栗子沟停留的这段时间中，溥仪他们这些人究竟换出去多少文物？没有具体数字统计。后来查出来很多当年"保存"在当地土豪劣绅家的文物，比如唐代的《神骏图》、南宋初期赵伯驹的《莲舟新月图》、宋徽宗赵佶的《王济观马图》、明代刘铎的《罗汉图》等，都在私人手里。

那么，溥仪出逃了，他们随身带着的文物被这样毁掉了，那小白楼里不能带走的那些文物下场如何？

小白楼里的文物面临灭顶之灾。当执勤"国兵"发现傀儡皇帝已经潜逃，就鬼鬼祟祟进入小白楼，其实这些人都不识货，嫌那些书画善本体积大，不便携带，就都扔了。有几个"国兵"念过高中，了解这些书画的价值，将画轴两边都撕去，只留当中的画；有的几个人抢夺一幅古画，其中北宋李公麟的《三马图》被撕成了三截，米芾的《苕溪诗六首》、范仲淹的《二扎帖》都在抢夺中传为残本；还有的书画在争抢踩踏中被扯坏、撕烂、踏碎，小白楼被洗劫一空。后来这些文物流入民间，又遭到了不同程度的破坏。

溥仪伪宫有个叫金香蕙的国兵，当兵前曾念过高中，做过小学教员，他懂得一些文物的价值，因此对小白楼古画的抢夺最多，约有六十件。他在逃回老家盖县时，将其中的三十多件放在同乡刘某的家中，其余携回老家。在中华人民共和国成立前夕卖了两幅，其中一件是宋代马远的《万籁清泉图》，另一件是明代才子唐寅唐伯虎的纸本水墨画《事茗图》。后者在20世纪60年代被故宫博物院收购，前者没有下落了。金香蕙还将明代文徵明的《老子像》和清人张若霭的《五君子图》送给其叔。之后，其叔怕被查出，于是将这两幅古画埋在地下，后来风声过去后，又挖了出来，所幸土壤不甚潮湿，保存完好，后被转卖给大连文物店，转归旅顺博物馆。剩下的古画的命运就相当可悲了，金香蕙的老婆因怕家中所藏文物被查出而罪加一等，竟然将这些无价国宝当成烧炕用的柴火都填进炕中化为灰烬了。这种损失永远无法弥补了。

然而对于那些被损毁的故宫文物，无论是皇室成员故意造成的，还是防范措施不力引致的，逊清皇室和末代皇帝溥仪都负有不可推卸的责任。

6. 从战犯到公民

从汉奸到公民，从末代皇帝到自食其力的劳动者，接下来讲一下溥仪的被捕以及改造的过程。

1945年8月9日，苏联对日宣战，百万红军越过中苏中蒙边界，杀向东北地区。10日，关东军司令官山田乙三等来到伪宫，宣布日军要退守辽东半岛，"满洲国国都"要迁到通化去，并限溥仪当天就动身。溥仪个人的财物家眷都太多，无论如何当天也搬不了，经苦苦哀求，总算给了3天的宽限。13日，"满洲国"政府转移至通化地区。这天晚上，昏暗的灯光下，溥仪在大栗子沟的矿山食堂召开了最后的"御前会议"，"总理"张景惠等大臣出席了这次会议，溥仪宣读了退位诏书，含着泪和每一个大臣握手告别，十三年零五个月的伪满洲国成为历史的垃圾。第二天（8月19日），溥仪挑选几个随行的人要逃往日本，因为飞机小，连"皇后"婉容和"福贵人"也没带，和"御用挂"吉冈安直分乘两架小飞机先飞沈阳，准备再换大飞机。谁知他们刚到沈阳机场，大批的苏军飞机也降落了，一队队苏军手持冲锋枪下来，将机场的日军缴了械，溥仪等人也被扣押。第二天上午，作为伪满战犯，溥仪等又从沈阳被押往苏联赤塔。之后，溥仪从赤塔到伯力，在苏联度过了5年的拘留生活。

溥仪走后不久，婉容病死于长春。"福贵人"原名李玉琴，也没了消息。

1946年8月，溥仪还作为证人去了设在日本东京的"远东国际军事法庭"作证。

8月16日上午11点多,溥仪现身东京国际军事法庭。当天,法庭在审问日本战犯南次郎。要证明日本分裂中国领土,建立伪满洲国,溥仪是不可或缺的证人。南次郎在被告席上,否认参与扶植伪满洲国等事实,只是说复辟是溥仪自己的愿望,并拿出了溥仪在黄绢上给南次郎写的亲笔信交给律师,作为替他辩护的证据。溥仪因为害怕将来回到中国受到审判,当场否认了这封信,而把自己的责任推个干净,引起了一场轩然大波。这是怎么回事呢?

原来,被告的美国律师布莱克尼问溥仪:"在1931年9月之后,在会见板垣之前,你曾经给日本政府高级官员两封信,希望复辟,是事实吗?"当那个证据——溥仪在黄绢上亲笔写给南次郎的那封信被拿出来,传到溥仪手上的时候,溥仪把那黄绢一下子扔到地上,大声嚷道:"各位法官,这完全是捏造的!"

律师追问:"上面的宣统御墨也是假的吗?"

"完全是假的!"

律师又追问:"这是谁的笔迹?"

溥仪矢口否认:"不知道。"

律师竟对溥仪咆哮起来:"你把一切罪行都推到日本人身上,可是你也是一名战犯,你知道中国也要审判利敌行为的人吗?"

溥仪只是那几句:"不知道,记不得,记不得,不知道!"

法庭传唤溥仪的目的是为了证实日本侵略中国的真相,说明日本如何利用溥仪这个末代皇帝为傀儡,以进行侵略和统治东北的。虽然溥仪确实说出了日本侵略者的一部分罪恶事实,但是为了掩护自己,他又掩盖了一部分与自己罪行有关的历史真相。

在法庭上,检察官问溥仪:"你作为伪满洲国皇帝,你是否享有人身自由？"

溥仪说："在我成为'满洲国'皇帝起，我从未享有一个皇帝应该享有的自由，也没有任何私人自由，我的一切都必须听从关东军司令官的指挥。"

溥仪后来说："我对日本鬼子是怨恨的。苏联在向我调查日寇在东北的罪行时，我积极地提供了材料。后来我被召到东京的远东国际军事法庭作证，也痛快淋漓地控诉了日本鬼子。但当我每次谈起那段历史，从来都不谈到我自己的责任，而是把罪过全放在日本战犯身上去，尽力使自己摆脱出来。我怕的就是自己受审判。"

1950年7月下旬，苏联政府将伪满洲国战犯交给了中国政府。此前，溥仪还扔掉了一批首饰，在炉子里烧毁了一批珍珠；在临离开苏联之前，溥仪叫佣人李焘把最后剩下的一些珍宝，扔到房顶上的烟囱里。

溥仪承认："我有这种糟蹋、偷盗祖国人民珍宝的行为，怎么谈得上认罪呢？"

溥仪在哈尔滨和抚顺战犯管理所先后待了十年。在所方管教人员的教育和改造下，进行了检举和认罪，参加了必要的劳动，参观了日军在抚顺平顶山杀害三千多名同胞的平顶山露天矿，逐渐开始认识和交代自己的卖国罪行。交代了为了复辟，在天津如何收买军阀；如何结交外国人；如何给南次郎用黄绢写信，以求日本的支援；如何与土肥原、板垣先后会谈，然后当上了伪满洲国的执政和皇帝。在羁押期间，交出了一套乾隆太上玉玺，这是一块田黄石精雕的由三条链子连在一起的三颗印，还有一块田黄石图章；另外还有一只黑色的皮箱，夹层里面全是他认为最有价值的珍宝。

对溥仪的改造过程首先是让他学会自食其力。战犯管理所将他与同处一个监室的亲戚、随从等11人分开，让他脱离了"小朝廷"。什么事情都让他自己来做，通过做些普通的事，让溥仪学会系鞋带、叠被褥、扣扣子和择菜、补袜子、打扫卫生、拔草、种花等，尤其是值日倒马桶。这些他认为是"上辱祖宗，下羞子侄"的事，在过去是不可想象的。经过一段时间的锻炼，溥仪逐渐学会了干一些力所能及的事情，还学会给病犯做电疗和量血压，"一个自力更生的末代皇帝，开始为人民服务"。溥仪还系统地进行了政治理论学习，研读了《社会发展史》《辩证唯物论》《历史唯物论》等著作，并认真写心得，加眉批，参加小组讨论。在管理所的帮助下，溥仪学会唱《东方红》《歌唱祖国》等歌曲，还参加了活报剧的演出。

1954年3月，最高人民检察院工作团来抚顺战犯管理所进行侦讯工作。溥仪自知罪行深重，畏罪怕死的心情达到极点。因此，所里让溥仪参加日本战犯的认罪和检举大会，还将一些受害者的血泪控诉材料拿给他看。当溥仪听到"皇军"屠杀中国人的惨案的真实情况后，认识到"皇军勇士"就是一群凶恶残暴的野兽。溥仪说："东北就是座活地狱，这座地狱在'执政''康德皇帝'和'王道乐土'等幌子下生存了十四年。所有那些残酷的暴行，都是在我这个'执政'和'皇帝'等标签下进行的。"

1955年3月，贺龙和聂荣臻元帅来到抚顺战犯管理所，勉励溥仪："好好改造吧，你将来是能亲自看到社会主义建设实况的。"这对溥仪的改造有很大帮助。通过学习与改造，溥仪又提高了认识，他在1956年去沈阳最高人民军事法庭作证，指控日本战犯，"作为平生第一次真正为祖国人民服务的最光荣的事"。

就在溥仪改造向好的方面转变时，一件突如其来的事情又差点将他击垮！究竟是什么事呢？原来他的"福贵人"要和他离婚。"福贵人"叫李玉琴，从与溥仪在大栗子沟分开后，回到长春老家，1953年突然出现在战犯管理所的家属会见室，之后又多次前来看望溥仪，书信不断。这让孤独的溥仪感到了安慰和希望。1956年12月中旬，李玉琴突然要和溥仪离婚，溥仪不同意，但李玉琴态度坚决，溥仪很是痛苦。经过所长开导，溥仪才接受了离婚这个可怕的现实。

在1958年"罪恶补充"交代材料中,溥仪又交代了日本投降后,关东军给溥仪3亿日元,"就是掠夺东北人民的物资财富供给我逃亡日本做生活费用的罪恶行为"。这在过去是隐瞒而未交代的。

溥仪在《几年来我的思想转变过程》中讲述,通过参观很多地方,反思了自己的罪行,初步扭转了崇日又深感民族自卑的奴化心理。

1959年9月14日,中共中央委员会主席毛泽东建议全国人民代表大会常务委员会:在庆祝伟大的中华人民共和国成立十周年的时候,对于一些确实已经改恶从善的战争罪犯、反革命罪犯和普通刑事罪犯,宣布实行特赦是适宜的。

12月4日,抚顺战犯管理所特赦大会召开。最高人民法院的法官拿出特赦通知书宣读:

中华人民共和国最高人民法院特赦通知书

遵照一九五九年九月十七日中华人民共和国主席特赦令,本院对在押的伪满洲国战争罪犯爱新觉罗·溥仪进行了审查。

罪犯爱新觉罗·溥仪,男性,五十四岁,满族,北京市人。该犯关押已经满十年,在关押期间,经过劳动改造和思想教育,已经有确实改恶从善的表现,符合特赦令第一条的规定,予以释放。

中华人民共和国最高人民法院
一九五九年十二月四日

溥仪失声痛哭,之后向前几步,深深地鞠躬,然后恭恭敬敬地接过那份特赦通知书。溥仪终于完成了从战犯到公民的转变过程。

1962年,溥仪与一个叫李淑贤的女护士结了婚,感受到了家庭的温馨。1963年，溥仪任全国政治协商会议第四届全国委员会委员。1964年，溥仪被安排到全国政协文史资料研究委员会担任专员，3月出版了《我的前半生》。1967年10月17日，溥仪因肾癌在北京逝世，享年61岁。先葬于八宝山，后迁于清西陵内崇陵（光绪陵）附近的华龙皇家陵园。

纵观溥仪的一生，大起大落，3岁做了大清皇帝，民国后失去帝位，常思复辟，尤其是被驱逐出紫禁城后，便与日本人勾结。1931年"九一八"事变之后，日本为了达到霸占满蒙的目的，利用溥仪复辟心理，扶植溥仪，在东北成立了分裂中国的伪满洲国，溥仪也就荣膺"儿皇帝"。溥仪出卖了中华民族的利益，为敌国侵略中国卖力，换得一伪廷，实为东北最大的汉奸。日本战败以后，溥仪将大批国宝散落民间，给中国带来不可估量的损失。汉奸越大，权力越大，给国家民族造成的损失也就越大。至于溥仪经过长期改造，认识错误，脱胎换骨，从战犯转变为公民，也堪称典型。

第十九讲　大汉奸张景惠的下场

1. 卖豆腐的当上实业总长

张景惠（1871—1959），字叙五，辽宁台安人。少年时代没有上过学，粗识几个字，以做豆腐谋生，老家人都喊他"豆腐匠"。后来，他当了伪满洲国务总理大臣，时人皆称他为"豆腐匠总理"。张景惠20多岁的时候，嗜赌博，喜交游，因之结交了一些游手好闲分子，啸聚八角台一带，收取"保险费"，自任队长，人称张四爷。1901年的大年夜，海城的"胡子"张作霖与另一股土匪火并失利后，带着几十号人来到张景惠的地盘，张景惠收留了张作霖，把自己的第一把交椅主动让给张作霖，自己做二当家，两人歃血为盟，成为把兄弟。从此，八角台的力量大增，周围的"胡子"不是被灭，就是归顺。这一年的四月十八，即公历6月4日，张作霖喜得一子，可谓双喜临门，于是给这孩子取乳名"双喜"，这孩子就是日后大名鼎鼎的张学良。

当时，东北的匪患令朝廷和封疆大吏十分头疼。为了剿灭匪患，盛京将军增祺以毒攻毒，有意招安当地强悍的股匪，收编为官兵，再让他们剿办其余盗匪。张景惠认为这个买卖能做，于是去劝说新民知府增韫，收抚了张作霖，编为新民府捕盗营。增韫看上了张景惠能说会道的能力，想让他做管带,而张景惠不干,说大当家在呢。增韫便任张作霖为管带(营长),而张景惠甘愿在张作霖手下当哨官(连长),都有了正规的编制。当时,奉天一带有巨匪杜立三,是地方一大害。知府增韫就命令张作霖设法除掉杜立三。

张作霖知道张景惠与杜立三是磕头兄弟,因此让张景惠去见杜立三,谎称新民府有招降他的意思,但被杜立三一口回绝。当天晚上,张景惠见了干妈(杜立三的母亲),并与她共吸鸦片烟,劝她说服杜立三。杜母叫杜立三往新民府去看看,并说有你大哥(指张景惠)在,绝对不会有什么差错的。第二天杜立三带领十余人跟张景惠同行,进了新民城,张作霖即邀杜立三一同到知府衙门去见增韫,预先埋伏的兵丁把杜立三和同伙的枪械全缴了,知府增韫便升堂宣布他的罪行,立即绑赴刑场,就地正法。杜立三被杀张景惠虽负卖友之名,而对官府来说是立了功,对当地老百姓也是有益的,为辽西一带除了一害。

增韫功升奉天府尹,乘机向东三省总督赵尔巽推荐张作霖升任右路巡防营统领,而张景惠等人都随之升为巡防营管带、帮带。

1911年10月,辛亥革命爆发。张景惠正在奉天讲武堂学习,武昌首义消息传来,奉天北大营的陆军统领蓝天蔚与革命党人张榕联合,决计响应南方,推翻赵尔巽的统治。形势岌岌可危,赵尔巽急电奉天附近的巡防营统领吴俊升火速出兵,以解燃眉之急。这本是吴升官的一个绝佳机会,可他并没有真正意识到这天赐良机,却让远在洮南的张作霖抢得头功。正是由于张景惠给张作霖发去密电,晓以情势,张作霖率部火速杀进奉天,解救了赵尔巽,一举控制了奉天的局势。随后,他俩设计暗杀了革命党人张榕,又逼走奉天陆军最高指挥蓝天蔚,奉天的大权便落入张作霖之手。清廷特下诏任命张作霖为"关外练兵大臣",所部改编为二十四镇,张作霖兼任统制。1912年,袁世凯任临时大总统后,张作霖所部改编为中央陆军第二十七师，张景惠升任团长，成为张作霖统治奉天乃至东北的股肱之臣。

张景惠虽没有什么文化，但头脑机敏，善观风云，是张作霖身边的智囊人物。先是献计张作霖，挤走赵尔巽，继之劝张去北京靠拢袁世凯。原以为张作霖能稳居东三省总督宝座，熟料，袁世凯最不放心的就是野心勃勃的张作霖，派了一个七十多岁的老头子张锡銮督奉。常言道：猫老不避鼠！张锡銮搞不过张作霖，大权旁落，萌生退意。袁世凯又派段芝贵为镇安上将军督奉，节制吉林、黑龙江两省军务，并兼任奉天巡按使。这样一来，张作霖还是没戏。

狡诈的张景惠再献驱段之计。利用袁世凯复辟帝制之机，先支持段芝贵赞成帝制，再策动奉天第二十八师师长冯德麟反对帝制，兵临奉天，再让张作霖出面保护段芝贵，一个唱黑脸一个唱红脸。这时，张作霖告诉段芝贵：我的部下也反对帝制，我没法保护你了。段芝贵只得决定离开奉天，临走前从东三省官银号中取出官款二百万元，又从军火库中取走不少武器弹药，随车带走。张作霖特派一个营的兵力护送，与张景惠亲自去送站。火车前脚刚走，张作霖后脚就电告冯德麟在沟帮子将专车截获，宣布段芝贵是"帝制祸首"，奉天军民要将其严惩。段芝贵只得乖乖将官银和军火交出，只求别押他回奉天。张作霖出面假装做了许多工作，才将段芝贵放回北京。这时，袁世凯已无力控制东北，只得将段芝贵的位置让给张作霖。这就叫"强龙斗不过地头蛇"。不到两个月，即1916年6月，袁世凯病死，北京政府颁令将各省督军、巡阅使改为督军和省长。张作霖改任奉天督军和省长，张景惠升任第五十三旅旅长。

1917年7月，孙中山南下护法，在广州成立护法军政府，中国形成南北两个政府。北京政府总理段祺瑞在日本支持下，主张武力统一；而大总统冯国璋在英美等支持下，主张"和平统一"。直皖军阀，剑拔弩张。

为了引诱张作霖替段祺瑞出力，国务总理段祺瑞的秘书长、陆军部次长徐树铮让张作霖以"南征"为名入关，在天津成立奉军司令部，张作霖任司令，徐树铮任副司令。"奉军"从此而得名。张作霖野心虽大，却是个无利不起早的人。徐树铮为诱劝张作霖，说秦皇岛码头有几万支枪等你去拿，你拿到军械后，支持段总理，武力统一中国，事成后支持你当副总统。

原来段祺瑞曾与日本订有中日军械借款协定，总统冯国璋利用该协定向日本购买了一大批军械，光步枪就有两万三千支。张作霖决定冒险，派张景惠带两个营和一个机关枪连前去劫夺这批武器。

1918年2月中旬，张景惠打出"南征"的旗号，率部到了秦皇岛，而冯国璋的人正在秦皇岛码头接货。张景惠的人和冯国璋的人混在一起，吃喝嫖赌，花天酒地。2月25日，中日双方将军械点交清楚，全部装上火车之后，张景惠突然将车站包围，勒令站长将运械火车改变方向，开往奉天。其中有步枪、机关枪、过山炮及其他武器，共计三万件以上。事后，冯国璋多次要求张作霖把武器交还中央，张作霖却耍无赖，说武器都是国家的，谁都可以用，奉军有权使用，最后不了了之。

张作霖利用这批武器扩编军队，增加了五个旅，并建立了以张景惠为师长的"暂编奉天陆军一师"。每当说起这段经历，张景惠便眉飞色舞，不可一世。

1920年6月，张景惠任察哈尔都统兼第十六师师长，虽然对张作霖推崇备至，言听计从，但其本身，城府极深，表面上极度恭维，内心却隐藏着浓烈的权力欲，不满足偏安一隅的权势。

1922年春，张作霖与直系曹锟、吴佩孚决裂，第一次直奉大战在即。张作霖在奉天召开了高级将领会议，没有想到，一贯俯首听命的张景惠居然表示反对，极力主和。原来，奉、直间交涉，都是张景惠出面，他素来仰慕吴佩孚的为人，说吴佩孚是顶天立地的英雄，不怕死，不爱钱。

4月下旬，战事开打，奉军总司令是张作霖，直军总司令是吴佩孚。奉军分东西两路。东路总司令张学良，指挥津浦路作战，司令部设在军粮城；西路军总司令张景惠，指挥京汉线作战，司令部设在长辛店。战事打响之时，张景惠却在北京六国饭店纵情声色。总司令临阵不在，导致西线溃败，奉军退入北京。西线牵动了东线，奉军便撤出山海关。第一次直奉战争只打了六天就结束了。张作霖大败亏输，十分气恼，骂道："张叙五这是有意在拆我的台，休怪我不认旧情！"

张景惠自知张作霖不会饶恕他，干脆赖在北京"待罪"，做起了寓公。

1927年6月16日，张作霖在北京成立安国军政府，成为北洋政府末代国家元首，改称陆海空军大元帅。张作霖任命潘复为总理，组织内阁，张景惠成为潘复内阁的实业总长。好景不长，1928年6月，蒋介石指挥国民革命军打到北京，张作霖不得不退出北京，张景惠同车离开。6月4日早晨，火车在沈阳皇姑屯被日军埋设的炸弹所炸毁，张作霖受了重伤，不久死去，张景惠被震晕，大难不死，从此念佛，但不吃斋。

2. 张作霖的"老臣"

张作霖死后，少帅张学良主政东北军政，张作霖时代信任的老臣杨宇霆和常荫槐对张学良不买账。

1928年12月29日，张学良通电全国，宣布：东北从即日起遵守三民主义，服从国民政府，改变旗帜（将北洋政府的五色旗换成国民政府的青天白日满地红旗）。此举标志南京国民政府完成"形式统一"，北洋军阀统治正式结束。在东北易帜的问题上，黑龙江省省长常荫槐和东北军总参议杨宇霆是坚决反对的，尤其常荫槐是唯一拒绝在沈阳悬挂青天白日旗的强硬派人物。在易帜问题上，张景惠是赞成东北与南京方面统一的，坚定地站在张学良的一边，积极地给予支持。

1930年1月10日下午，杨宇霆和黑龙江省主席兼东北交通委员会委员长常荫槐来到帅府见张学良，将事先拟好的成立东北铁路督办公署的公文交给张学良，要张签字批准。张学良看了后说："东北铁路问题涉及外交，需请示南京国民政府。"

杨宇霆、常荫槐大为不满，杨说："我已答应日本首相关于建设满蒙新五路的要求，所以铁路督办公署还是尽快成立为好。我们希望总司令能尽快签字。"张学良面对杨、常二人的咄咄紧逼，只好说："请两位晚上来，我一定签字。"

杨、常二人走后，张学良忍无可忍，用电话通知警务处处长高纪毅前来议事，说："杨宇霆、常荫槐欺我太甚，今天又来强迫我成立铁路督办公署，逼我签字，并发表常荫槐为铁路督办的命令。真是欺人太甚！我要采取非常手段，你认为如何？"

高纪毅说："杀他俩的事情，说办就办，否则会有后患。"

张学良下定决心："好，今晚便结果他们，你来执行。"

晚7点多钟，杨宇霆、常荫槐大大咧咧来到帅府，被请进老虎厅中坐下。这时，高纪毅带着六名卫士和张学良的副官谭海闯了进来，黑洞洞的枪口对准杨、常，将二人打死。这件事在东北政界、军界引起极大震动，不少老臣感到自危。而见风使舵的张景惠则选择站在张学良一边，之后他被任命为东省特别区行政长官。

这一年5月，蒋、冯、阎中原大战爆发，双方旗鼓相当，这时张学良帮谁，谁就能得天下。9月18日，东北军入关帮蒋介石，使反蒋军大败。为了进一步拉拢张学良和东北军，蒋介石请张学良派一位东北元老级人物就任南京军事参议院院长一职，张学良便推荐张景惠赴任。张景惠既想到南京做官，又不想放弃东三省的实权。他向张学良表白，要身兼双职。

1931年5月，张景惠赴南京就任军事参议院院长，还得到国民党中央政治会议委员的头衔。蒋介石夫妇给予他热情款待。可张景惠吃着碗里看着锅里，军事参议院院长是个虚衔，没有实权，他还是舍不得东北的大权，于是草草在南京应付一番后，于6月13日离开南京返回东北。

三个月之后，"九一八"事变爆发，当时少帅张学良正在北平看戏，命令东北军不要抵抗，免得破坏中央部署，而张景惠正在沈阳。在事变的第二天，他通过一个日本商人，与关东军高级参谋板垣征四郎接上头。板垣非常欢迎他，说你来得正好，希望你对当下时局发表看法。张景惠表示愿意回哈尔滨，保护哈尔滨日本侨民的生命与财产不会受到丝毫伤害。板垣表示很好，让他快回去。张景惠提出要求，所管辖的警察兵力单薄，要求发给军火，以便扩充武装，维持哈尔滨的治安。板垣当即答应批准了

3000 支枪，要他 10 天以后到日本驻哈尔滨总领事馆大桥中一处领取。

9 月 23 日下午，张景惠离开沈阳，回到哈尔滨。27 日，张景惠宣布成立"东省特别区治安维持委员会"，自任会长。布告称该会"统管东省一切政务及治安"。为避免与日军冲突，将哈尔滨城内驻军全部调出，另招募 3000 名特区警备队维持市内治安。随后，张景惠从哈尔滨日本总领事馆领到 3000 支枪和弹药。有了这批军火，打着维持地方秩序的幌子，大肆招兵买马，很快便成立了伪东省特别区警察总队，约 3000 人，镇压哈尔滨人民的抗日行动，维持所谓"治安"，做了日本侵略者的帮凶。

当时日伪军进攻黑龙江省，省会齐齐哈尔岌岌可危。黑龙江省代主席马占山亲赴前线指挥，率领爱国官兵转败为胜，复进守江桥。马占山通电全国，表示"一息尚存，不敢使寸土之地失于异族"。日军便出动飞机、大炮向他们猛烈进攻，因无防空武器，战壕均被日炮火击毁，伤亡官兵五六百人，仍与日军作殊死抵抗，伤亡过半。马占山下令军队撤退，带领黑龙江省军政两署人员及党部退往海伦，并在海伦成立省政府。

12 月 6 日，日关东军司令本庄繁派参谋板垣，自沈阳赴哈尔滨与张景惠商洽黑省政务，板垣令张景惠通知马占山与日方直接会谈。次日，马占山在呼海路绥化站与板垣会晤，板垣要求马与日"彻底合作"。马称："此次行动纯为自卫，日军不加压迫，我自不进攻。"

3. "诱降"马占山

齐齐哈尔被日军攻占后,日本人指使张景惠筹备"新政府",并委任他为省府主席,他当即应允,却迟迟不敢就任,怕日本人一旦撤走,难以对付马占山。他与板垣商议,诱迫马占山与他在呼兰见面。但马占山不改初衷,厉声对张说:"你在哈尔滨不抗日,可也不该帮助敌人啊!"

张景惠遭到拒绝,仍不死心。他再次由哈尔滨过江至松浦镇与马占山会晤,最终,马占山允许张景惠入黑龙江省府主政,但不得有日本人干政,并且马部军费仍由省府照拨。

1932年1月,关东军命令伪军于琛澄带两个旅兵力进犯哈尔滨,就在这时,主张抗日的依兰镇守使李杜与旅长冯占海也率部赶到这里,他们会同吉林自卫军丁超,联合抗日。考虑到张景惠在东北的影响,意欲请他出山领导,却遭到他的断然拒绝。日军以"护侨"为名,与李杜、冯占海、丁超所部巷战。6日,多门师团攻陷哈尔滨,李杜等人退至宾县、依兰等地。

日方急于先平定黑龙江,再抽兵向西,攻打锦州。就派遣张景惠拉拢马占山,劝其投降。张景惠多次通过私人关系进行诱降,很是卖力,而马占山终于在张景惠的劝服下一度投降。那么,张景惠为什么要拼命拉拢马占山,劝其投降呢?

主要有两方面原因:一是在关东军面前,可以抬高身价;二是为自己添实力,增加话语权。对日对己都有利。为配合关东军夺取东三省的行动，张景惠终于说服了马占山，于1932年元旦发表黑龙江省"独立"宣言，宣布与张学良断绝关系。

1932年2月16日，关东军司令官本庄繁召集所谓东北地方实力派首脑在沈阳会议，当时参加这个会议的有伪奉天省省长臧式毅、伪吉林省省长熙洽、伪东省特别区行政长官张景惠、伪黑龙江省省长马占山，这就是当年宣扬一时的所谓"四巨头"会议。

那么，日本召集"四巨头"会议的真正目的是什么？张景惠还干了哪些出卖国家和民族利益的事呢？

主要就是为"满洲国"建立做准备。伪满洲国产生的第一步，必须由东北当地的实力派宣言独立、脱离祖国。中国方面由张景惠召集，参加人有：奉天臧式毅、吉林熙洽、黑龙江马占山等。关东军方面出席者为司令官本庄繁、参谋长三宅光治、参谋板垣征四郎、土肥原贤二、石原莞尔和驹井德三等。开会时，由本庄繁高居上座，其余诸人分左右围坐。张景惠说："本会基于本庄司令官的意旨，以东北政务会议的名义，请诸位到此商议一下。目前，东北各省分立，终非常局，需要有一个统一组织才好。究竟用何形式，请大家研究一下。"臧式毅说："现在南京政府和张汉卿既都放弃东北不管，我看就组织一个东北联省自治政府，推行一切政治如何？"大家还没有表态，有个叫赵欣伯的便抢先说："我这里倒有一个方案，是本庄司令官所同意的。"原来日方早把在东北建立"满洲国"的方案完全制订好了。本庄繁用命令的口吻说："诸位阁下如果没有什么异议，就请签字决定吧。"张景惠说："我们就照这个方案赶快开始筹备吧。"张景惠、臧式毅、熙洽都签了字，同意按照日本人的意思在东北建立伪满洲国。马占山说："黑龙江省现在情况还复杂，我想回省同大家说一下后再签字。"本庄繁明知如果逼马占山签字，恐怕会惹来麻烦，好在别人都签了字，他一个人不签，也没有多大关系，便说："马阁下回省商量一下再签字，也可以。

大家既推张阁下（张景惠）负责筹备，我很赞成，就那样办吧。但是本月底必须筹备妥善，越快越好。"

就这样，由张景惠任委员长的伪临时东北政务委员会成立，起草宣言，宣布东北"独立"。张景惠去见溥仪，表示该会拥护溥仪为"满洲国"第一执政。

再说一下马占山，他不是坚决抗日的吗？为什么又落水了呢？

原来，关东军和张景惠采取各种手段对马占山进行诱降。马占山于1932年2月降日，就任伪黑龙江省省长，3月又任伪满洲国军政部总长。马占山降日后，遭到全国人民的反对，日本对他也不放心，控制得很紧，并要编遣他的军队。马占山遂生反正之心。他利用伪省长的身份，筹集了一部分军费和军事物资，秘密送往黑河等地以备抗日之用。3月末，马占山抓住国联调查团欲到东北的时机，离开齐齐哈尔，抵达黑河，通电反正，再举抗日旗帜。随即联合吉林的李杜、丁超和海拉尔的苏炳文，组成东北救国抗日联军，设总司令部于哈尔滨，自任总司令。经过五个多月的转战，终因孤军无援，伤亡惨重，于12月7日被迫退入苏联境内。

4. 装傻充愣当"总理"

1932年3月9日，伪满洲国成立。张景惠就任伪参议府议长兼伪军政部总长，参议府是伪临时执政的咨询机关，也就是伪满洲国的最高决策机关。除了伪国务总理，就是伪参议府议长，是伪满洲国的第二把交椅，所有伪满洲国的法律政策，都是先由伪国务院制定，然后提交伪参议府并经伪参议府会议通过后，最终由临时执政裁可，用"敕令"公布施行。所以在伪参议府未通过的议案是不能够施行的。

当时，为了筹集经费，在张景惠主持下，伪满洲国公布了鸦片法，继之则又公布伪专卖公署、各地方专卖署以及各县、旗专卖局的伪官制，并以伪财政部部长熙洽的名义指定当时的奉、吉、黑、热（就是热河省，1933年2月被日军占领）四省的鸦片批发人，再由奉、吉、黑、热四省省长指定在本省的鸦片零卖人。鸦片批发人须具有十万元以上的不动资产，以及缴纳保证金五万元始能充当。鸦片零卖人具有五千元以上的不动产、缴纳三千元保证金，才能开所营业。并设置鸦片专卖公署，任命伪专卖公署署长，日本人担任副署长，掌管栽种罂粟、收集鸦片、运毒贩毒的勾当。

鸦片吸食者须有伪专卖公署印制的鸦片吸食证，不论男女老幼、有无鸦片瘾的人，都可领取吸食证，每一张吸食证收费五角，只要领有吸食证，就可公开吸食鸦片。伪满洲国成立后，新染有鸦片烟瘾的人成千累万，逐日增加不已。从1933年开始，伪满洲国大量栽种罂粟，个人栽种的数量起码是一亩地，多则自便。为了鼓励老百姓种植罂粟，许可栽种特税每亩地五元。

每年到收割鸦片的时候，则由伪经济部发布本年度的收买价格，而名之为指定价格，这种指定价格是极低的。按照土地的等级定出烟多寡，须将所收的鸦片尽数卖给伪专卖署，否则就是私藏私卖，都是有罪的。因收割不足出烟的数量，而被搜翻到刨炕洞、扒烟筒的被害事件不知有多少起。

张景惠虽说是个大老粗，但在1935年5月由日本关东军推荐，当上伪满洲国国务总理，在此位置上一坐就是十年，而像郑孝胥这样的"大儒"，学问天下闻名，为什么在总理的位置上干不长呢？甚至像伪满洲国议长赵欣伯那样有着日本帝国大学博士头衔的人为什么不能当总理呢？

原来，日本人物色汉奸走狗也有自己的标准，那些理论水平高、学历高而有思想和主见的人，往往恃才傲物，不听主子使唤，执行命令不坚决，自然不讨日本人的欢心。而张景惠则不同，凡是关东军头目和日本高级官员策划制定的决策和措施，他总是附和通过。因此，这个大老粗出身的俗人，虽然没什么学问，但执行坚决，让日本人感到放心、舒心。

上任总理伊始，总务厅厅长驹井德三请张景惠在国务会议上讲话，张景惠语出惊人，说："咱是不识字的大老粗，就说几句粗话吧！日满两国是两只蚂蛉（蟋蟀类鸣虫），拴到一个绳上，谁也离不开谁，应该一德一心嘛！"日本人很欣赏"一德一心"这句话，一时广为传播。

日本要在中国东北实行"拓殖移民"政策，需要强征农田。他立即迎合说："'满洲国'的土地多得不得了，'满洲人'是老粗，没知识，让日本人来开荒，搞点新技术，是两头都占便宜！"这最后一句被日本人经常引用。

日本强制推行"粮谷出荷"政策，即低价征购百姓口粮，这引起中国人的强烈不满。张景惠又有一番说辞，什么"日本皇军卖命，我们满洲出粮，很合情理嘛！闹饥荒算什么，勒紧裤腰带就过去了"。类似"同甘共苦""勒紧裤腰带"的名言，又让日本人到处宣扬。

日本发动太平洋战争，钢铁生产供应不及，大肆征收铜铁物件，张景惠带头响应，甚至连伪国务院办公楼门窗上的铜拉手都卸下来给日本人造子弹了。

日本人需要他干什么他就干什么，从不问为什么。有一次，张景惠看见报纸上一条醒目的标题："张景惠将访问朝鲜。"张景惠吓了一跳，说："妈的，这么大的事，我怎么不知道？"他拿起电话，拨通了他的秘书官、日本人松本益雄的电话，装出很随意的口气："松本先生啊，我刚才从报纸上看到访问朝鲜的事，请问是否真有其事啊？"

松本毕恭毕敬地回答："总理阁下，我因公务繁忙，未向阁下提及，访问朝鲜的事是吉冈安直先生定的。"

张景惠小心翼翼地问："那具体安排是怎样的呢？"

松本还是十分客气："日期定在20日，请阁下放心，一切我都会替你安排好的。"

张景惠应道："好好好，一切听松本先生的安排。"

他轻轻地放下电话，偷偷地看了一眼窗外，捂着嘴骂道："拿老子当猴耍，小日本鬼子！"

骂归骂，张景惠还得乖乖地出访朝鲜。

张景惠如此听盼咐，令关东军极为赞赏，称他为难得的"好宰相"，是"日满亲善的身体力行者"。

有位在伪满总务厅当过次长的日本人古海忠之曾提到张景惠的一件趣事：

新京（长春）有一座忠灵塔，是祭祀关东军阵亡者的慰灵碑，关东军每年都要举行慰灵祭。有一次张景惠也参加了祭奠，并致悼词。只见他慢步登上石阶,站在碑前,开始读悼词。念着念着不念了,张景惠从高高的石阶上慢慢走下来,从容不迫地从列队站立的关东军司令官和参谋长等众人面前走过,一直走到总理秘书官松本的身边,问了一个悼词中他不认识的字,又慢慢悠悠地登上石阶,把悼词读完,然后带着一副若无其事的表情回到了自己的位置上。当张在慰灵典礼的中途走下台阶时,日本人不知发生了什么事情,不免大吃一惊。当得知事情的原委后,才恍然大悟。

5. "亲民"亲日

1942年某日晌午下班,五六名农民跪在张景惠车前,拦住去路。张立即让秘书下车把他们招呼到路旁问问情况,张本人直接回公馆了。秘书接过农民的请愿书,这些人系伪滨江省五常县的农民,他们的自耕地相对河套较远,土质很好,年年向国家出荷交税。现在县里硬把他们的土地划为水没地,不许耕作,实属不公。请"总理"派员调查,给小民们做主。

秘书把这些情况如实地向张景惠作了汇报。张景惠说:"还不让老百姓诉苦吗?若是无理取闹就办他们,他们说的属实就应当准予所请。不是在《治河水利法》上有明文规定吗?你告诉松本该怎么办就怎么办,这不算我多管闲事吧?"

秘书向松本传达了张景惠的意思,松本说,应当这样办,并将请愿书交给了总务长官处理。张景惠说,以后凡牵涉收买土地的事,必请总理派秘书亲赴实地监视。根据自愿原则,"政府"绝不强迫,办事的人必能秉公处理。后来各县收买土地时,没有发生过类似的纠纷。

张景惠性格中还有讲义气的一面。张作霖死后,因位于抚顺东萨尔浒的元帅林正在修建,尸体就暂厝在沈阳帅府花园东厢房内。

"九一八"事变后,日本人占领了大帅府,便把张作霖的棺材移到沈阳小东门外珠林寺停放。这一放就是六年,可怜生前风光无限的张作霖,死后孤零零地躺在荒凉的珠林寺,没人看管。

此后,张学良的亲信、部属通过各种关系,一直向日本人争取安排张作霖灵柩的安葬事宜。日本人却以此为要挟，言称，如果张学良妥协，日本将代其将张作霖安葬于元帅林。张学良拒绝了日本人。就这样，张作霖的灵柩不得入土，新建的元帅林成了一座空穴。

时任伪满洲国总理的张景惠不忍把兄弟如此凄凉，便张罗给张作霖下葬。1937年5月3日，张景惠在奉天为张作霖举行了规模较大的"慰灵祭"。"慰灵祭"结束后，用平板车载着张作霖的棺材，浩浩荡荡地去往奉天车站。然后由奉天开出一列专列直达辽西锦县石山车站，将张作霖下葬在驿马坊张家墓地，墓穴选在张作霖原配赵氏的墓旁。

张景惠当了伪满总理后，还给了他的恩人增韫一个伪参议之职，每月薪金一千三百元伪币，算是对增韫报了恩。

1943年11月5日，东条英机在东京纠集召开了所谓的"大东亚会议"，张景惠代表伪满洲国和代表伪南京政府的汪精卫都参加了会议，还有泰国、菲律宾、缅甸等被日军侵略的国家的代表团，这些"国家"都是日本扶植起来的"傀儡国"。会议发布了《大东亚共同宣言》，宣称日本发动的是"圣战"。东条英机除了对日本的侵略战争进行了一番粉饰美化外，还要求亚洲各地区的国家对日本的侵略战争提供合作，以圆"大东亚共荣圈"的美梦。会上，张景惠甚至建议，这样的会议要每年开一次。老奸巨猾的张景惠非常清楚，要想在这个宝座长久坐稳，必须心甘情愿充任日本人的工具。

1945年，随着美军的不断进攻，日本的日子非常难过，东三省老百姓的日子更难过。张景惠却带着30万吨大米赴日慰问。

日本战败前夕，8月11日晚，溥仪带领张景惠等一些重要官员从长春出逃，到了通化大栗子沟，第三次发布"退位诏书"。留下张景惠回长春安排后续事宜。张景惠通过广播电台和重庆的蒋介石取得联系，并宣布成立"治安维持会"，打算在苏军到来之前，尽快变成"中华民国代表"，准备迎接蒋介石军队接收。但没料到苏军来得如此神速，于是便率领剩下的伪满官员前往迎接苏军。苏联的指挥官说："请回去等候吩咐吧。"张景惠喜不自胜，对苏联又产生了幻想，回家对他老婆说："行啦，这回又捞着啦！"不料第二天，张景惠和伪官员们都被当成"满洲国"战犯送到苏联去了。

6. 真傻假傻

合众国际社曾报道了这么一件事：苏军军官想从张景惠口中得知溥仪和日本顾问的下落，便问他："你知道溥仪和他身边那些日本人去哪儿了？"

张景惠答道："不知道。"

苏军军官又问："长春一共有多少日军，现在都在哪儿？"

张景惠还是摇头："不知道。"

苏军军官极其恼火，堂堂"总理"怎么连长春的驻军都不知道？便拍着桌子，厉声问道："那你知道你有几个老婆？"

张景惠掰着手指头："三个，嗯……两个……不对，好像是三个。"

苏军军官忍无可忍，戏弄道："你知道今天是晴天还是雨天？"

张景惠挠着头，看了看窗外，说："这我知道，今天是晴天。"

张景惠作为伪满洲国战犯，被送到苏联伯力，和溥仪成了一根绳上的两只蚂蚱。

1950年8月1日，张景惠与溥仪等同被苏军遣返回国，从此被关押在抚顺的战犯管理所。

在战犯管理所，犯人们每天除了吃饭睡觉，就是政治时事学习，学习的主要内容是念报纸或者读毛主席的《新民主主义论》等文章。张景惠最为关心的是朝鲜战局的发展，起初他对报纸上刊登的中朝军队获胜的消息持怀疑态度，随着抗美援朝战争的节节胜利，他的态度有了很大的转变，认为报纸上的消息都是真实的，没有欺骗他们。他不止一次对人说："共产党的军队真是了不起，连打败小日本的美军都能战胜。美军可是世界上最强大的军队，解放军可真有能耐。"

1955年3月，贺龙元帅和聂荣臻元帅到抚顺战犯管理所视察。贺龙向张景惠询问了学习和改造的情况，张景惠像小学生似的毕恭毕敬。

贺老总问："你今年多大了？"

张景惠一个立正："报告首长，我今年84岁了。"

贺老总接着问："听说你改造得不错，还学会了唱歌，你能唱唱《东方红》吗？"

张景惠开口就来："东方红，太阳升，中国出了个毛泽东……"歌声虽然不悦耳，但一副唱得很认真的模样。

后来，张景惠由于年老加上身体有病，得到了照顾，不参加任何劳动，不开会，不学习，他每天除了吃就是睡，或者晒晒太阳，很悠闲。人们常常弄不清他是真糊涂还是假糊涂。

有一次，看守员指着溥仪问张景惠："这是谁？"张景惠看了看说："大总统！""你自己是谁总知道吧？""卖豆腐的。"

监狱里常年给张景惠提供特殊饮食的照顾，他满口牙齿脱落了，给他配了一套假牙，同时还要供应流食和软鸡蛋，他经常吃些令犯人垂涎的软糕等食品。溥仪就回忆到有个绰号"大下巴"的战犯，见张景惠吃软糕，于是馋得装起病号来。

1959年5月，张景惠死于抚顺战犯管理所，终年88岁。

张景惠虽然没有什么学问，由于出人头地和荣华富贵的思想作祟，贯穿着他整个的人生轨迹。只要能满足他的私欲，可以对自己的兄弟下手，也可以背离团体的利益，甚至出卖民族利益，给日本人效犬马之劳。因此，作为大汉奸和战犯被推上历史的审判台，最后病死在战犯管理所，也是他咎由自取。

第二十讲　大汉奸赵欣伯的下场

1. 私奔到东瀛

民国元年（1912），参加辛亥革命的革命党在北京和平门外琉璃厂电话局外的空场上，举行庆祝革命胜利的纪念会，由我国演文明戏（即话剧的前身）的"徐光华新戏团"演出《秋瑾》。徐光华饰安徽巡抚恩铭，有一位自称拥护革命的白面书生赵稆泪（即赵欣伯）扮演了这一剧中的主人公秋瑾。赵某身体羸弱，举止温柔，又善表情，虽说其扮演秋瑾这样一位英雄形象本不合适，可是在当时却不甚讲究这些。当时，有个叫傅文郁的青年女子参加了该剧的演出，在戏中扮演了一名女学生，从那时起，她就认识了赵欣伯。她回忆赵确有演戏天才，在演秋瑾临行刑时的一场，"罗曼·罗兰有言，不自由毋宁死，我是为了自由而死，死而何憾……"气质昂扬，对白铿锵，颇博得一些革命同志和观众的热烈掌声，也因而骗取了一些人的信任。1926年，徐光华在北京护国寺附近的锡拉胡同，办了一个"光华电影公司"，拍摄过一部叫《燕山侠隐》的影片，著名的共产党人钱壮飞即参加过这个电影的拍摄。

民国初年，在引人注目的"女子参政同盟会"里面，就有这位傅文郁。1912年8月，在国民党成立大会上与宋教仁激烈争吵的，除了唐群英、沈佩贞，还有一位就是傅文郁。三人大战宋教仁。此女是"旧民主主义革命时期的一位风云人物，十四五岁即投入反帝反封建的革命运动，有着轰轰烈烈的光荣的青年时代"，后来又结了婚，回归传统的家庭妇女。

赵欣伯，字心白，1890年出生于河北宛平。青年时曾充任清政府禁卫军卫兵，后入天津北洋大学学习。辛亥革命后，他成为北京文明新剧团的旦角演员，其间加入国民党。1913年"二次革命"爆发，袁世凯驱逐国民党，赵欣伯也在北京站不住脚。他在演剧时曾与前清某王公的爱妾勾搭成奸，此时见事不妙，便诱拐她一同逃往大连。赵欣伯改名为刘笑痴；他诱拐的王公爱妾（一说是青楼女子王碧琰）改名为王爱痴。对日本警察署声称自己是孙中山先生的堂弟，因为参加革命活动被袁世凯政府注意，故逃来大连避难。当时逃来大连避难的革命党人不少，日本当局对革命党人表面声言"保护国事犯"，实际是监视利用，并在物质上给予帮助。幸而赵欣伯能说一口流利的北京话，合乎那时某些日本人的要求，就以教日本人学中国语维持生活。王爱痴也粗知文字，经日本人介绍在大连公学堂做初小教员。同时，赵欣伯因国民党的关系，与逃往大连的国民党有联络，为当时大连日本财阀相生由太郎（此人因包办大连码头装卸车船货物，榨取中国劳动工人的血汗而大发横财）、石本贯太郎（此人包办贩卖鸦片致富）和大连《泰东日报》社长金子平吉这三个家伙所豢养。

这三个人承担替日本军阀、政党、财阀豢养中国的胡匪党徒，扰乱中国治安的任务，以便发动中国内乱，给日本帝国主义制造侵华的机会。因此，赵欣伯夫妇得到这三个日本人的资助，于1915年到日本留学，进入明治大学法科，这时才把"刘笑痴"改为赵欣伯。他虽得到资助，生活仍不富裕，还是边读书边教中国话，因此认识了一些日本陆军士官学校和各高等专门大学的师生。王爱痴也因教中国话而结识了不少日本人，日子过得不错。

在日本留学期间，赵欣伯结识了土肥原贤二和板垣征四郎等日本少壮派军官。不久，王爱痴因怀孕难产，在东京帝国大学医学院施行手术时死去。赵欣伯生活收入成了问题，心殊不甘。日本军人和大学教授也有人支持赵欣伯提起诉讼，控告东京帝大医学院，要求赔偿损失。东京帝大医学院为保全名誉，尽力疏通东京地方法院不予起诉。该法院根据日本法律和法院判例，对于医师因用药或施行手术而危及病人的生命时，从来不以杀人论罪为理由，仅以"过失"的轻微处分了事，并没有判处任何赔偿。教授们就以"刑法过失论"为题，让赵欣伯向东京帝国大学提出"博士论文"，赵在教授们的帮助之下，抄袭一些前清"大清律"的旧东西，用日本刑法的条文加以解释，作为论文向东京帝国大学提出。论文内容平常，实在没有通过授予博士学位的价值，但是日本有些人极力主张对于赵的论文，应当从政治意义方面去看，予以通过，授予赵以博士学位。理由是出身日本各大学的中国留学生，还从来没有获得过法学博士者，此次赵欣伯获得日本法学博士，一方面可酬谢赵氏夫妇多年来对日本的贡献，另一方面又可以取得中国留学生的好感，使他们积极亲日，以便归国后为日本做更大的贡献，对日本实现"大陆政策"是有帮助的。日本帝国主义的军阀、财阀们都支持这个主张。加上赵欣伯到处奔走，哀求各方面帮助，因此，东京帝国大学居然通过了他这个毫无价值的论文，授予赵欣伯法学博士。他成为中国留日学生学历最高的人。不久，一个叫耿维馥的青年女子走进了赵欣伯的生活，赵欣伯提出一个条件，婚后耿维馥必须改用其前妻的名字，改名叫赵碧琰。

2. 扶不起来的角色

随着赵欣伯在日本的社会地位逐渐提高，土肥原等认为赵欣伯长期在日本没有多大意义，让他回中国对于日本会有更大的作用。1926 年，赵欣伯学业结束归国后，受日本驻华公使馆陆军武官、张作霖的日本军事顾问本庄繁的推荐，吹嘘赵欣伯博士品学兼优，尤其精通法学，为今日有名的学者。

赵欣伯遂被张作霖任命为东三省保安司令部法律顾问。张作霖对于一个日本留学生本来无所谓，现在赵欣伯既有本庄繁的介绍，每月拿出几百块钱赏他碗饭吃，也不算什么，便任用赵为东三省巡阅使署法律顾问。赵欣伯获得了这个头衔，在东北政治舞台上总算有点活动资本，就大肆招摇起来，往来于军阀官僚与日本军阀之间，相当活跃。当时大多数有爱国心的中国人都不屑与他来往，但是他总想联络一帮人造成一股势力，便以提倡研究中国法学为名，组织一个所谓"法学研究会"，设在沈阳博物馆内，又从张作霖那里每月领取一千元津贴作为经费，从日本法学杂志上翻译一些没有什么价值的稿子，登载在他的"法学研究"刊物上，粉饰门面。从此，"赵欣伯"三字逐渐在东北政学各界露出头来，他也就越发招摇，拉拢一些日本浪人匪徒，以壮声势，尤其是与日本特务头子土肥原贤二最为亲密。翌年 7 月，任北京政府外交部条约修改委员会委员。

1928 年"皇姑屯事件"发生后，赵欣伯随奉军返回奉天。1928 年底，张学良宣布东北易帜，服从于南京国民政府，并改奉天省为辽宁省，改奉天市为沈阳市。自1929年起,奉大改称沈阳。1932年3月,在日本的扶植下伪满洲国成立,沈阳再次被更名为奉天,直至1945年抗战全面胜利,重新改为沈阳,沿用至今。

赵欣伯于1929年携夫人赵碧琰和上小学的儿子赵宗阳回到沈阳,任东北法学研究会会长。但这位学人却未能与时俱进,他追随杨宇霆、常荫槐等人反对张学良易帜;更在民族大义上,倒向日本,处处维护日本人的利益,是有名的亲日派。他曾向人表白:"我虽卧床,还是一再给汉卿写信,好言相劝,详细分析大局,苦心进言,不走日本路线是没有出路的。"

1931年"九一八"事变爆发后的第二天,关东军司令部从旅顺迁到沈阳,派师团长多门二郎为临时卫戍司令,又命特务机关长土肥原贤二为奉天临时市长。然而,由日本人赤裸裸地直接管理甚至干涉他国事务,有失国际观瞻,日本军部专门发电训示:"关东军直接实行'军政'不够妥当,关于地方行政,只应做到维持治安的程度。"为此,关东军在进行军事占领的同时,开始考虑在地方行政上扶持傀儡为其服务。指使豢养多年的汉奸出台,打着"自治""独立"的招牌,既能回避国联的指责舆论,又能达到操纵控制的目的,可谓一举两得。

在关东军的策动下,一些汉奸纷纷出笼。如于冲汉抱病从辽阳赶到沈阳,与中野琥逸等人合作,组织自治指导部,专事进行控制沈阳以外的省属各县的基层政权组织。

赵欣伯利用与土肥原的关系,接手土肥原的伪奉天市长一职。一些地方局面混乱,一时难以收拾。赵欣伯、袁金铠、阚朝玺等人于9月24日成立"奉天地方自治维持会",赵出任"副委员会长"。在关东军的操纵下,他们于次日向关东军司令官本庄繁递交了"请愿书",公然请求日军不要撤兵,以维持地方秩序。26日,赵欣伯等人又受关东军指使,扩大机构管辖范围,改称"辽宁省地方维持会",企图代行省府职能,以掌控全省。28日，发表"独立宣言"，宣布脱离张学良政权和南京国民政府，建立所谓"新独立政权"。赵欣伯恬不知耻，为日本人贴金，妄称："现在凡事人们都应该听日本的，这对于我们来说只有好处没有害处，可不要还是执迷不悟地给张汉卿干了。如若还给他干下去，那就是自取灭亡啊。"

当时，张学良的大帅府及其五六千万的家产都落在日军手里。张学良与本庄繁是好朋友，因此，本庄繁下令将张家的东西都打包，动用了三列火车，送到北京正阳门外车站。本庄繁写信给张学良，请其领取。张学良大少爷派头十足，看了信后大发雷霆，骂道："本庄繁，咱俩是那么好的朋友，你这是在羞辱我，我是地方长官，东北丢了，我决不拿我自己的东西，要还，你把东三省还回来！这些东西，原来在我家里怎么摆的，你给我照样摆好，我自己会拿回来。可是你要不拿回去，我可给你个羞辱，别面子上不好看，我全放火烧了，就在这儿烧，那时候你的脸上就不好看了，你赶快照样都拿回去。"

这批东西里有大量的国宝级文物，都是张氏父子主政北京期间得到的。1928年6月3日，就在张作霖离开北京之前，曾派人专门找故宫博物院院长易培基，索要三希宝帖中的第一帖《快雪时晴帖》。面对权倾一时的军阀，易培基不能强硬拒绝，于是推说这件书法帖被锁在保险柜里，而保险柜的三把钥匙分别由冯玉祥等三人持有，无法打开。张作霖因急于离京，又不便将宝帖强行拿走，只好作罢。没想到十几个小时之后，张作霖就被炸死了。

张学良将三列火车的家产退回沈阳后，本庄繁摆地摊公开拍卖，其中赵欣伯接受并鲸吞了张学良家巨量的财产，饱入私囊，金条珠宝无以计数。在这件事情上，日本对他是有所不满的。

日军参谋本部深感派土肥原赤膊上阵充任伪奉天市市长，市政官员亦全是日本人，未免过于露骨，于是很快改变方式，由关东军在幕后操纵，伪市政官员必须由中国人担任，即使由日本人在背后指手画脚，形式上也必须是中国人。

何人取代土肥原充任伪奉天市市长呢？显然，这个人必须不遗余力地为日本人卖命，还需有一定的社会地位。于是，土肥原选中了赵欣伯，推出了这个豢养多年的汉奸。10月20日，赵欣伯粉墨登场，除了继续担任原职外，还被关东军委任为"奉天保安局监督""奉天市维持会长"和"最高法院院长"等重要伪职。

赵欣伯极力为自己辩解："现在国内都说我做官卖国，他们都把官看得太重了，以为做官就能发财，什么都有了。你们不知道现在加在我身上的事务有多重，我简直要忙死了。这是为的啥？还不是为了沈阳的老小安居乐业，家家幸福，户户太平吗？至于卖不卖国，不是在手段和程序上，我们要看结果。"

自以为是的赵欣伯，强调需要看结果，可结果又如何？赵欣伯倚仗日本主子的淫威，勒索敲诈，大发横财，老官僚、巨商如汲金纯、张仙舫等都遭殃及。赵欣伯在三个月里获得巨款六十万元，贵重财物不计其数。这种行为也引起了其他汉奸头目的忌恨和议论。

10月28日，阚朝玺、袁金铠等张作霖时代的老官僚、军阀正在伪奉天自治委员会议论赵欣伯的时候，赵欣伯忽然带领伪警察五十多人闯进伪省政府院内示威，表面上说治安不靖，用来保护大家的安全，实际上是袁、阚在非议赵时，为赵所知，以此进行威吓。阚朝玺当时忍不住大怒，便和赵欣伯对骂起来，并在院子中大喊："我姓阚的外号'阚铡刀''阚屠户'，从来不怕死，警察弟兄们如果和我过不去，不要客气，就把我枪毙好了。若是面对面不好意思开枪的话，我可以转过身来。"说着便把脸转向背面，大叫道："开枪吧！"当时阚朝玺被人拉到屋里。赵欣伯耀武扬威而去，一场闹剧至此收场。

这时又有一个张作霖的老臣、曾充北京政府财政总长、东三省边业银行理事长的阎泽溥（廷瑞）来沈阳，自称奉张作霖五妾之命，提取存款，求赵欣伯从中帮忙。赵要求先给他二十万元，才能相助。阎说，手下无钱，候款取出时再给。彼此相持多日未决，事为别人闻知。赵认为阎既不答应条件，又破坏他的名誉，恼羞成怒，密告日本宪兵队长三谷清说："阎泽溥来沈阳表面上说是为人提款，实际上是为张学良侦探日军的秘密。"

日本宪兵便把阎泽溥抓起来拷打折磨，一星期后阎即惨死。

尽管赵欣伯十分卖力，但他得罪的人太多，影响力有限，政令难以通达。为了尽快控制整个东北，关东军决定找一个有更大来头的人出山。土肥原盯上当时留在沈阳的辽宁省最高长官臧式毅。

3. 游说臧式毅

臧式毅何许人也？臧式毅（1885—1956），字奉久，奉天城南三道岗子村人。虽是一介地方官吏，却受过系统的军事教育，不仅带兵打仗，还长期充当幕僚，曾任张作霖的少将参谋长。

1926年，张作霖不甘屈居东北，带兵入关，进占北京，当上了安国军总司令，成为北洋末代统治者，风光一时。但张作霖始终牢记他的发迹之地是东北，为了免除后顾之忧，把留守的重责交给了时任参谋长的臧式毅。他果然不负重托，不仅替老帅看家护院，还很好地承担起前方浩繁的补给之责。

1928年6月，张作霖从关内撤回的专列在皇姑屯的老道口铁桥下被炸，张作霖身亡，一时东北局势甚危。位居旋涡之中的臧式毅从容镇定，以"秘不发丧"而稳妥置措，消弭了一触即发的政治危机，顺利渡过难关，显现了强有力的政治手腕，深得张学良赏识。年末，升为奉天兵工厂中将督办。

1929年1月10日夜，张学良为了巩固自己的统治，突然在大帅府老虎厅枪杀了张作霖时代的老臣杨宇霆和常荫槐，史称"杨常事件"。一向被杨宇霆视为心腹的臧式毅，又凭借自己机敏的应变能力，支持张学良的行动，并主动维护张学良的权威，不仅免去了被株连的危难，还受到张学良的格外重视。经过上述两大政治事件之后，臧式毅在东北军政界中，被视为策士，声名显赫。1930年出任辽宁省府主席，成了一方诸侯。

1931年9月上旬，日本关东军在沈阳城北开始演习，拉开了侵略东北的序幕。此时，关东军司令官本庄繁、参谋长三宅光治和高级参谋板垣征四郎等视察满铁沿线各地，视察军队战备情况，满铁本线（即大连至长春、沈阳至抚顺铁路）和安（东）奉（天）铁路已经阻止中国人往来，并在南满车站和商埠交界地区架起大炮。

辽宁省政府咨议王子衡从大连赶到沈阳，将此情报面告辽宁省主席臧式毅，臧的对策是"敌来我走，敌退我守，张副司令和中央的意旨也是如此。事已至此，只能听之任之，但我决心不作卖国的勾当"！

"九一八"柳条湖铁路的爆炸声，使日本军国主义"大陆政策"的梦幻变成现实。蒋介石的不抵抗政策，令东北军不战而退，沈阳迅速被占。进攻形势发展顺利，出乎关东军，特别是日本政府的预料。事变的第三天，关东军司令本庄繁派高级参谋板垣征四郎到臧式毅家中，请臧式毅以辽宁省政府主席的身份与日方合作，发出布告，保境安民。臧式毅回答："身为辽宁省主席，在没有中央和张学良的指示以前，碍难接受。"

土肥原为什么非要请臧式毅呢？因为臧式毅在东北军政界中，名声显赫。他工于权谋、善于自处的能力，自然为日本人所看中。此外，臧式毅毕业于东京振武学校和日本陆军士官学校，对日本人而言，自然有一种亲近感。当时，臧式毅是留在沈阳的东北军最高领导，请他这样的头面人物出山维持地方政务，较之其他汉奸，则有很大的欺骗性和影响力，也便于尽快成立傀儡政权。

这样，板垣征四郎多次登门威逼利诱，最后拿出一张带有"陆军"字样的红格纸，上面写有五条要求，包括允诺参加东三省政权组织、日军驻扎东三省境内、国防防卫由日军担任、东三省负责分担日军军费和东三省境内铁路由日本经营等，让臧式毅签字，但臧式毅就是不理睬。由于臧式毅不肯与关东军合作，于是在9月22日便遭到关东军的软禁，被关押到汤玉麟公馆之中。每日好吃好喝伺候着,并供应鸦片烟,但不许与外界联系。

土肥原想说服臧式毅出来合作,以便尽早成立伪满洲国,将东北牢牢地控制在自己手里。于是让赵欣伯去当说客。

赵欣伯几次亲自赴软禁臧式毅的汤公馆进行游说,陈述"利害"关系,臧式毅见大势已去,从个人安危计,在这张卖身契上签下大名,并写下"近日之谈话,我全同意"几个字。从此,臧式毅投入日本人怀抱,赵欣伯为关东军"立一大功"。

12月14日上午,臧式毅在板垣的陪同下,来到省公署,假借商会选举名义,就职伪奉天省省长。这之后,他唯关东军马首是瞻,言听计从,在卖国求荣的邪路上越滑越远。在关东军的导演下,演了一出又一出宣布"独立"、筹建伪国的各种政治丑戏。他的表演十分到位,连日本人都承认:"臧式毅的蹶然复出,实是加速伪满洲国建国的重大原因。"

尽管如此,臧式毅对自己所处的傀儡地位还是有所考虑。日本顾问今井章次在伪省署内大权在握,他有名无实,这令其不甚满意。为此,他专门找了关东军司令本庄繁谈及此事,触及伪满二重政治的要害。这让关东军更加认识到臧式毅的"精明"。

4."伪满洲国"的助产士

1932年2月18日,关东军参谋长三宅光治、参谋板垣征四郎、土肥原贤二、石原莞尔等召集张景惠、臧式毅、熙洽、赵欣伯等举行会议,讨论"建国"问题。

熙洽是辽宁沈阳人,爱新觉罗氏。辛亥革命时,熙洽曾经参与宗社党的复辟活动,致力于恢复清朝统治。而且熙洽早年就读于日本东京振武学校与士官学校。"九一八"事变时,熙洽代理东北边防军驻吉林副司令官兼吉林省主席张作相的一切吉林官民政务,在日军进攻吉林时,熙洽不顾各界爱国人士的反对,派出代表到长春迎接日军,出任伪吉林省长官公署长官,并发布声明同南京政府和张学良政权脱离关系,宣告吉林省独立,成立军政合一的伪吉林省长官公署,自任长官。赵欣伯、袁金铠等参加了讨论"建国"会。

会议开始,本庄繁高居上座,其余诸人分左右围坐。张景惠说:"本会基于本庄司令官的意旨,以'东北政务会议'的名义,请诸位到此商议一下。目前,东北各省分立,终非常局,需要有一个统一的组织才好。究竟用何形式,请大家研究一下。"臧式毅说:"现在南京政府和张汉卿既都放弃东北不管,我看就组织一个东北联省自治政府,推行一切政治如何?"熙洽说:"宣统皇帝回主满洲,名正言顺,可以不称执政,即登上皇帝宝座,亦有何不可?"

以臧式毅为代表的一方主张实行联省自治,以熙洽为代表的一方主张恢复帝制，双方各执己见，相持不下。这时，赵欣伯亮出了由关东军一手策划的既定方案，颇为得意地说："诸位别争了，我这里有个方案看看行不行。我认为实行联省自治不合国情，实行帝制不符合民心，最为符合国情民心的是宣布东北四省独立，和南京国民政府脱离一切关系，建立一个以宣统为元首的新满蒙国家，名叫满洲国，暂设执政府、参议府、国务院、立法院、鉴察院。国务院下分设总务部厅、民政部、军政部、财政部、外交部、司法部、文教部、实业部、交通部。执政一席，拟请清朝宣统皇帝担任……"

他见众人还要发表意见，于是以威胁的口吻说："我说明一下，这个方案是按照关东军司令官本庄繁的意思订的，并且经他看过，完全同意的。"言下之意，这是主子定下的，不容更改。其他汉奸都无话可说。于是，本庄繁说："诸位阁下如果没有什么异议，就请签字决定吧。"

这一出卖祖国、建立伪国的会议，就此闭幕。张景惠先行成立伪东北行政委员会，发表了所谓的"独立宣言"，宣布东北"完全独立"。接着又召开"建国"会议，筹备建立伪满洲国。2月20日，有辽宁省各县长带领的所谓法团代表、满铁沿线各组织单位和沈阳来的各种人物共计一千多人，开了所谓促进建立伪国运动的代表大会。各代表发言表示拥护建立新国，大会作出决议，向伪东北政务委员会请愿，促进新国早日实现。散会后，一千多人敲锣打鼓，游行示威。

3月8日，赵欣伯、张景惠、臧式毅等受关东军委托，将溥仪从汤岗子迎到长春，就任伪满洲国执政。鉴于赵欣伯为伪满洲国所做出的"贡献"，溥仪特任命赵欣伯为伪满立法院院长，并奖励"建国功劳金"40万元，以表彰其"建国有功"。

在关东军发动"九一八"事变后，国际联盟派出"李顿调查团"到东北和内地进行调查。

李顿调查团于 1932 年 1 月 21 日正式成立。团长是英国人李顿侯爵，故亦称"李顿调查团"。国联行政院规定他们除调查日本在中国发动"九一八"事变而形成的伪满洲问题外，也调查中国的一般形势。

李顿一行于 1932 年 4 月下旬到达沈阳。赵欣伯主动找上门，说东北"独立"，建立新国完全是人民的意愿，为日军侵占东北粉饰，美化侵略，为伪满洲国的建立竭尽美化之能事。故国联调查团在报告书中称呼赵欣伯为"满洲国的产婆"，意思是伪满洲国是在赵欣伯的助产下建立的，足见其危害之大。

5. 赵欣伯的下场

这时的赵欣伯，已忘乎所以，他把伪立法院视为自己的领地，安插亲信，网罗个人势力。他觉得自己是一个"日本通"，蔑视关东军派来的日本军官，还到处散布："关于日本方面的事情，包括风土人情我全熟悉，日本语我全精通，立法院没有日本人一样能把事情办好。"他的傲慢态度惹怒了日本主子。不久，赵欣伯和伪满洲国"皇帝"溥仪发生了一些不愉快，溥仪一边把赵欣伯支开，以调查日本宪法制度为名，将他派往日本一年，同时已打定主意把赵欣伯的伪立法院院长职务撤销。

日方指使伪满洲国的日本官吏向伪监察院检举赵欣伯的过失，然后抓住他在任伪奉天市市长期间，因没收张学良家产及走私鸦片而获取暴利展开调查。因念其在"九一八"事变前后的"贡献"，决定从轻发落。赵欣伯在日本考察结束后，要求东归。是时，他还挂着伪立法院院长一职，关东军派人暗示他主动辞职，他居然赖着不肯。他们又派伪满国务院总务厅厅长驹井德三出面，晓以利害，他这才同意。

1934年10月11日，溥仪"接受"赵欣伯的辞呈，免去其职。失势后的赵欣伯侨居日本东京，成了生意人。以后，赵欣伯在日本做生意和进行投资，用所谓的40万"建国功劳金"购置土地，例如在东京建了"青年会馆"，还购买了几十块土地。4年后，即1938年回国。在此之前，他把在日本的土地产权所有人都写上赵碧琰的名字，并委托给他的法律界朋友铃木弥之助管理。

当时，王克敏等已在成立"中华民国临时政府"，赵欣伯一家定居北京，再次投入日伪的怀抱，充任临时政府顾问。

1945年8月，抗战结束，日本战败。不久，国民政府开始肃奸，派人把赵欣伯抓走了，被关进了炮局胡同监狱，长达5个月之久。家里的财产皆被军统作为逆产没收了。通过赵家人打点和疏通，其妻赵碧琰在律师的指引下，选择了让赵欣伯"保外就医"的办法，成功让赵欣伯离开了监狱。以后他只是在名义上受管制，实际是逍遥法外，极受优待。赵欣伯曾对他的家人说过："国民党不会伤害我，只要共产党不来就不要紧……"看来这点倒很符合实情。

中华人民共和国成立后，1951年7月26日，人民政府立即逮捕了赵欣伯，这个曾经出卖国家利益的汉奸，自觉末日已到，在拘捕他的当天，心脏病发作猝死。

6. 一波三折的遗产纠纷案

赵欣伯死后,赵碧琰又将自己的姓改回,叫王碧琰。家住北京市西城区鼓楼大街大石桥胡同。

物换星移,转眼到了20世纪60年代,赵碧琰在日本东京的土地价值翻了几百倍,价格飙升到天文数字。这些财富引起托管律师铃木弥之助和日本黑社会的觊觎,利用中国与日本不开放的社会环境,来制造赵碧琰已不在人世的种种谎言,要非法侵吞这笔财产。此事在日本闹得沸沸扬扬,传到中国后,有关领导通过公安部,于1963年夏天终于在北京找到赵碧琰。但是由于赵碧琰本人已经没有任何证据能说明问题,加之寻找档案材料又如大海捞针,赵碧琰勉强维持生计已属不易,哪还提去东京打官司之事?

1976年3月10日,日本《产经新闻》发表题为《漂浮在宇宙中的240亿》的文章,透露赵碧琰名下的财产被人骗取。同年6月,日本《新闻周刊》刊文《围绕两兆日元跳跃的骗子》,报道了赵碧琰财产被骗情况。《澳门日报》《大公报》《明报》都对此作了报道,轰动一时。

日本法庭多次来函,要求赵碧琰本人出庭,倘若在1976年底再不出庭的话,将进行缺席审判,审判结果可能对赵碧琰不利。于是,外交部派人上门找赵碧琰谈了这件事,并支持她去东京打官司。5月,由外交部工作人员陪同赵碧琰奔赴日本。

诡异的事情发生了,因为在这一天的早上,东京家庭裁判所的法庭内共来了四位叫"赵碧琰"的女人,她们都自称是伪满洲国立法院院长的夫人赵碧琰,她们都自圆其说自己是巨额财产的归属人,当然还带着确凿的身份证明。

因为都叫"赵碧琰",每个人面前的桌牌上便以地名区分,从左向右一字排列,第一位是香港赵碧琰,第二位是台湾赵碧琰,第三位是新加坡赵碧琰,第四位是来自中国大陆的赵碧琰,还有一位人在马来西亚的赵碧琰。

那么,谁是真正的赵碧琰呢?法官山田开始依次询问第一个问题:"请各位女士回答,您与赵欣伯君相识、相恋、婚育的过程。"

前面三个赵碧琰讲述的与赵欣伯相恋和婚育的版本大致相同,法官便转入第二个问题,询问当时藏匿财产的地点,四个"赵碧琰"似乎是异口同声:"东京都世田谷区成城町168番的地下。"原来,在赵欣伯的住宅中发现过地库,里面的宝物不计其数。当时,是美国兵发现的,挖出后交给了日本大藏省,后来存放在日本造币局东京支局。

山田法官点了点头说:"下面是我的第三个问题,请各位女士回忆一下,秘库的位置和秘库的形状,然后用剪刀剪出纸样。"

好戏开场了。此时在座的三位"赵碧琰"迟迟没有拿起剪刀,有的愣愣地看着山田法官,有的盯着剪刀和纸张凝思,还有的索性提出了抗议。

只有大陆的赵碧琰戴上老花镜,拿起纸张,对折了一下,用左手拿起剪刀顺势剪出了一个出头的"E"字。平铺在桌子上的时候,露出了一个镂空的"丰"形。看到这里,法官山田的目的达到了,他的这一环节就是想验证两个问题,一个是谁用左手操作,另一个就是地库的"丰"字形状。

法官又提出了一个再普通不过的问题,说:"各位女士,你们既然是赵欣伯君的夫人,你们能拿出证据吗?比如书信、照片或者互送的礼物。"

这些人有的拿出信，有的拿出照片，还有的拿出挂坠，展示信物。

山田法官的最后一个问题更为蹊跷："各位女士，昭和八年（1933），你们在哪里？"

这时出现了不同的声音，"东京、奉天、北平"。山田并不理会谁对谁错，继续问他的问题："还有一个问题，各位女士，你们的儿子昭和八年在什么地方？"

此言一出，似乎鸦雀无声，只有大陆的赵碧琰："在高轮学习日语，后转入日本东京市立赤羽小学读书。"

这时的山田法官继续问："各位女士，在昭和八年，伪满洲国立法院院长的夫人赵碧琰，在东京帝国医院做了妇科手术，请做过此手术的女士把手举起来。"

戏剧真的发生了，四位老人一齐把手举了起来。

山田法官不禁暗暗地一笑，他说："昭和八年（1933），赵碧琰女士在东京帝国医院做的手术是子宫切除手术，东京家庭裁判所已经联络了该医院配合，休庭后，也请各位女士配合，前去验证。"这时，引起了一阵小骚动。

山田法官又问大陆赵碧琰："你说财产是你的，请问你在日本所有土地的地契及一切说明财产归你的所有的文书为什么不提交本法庭？"

赵碧琰回答得很干脆："没有了！"

日本的庭审没有结果，四个女人都无法证明自己就是真的赵碧琰，而且法庭找到赵欣伯和赵碧琰家当时在日本的女佣。本以为这下可以真相大白，谁知那证人竟然否定眼前来自大陆的赵碧琰，说她根本不是自己曾经的女主人。东京家庭裁判所只好宣布赵碧琰已经失踪或死亡，结束了庭审。

而在世界的其他角落，还有人在盯着这笔巨额财产。

在香港有一个人弄瞎了自己的左眼，之后飞抵日本东京，向东京家庭裁判所提起诉讼，证明自己才是财产的拥有者，他的名字叫赵宗阳，是赵碧琰的儿子。

这时，中国北京的赵宗阳一直希望能够帮助母亲赢回这笔财产，所以也想了很多办法。没过多久，在日本的《读卖新闻》报上，就出现了一个六厘米见方的寻人启事，寻找赵宗阳昭和八年至昭和十年间在日本东京市立赤羽小学的同学。

之后，赵宗阳就在北京家里接待了第一位客人——他在日本的老同学汤川正三。

7. 时隔八年，尘埃落定

1984年4月30日，赵碧琰东京财产案又开审了。日本东京家庭裁判所继1976年宣判赵碧琰"不在者"之后，已经过去了八个年头。终于，日本东京家庭裁判所宣布再次开庭了，决定对案件进行重新审理。而这次出庭的关键人物就是赵宗阳。

法官依旧是山田忠浩，问："赵宗阳，你还有其他的名字吗？"

赵宗阳马上回答："我三岁时因患急性脑膜炎入北平协和医院就医，因后遗症左眼水晶体混浊，导致左眼失明。"说话间，赵宗阳摘下了茶色眼镜，指着左眼说："您可以验证，我这只眼睛是没有视力的。由于眼睛失明，我父母不情愿接受这个现实，他们总有一个美好的愿望，希望奇迹会发生，曾给我起名叫赵重光，希望我有朝一日能重见光明，但这个名字没有叫起来，大概只有家里的佣役们知道。而我上学、毕业证件、工作履历、户籍证明都用的是赵宗阳这个名字。"

接着，赵宗阳不慌不忙地拿出了他出生时日本帝国医院的证明，说："我是1925年6月26日，农历乙丑五月初五晚上十二点出生的，也就是大正十四年。这是我的出生证明请您验证，您也可以到日本东京大塚警察署查证我的出生户籍。"

赵宗阳继续说："我一周岁时随父母回到中国奉天，也就是现在的沈阳市。那时候是因为父亲任张作霖临时政府的法律顾问。两周岁与父母一起回到中国的北平，四周岁时因为眼疾随父母到日本东京治病，住在东京都庆应大学附属医院大楼。后来五岁到七岁时都随父母在中国的奉天和新京,新京就是现在中国的长春市。"

赵宗阳还说出在东京的家庭住址、聘请的日语教师姓名以及自己在日本东京市立赤羽小学校,从三年级读到五年级,那时的班主任名字叫藤井元子。法官山田忠浩听到这里,问赵宗阳还能记起他在日本的同学姓名吗?

赵宗阳一口气说了七八个同学的名字,庭审结束了。

法官立即前往东京大塚警察署,一份赵宗阳原始档案找到了:大正十四年六月二十六日,准确无误,而父母一栏中分明赫然写着赵欣伯和赵碧琰的名字。

一个周末的早晨,几辆轿车惊扰了赤羽小学的安宁。十一位已是耳顺之年的老人回到了母校,他们是前来为同学赵宗阳作证的证人。临时法庭被安排在二楼的一个教室,十一位同学坐在教室的前两排座位上,法官山田坐在了教室的讲台位置,别开生面的法庭庭审开始了。

法官山田指着赵宗阳,问这十一位老人:"请问同学们都认识这位来自中国的先生吗?"老人们全都像小孩子似的异口同声地高喊:"认识,他是赵宗阳。"

法官又让他们说出儿时的游戏,只见大家迅速地在纸上画出了一笔画的雨伞,在伞把的两边填写着各式各样的名字,最后他们写上了游戏的名字"雨伞下的真情"。

1984年中秋节这一天,赵家收到了从日本东京传来的胜诉喜讯,东京家庭裁判所终于对赵碧琰财产案进行了最后判决。判决书中说:取消山本忠义律师为"不在者"赵碧琰财产管理人的决定,由赵碧琰本人亲自管理自己的财产。

这笔巨额财产终于尘埃落定。在花好月圆之夜,赵碧琰突然宣布把财产的百分之八十捐献出来,回报祖国,回报社会,用于国家的慈善事业。

赵碧琰于1989年9月去世,享年90岁。